関門《かんもん》海峡と門司《もじ》城跡のある古城山（編者撮影）

門司城は九州最北端，関門海峡に面した古城山山頂にあった．本州側からみれば九州への橋頭堡《きょうとうほ》の役割を果たす位置に当たり，多くの合戦が繰り広げられた舞台となった．

松山城主城部の発掘調査状況（苅田町教育委員会提供）

松山城は周防灘《すおうなだ》に突き出した海城で，九州の戦国史を左右する戦いの場でもあった．山頂周辺は，つづら折れの導線設定により要所には石垣，石段，瓦葺建物で改修されていた．

小倉城創建期（永禄期）の石垣（北九州市教育委員会提供）

毛利元就によって永禄期に創建された小倉城は，天正期に毛利勝信（森吉成），慶長期には細川忠興によって大規模に改修された．発掘調査では創建期の石垣遺構が見つかっている．

障子《しょうじ》ヶ《が》岳《だけ》城曲輪群（背後に香春城がみえる．編者撮影）

筑豊盆地の要衝，香春《かわら》城には東側からの備えとして障子ヶ岳城が築かれていた．豊臣方の香春城攻略の際には，この城も落とされ，攻防戦の拠点となった．

花尾城登り石垣と井戸遺構（右は井戸遺構．編者撮影）

花尾城の北側斜面には，方形石組の湧水《わきみず》(井戸)があり，それを取り囲むように2列の登り石垣が築かれていた．当時の九州における最高峰の石垣技術をみることができる．

秋月陣屋櫓台

福岡藩の支藩として置かれた秋月藩の拠点として築かれた秋月陣屋には，隅《すみ》櫓《やぐら》の櫓台が築かれていた．天守や櫓があまりみられない陣屋としては珍しい事例と言える．

久留米城東側石垣空撮（編者撮影）

久留米城本丸の東側と南側は，石垣によって固められていた．特に東側の石垣は，自然石を用いたいわゆる野面積で，天正期の小早川秀包期まで遡る可能性もある．

鷹取山《たかとりやま》城空撮（編者撮影）

筑後川の南側に東西に連なる耳納《みのう》連山最高峰の鷹取山山頂に築かれた鷹取山城は，国人領主・星野氏の重要拠点の一つであった．南側斜面には畝状空堀群《うねじょうからぼりぐん》が明瞭に残されている．

岡寺 良［編］

九州の名城を歩く

福岡編

吉川弘文館

刊行のことば

福岡県では、八八一ヵ所の中近世城館があり、このほか伝承地や関連遺跡なども含めれば、その総数は、一〇〇〇近くにも上る。この数は、平成二十四年（二〇一二）度から二十八年度にかけ、福岡県教育委員会が実施した中近世城館遺跡等詳細分布調査における結果である。昭和五十四年（一九七九）に、同じく福岡県教育委員会が実施した中世城郭調査における総数六七四からみると、かなり増加しており、今後この数が大幅に増減することは考えにくく、実態数に近いものと考えられる。

福岡県は博多や太宰府に象徴されるように日本の西の玄関口として、太古の昔より国際色豊かな文化に育まれてきた。特に弥生時代以来の遺跡には、東アジアを代表するような重要なものがあり、その反面、考古学あるいは埋蔵文化財行政の面からも中近世城館が注目されることはあまりなかった。先に挙げたような分布調査が行われ、中近世城館の全体的状況が行政的に明らかになってきたのは、近年になってからのことである。そのため福岡県内には、国の史跡に指定されている中近世城館は、近世の福岡城跡の一ヵ所しかなく、中世城館に至っては国史跡が皆無という嘆かわしい状況となっている。福岡県指定の史跡でも、近世の久留米城、秋月城（秋月陣屋）、慶長期の黒崎城跡、松尾城跡の他、戦国期の発心城跡、猫尾城跡しかなく、今後のさらなる保存と活用に向けた史跡指定が急務となっていると言っても過言ではない。

筑前、筑後、豊前の一部の三ヵ国からなる福岡県は、古代西海道の中心地・大宰府や国際貿易都市・博多を擁しているにもかかわらず（擁していたからこそかもしれないが）、地元を拠点とする、いわゆる大名勢力が不在の地域であり、大内氏、毛利氏、大友氏、龍造寺氏などの周辺大名勢力の影響を受けながら、各地に国衆（国人領主）と呼ばれる勢力が割拠していた地域であった。

豊前には、鎌倉幕府により下野国から派遣された宇都宮（城井《きい》）氏とその一族、筑前・筑後では、古代以来の名族・宗像氏の他、古代大宰府の官人（府官層）の末裔である原田氏、秋月氏、田尻氏、筑後国府の官人の末裔・草野氏などが各地に拠点を形成していた。また大内氏や後には大友氏による筑前支配の拠点として、立花城や岩屋城などに、高橋氏や立花氏などの一族を城督として派遣していた。

天文～永禄期に起こった毛利氏と大友氏の争乱では、豊前から筑前にかけての一帯が戦場となり、各地に戦いの痕跡である「陣城」も残され、近年認識されるようになってきた。

また、天正六年（一五七八）の高城《たかじょう》・耳川《みみかわ》合戦の後、豊後大友氏の勢力が後退するにしたがって、頭角を現してきたのが、筑前秋月を本拠とする秋月氏であった。秋月氏は福岡県の中央部分一帯をおさえ、「筑前一国、豊前、筑後半国の屋形」とまで評されるようになった。最終的に小大名になってしまったこともあり、大友・島津・龍造寺の陰に隠れて戦国九州における大名勢力とみなされることはあまりないが、この時期、まちがいなく九州における「第四の勢力」であったといえるだろう。福岡県内には秋月氏に関わる城郭も多く残されており、本書においても多く採り上げている。

天正十五年の九州平定により、それまでの城の多くは廃城となり、あらたに織豊系の築城技術による新たな城づくりが進められ、さらには慶長五年（一六〇〇）の関ヶ原の合戦によって、再び現れた軍事緊張関係による「築城ラッシュ」によっても、福岡県内では最新鋭の織豊系城郭の築城・改修が行われた。

このように、福岡県の中近世城館は、目まぐるしく移り変わる九州の情勢を如実に反映したものであり、いずれも重要なものばかりであるが、その中から今回六一の城に絞って掲載することとした。一つの県ながら、旧三ヵ国近くもあるこの地域から、それらを選び出すのは非常に難しく、複数の城を一つの項目にまとめるなど、苦肉の策を講じたものもあった。そのため、一つ一つの城を語るには到底不十分ではあろうが、なるべく現地ガイドブックとして役に立つような情報を中心に構成することとした。執筆にあたっては、それぞれの地域で活躍されている埋蔵文化財担当者にその多くをお願いした。さらには今後の遺跡の保存活用を担っていくような比較的若手の方を選ばせていただいた。

本書は九州の名城を歩くシリーズの一冊として編んだものである。名城を歩くシリーズで九州地方は四分冊による刊行を予定しており、その中でも福岡県だけが単独で一冊分を占めている。これは九州の中でも福岡県が歴史的にも重要な位置にあり、城の在り方についても、その重要性の表れなのだろうと思う。本書を契機に、新たに福岡県の城の存在や歴史的な重要性を知る方、さらには実際の城の現地を歩く方が一人でも増え、城に対する興味関心や愛着が少しでも増すことになれば幸いである。

令和五年二月

岡寺　良

目次

福岡県の中近世城館とその特徴

岡寺　良

【福岡県の概要】 九州島の最北部に位置する福岡県は、旧国でいうと、筑前国、筑後国に加え、豊前国八郡の内の六郡に該当する広範囲にわたる。県の北東部が豊前地域、中央部〜西部が筑前地域、およそ筑後川を挟んだ南部が筑後地域にあたる。古代律令制下においては、西海道九国二島を統括した最大の地方行政機関である大宰府が筑前に置かれ、西海道のみならず中国・朝鮮半島との対外交渉の窓口としての役割を果たしていた歴史的にも重要な場所でもあった。

【戦国時代にいたる状況】 平家滅亡後、鎌倉幕府から九州北部に送り込まれてきた武藤資頼《むとうすけより》は、筑前、豊前、肥前および壱岐・対馬を守護として支配領域とした他、嘉禄二年（一二二六）には朝廷から大宰少弐《だざいのしょうに》に任命された。以後、武藤氏が世襲して少弐氏を名乗り、鎌倉幕府の守護と大宰府の次官の地位をあわせ持つ少弐氏は、大宰府を拠点に九州北部に大きな勢力を築いた。

鎌倉幕府の滅亡から南北朝の争乱の時代を迎えると、北朝方について地位を安定させた少弐氏であったが、足利尊氏《あしかがたかうじ》と弟・直義《ただよし》との内部紛争（観応の擾乱）が勃発すると、九州でも宮（懐良《かねなが》親王）方、将軍（足利尊氏）方（九州探題・一色範氏《いっしきのりうじ》）、兵衛佐殿《ひょうえのすけどの》（足利直冬《ただふゆ》〈直義の養子〉）方の三勢力が対立する複雑な情勢となった。将軍方と兵衛佐殿方との争いの中で南朝の懐良親王が力を蓄えた結果、一三五九年、懐良親王と菊池武光《たけみつ》の軍勢は、筑後国大保原《おおほばる》の戦い（筑後川の戦い）で、少弐頼尚《よりひさ》を破って大勝利、懐良親王による征西府《せいせいふ》が大宰府を制圧するに至った。ただ、南朝方の九州天下も長くは続かなかった。室町幕府は一三七一年、九州奪回のための切り札・今川了俊《りょうしゅん》（貞世《さだよ》）を九州探題として派遣、翌年、大宰府の征西府を陥落させ、南朝方の勢力を追いやった。一三九五年、了俊が九州を去り、代わって九州探題に渋川満頼《みつより》が派遣されるが、旧来の少弐氏や大友氏と対立を生じていく。そのような中、登場するのが大内氏である。

【戦国時代の状況】　九州探題の渋川氏の後見として幕府に豊前国守護を任じられた大内氏は、当主・盛見《もりはる》が、永享三年（一四三一）に少弐・大友との戦いで戦死することもあったが、地元豪族を被官にすることで勢力を広げ、教弘《のりひろ》の代には、九州北部を広く制圧、応仁・文明の乱では政弘を中心に、宿敵・少弐氏を肥前に追いやることに成功した。その後、義隆の代には大宰府の現地における最高長官の大宰大弐《だいに》となり、大内氏の九州北部支配は盤石であるかに見えた。しかし、天文二十年（一五五一）に陶隆房《すえたかふさ》（晴賢《はるかた》）の反乱によって、義隆は自刃し、大内氏は弱体化した後、毛利氏に取って代わられた。

大内氏が弱体化している間に九州北部に手を伸ばしたのが、豊後の大友宗麟《そうりん》（義鎮《よししげ》）であった。天文年間から永禄年間にかけて、豊前・筑前（豊筑）を巡って、毛利と大友がたびたび合戦を繰り広げる。永禄十一年（一五六七）秋から翌年にかけて行われた合戦を最後に、毛利氏は九州に手を出せる状況にはなくなり、大友宗麟が九州北部を制圧した。宗麟は「六国の太守」とまで呼ばれる九州の覇者となった。

しかし、天正六年（一五七八）に勃発した日向国高城・耳川の合戦での敗戦を契機として、九州の中小勢力の多くは、大友方を離反し、戦いに勝利した島津に付く国衆なども現れ始めた。そのような中で、肥前の龍造寺隆信《りゅうぞうじたかのぶ》や筑前の秋月種実《あきづきたねざね》などが独自勢力としての地位を確立した。

その後、島津勢が肥後、肥前、筑後に勢力を拡大し、豊後の大友氏をさらに圧迫するようになると、大友宗麟は豊臣秀吉に援助を求めるようになった。天正十四年には、豊臣勢力が九州上陸をもくろむ一方で、島津氏が筑前さらには豊後に進攻、一時は九州制圧の手前まで行くものの、筑前**岩屋城**や**立花城**、豊後では岡城や鶴賀城での籠城戦に苦戦した結果、秀吉本隊の九州上陸を前に九州南部に撤退、翌年には最後まで抵抗した秋月種実も、豊前岩石城での敗戦を契機に降伏、九州における戦国時代の幕は下ろされた。

【豊前地域の主な中世城館】　豊前の中世城館で最も目を見張るのは、**長野城**（北九州市小倉南区）であろう。城内に築かれた二〇〇本を超す竪堀群《たてぼりぐん》で構成される畝状空堀群《うねじょうからぼりぐん》の迫力は圧巻である。永禄年間の毛利方と大友方との戦いの舞台の一つともなり、文献には現れないがその後の秋月氏との関係が深かった高橋元種《もとたね》による改修も想定されている。日本で最も竪堀本数の多い城である。また、同じく旧企救《きく》郡の三岳城や椎山城やその周辺には、永禄十一年（一五六七）の毛利方による三岳城攻めの陣跡の遺構も広大に残されており、往時の合戦の激烈さを知ることができる。

京都《みやこ》郡では**松山城**（苅田町）や**馬ヶ岳城**（行橋市）が挙げられよう。海岸に突き出すように聳える松山頂に築かれた**松山城**は、中国勢が九州上陸の拠点ともした城であり、畝状空堀群が見事に残るほか、天正十四年の黒田・小早川在陣を示す長大な外郭土塁《どるい》も築かれた。**馬ヶ岳城**は、国衆・長野氏の居城として、山麓部に短小ではあるが数十の竪堀群が土塁、横堀ラインに沿って構築されている。

南部地域では、天正十五年に勃発した豊前国人一揆でも有名な宇都宮（城井）氏に関連する城郭がある。

【筑前地域の主な中世城館】　筑前では、各郡単位に拠点となる城郭が築かれる。これは豊前や筑後でもそうであるが、一国全体を支配する戦国大名が育たず、一郡規模を支配領域とする国衆が割拠したためである。それらの事例を挙げると、**花尾城・帆柱山城**（遠賀郡）、**岳山城**（〈**蘿岳《つただけ》城**〉宗像郡）、**立花城**（糟屋郡）、**一ノ岳城**・鷲ヶ岳城（那珂郡）、**安楽平城**（早良郡）、**高祖城**（怡土郡）、柑子岳《こうじだけ》城（志摩郡）、**岩屋城**・宝満城（御笠郡）、**古処山城**（夜須郡）、**笠置城**（穂波郡）、**益富城**（嘉麻郡）などである。そのうち、**岩屋城**、宝満城、**立花城**、鷲ヶ岳城、**安楽平城**、柑子岳城は、豊後大友方の筑前支配の各郡拠点として置かれた城であるし、また筑前最大の国衆・秋月氏は、居城**古処山城**のほか、秋月方の山麓部に**荒平城**、嘉麻側の盆地に**益富城**の巨大城郭を構築、それらの城とともに領国境目《さかいめ》の城には畝状空堀群を執拗に配する特徴的な縄張であった。

　その一方で、宗像氏、立花氏、秋月氏などの国衆同士の狭間《はざま》となったような若宮盆地（宮若市）には、小規模城郭が密集する現象が起こっている（お城アラカルト参照）。また、**立花城**の南側にある三日月山、城ノ越山には、永禄十二年に毛利方が大友方と立花城を巡って争った際のものとみられる陣城が構築されており、注目される。

　また、上記の拠点となる城郭の多くでは織豊系以前の築城技術であるにもかかわらず、石垣遺構を多用する事例が認められる。ただし、自然石をそのまま積み、高さが二～三メートルを越えるとセットバックして複数段にして積むものであり、織豊系城郭の石垣とは一線を画するもので、技術体系は一貫していない。

【筑後地域の主な中世城館】　筑後地域は、九州を代表する大河・筑後川が流れ、広大な有明海に面していることから、低地の平野が北側から西側にかけて広がっている。そのような山城が構築できない場所には、平地城館が築かれた。数多くの平地の城が築かれたものの、それらの多くは後世の農地改良等でその構造がよくわからなくなっているものが多い。そのような中でも、**蒲船津城**（柳川市）や**三原城**（大刀洗町）は平面構造が比較的わかっている事例であり、本書でも取り扱っている。その反面、龍造寺隆信が攻め滅ぼした蒲池《かまち》城（柳川城）や島津方が攻め落とした堀切城（みやま市）などは良く知られた城ではあるが、構造が判明していない。

筑後の山間部にも多くの城館は築かれた。特に筑後川の南に沿って東西に伸びる耳納連山《みのうれんざん》には、数多くの城館が確認されているが、中でも**妙見城**（うきは市）は筑後最大規模を誇る山城である。筑後北部の国衆・星野氏の居城で、城内に設けられた畝状空堀群は、秋月氏の同盟勢力だった関係を物語っているのだろう。この他にも、筑後地域の国衆の拠点的な山城としては、**発心城**・**高良山一帯の山城群**（久留米市）、**猫尾城**・**国見岳城**・**山下城**（八女市）、**三池山城**（大牟田市）などが挙げられる。

縄張で特徴的なのは、**小田城**（みやま市）である。麓の溝口城主・溝口氏という小領主の城と伝わるが、その縄張は二つの曲輪を六重の空堀で囲い込むという非常に厳重なものであった。このような遺構が筑後の小領主に必要とされていたのだろうか。他の外的要因などはないのか、その成因は今後追求すべきものであろう。

【近世以降の城館】　天正十五年、九州を平定した豊臣秀吉は、九州の国分けを実施した。その結果、現福岡県内の勢力構造は一新された。豊前企救郡（北九州市東部）・田川郡には森吉成《よしなり》（毛利勝信）、それ以外の豊前六郡には黒田孝高《よしたか》（如水）、筑前一国・筑後御原《みはら》郡には小早川隆景《たかかげ》、筑後北部には小早川（毛利）秀包《ひでかね》という、それまで九州にはなかった豊臣勢力の大名の所領となった。筑後中部には筑紫《ちくし》広門《ひろかど》、筑後南部には立花統虎《むねとら》（宗茂《むねしげ》）・高橋統増《むねます》（立花直次《なおつぐ》）兄弟という、豊臣方として貢献した旧来の国衆たちが大名として取り立てられた。

この国替えによって、福岡県内では**小倉城**（北九州市小倉北区）、名島城（福岡市東区）、**久留米城**（久留米市）などがいわゆる織豊系の築城技術による石垣造りの城として大改修が行われた。いずれも豊臣系大名の居城である。

文禄・慶長の役を挟み、慶長五年（一六〇〇）の関ヶ原の合戦により、九州も大幅に領主の入れ替えが行われた。豊前一国と豊後北部には、細川忠興《ただおき》、筑前一国には黒田長政《ながまさ》、筑後には田中吉政《よしまさ》がそれぞれ大領をもって入国する。豊前では、居城となった**小倉城**のほか、支城の**門司城**（北九州市門司区）、**香春城**（鬼ヶ城・香春町）や**岩石城**（添田町）が改修された。筑前では、名島城から移転築城した**福岡城**（福岡市中央区）のほか、六つの支城が築城された。これらの多くは石垣や瓦、礎石建物を備えた織豊系城郭であったが、中には**松尾城**（東峰村）のように、織豊系の築城技術による桝形《ますがた》虎口《こぐち》や石垣、礎石建物を備えていても、瓦葺建物は有していなかったものもあった。筑後では、**柳川城**（柳川市）が五層の天守を有する豪壮な城郭に改修されるとともに、領内一〇ヵ所の支城が築かれた。特に、**福岡城**やその支城には、慶長年間の特徴が随所に残されていると言ってよいだろう。

その後、元和《げんな》の一国一城令により領内の支城は廃城となり、また寛永期の国替えによって、筑前には福岡藩・黒田家の**福岡城**（五二万石）、筑後には久留米藩有馬家の居城・**久留米城**（篠山城・二一万石）、柳川（柳河）藩立花家の居城・**柳川城**（一一万石）、豊前には小倉藩小笠原家の居城・**小倉城**（一五万石）を残すのみとなり、この四ヵ城が幕末まで存続することとなった。**久留米城**の石垣は、東側の一部を残し、そのほとんどが、有馬家が入城した際に大幅に改修されているものと考えられる。

【近世の陣屋】 福岡県内には、先の四ヵ城に加え、各藩の支藩の拠点となった陣屋がいくつか設置された。福岡藩・黒田家では、初代藩主・長政の三男・長興《ながおき》を藩祖とした秋月藩が、拠点としたのは筑前秋月（朝倉市）の**秋月陣屋**であった。秋月陣屋には、現在でも堀や石垣、長屋門《ながやもん》、隅櫓《すみやぐら》の台などが残されている。この他、一時的にではあるが、筑前直方《のおがた》（直方市）にも支藩が置かれ、陣屋が構えられた。柳川藩・立花家では、藩祖・宗茂の弟、直次に一万石が与えられ、柳川藩とは別に三池藩が開かれたが、その拠点は三池郡三池（大牟田市）の**三池陣屋**であった。三池藩は一時的に陸奥国に国替えとなるが、幕末の慶応年間に三池に返り咲いている。小倉藩・小笠原家では、寛文七年（一六六七）、小倉藩小笠原家二代藩主・忠雄の弟・真方《さねかた》を一万石で新田藩として分藩したが、参勤交代を行わない常に江戸住まいの大名で、明治二年（一八六九）になるまで陣屋を構えることはなかった。

ちなみに本藩・小倉藩も幕末の第二次長州征伐で**小倉城**を長州藩に奪われた結果、京都《みやこ》郡豊津の地に陣屋を構え、豊津藩として明治の廃藩置県まで命脈を保った。

【参考文献】 廣崎篤夫『福岡県の城』（海鳥社、一九九五）、福岡県教育委員会『福岡県の中近世城館跡Ⅰ〜Ⅳ』（二〇一四〜一七年）、岡寺良『戦国期北部九州の城郭構造』（吉川弘文館、二〇二〇）、岡寺良『九州戦国城郭史　大名・国衆たちの築城記』（吉川弘文館、二〇二一）

●福岡県〈豊前〉名城マップ

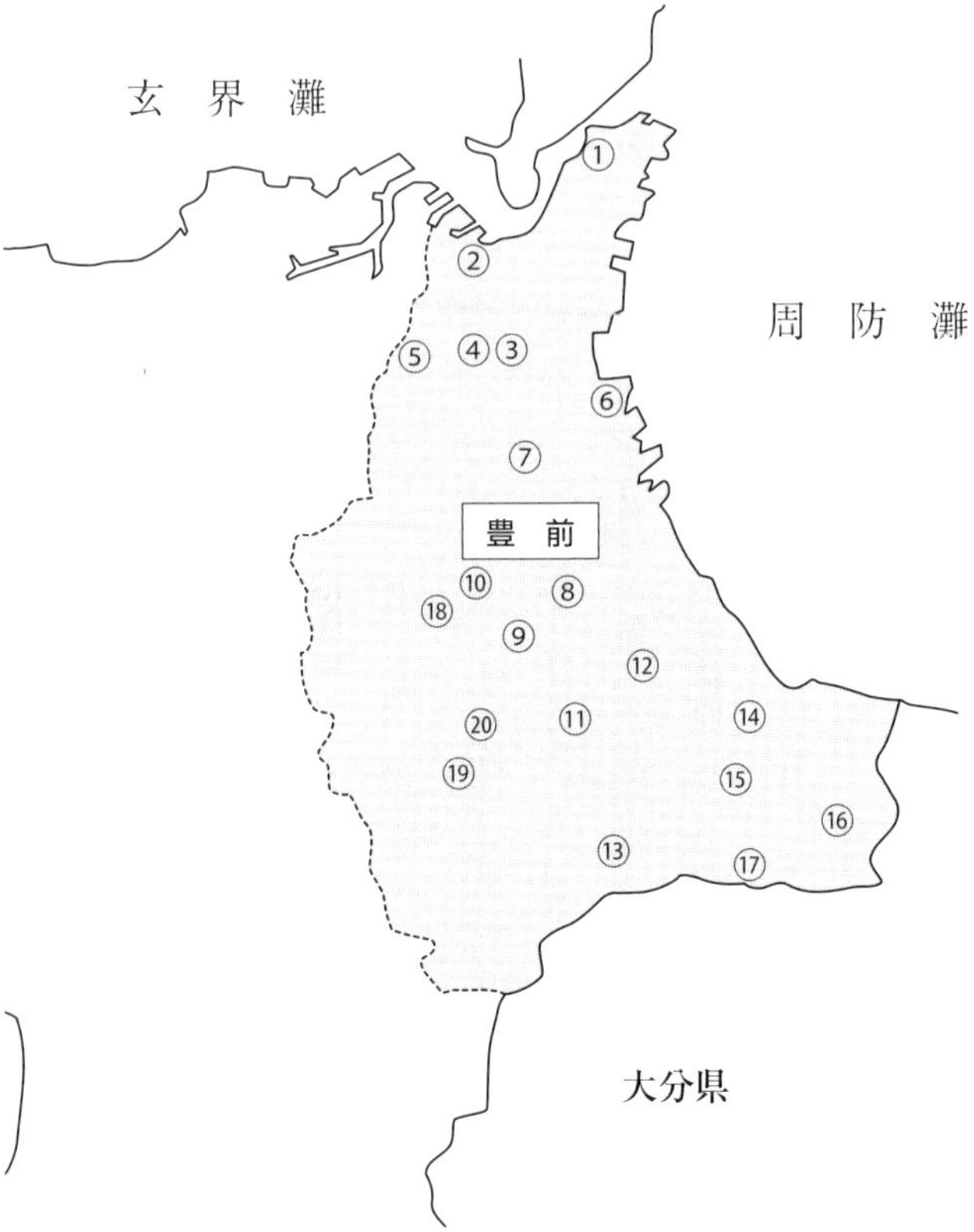

福岡県
〈豊前〉

①門司城
②小倉城
③長野城
④椎山城
⑤三岳城
⑥松山城
⑦等覚寺城
⑧馬ヶ岳城
⑨大坂山城
⑩障子ヶ岳城
⑪神楽山城
⑫宇都宮氏館
⑬城井ノ上城
⑭馬場城
⑮櫛狩屋城
⑯追揚城
⑰雁股城
⑱香春城・鬼ヶ城
⑲岩石城
⑳戸城山城

●福岡県〈筑前〉名城マップ

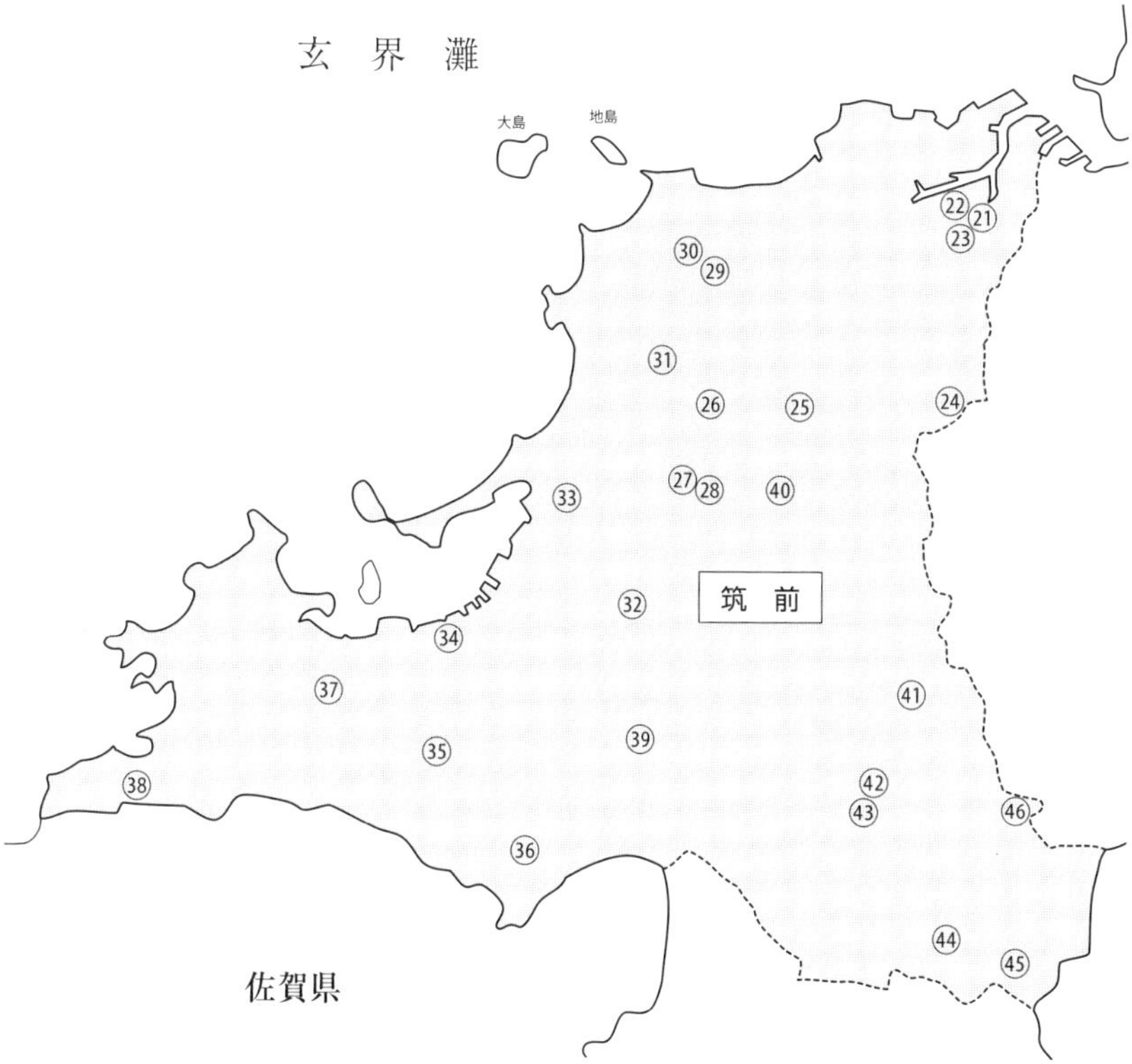

〈筑前〉

㉑花尾城
㉒黒崎城
㉓帆柱山城
㉔鷹取城
㉕龍ヶ岳城・祇園岳城
㉖宮永城
㉗熊ヶ城（犬鳴山城）
㉘犬鳴別館
㉙岳山城（薙岳城）
㉚白山城
㉛許斐岳城
㉜高鳥居城
㉝立花城砦群
㉞福岡城
㉟安楽平城
㊱一ノ岳城・亀ノ尾城
㊲高祖城
㊳二丈岳城
㊴岩屋城
㊵笠置城
㊶益富城
㊷古処山城・荒平城
㊸秋月陣屋・南御殿
㊹麻氏良城
㊺長尾城
㊻松尾城

●福岡県〈筑後〉名城マップ

〈筑後〉

㊼三原城
㊽久留米城
㊾高良山の城
㊿発心城
51妙見城
52長岩城
53鷹取山城
54猫尾城
55犬尾城・鷹尾城・東館遺跡
56山下城・国見岳城
57小田城・禅院城
58蒲船津城
59柳川城
60三池山城
61三池陣屋

豊前

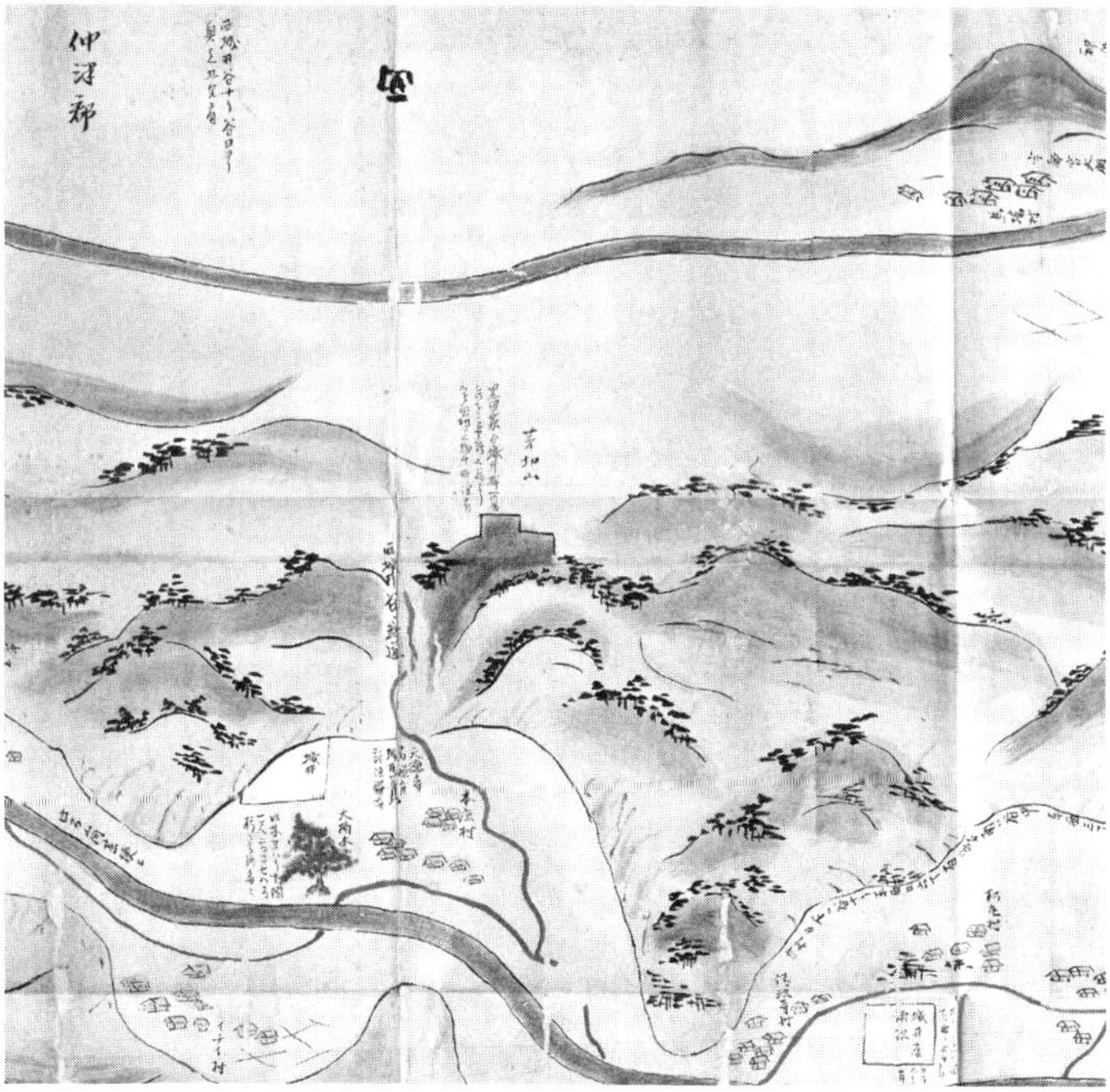

城井谷《きいだに》絵図（部分，福岡県立図書館デジタルライブラリからの転載）

●海峡を見下ろす軍事要塞

門《も》司《じ》城《じょう》

〔所在地〕北九州市門司区門司
〔比　高〕約八〇メートル
〔分　類〕山城
〔年　代〕一三世紀～一六一五年
〔城　主〕門司氏、細川氏
〔交通アクセス〕ＪＲ鹿児島本線「門司港駅」下車、北方向に徒歩約四五分で山頂の本丸部分に到着。

【門司城をめぐる攻防】　門司城は九州の最北端にあたる北九州市門司区、標高約一七五メートルの古城山《こじょうさん》山頂に位置する。響灘に面し、関門海峡を望む交通の要衝に立地する。一帯を治めていた門司氏は、もとは関東の御家人で下総氏といい、いわゆる「下り衆」として、鎌倉時代にこの地に移ってきた。南北朝期には門司氏を名乗り、一五世紀に入ると周防大内氏の被官となり、交通の要衝を押える門司城は大内氏の勢力下に置かれることとなった。しかし、大内氏が陶晴賢《すえはるかた》により滅ぼされ、さらに毛利氏による防長支配が確立すると、この地域をめぐる情勢は一気に流動化する。すなわち、大内氏の勢力圏を保持しようとする毛利氏と、豊後国から勢力を北上させてきた大友氏によって、門司城をめぐる攻防が激化するのである。永禄四年（一五六一）、大友義鎮《よししげ》は、毛利勢が守る門司城と松山城（苅田町）の攻撃を命じ、両軍の間で激しい攻防がはじまる。毛利方は、村上水軍を率いる小早川隆景を門司城に送り込み、大友方の攻撃をはね返すとともに、豊前蓑島《みのしま》沖（行橋市）の海戦で、大友水軍に大打撃を与える。この敗戦により、豊前沖の制海権を失った大友方は、後方の補給路を脅かされることになり、門司城から退却することになるのである。

その後、豊臣秀吉の九州征伐時には、島津方についた高橋氏が支配する小倉城攻略の拠点として、門司城は重要な役割を果たし、関ヶ原の合戦後は豊前国に封じられた細川氏が支配することとなる。細川氏と黒田氏が年貢の取り扱いをめぐって争った際には、門司城に大阿武《おおあたけ》船を回送し、黒田氏の船が上方に年貢米を送ることを阻止するよう指示が出されており、支城として重要な役割を果たしていたことが窺える。しかし元和元年（一六一五）の一国一城令によって破却され、その役割を終えることになる。

【門司城の遺構】　門司城が所在する古城山一帯は、幕末以降、軍事的施設の構築が行われ、特に明治時代以降は、関門要塞の一部として、砲台や通信施設などが築かれたため、門司城の遺構は大きく削平されている。こうした理由から、門司氏や毛利氏支配時代の遺構や遺物についてては不明と言わざるを得ない。ただ古城山山頂の西側斜面等に、石垣がわずかに残存しており、これらは細川氏時代に構築されたものとみられる。また、文禄・慶長期以降に比定される瓦も採集されており、瓦葺の建物が存在していたことが窺われる。つまり、現在我々が目にすることができる門司城の遺構は、細川氏の時代に改修されたものと考えられるのである。

門司城は、その地勢的特質から、諸勢力が手中に収めようと攻防を繰り返した城である。残念ながら遺構の残存状況はよくないが、現地に立ち、関門海峡を望めば、その歴史的重要性を肌で感じることができるだろう。

●―門司城遠景

●―山上の石碑

●―山上から関門海峡をのぞむ

【参考文献】
『アクロス福岡文化誌7福岡県の名城』（海鳥社、二〇一三）、中村修身『北九州・京築・田川の城』（花乱社、二〇一六）

（小南裕一）

●海峡を望む惣構の城

小《こ》倉《くら》城《じょう》

〔所在地〕北九州市小倉北区城内
〔比　高〕約一〇メートル
〔分　類〕平城
〔年　代〕一六世紀後半～幕末
〔城　主〕高橋氏、毛利氏、細川氏、小笠原氏
〔交通アクセス〕ＪＲ鹿児島本線「西小倉駅」下車、南方向に、徒歩約一五分で本丸部分に到着。

【小倉城の構造】　小倉城は九州の最北端にあたる北九州市小倉北区に所在する。その地理的環境は、響灘《ひびきなだ》に面し、関門海峡を望む交通の要衝に立地する。天守を中心として石垣や堀を幾重にも巡らせた惣構《そうがまえ》の本格的な近世城郭である。惣構は、東は砂津《すなつ》川、西は板櫃《いたびつ》川、南は小倉北区大手町付近までの東西約一・八キロ、南北約一・六キロの範囲であり、中央を流れる紫川を境界として、「西曲輪」・「東曲輪」と呼称されるエリアに区分されている。本丸は西曲輪に位置し、篠崎丘陵から派生する低台地上に築かれ、これを取り囲むかたちで、北・東側に二ノ丸、南・北側に三ノ丸が配置されている。東曲輪は武士や町人、僧侶の居住地であり、いわゆる城下町が形成されており、碁盤目状の区割りに沿って藩士屋敷や町屋が形成されている。

小倉城の惣構は、砂津川と板櫃川といった河川を利用し、形成されているが、河川や丘陵による障壁がない南側については、人工の造作による防御施設が構築されている。

惣構の南限である大手町地区には、最大幅約三四メートル、高さ五メートル以上の大規模な土塁《どるい》が残存していたが、開発により消滅した。また、やはり開発に伴う発掘調査で障子堀《しょうじぼり》をもつ最大幅約二〇メートルの堀などが検出されており、地形上、弱点となっている惣構南側に、極めて強固な防御施設が構築されていたことがわかる。

また、惣構の外郭ラインの複数箇所には出入口となる門が設置されており、慶長十七年（一六一二）の「豊前国小倉城

●—小倉城惣構範囲（大日本帝国陸地測量部製作）

図」には五ヵ所の出入口が記録されている。

小倉城が造られる前、この地は「小倉津」と呼ばれる港町であったことが文献史料から窺える。小倉城の二ノ丸にあたる地区は、基盤層は砂層であり、響灘に面した砂丘が形成されていたことが判明しているが、発掘調査により、鎌倉～室町時代の陶磁器や、墓が検出されており、こうした遺構・遺物は「小倉津」との関連を持つものと考えられる。また、室町地区の遺跡からは、こしき炉や鋳型など、鋳造に関連する資料が得られており、これも文献史料に登場する「小倉鋳物師」との関連性を示すものと捉えられている。

このように文献史料や考古学的成果から、中世の小倉津は響灘に面した、商品が行き交う海上交通の要衝であり、このことがこの地に城が築かれる大きな要因となったことがわかる。

小倉城に関する史料上の初見は、宗像《むなかた》大社《たいしゃ》辺津宮《へつみや》置札に記された永禄十二年（一五六九）、毛利元就《もとなり》が、企救郡《きくぐん》の長野氏を攻略した後、小倉津に平城を築かせ、伯耆国の南條勘兵衛を置いたという記録である。ついで天正三年（一五七五）、薩摩の島津家久《いえひさ》が上洛の途中に小倉の町を通過し、この折に「高橋殿の館」を一見したことを道中日記に記しており、これが小倉城を指すものとみられている。当時、小倉の町は毛利氏の庇護下にあった高橋氏が支配しており、のち本拠は香春城に置かれ、小倉城は端城として機能していくこととなる。高橋氏は豊臣秀吉の九州征伐に際し、島津方に与したため、小倉城は秀吉軍の先鋒である毛利軍により包囲され、守備隊は香春城に退去する。当主である高橋元種《もとたね》も秀吉の前に降伏し、小倉城は秀吉の近習であった毛利勝信《かつのぶ》（森吉成《もりよしなり》）に与えられる。この高橋氏、毛利氏時代の小倉城に関連する遺構については、近年の開発行為に伴う発掘調査で、徐々にではあるが明らかになりつつあり、後に詳述したい。

関ヶ原合戦の際、毛利勝信は西軍に与したため、改易され、豊前国は細川氏に与えられる。当主である細川忠興《ただおき》は、当初中津城を居城としていたが、のちに小倉城に入り、本格的な改修に取り掛かる。現在の小倉城は、この忠興による改修や整備を原型とし、東曲輪をはじめとする城下町も整えられ、細川氏の肥後転封《てんぽう》後は小笠原氏に受け継がれるのである。

【高橋・毛利氏時代の遺構】 小倉城周辺の各種開発によって、細川氏入部以前の小倉城の一部が明らかになってきた。まず、一八世紀以降、「新馬場」と呼称された二ノ丸の一部（現思永中学校東側）で、幅約一一メートル、深さ約四・四メートルもの大規模な素掘りの堀が平成十四年（二〇〇二）度の発掘調査で確認された。出土遺物などから、高橋氏もしくは毛利氏時代に構築されたものと考えられる。また、大手門石垣に隣接する箇所（現しろテラス）から深さ三メートル程度の堀が検出されている。溝底からは堀障子《ほりしょうじ》状の遺構が確認され、金箔付の鬼瓦も出土している。こうした鬼瓦は、豊臣政権下の大名に使用が許されたものであることから、この堀は毛利勝信時代に構築された可能性が極めて高い。こうした堀は石垣を持たないものの、深さ三〜四メートルと大規模なものであり、織豊期に強固な防御施設が構築されていたことが窺える。

また、近世に御厩《おうまや》と呼称された地区の大部分は、現在、勝山公園の駐車場となっているが、建設に先立ち発掘調査が実施され、その際、中世後半期からの造成痕跡が認められ、一部で石垣も検出されている。こうした石垣はいわゆる織豊系の石垣であり、細川期の石垣とは異なる特徴を示している。また、本丸北側の多門櫓《たもんやぐら》付近には、毛利氏時代の石垣が残存しており、細川氏時代に積み増しされている状況がよくわかる。

【近世城郭小倉城の構造】 関ヶ原の合戦後、小倉城は、豊前国を拝領した細川忠興によって大改修が加えられ、新しい城として生まれ変わる。先述した毛利氏等によって築かれた堀等の遺構は埋め立てられ、石垣についても先述したように、一部で積み増し等が行われているものの、前時期と比較して、より高く、堅固に増強されている。

改修後の小倉城については、慶長十七年や寛永二年（一六二五）に描かれた絵図などから、細川氏統治時代に城下町を含め、原形が整っていることが判明しており、以後はこの縄張や町割を踏襲しつつ、城は発展していった。

近世小倉城の縄張は、本丸部分を中心として、同心円状に曲輪を配置しており、各城門前に設置された馬出《うまだし》が重複して築かれる構造が認められる。この馬出は規模の拡大により、曲輪と一体化しており、慶長年間以降に認められる居城の大規模化と連動した城郭構造の変化と言えよう。

●—大手町遺跡で検出された障子堀（(公財)北九州市芸術文化振興財団埋蔵文化財調査室提供）

小倉城の主郭部分は一段高い本丸と南側の松ノ丸から構成されており、天守は本丸の北東隅に建てられている。現在、我々が目にする天守は昭和三十四年（一九五九）に建築された破風《はふ》をもつ復興天守であり、本来の姿とは異なる。小倉城の天守は天保八年（一八三七）に、本丸台所付近での出火によって焼失し、往時の姿は文献史料の記録や古絵図から復元せざるを得ないが、いわゆる層塔型を呈する五重の天守で、五階部分が四階より半間ほど張り出す「唐造り」の構造であったと考えられている。天守の高さは、一一間三尺五寸（約二二・七メートル）であり、国持大名の居城にふさわしい威容を誇っている。天守を支える石垣は、自然石を利用したいわゆる「野面積《のづらづみ》」であり、基底部に「根切り」といって岩盤を掘り凹め根石を固定する手法が採られている。

●—「新馬場」で検出された高橋・毛利期の堀（(公財)北九州市芸術文化振興財団埋蔵文化財調査室提供）

本丸の周囲を取り囲むように配置されている

●—毛利期とみられる石垣（(公財)北九州市芸術文化振興財団埋蔵文化財調査室提供）

●—小倉城復興天守

二ノ丸は、幕末の小倉のようすを記録した『龍吟成夢《りゅうぎんせいむ》』によれば、御花畑、新馬場、家老屋敷、御下屋敷、御下台所、御厩、御勘定所といった諸施設で構成されていたとみられる。

二ノ丸家老屋敷は、重臣の屋敷が建ち並んでいた区域であり、リバーウォーク北九州の建築等に先立って発掘調査が実施されている。幕末頃に描かれた小倉藩士屋敷絵図によると、屋敷の北側は石垣で画されており、リバーウォーク前を東西に走る道路部分は水堀になっていた。発掘調査では絵図のとおり、石垣や堀の痕跡が確認され、特に職人門口に該当する箇所からは、櫓門の基礎となる石垣が確認されている。

御下屋敷は、小倉藩士屋敷絵図によれば藩主の御遊所（別

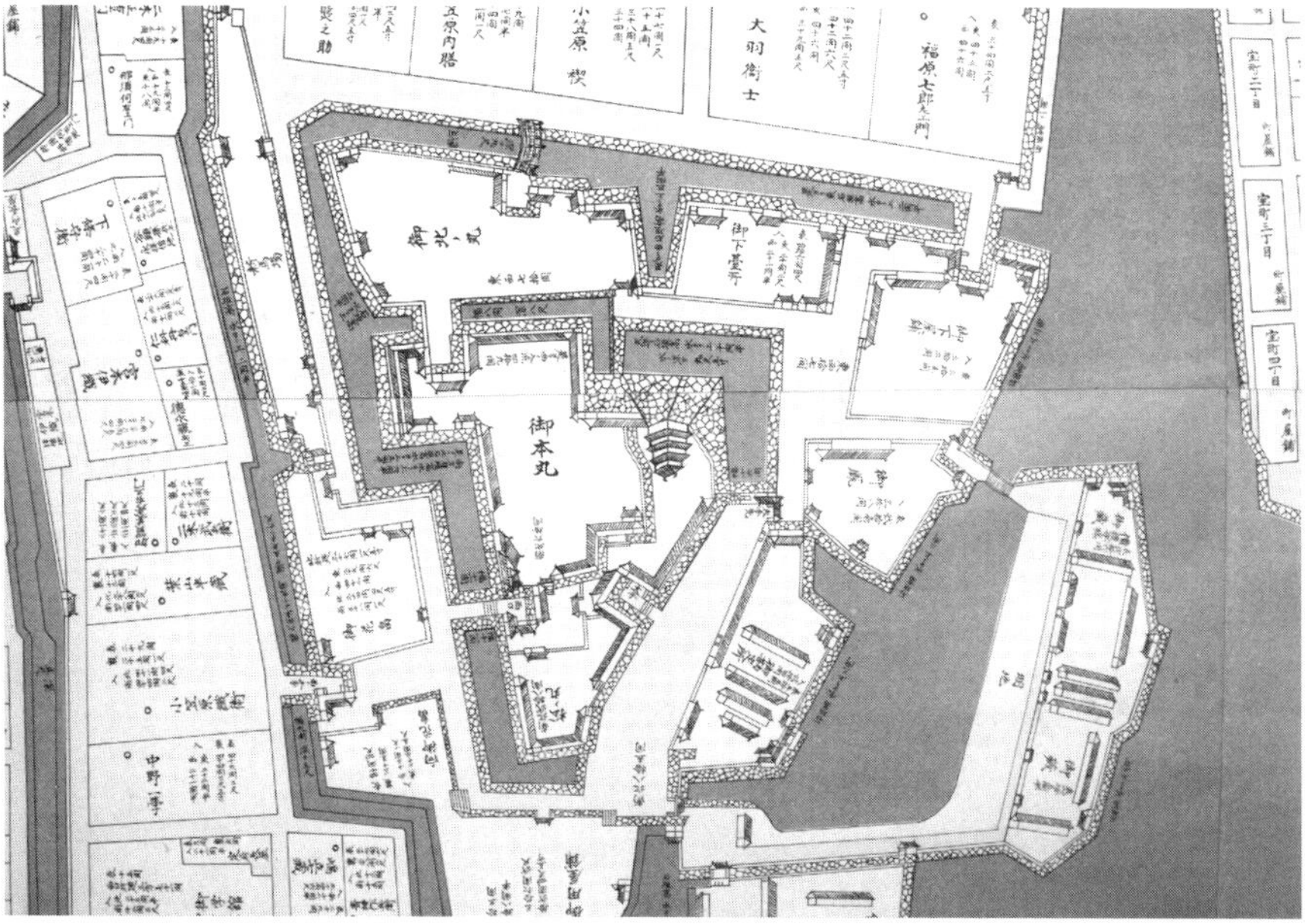

●—本丸とその周辺（小倉藩士屋敷絵図より）

邸）となっており、庭園が置かれていた。現在もこの地は、小倉城庭園として整備されており、細川氏の時代は、筆頭家老である松井康之・興長《おきなが》父子の屋敷地であったが、元文五年（一七四〇）以前の城内を描かれたと考えられる「豊前小倉図」には「御下屋敷」と記されていることから、この時期には藩主別邸となっていたものと考えられる。

御厩・御勘定所・御蔵は小倉藩士屋敷絵図によれば、本丸東側に配置されている。絵図によれば、いずれも石垣と櫓が表現されており、御蔵と御勘定所には敷地内に建物が描かれている。これらの地区では、勝山公園地下駐車場建設に伴う発掘調査によって、区画を行う石垣や櫓台が検出されており、先述したように細川氏入部前に遡る造成痕跡なども確認されている。

三ノ丸は、本丸の西側から南側にあたる部分に位置する。絵図によると主に上級武士の屋敷が立ち並んでいたようすが窺え、藩校である思永館《しえいかん》もこの三ノ丸に所在していた。現在、思永中学校西側の道路はかつて堀がめぐらされていた箇所であり、堀の東側に築かれていた土塁が一部残存している。発掘調査の成果によれば、三ノ丸で確認された上級武士の屋敷地は、石垣によって道路面から一《メートル》程高くなっており、屋敷地内からは建物跡や井戸などが検出されている。ま

●—三ノ丸跡地に残る土塁

た、出土遺物については、景徳鎮《けいとくちん》産の粉彩磁器碗や、方瓶といった高級陶磁器や、三つ葉葵紋が金彩された土師器皿《はじきざら》が出土するなど、上級武士の屋敷に相応しい遺物が出土している。

【近代以降の小倉城】　慶応二年（一八六六）、小倉藩は長州藩の攻撃を前に、小倉城を自焼させ、田川郡香春に撤兵する決断を下す。主要施設を失った小倉城には長州藩が入り、以後、両藩の戦闘は継続するが、翌慶応三年に停戦が行われ、小倉城とその城下は長州藩が支配することとなった。明治時代に入ると、明治八年（一八七五）、小倉城三ノ丸に歩兵第一四連隊が、明治十八年には歩兵第一二旅団の本部が設置された。そして明治三十一年には本丸を中心とするエリアに第一二師団司令部や関連施設が置かれ、小倉城は軍都小倉の中枢部として機能することとなる。城内には歩兵第一二旅団や師団司令部の門が現存しており、往時を偲ぶことができる。

第二次世界大戦後、小倉城をはじめ、周辺の軍用地は進駐軍によって接取されたが、昭和三十四年（一九五九）に返還され、同時に先述したような復興天守が築かれた。以後、今日まで小倉城は北九州市のシンボルとして、市民の憩いの場となっている。

【参考文献】『アクロス福岡文化誌7　福岡県の名城』（海鳥社、二〇一三）、北九州市立自然史・歴史博物館編『小倉城と城下町』（海鳥社、二〇二〇）

（小南裕一）

●日本最多の畝状竪堀

長《なが》野《の》城《じょう》

〔所在地〕北九州市小倉南区大字長野
〔比　高〕約二〇〇メートル
〔分　類〕山城
〔年　代〕一六世紀後半
〔城　主〕長野氏、高橋氏
〔交通アクセス〕ＪＲ鹿児島本線「小倉駅」から西鉄バス北九州「舞ヶ丘五丁目」停留所下車。長野緑地公園経由で林道を通り約六〇分。

【圧巻の畝状竪堀】　長野城は周防灘を望む北九州市小倉南区大字長野に所在する。貫山《ぬきさん》系から北側に派生する山丘上に立地しており、標高約二三七メートル《メートル》の山城である。この長野城を象徴する遺構として、斜面に張り巡らされた畝状竪堀《うねじょうたてぼり》がある。その総数二四八条であり、日本列島で最多である。

　長野城の平面構造は、北側に開口する平面馬蹄形《ばていけい》を呈し、北西側に三の郭、北東側に二の郭、南側に本郭が配置されている。畝状竪堀は、この馬蹄形の内側においてほとんど認められず、外側に集中的に配置されており、とりわけ本郭の南側は二段にわたって竪堀が構築されている。本郭南側については傾斜が緩やかな地形であり、こうした弱点を克服するため、入念な竪堀配置が行われているとみられる。

　いっぽうで、三の郭周辺については、畝状竪堀の存在が希薄であり、連続する曲輪や堀切《ほりきり》を多用することにより、防御性を高める意図を読み取ることができる。

　なお、畝状竪堀の構築時期に関しては、議論が分かれているので後述したい。

【長野城をめぐる攻防とその後】　長野城の築城時期については諸説あるが、一次史料にはじめて現れるのは、永禄八年（一五六五）、大友氏による攻城の記録である。これはそれまで対立していた大友氏と毛利氏の間で和睦がなり、長野城主であった長野氏に大友氏が城の明け渡しを求めたことに端を発する。この時は、大友氏が「長野筑後守里城」「長野筑後守要害切岸《きりぎし》」に対する攻撃を加え、城主の長野筑後守は降伏

●—良好に残る畝状竪堀

したとみられている。

次に長野城をめぐる攻防として知られるのが、永禄十一年（一五六八）、毛利氏による攻撃である。長野城をはじめ、等覚寺《とかくじ》城、小《こ》三岳《みつたけ》城、大三岳《おおみつたけ》城などが毛利方の激しい攻撃の末、落城し、長野氏は大打撃を受け、それまで領有していた企救《きく》郡《ぐん》から、大友氏の勢力下にあった京都郡に移る。

長野氏の退去後、企救郡は高橋氏の支配下に入ったものとみられるが、その過程については以下のようになる。当主であった高橋鑑種《あきたね》はもともと大友氏の一族であり、筑前岩屋城に拠っていたが、やがて大友氏に反旗を翻し、毛利氏についた。長野氏を企救郡から追いやった毛利氏は、筑前立花城まで兵を進め、これを攻略するが、高橋鑑種もこの戦いに参加し、活躍する。しかし、毛利氏が大内氏遺臣の蜂起により、領国に戻ったため後ろ盾を失い、大友氏に降伏する。そして毛利・大友氏の和睦を受け、筑前から追放され、小倉に移されるのである。その後は、秋月氏から元種《もとたね》を養子に迎え、田川香春城を本拠とし、企救郡をはじめとする豊前北部一帯を勢力下に置くことになる。この段階で、長野城は高橋氏が手にするところとなったのである。

【畝状竪堀の構築時期】　長野城の築城時期の上限に関しては、明らかではないが、先述したように、大友氏による攻城の記録から、永禄年間には存在していた可能性は高い。ただ、畝状竪堀の敷設時期に関しては意見が分かれている。

一つは長野氏が大友氏や毛利氏などからの攻撃に備え、構築したとみる説で、時期としては永禄年間が想定される。この説は永禄十一年の毛利氏による攻城の際、長野城と類似した二段構造の畝状竪堀を有する等覚寺城に長野三河守助守が籠城していることや、豊臣秀吉の九州攻めに関する文献史料に、長野城に関する記述が登場しないことなどを根拠としている。もう一つの説は、長野氏退去ののち、企救郡を勢力下に置いた高橋氏が、天正期に秀吉の九州攻めに備えて構築したとする見方である。先述したように、高橋鑑種は養子として秋月氏から元種を迎えているが、現在までの中世山城研究の成果では、秋月氏の勢力圏では、古処山城、益富城、香春城など、畝状竪堀を有する城が多く認められることが明らかになっている。このことから、長野城の畝状竪堀は、高橋氏の手によるものと考える立場である。現状では、後者の説が有力視されているようであるが、決定的な証拠が得られているわけではない。

長野城については、平成四年（一九九二）度から十年度まで、北九州市教育委員会によって、測量や小規模な発掘調査が実施されて、畝状竪堀についても調査が行われているが、構築時期を決定できるような遺物は出土していない。ただし、測量図等から、曲輪のみに限定されていた段階と、これに畝状竪堀群が追加された段階がある可能性は高く、ここでは曲輪のみの時代＝長野氏、畝状竪堀の敷設＝高橋氏という想定をしておきたい。

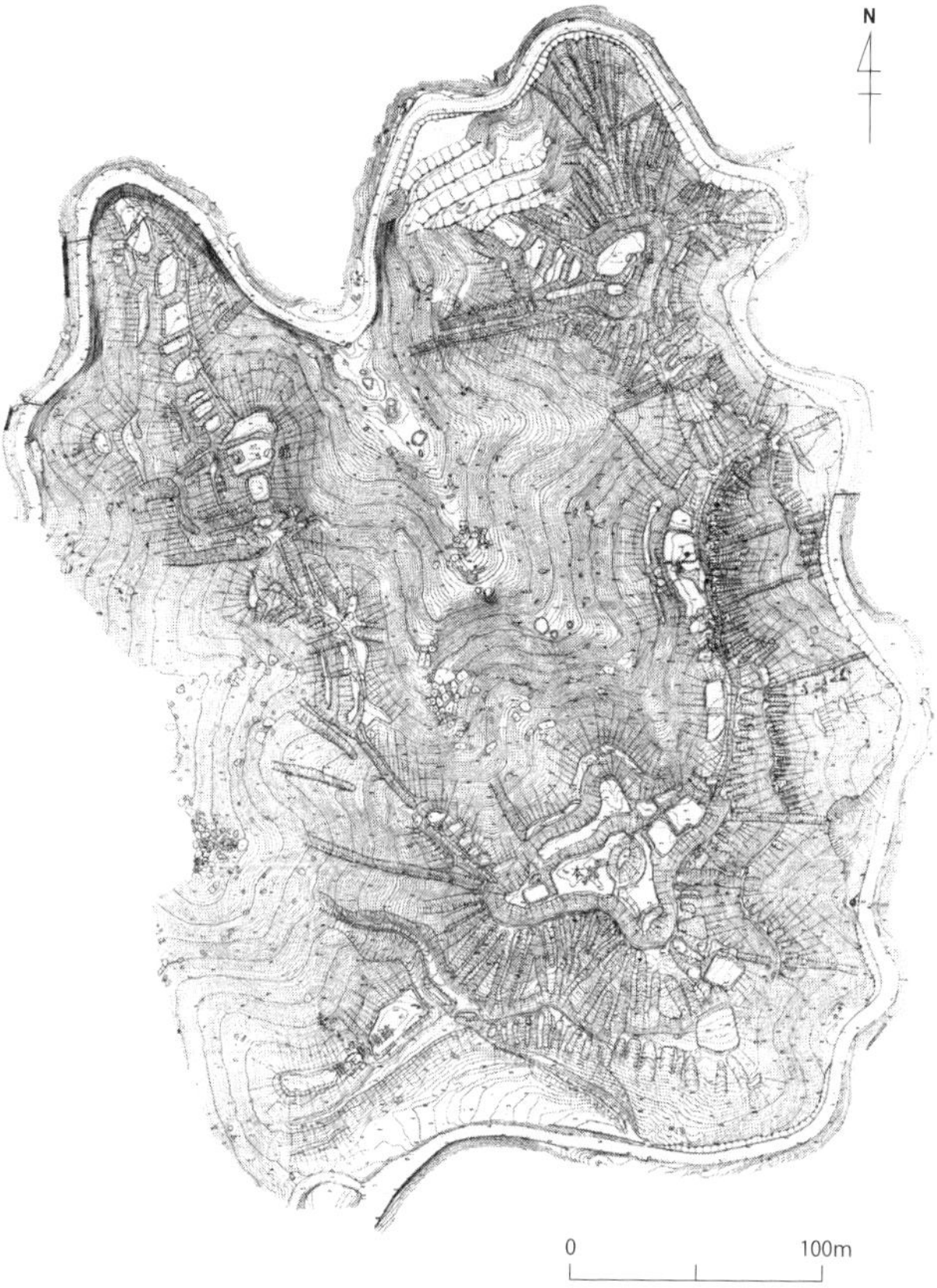

●―長野城平面図（出典：北九州市教育委員会 2000）

●―本郭部分トレンチ調査状況（北九州市教育委員会提供）

●―検出された石組遺構（北九州市教育委員会提供）

高橋氏は豊臣秀吉の九州征伐時に、秋月氏を通じ、島津方として活動するが、先述したように長野城は、その際の文献史料には登場しない。日本有数の畝状竪堀を誇る長野城であったが、おそらく秀吉軍によって小倉城を押さえられた時点で、戦略的な意義を失い守備兵も撤兵したため、文献上に記録が残らなかったのではないかと推測される。秀吉による九州征伐は、高橋氏や秋月氏の想定を超えた軍事行動であり、長野城が表舞台に登場することはなかったのである。

【長野城周辺の陣城】 かつては長野城周辺の丘陵上に、長野城攻略のための「陣城」が存在するという見方があった。このことは先述した、北九州市による平成四年度からの分布調査時に指摘され、永禄八年の大友氏攻城時の所産ではないかと考えられていた。しかし平成二十四年から福岡県教育委員会によって実施された中近世城館遺跡の悉皆《しっかい》調査によって、陣城の根拠とされた人工的な造成平坦面や、横堀遺構は近世以降に築かれた山道であろうと判断された。確かに永禄十一年の毛利氏による三岳城攻めの際、構築されたとみられる吉川城や三角城の構造は、小規模な曲輪を階段状に連続させるものであり、長野城周辺にのこされた遺構とは大きな違いがある。このように長野城周辺に所在するとされた陣城の存在は否定されることとなったが、一部出城として認定できる遺構もあり、今後も注視が必要である。

また長野城の西側には、堀越《ほりこし》城、丸ヶ口城といった山城が所在している。両城が長野氏と関連するものであるかどうか不明瞭であるが、一六世紀後半の築城である可能性は高く、今後も継続的に検討を試みていく必要があろう。

【参考文献】北九州市教育委員会編『長野城―長野城の分布確認調査』（北九州市文化財調査報告書　第八九集、二〇〇〇）、『アクロス福岡文化誌7福岡県の名城』（海鳥社、二〇一三）、中村修身『北九州・京築・田川の城』（花乱社、二〇一六）、福岡県教育委員会『福岡県の中近世城館跡Ⅲ―豊前地域編―』（二〇一六）北九州市教育委員会編『長野城―総括編―』（北九州市文化財調査報告書第一六二集、二〇一九）

（小南裕一）

●毛利方の巨大陣城とみられる

椎《しい》山《やま》城《じょう》

〔所在地〕北九州市小倉南区徳吉・志井
〔比　高〕約二〇〇メートル
〔分　類〕山城
〔年　代〕一五～一六世紀
〔城　主〕毛利方か
〔交通アクセス〕JR鹿児島本線「小倉駅」から北九州モノレール「企救丘駅」下車、徒歩約二〇分で登山口に到着。

【城の位置と歴史】　小倉の企救《きく》平野に流れ込む紫《むらさき》川の右岸に面し、九州自動車道の北側に南北に長く聳える椎山の山頂一帯に位置する。古川山城、城ノ粒城ともいう。長野豊前守種盛《たねもり》が築城し、応永年間に長野義富《よしとみ》の第四子の左兵衛義衡《よしひら》が城主であったが、大内盛見《もりはる》に落とされたと伝えられる。しかし、城域に見られる遺構の大半は、永禄年間（一五五八―七〇）の毛利方の陣城の構築に伴うものとみられる。

【城の構造】　椎山城の中心は椎山山頂（標高二二一メートル）地点にあって（図中A）、そこには成形された平坦な、南北約二五メートル、東西約二〇メートルの楕円形の曲輪を主郭としている。その主郭の周りには、幅約五メートルの帯《おび》曲輪が巡り、その北側と南側は堀切《ほりきり》あるいは横堀状となって尾根からの侵入を防御している。さらにその北側には不整形ながらも平坦面が続き、主郭から約五〇メートルの地点にさらに堀切一本を設けている（図中a）。これにより椎山城の縄張は完結しているかに見えるが、さらにその外側には広大な曲輪群が展開している。山頂から続く尾根上の至る所には、雛壇《ひなだん》状に小曲輪群が林立する

●―遠景（手前に紫川が見える）

様子が窺える。尾根の各頂部に中心を持ち、大きく分けてA～Hの曲輪群に区分することができる。南北約一《キロ》以上、東西約五〇〇《メートル》、山頂から南側は東と西の二股に尾根が分かれることから、総延長約二《キロ》近くもの長さの曲輪群を持つ。県内でも随一の規模を誇っている。しかしながら、縄張は非常に単純であり、Aの周囲に堀切が若干見られるのを除いては、基本的には、頂部はあまり造成を加えず、逆に斜面は階段状に小曲輪群を切り刻むように連続させている。また、F・G・Hは他の曲輪群からは距離を保っており、F・Gも他と同様に堀切などは見られず、小曲輪段があるのみで、出《で》曲輪などが想定される。その一方で、Hの曲輪群については、曲輪の南側に堀切一本を構えており、出曲輪というよりは別の城の可能性も想定されよう。

なお、Fの南側は鞍部《あんぶ》となっており、大規模な堀切状の窪

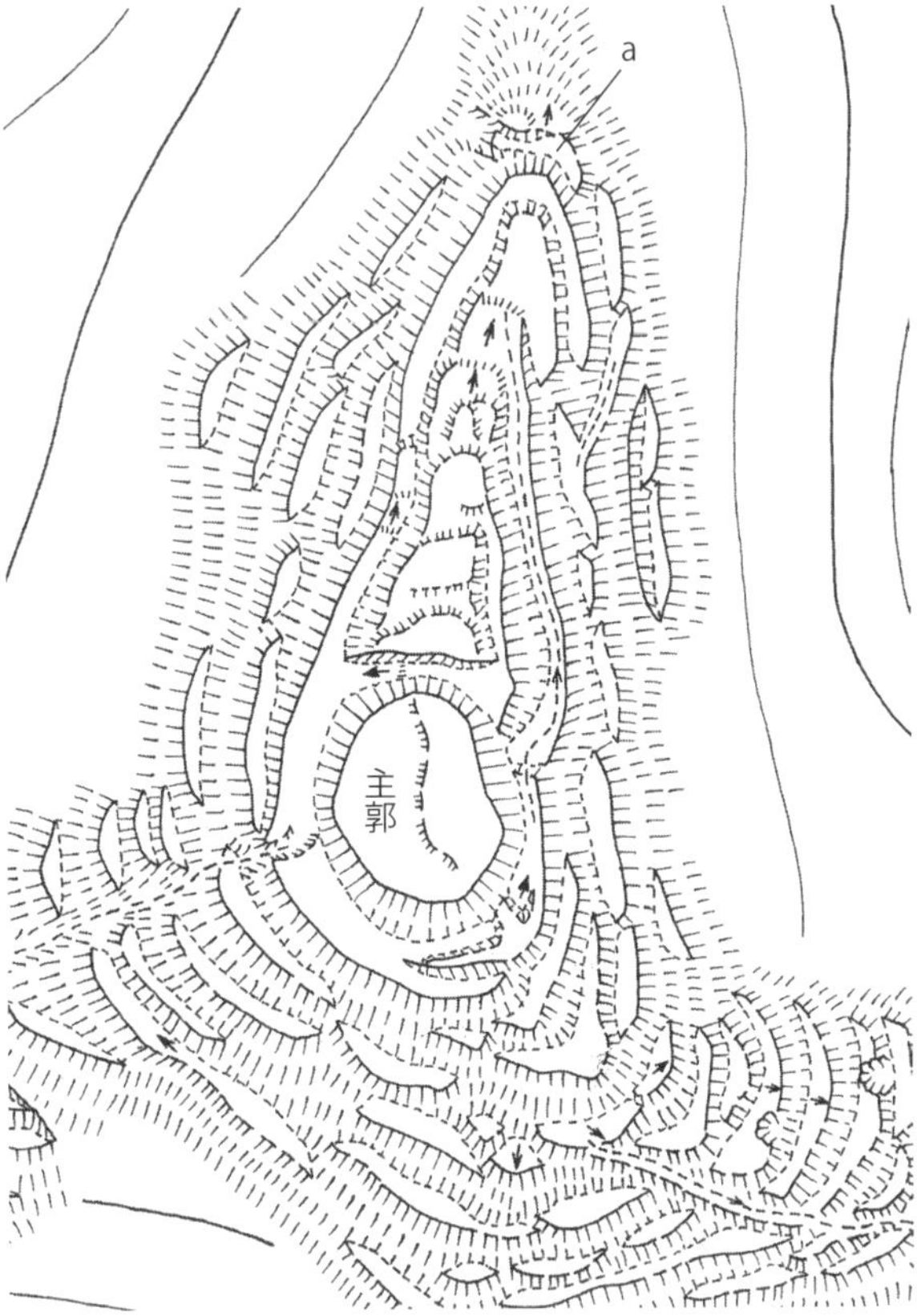

●—椎山城主郭周辺（A地点）縄張図（出典：福岡県教育委員会 2016）

●—主郭の堀切

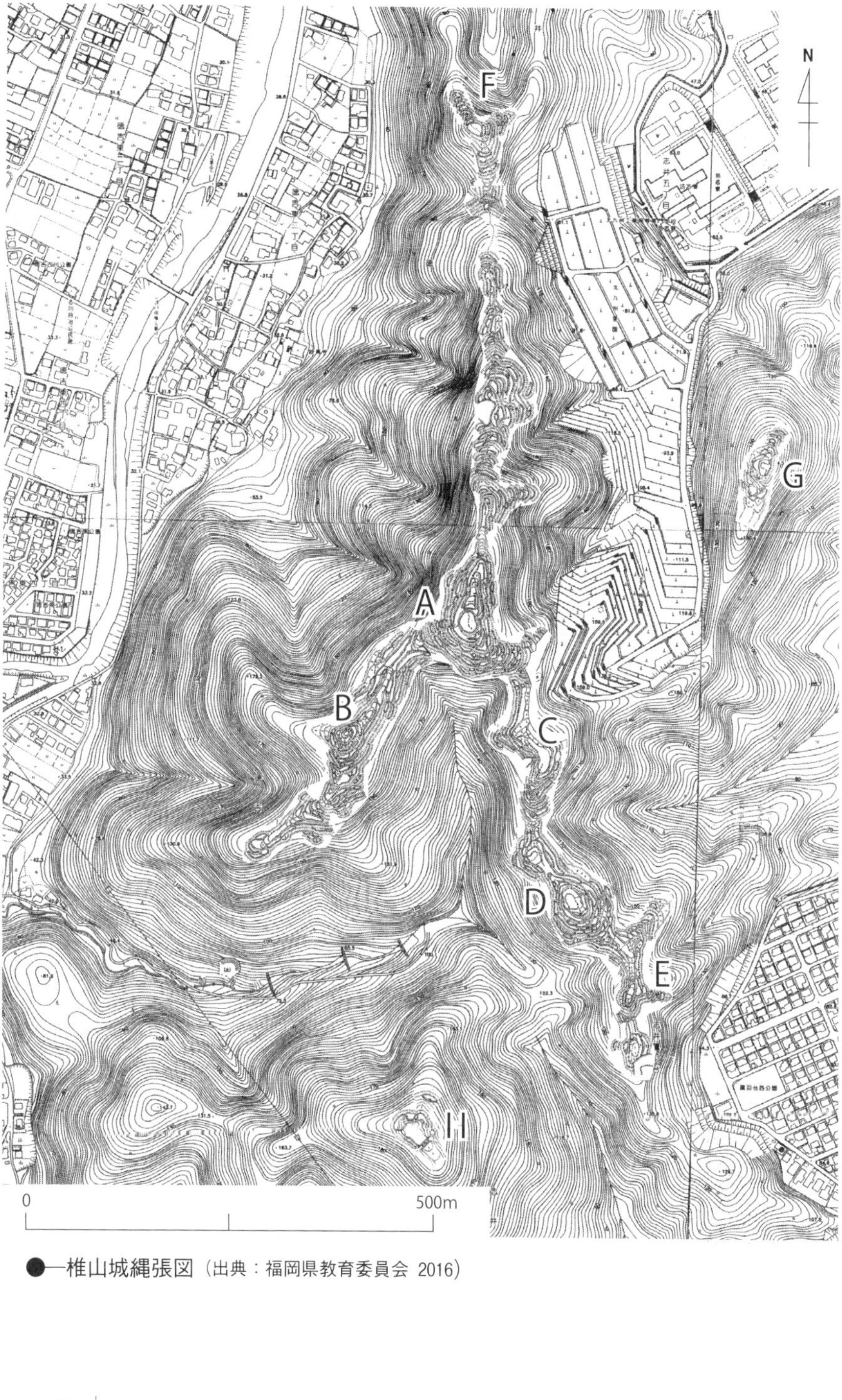

●—椎山城縄張図（出典：福岡県教育委員会 2016）

●—椎山城からの眺め（小倉方面）

●—G 地区曲輪群遠景

みがあるが、これは戦前の地図にも古道が通っている。そのため、峠越え道の切通しである可能性が高い。

【広大な城域の意味するところ】 伝承などでは、当城に関しては南北朝～戦国時代前期の記事しかなく、これらの広大な縄張を構築した主体については判然としない。一方で、城域は南北約一キロ、東西約五〇〇メートル、尾根全体の総延長は二キロにもわたり、小曲輪群を展開させるような縄張は、とても一国衆の城郭という位置づけとは考えられない。むしろ大軍勢による戦時の駐屯した痕跡とみるべきであろう。当城は、東に長野城、西に三岳城があって、ちょうどその中間地点にあたる。村田修三は、永禄十一年の毛利勢による長野城、三岳城攻略戦において、長野城を攻略した後、三岳城を攻めるために一時的に大軍を駐留させた場所が、椎山城ではないかとしており、その可能性が高い。数万にもおよぶ大軍を安全に駐屯させるための造作ではないだろうか。三岳城も小規模平坦面群がずらっと並ぶ同じような縄張が特徴的であることから、やはり三岳合戦に関わるものと見た方がよさそうである。

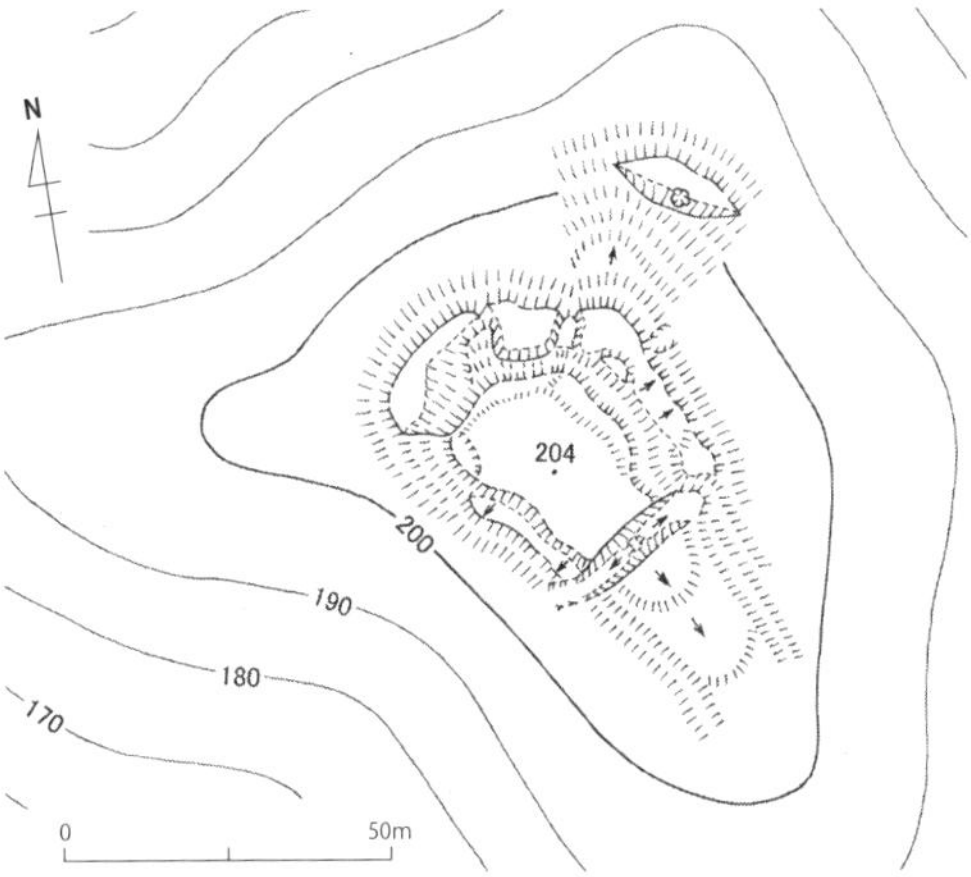

●—H 地区曲輪群縄張図（出典：福岡県教育委員会 2016）

【参考文献】北九州市教育委員会『長野城』（二〇〇〇）、福岡県教育委員会『福岡県の中近世城館跡Ⅲ—豊前地域編—』（二〇一六）

（岡寺 良）

●毛利氏と長野氏の激戦の跡

三《みつ》岳《たけ》城《じょう》

〔所在地〕北九州市小倉南区辻三
〔比　高〕一五〇～三〇〇メートル
〔分　類〕山城
〔年　代〕一六世紀
〔城　主〕毛利方か
〔交通アクセス〕九州自動車道「小倉南IC」前、中谷営業所から合馬・道原地区おでかけ交通（合馬ルート）で「三岳入口」下車、徒歩一五分で登山口に到着（バス時刻要事前確認）。登山口から大三岳城まで徒歩約六〇分（山道歩行）

【城の位置と歴史】 紫《むらさき》川支流、合馬《おうま》川が流れる辻三《つじみつ》の谷は、その北側から西側にかけて、豊前国と筑前国との国境となっており、標高四〇〇メートル前後の山稜となっている。その国境の山稜の東、辻三集落に面した中腹には大三岳《おおみつたけ》と小三岳《こみつたけ》と呼ばれる二つの頂部が形成されている。これら二つの頂部にはともに中世城郭が所在する。これらの両城は、「三岳城」として、大友方の国衆・長野氏の持ち城として、永禄年間（一五五八—七〇）には毛利氏との争奪戦が行われている。

【大三岳城】 大三岳城は、大三岳山頂（標高四一四メートル）を起点として、そこから、東西に延びる尾根上に曲輪群が細長く展開している。全長は九〇〇メートル前後にもおよび長大である。

曲輪群は大きくⅠ～Ⅵの頂部を中心に築かれており、Ⅰ～Ⅳの頂部は標高四〇〇メートル前後と高低差はあまりなく、どこが主郭にあたるのか不分明なほど、横並びな曲輪配置である。

基本的には、自然の平坦地形を最大限生かしながら、最低限度の造成加工によって、平坦面を造り出しており、堀などの防御遺構も極端に少なく、ⅢとⅣの曲輪群の間

●—大三岳城（右）と小三岳城（左）

に二本の堀切《ほりきり》がみられるのみである。その一方で、これらの堀切はともに深さ三メートルを超えるような大規模なものもあり、城域の中でひときわ目立つ存在となっている。

【小三岳城】　小三岳（標高三〇九メートル）山頂に東西約一〇〇メートルの細長い主郭を置き、一部に土留めの石垣なども確認することができる。主郭の北東側は、階段状に小曲輪群が八段ほどつづいており、その先のaには、腰《こし》曲輪と、短いながらも七本の竪堀からなる畝状空堀群《うねじょうからぼりぐん》を確認することができる。

　また、主郭の南側の尾根にも帯《おび》曲輪が回り、その先に堀切二本で尾根を遮断する（先端の堀切はかなり埋没しており、一見曲輪に見える）。その堀切の東西両側斜面b・cにもそれぞれ短いながらも一〇本と三本の竪堀《たてぼり》からなる畝状空堀群が確認できる。主郭の西側の尾根伝いには、一〇～五〇メートルの一定の間隔を置いて、堀切四本が構築されている。

【吉川城・三角城と周辺の遺構群】　三岳城は上記のように、大三岳と小三岳の両城からなるが、それらの城の北側から西側にかけても城郭遺構が確認できる。北側には吉川《きっかわ》城、西側

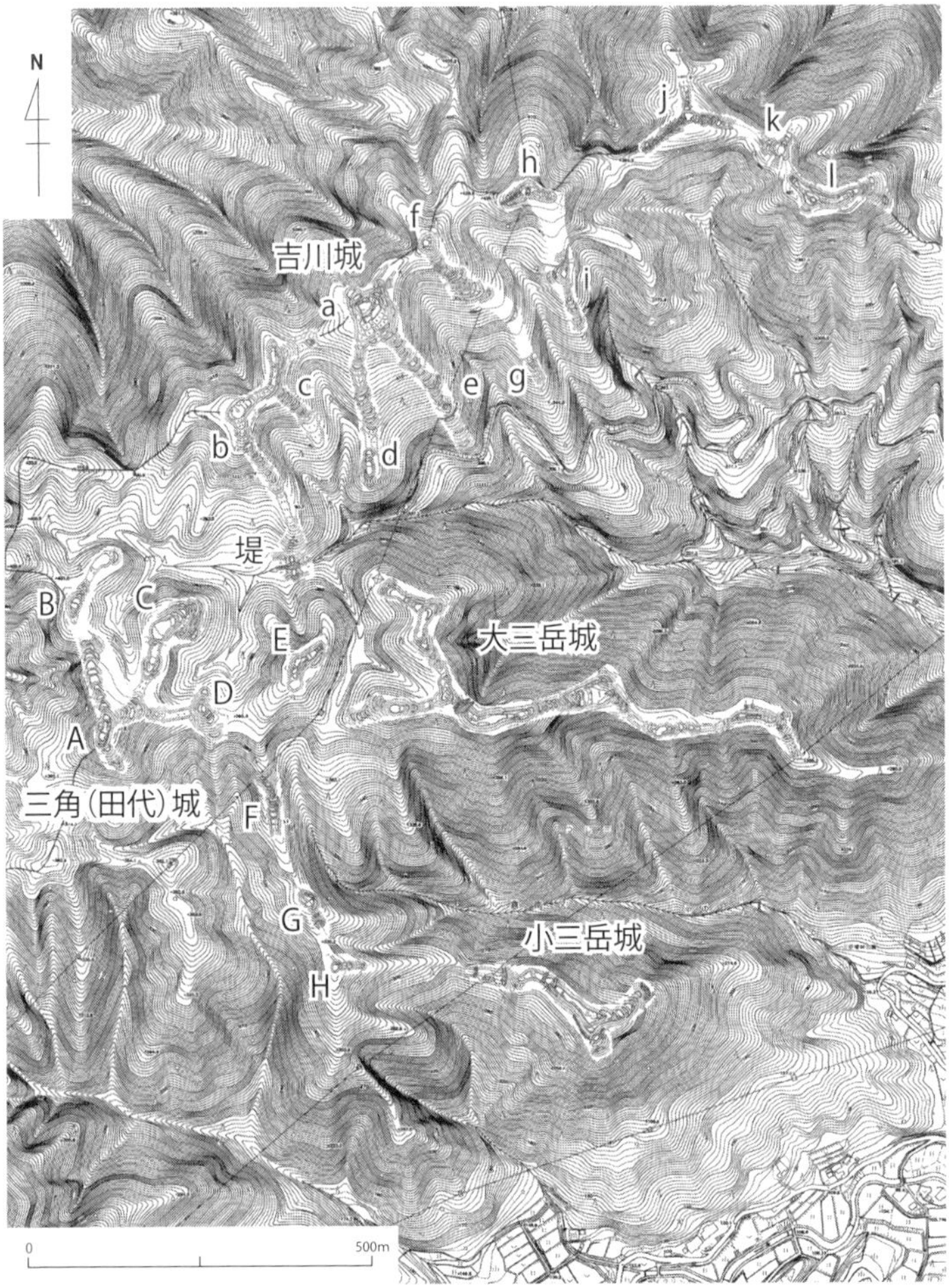

●—大三岳城・小三岳城・吉川城・三角城位置図（出典：福岡県教育委員会 2016）

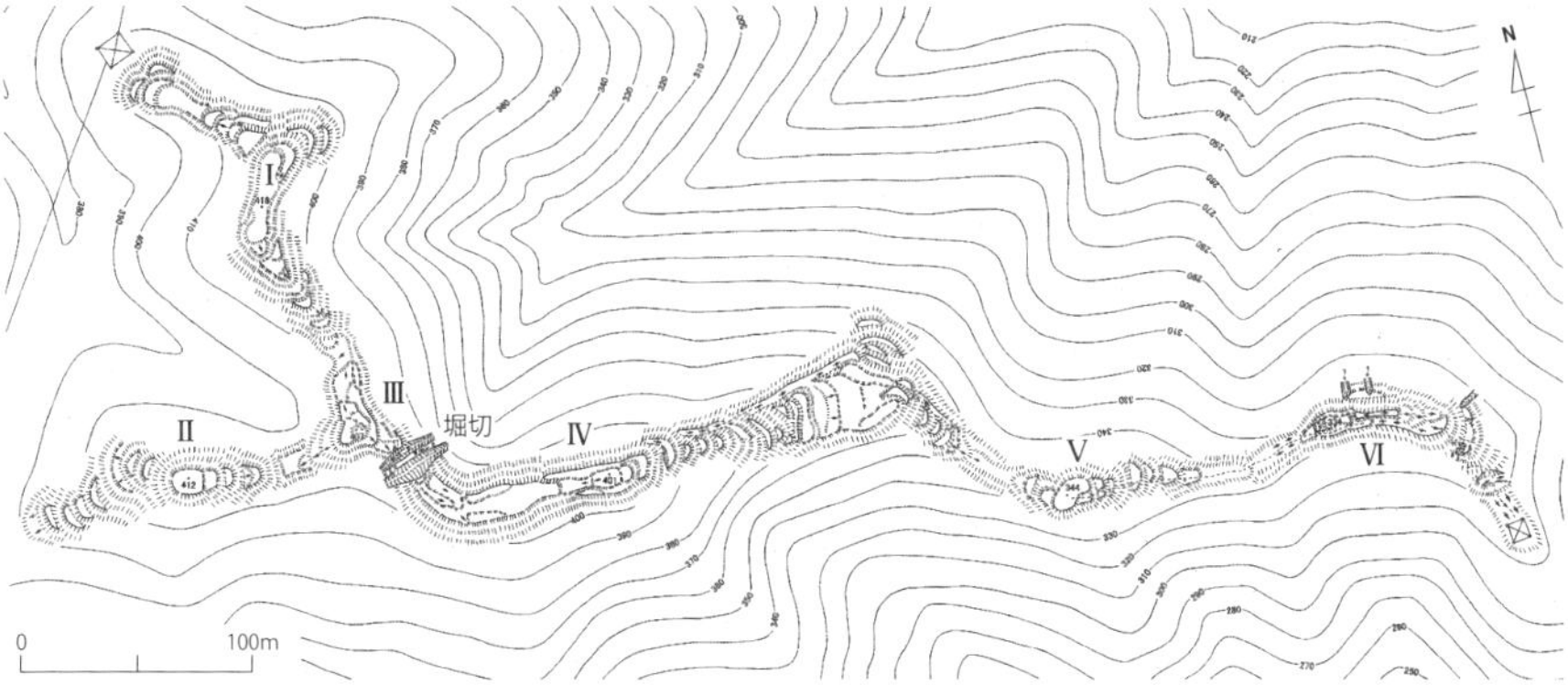

●—大三岳城縄張図（出典：福岡県教育委員会 2016）

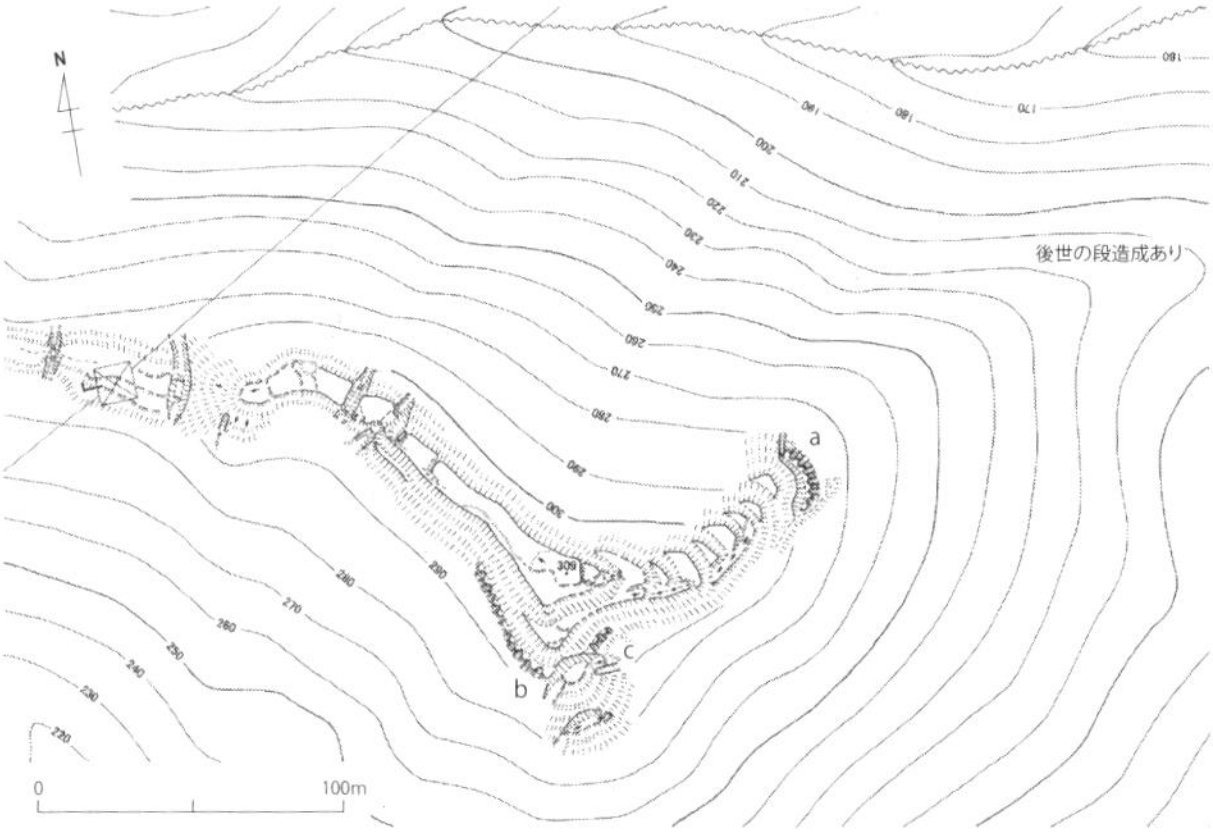

●—小三岳城縄張図（出典：福岡県教育委員会 2016）

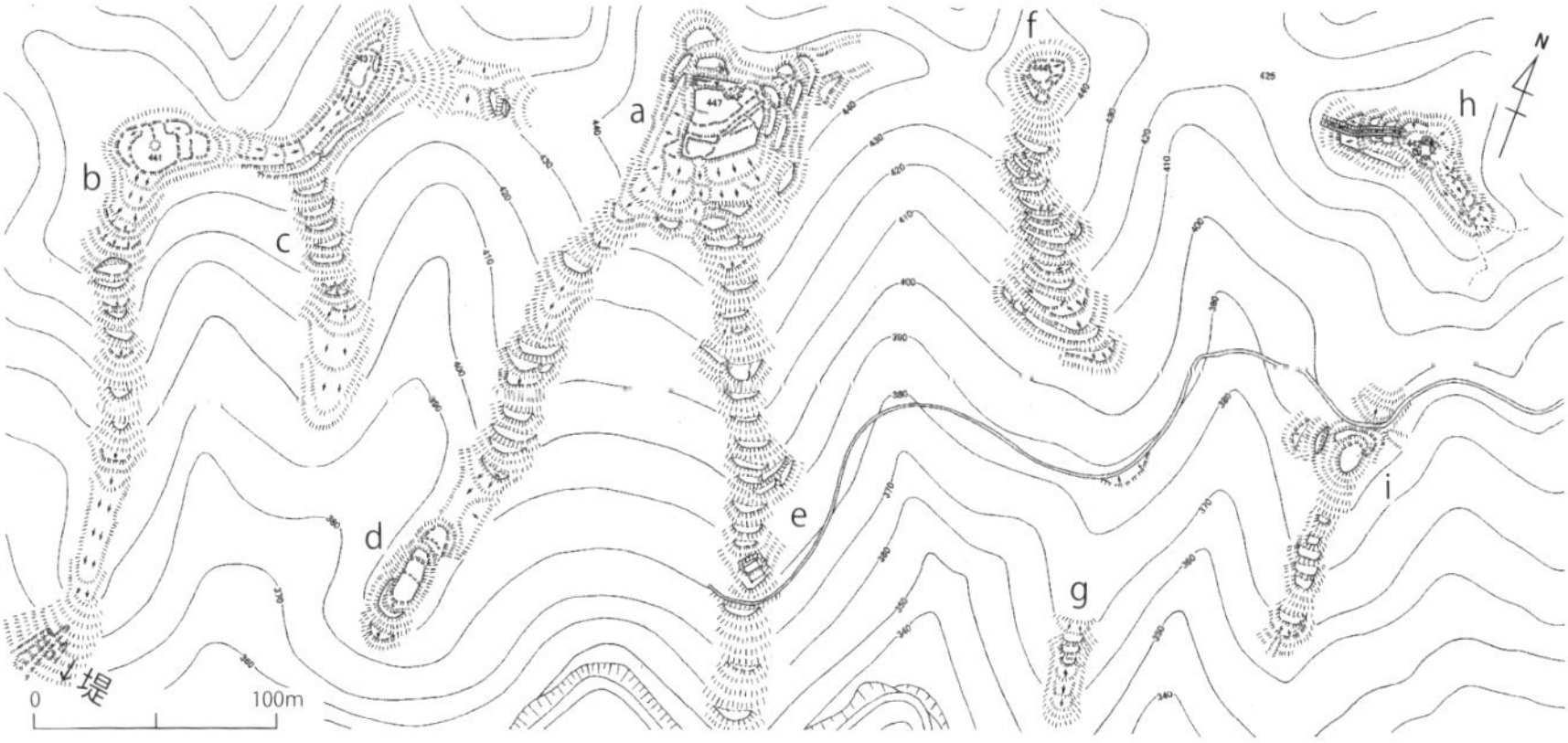

●—吉川城主要部縄張図（出典：福岡県教育委員会 2016）

には三角《みすみ》城と伝承される城郭遺構があり、その周囲にも遺構が広がっている。これらは長野勢が守る三岳城を、毛利方が攻めるために構築した陣城であると考えられる。

吉川城の曲輪群は、大きくa～lの一一ヵ所を数える。aは吉川城のなかでも広い曲輪を有する場所で、これらの曲輪群のなかでも中心的な存在である。aの主郭の南西側を中心に土塁状の高まりがみられ、南側の尾根dとeに向かって階段状に小曲輪が連続する状況が見受けられる。

また、aの東西側の稜線上の各頂部にも不明瞭ながら曲輪群b・c・f・hが確認できるが、これらも基本的には南側、つまり大三岳城がある方向の尾根上に階段状に小曲輪が連続している。曲輪群hからさらに東側へ進むと、さらにj・k・lの稜線上の各頂部に小曲輪が展開している。

吉川城の南西の、大三岳城の谷を挟んだ西約五〇〇メートル地点の豊前と筑前の国境の稜線上には、三角城が位置する。三角点のある標高四三七メートルの頂部Aを中心として縄張が展開している。Aには三角城の主郭が置かれており、一辺二〇メートルにも満たない小さな主郭であるが、この一帯は、城域の中でも、もっとも曲輪の整形が丁寧になされている印象を受ける。Aから北側と東側の尾根上に一〇メートル四方もないような小曲輪群が階段状に連続する。そして、その先は、B～Eのそれぞれの頂部を中心に小曲輪群が展開しており、主に頂部の北、あるいは東側に向けて小曲輪群が階段状に展開する。一方、D・Eから南側へ派生する尾根上F～Hにも小曲輪群が点在している。このように三角城は、A～Hの計八地区にもおよ

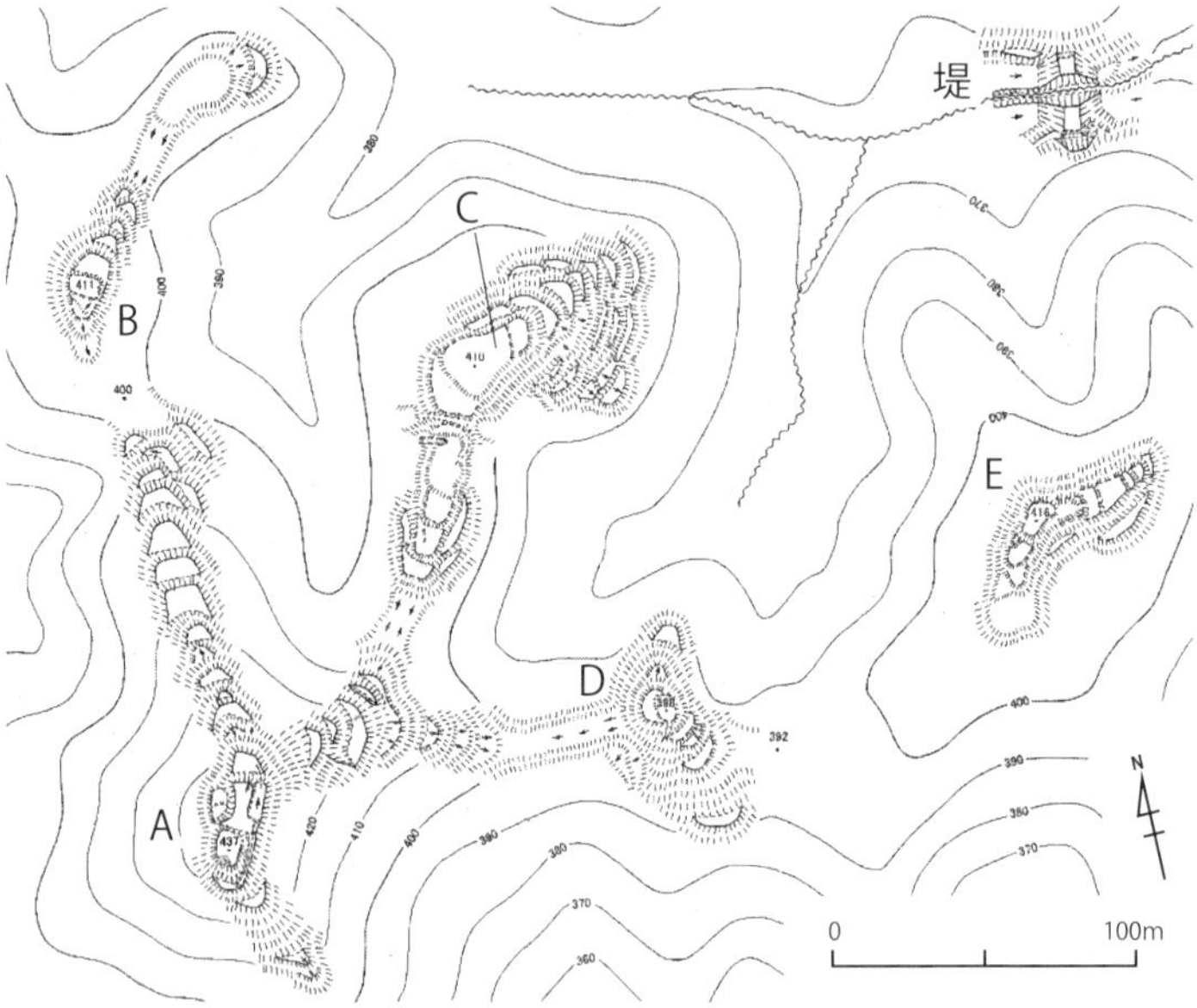

●—三角城主要部縄張図（出典：福岡県教育委員会 2016）

んでおり、その範囲は南北約五〇〇メートル、東西約五〇〇メートルにもおよぶ。

一方、三角城と吉川城との間の谷部には、地元で「堤」と称される遺構が残されている。全長約三〇メートル、幅約二〇メートル、高さ約五メートルの巨大な土塁《どるい》状遺構で、谷を塞ぐように構築しているものである。堤の真ん中はV字形に開削されたようにみえる。その断面をみると、赤褐色土と灰褐色土の互層が確認され、人為的に盛土して構築されている。吉川城と三角城との間の谷部にあたるため、巨大な土塁状遺構を築くことによって、吉川城側と三角城側との連携強化を図ったものである。

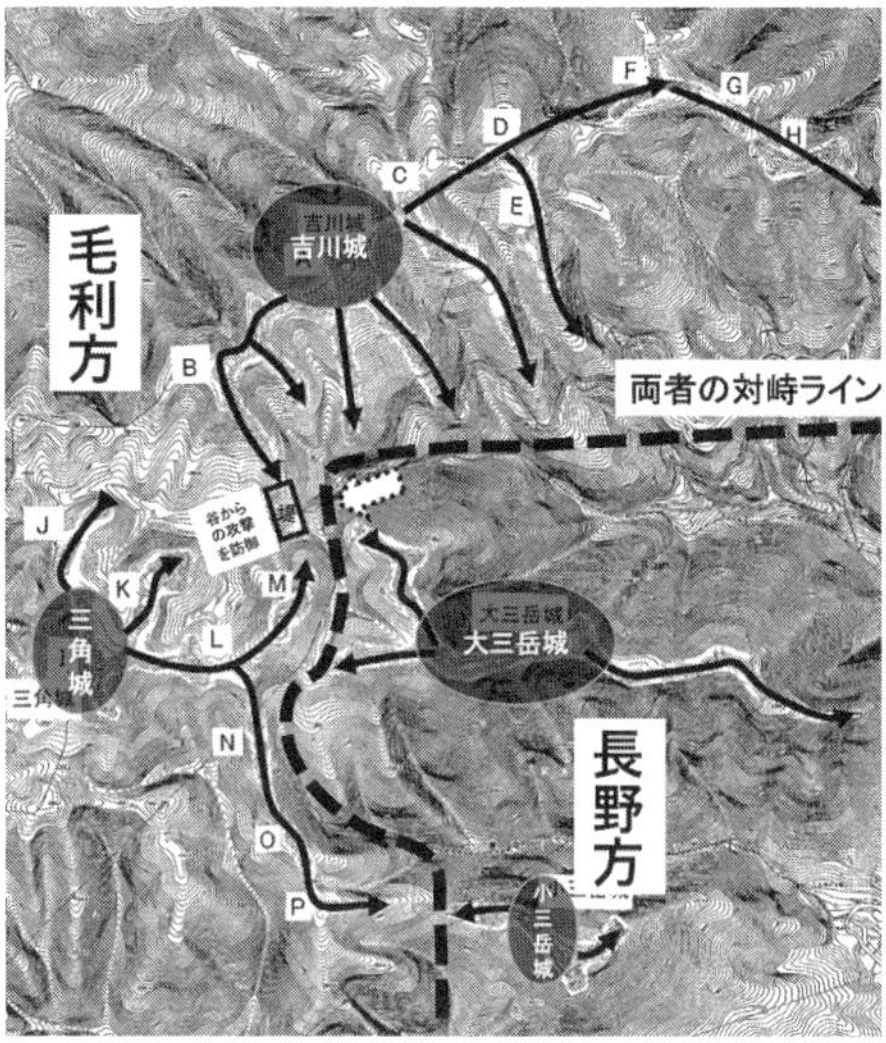

●—永禄11年三岳合戦における陣城配置考察図（出典：岡寺 良 2020）

【城郭配置の意味するもの】以上のように、毛利勢が攻めた三岳城および周辺の城郭群の様相についてみてきたが、毛利勢が永禄十一年八月十六日に九州へ入り、九月の上旬には長野氏の最終本拠であった三岳城を攻略したことが文書史料からわかる。

わずか一ヵ月もかからなかった合戦であったが、その合戦の様相は、大三岳城・小三岳城、そして吉川城・三角城をはじめとする周辺城郭の現地に残された遺構に如実に残されていた。三岳城を周囲の稜線を占地して包囲し、徐々にその包囲網を狭めようとする毛利方と、それに対抗するかのように小平坦面群を尾根線上に伸ばして、有利な戦域を確保しようとする長野方の対立する姿が想定できる。この戦いでは最終的に大三岳城にいた長野兵部弘勝の討ち死により毛利方の勝利が確定した。三岳城は、永禄期の毛利と大友の豊筑地域大争奪戦の激戦の痕跡を今に残す貴重な事例といえるだろう。

（岡寺 良）

【参考文献】北九州市教育委員会『長野城』（二〇〇〇）、福岡県教育委員会『福岡県の中近世城館跡Ⅲ—豊前地域編—』（二〇一六）、岡寺良「永禄期毛利氏による北部九州攻略の陣城—三岳合戦の陣城遺構をめぐって—」『戦国期北部九州の城郭構造』（吉川弘文館、二〇二〇）

●周防灘の海岸堡

松《まつ》山《やま》城《じょう》

〔苅田町史跡〕

〔所在地〕京都郡苅田町松山
〔比　高〕約一一〇メートル
〔分　類〕山城
〔年　代〕一二～一六世紀
〔城　主〕大内氏、大友氏、毛利氏、長野氏、黒田氏、細川氏
〔交通アクセス〕JR日豊本線「苅田駅」から苅田町コミュニティバス北部ルート「松山城登山口」停留所下車、徒歩三〇分。

【海岸沿いの山城】　松山城は、豊前国京都《みやこ》郡・企救《きく》郡の郡境に近い周防灘に突き出た半島状の松山山頂（標高一二八メートル）に位置する。現在の松山周辺は、近現代の埋め立てにより臨海工業地帯が形成され、宅地化も進んでいるが、近現代以前は、南西側を除いて、東・西は遠浅の海、南は湿地であった。また山頂からは、北は長門・周防国の海岸線、南東方向には豊前国の海岸線、豊後国の国東半島、南は英彦《ひこ》山まで遠くを見渡すこともできる。本州からは豊前への上陸拠点として、豊前からは本州への出撃拠点として、周防灘の海岸沿いの山城のなかでも重要な軍事拠点に数えられる。神田《かんだ》城・苅《かん》田《だ》城の別称をもつ。

【松山城の伝承と歴史】　「豊前古城記」・「豊前志」には天平十二年（七四〇）に藤原広嗣《ひろつぐ》が築城したことにはじまり、その後の城主の変遷が詳細に記されている。天慶三年（九四〇）以降は神田氏が代々在城し、保元二年（一一五七）に平判官康盛《やすもり》の三男・蔵人《くろうど》信盛《のぶもり》が入城し、平家滅亡後は、緒方氏一族の長弥太夫坊覚願《かくげん》が守り、建久七年（一一九六）以降は宇都宮信房《のぶふさ》の持ち城となるが、長野氏との戦いに敗れ、建武年間まで長野氏が城代を置いた。その後、松山城は、菊池氏、大内氏の戦いの場となり、応安七年（一三七四）に、大内義弘《よしひろ》が豊前国の守護職に任命された後は守護代として杉興信《おきのぶ》・弘信《ひろのぶ》父子が居城した。応永の戦乱では大友氏と大内氏が松山城をめぐって争い、大内氏の城代として杉氏が居城を続けた。弘治二年（一五五六）には大友義鎮《よししげ》が松山城を攻め

落としたことを契機に、永禄年間（一五五八―七〇）を通じ、毛利氏と大友氏による争奪戦が繰り返される。天正元年（一五七三）に、毛利氏は馬ヶ岳城主の長野助盛（助守）に松山城を預け、馬ヶ岳城の出城として長野永盛が在城した。天正十五年の豊臣秀吉の九州平定後は豊前六郡を領した黒田孝高が城番を置いた。慶長五年（一六〇〇）に領主となった細川氏も城番を置き、慶長十一年に破却したとする。

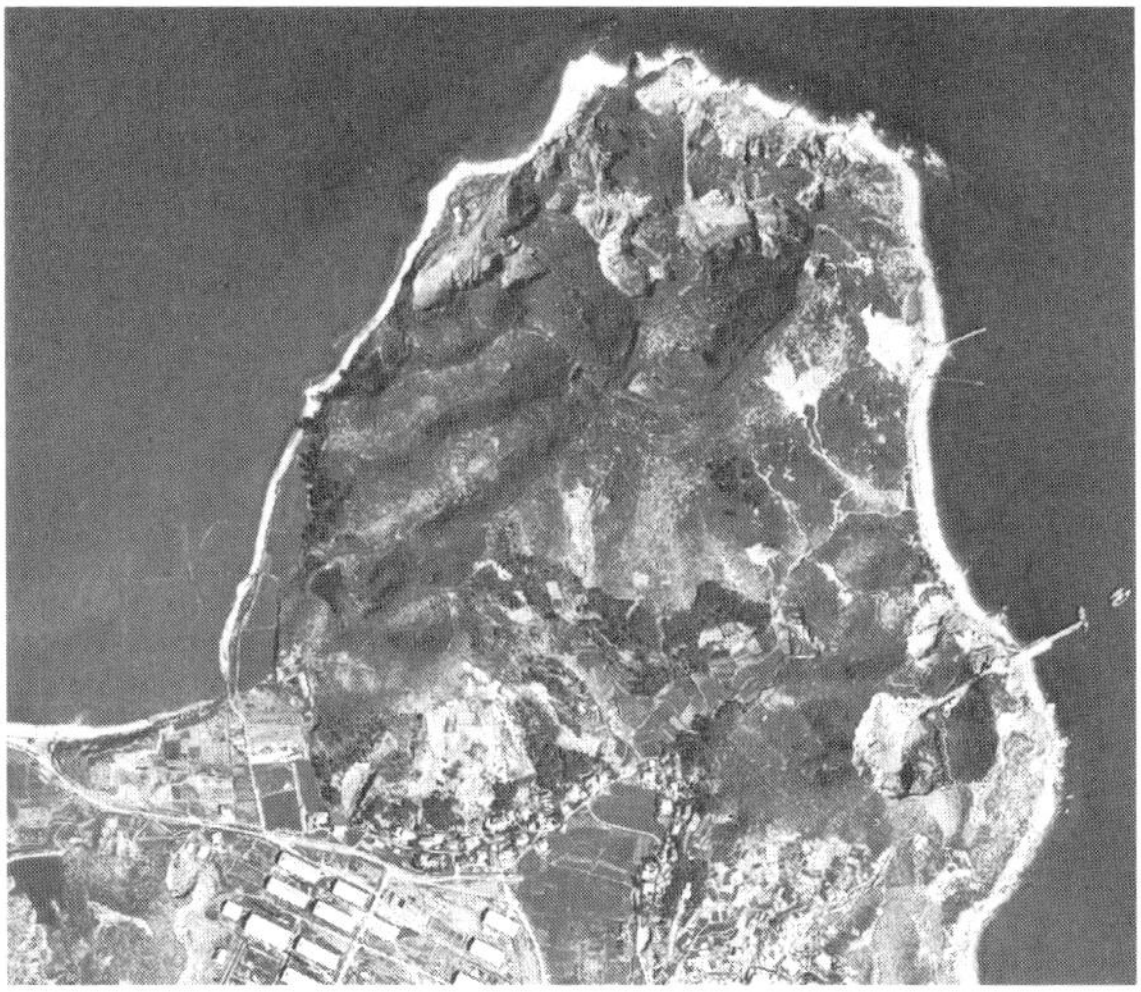

●—昭和23年当時の松山城周辺空中写真（写真提供：国土地理院，上が北方向）

【松山城の調査と保護】 周防灘に半島状に突き出す松山の山頂から山麓にかけて、城郭関連遺構が確認されている。昭和六十一年（一九八六）に、採石・土取りに対する松山城の保存を図るため、かんだ郷土史研究会が松山城全域について概要調査を開始し、平成元年（一九八九）から平成三年には苅田町教育委員会が主郭周辺と西側外郭土塁《どるい》について発掘調査を実施し、平成二十六年には福岡県教育委員会が現地踏査と縄張図を作製した。それらの調査成果に基づいて、松山の山頂上に所在する主城部の主郭を中心とした曲輪群が町指定史跡「松山城跡」に、主城部周辺の畝状空堀群《うねじょうからぼりぐん》・横堀や外郭土塁を含む山裾までの範囲が周知の埋蔵文化財包蔵地「松山城遺跡」に登録されている。現状では、松山西側・北側・東側山麓が採石のため掘削を受けて、すでに遺構は消滅しているが、山頂周辺の主城部の遺構および主城部から東西の尾根線上を延び尾根の最高所を取り込みながら谷部まで続き南側山腹を囲む外郭土塁線は、今も良好に現地に残る。

【松山城域の復元と海側城門の発見】 近年、調査成果の蓄積により松山城に関係する研究も進展している。特に、国土地理院に所蔵されるGHQが昭和二十三年に撮影した松山周辺上空からの空中写真と現存する松山城の遺構を比較することにより、松山の旧地形や松山城域を推定復元する最新の研究成果が注目される。当時の空中写真を仔細に観察すると、主城部の塁線、周辺の畝状空堀群・堀切《ほりきり》、外郭土塁や堀のラインが明瞭に陰影として判読でき、それらを縄張図に反映させ、現況確認を行うことで、松山城域の詳細把握と復元を進めている。令和三年（二〇二一）には、この松山城推定復元図を基に、現地踏査を再度実施した結果、松山城に関連する新たな石垣が確認された。松山城推定復元図の北東側には長大な竪堀群《たてぼりぐん》ラインが推定復元されており、西側の竪堀群との間に、空閑地が確認され、主城部の曲輪Ⅴ・石段Gからつづら折りの道が北側海岸に向かって続いていく地点に該当するため、有識者の指導を得て、苅田町教育委員会は現地確認調査を実施した。その結果、標高約七〇メートル《メートル》を測る谷部に、石垣が現存し、巴文《ともえもん》軒丸瓦《のきまるがわら》・桐葉文軒平瓦《きりばもんのきひらがわら》などの遺物も確認された。石垣は、谷を塞ぐように互い違いに東西に配されており、東側が西側に比して約二メートル《メートル》高く、各石垣上面には平坦面を有しており、主城部の主郭Ⅰや曲輪Ⅴの南側の虎口《こぐち》Fに現存する自然石を用いた野面《のづら》積みの石垣と同様の石垣であり、瓦が確認されたことから瓦葺の門を有する横矢《よこや》をかける

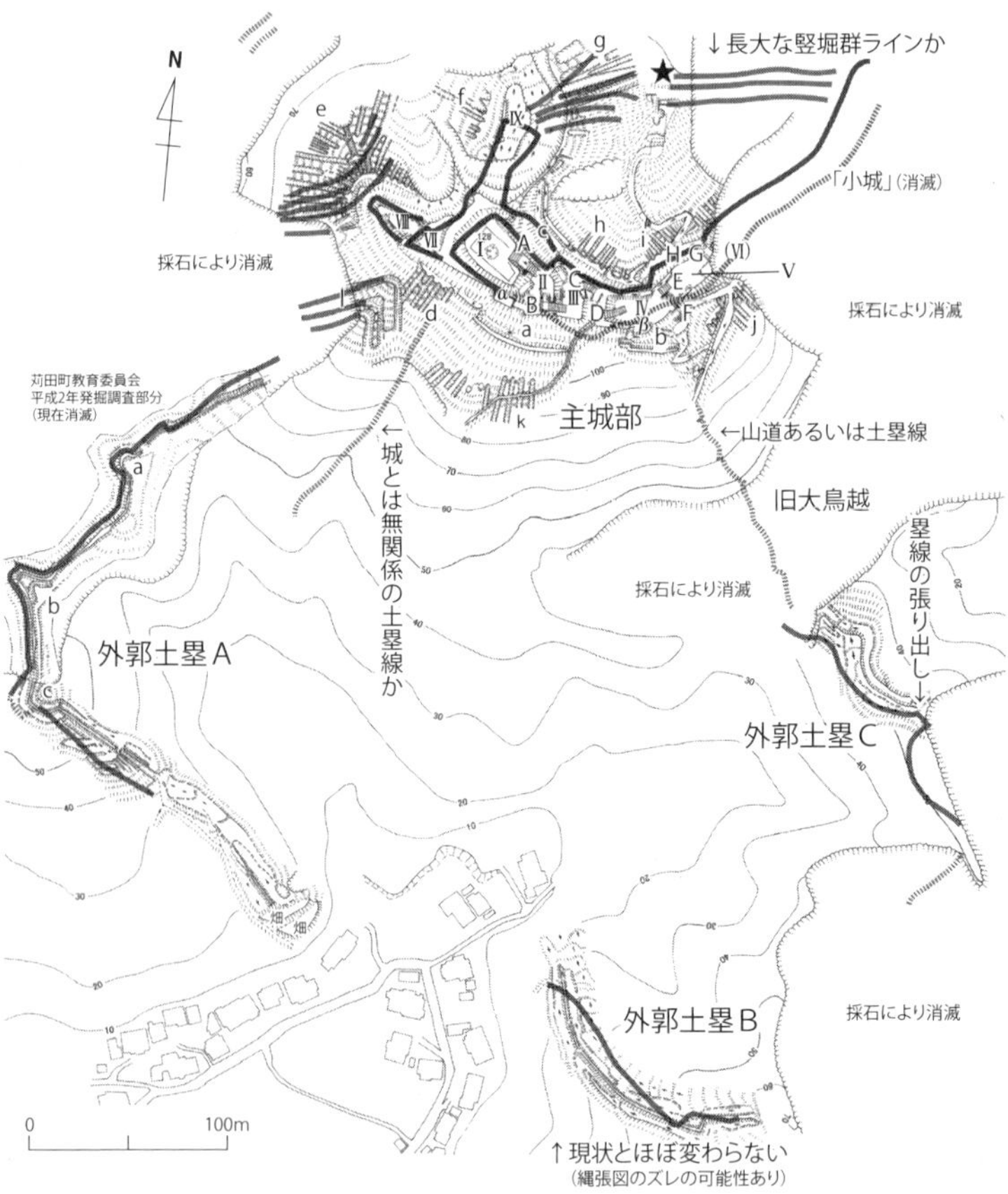

●—昭和23年の空中写真から推測した松山城推定復元図（出典：岡寺 良 2020・一部改変）

ことができる平入り虎口に復元される。城門（図中★）が確認されたことにより、主郭Ⅰから石段Ｇを通り城門（図中★）までの海側の城道が現存することが判明した。

【主城部の構造と特徴】 松山山頂一帯に曲輪群と畝状空堀群・横堀・土塁・石段・石垣などの遺構が現存する。山頂に主郭Ⅰを置き、階段状に、東側に曲輪Ⅱ・Ⅲ・Ⅳ・Ⅴ、西側に曲輪Ⅶ・Ⅷ、北側に曲輪Ⅸを配し、頂上部を中心とした尾根上の平坦部には、ほとんど曲輪が造られている。近代の採石で東側の頂部は消滅するが、現状はおよそ六割以上の曲輪が残存しており、かつては曲輪Ⅴから、さらに北東側へ一〇〇《メートル》ほどは曲輪群が続いていたと推測される。

主郭Ⅰにおける既往の発掘調査では、建物の礎石や石列などの遺構や巴文の軒丸瓦や桐葉文の軒平瓦なども出土しており、瓦葺の礎石建物があったことが想定される。また曲輪Ⅳ・Ⅴにおいても既往の発掘調査において同様の瓦片が大量に出土しており、瓦葺の建造物の存在が指摘される。主郭Ⅰの南東側には石垣を伴う石段Ａが設けられており、石段Ａの途中の幅広の平坦面には門礎石が残っており、城門があったと考えられる。主郭Ⅰの周囲には帯曲輪《おびくるわ》Ⅱを配置し、石段Ａの脇には堀状の窪みが残り、横矢を掛けるような折れをもつ石垣がある櫓台《やぐらだい》αが現存する。帯曲輪Ⅱの南東側には「L」字状に屈曲する虎口Ｂを設け、石段が曲輪Ⅲに続く。虎口Ｂ付近には相当数の瓦片が散乱しており、瓦葺の城門があった可能性も考えられる。曲輪Ⅲにも帯曲輪Ⅱと同様に堀状の窪みと北東側に石段Ｃが残り、石段Ｃから南に直角に折れた先に石段Ｄが設けられ、曲輪Ⅳに下りることができる。曲輪Ⅳの北側と南側には東西方向の土塁が設けられている。また曲輪Ⅳの南側には櫓台βが付く。曲輪Ⅳの北東隅には曲輪Ⅴに下りる石段Ｅを設置し、その南側に高さ約二《メートル》を測る石垣が現存する。石段Ｅと合わせて多門櫓《たもんやぐら》のような構造物も想定され、松山城の大手口となる可能性が高い。曲輪Ⅴには南の虎口Ｆと北東に石段Ｇが設けられている。石段Ｇからは石段Ｈを経て、つづら折りの道が北側の谷を下りていく。さらに下ると松山城の北側の海岸につながる。松山城の搦手口《からめてぐち》のような役割を果たした城道である可能性も考えられる。

曲輪群Ⅰ～Ⅴの周囲の斜面には横堀ａ～ｃと畝状空堀群ｄ～ｋ、堀切群ｌの防御遺構が現存し、曲輪群を厳重に防御していたことがわかる。曲輪Ⅶ・Ⅷの北西側には、約二五本の竪堀からなる畝状空堀群が設けられており、南西側の尾根を遮断する。竪堀約八〇本からなる畝状空堀群と堀切群を主体として斜面を防御する戦国期の土造りの城の段階から、石段・石垣を用いて複雑な屈曲の導線を形成し、瓦葺建物・門

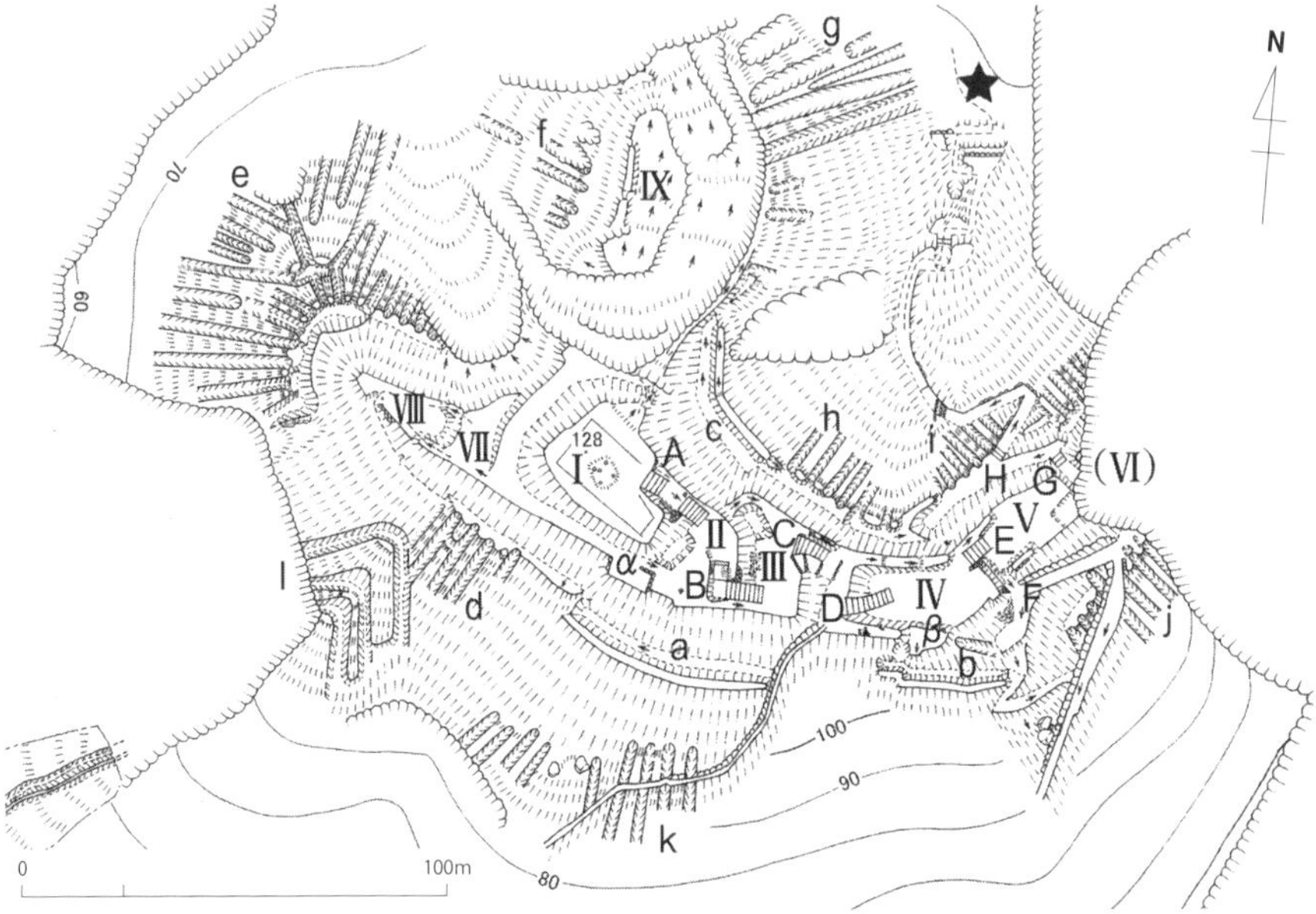

●―松山城主城部縄張図（作図：岡寺 良）

によって重層的な建物群を構築した織豊系城郭の段階へ、発展的かつ大規模に改修されたことが指摘できる。

【外郭土塁の構造】　西側の外郭土塁A、東側の外郭土塁B・Cの三ヵ所が現存する。外郭土塁Aは、北半部は平成二年に発掘調査による記録保存を行い、南半部が山裾まで現地に残る。外郭土塁Bの東側と外郭土塁Cの北側・南側は昭和時代に採石により、すでに消滅するが、外郭土塁Bの西側が山裾まで残り、外郭土塁Cは標高五〇メートルを測る尾根に一部が残る。昭和二十三年に撮影された松山の空中写真と現存する遺構を比較した最新の研究成果によれば、土塁線は標高七〇メートルを測る主城部下部から標高二〇メートルを測る地点まで南側に向かって延びる東と西の尾根の最高所を取り込みながら谷部まで続き、松山山頂から南側の斜面一帯を囲い込む形状に復元できる。さながら両手で山頂から南側を囲い込んだような土塁線と表現される。

【外郭土塁構築の目的と類例】　松山城の外郭土塁には横矢掛かりを想定した直角の屈曲や喰違《くいちがい》虎口などが確認されており、織豊系城郭の築造技術により構築されたものと考えられる。また石垣などのような構築物もなく土造りであることから、短期間で構築した臨時的な築城であることが想定され、松山城の南側斜面に、一時的に大軍を駐屯させるために、急遠増築したものと指摘される。このような横矢の折れをもつような土塁線は、豊臣秀吉による三木城攻め・鳥取城攻めなどの攻城戦において攻城側に特徴的に認められているが、守城側が構築した事例は、現状では松山城外郭土塁のほかには、豊臣秀吉の朝鮮出兵の際の倭城まで確認されておらず、非常に希少なものである。

●—松山城城門（図中★）東側石垣（苅田町教育委員会提供）

●—松山城主郭石段・石垣（苅田町教育委員会提供）

【築城・改修の三段階】①主城部の畝状空堀群・堀切群を構築した戦国期城館の段階、②外郭土塁構築の段階、③主城部の石垣・石段・横堀・瓦葺建物構築段階の三段階の画期が想定される。①の段階は、畝状空堀群の多用が特徴的であり、北部九州における他の同時期の城館の構造と比較すると、戦国時代末期（天正年間）の豊前国人領主長野氏あるいは高橋氏が構築したと想定される。天正七年に、長野助守による「松山」普請が延引されたとの文献史料の記載もあることから、長野氏の可能性が高いと考えられる。②の段階は、天正十四年の豊臣秀吉の九州平定のために大軍を駐屯させるための増築ではないかとの指摘がある。『黒田家譜』に、「刈田」すなわち苅田の松山城に吉川元春・小早川隆景・黒田孝高の大軍が在陣した記載があり、また『黒田家文書』には小早川・吉川・黒田の軍勢は一万五〇〇〇を数えたことが記されている。そのため、豊臣

●―松山城外郭土塁発掘調査状況（苅田町教育委員会提供）

●―松山城主城部発掘調査状況（苅田町教育委員会提供）

方の豊前攻略の一大拠点として松山城を位置づけ、これらの大軍を安全に駐屯させるために外郭土塁を構築した可能性が考えられる。③の段階は、いわゆる織豊系城郭の築造技術であることや出土瓦の製作技法などから、現状では、天正十五年から慶長五年の黒田孝高の豊前六郡支配の時期の改修、あるいは慶長五年以降の細川忠興の支城の改修が想定されている。新たに確認された城門（図中★）も、現状では、この段階に該当する。今後、豊前地域において黒田氏・細川氏が松山城と同時期に構築した石垣などの遺構や桐葉文軒平瓦などの特徴的な遺物の調査を進めることで、松山城の歴史的評価がさらに高まることが期待される。

　松山城は、戦国末期から近世初頭の当時の最新技術を導入し築城されており、今もなお現地において、それらの遺構を確認することができる。平成三十年七月の豪雨災害により、松山は複数ヵ所で土砂崩れなどの被害が確認されたため、苅田町教育委員会は、現在、松山城の遺跡保護の応急処置と現地踏査などを繰り返し、松山城域の詳細把握と史跡整備のための調査を継続している。

【参考文献】苅田町教育委員会『豊前国松山城』（一九八八）、苅田町教育委員会『豊前国松山城跡（土塁）』（一九九一）、苅田町教育委員会『豊前国松山城跡』（一九九二）、福岡県教育委員会『福岡県の中近世城館跡Ⅲ―豊前地域編―』（二〇一六）、岡寺良『戦国期北部九州の城郭構造』（吉川弘文館、二〇二〇）

（若杦善満）

●長野氏の要の城

等《と》覚《かく》寺《じ》城《じょう》

〔所在地〕京都郡苅田町山口
〔比　高〕約二五〇メートル
〔分　類〕山城
〔年　代〕一六世紀
〔城　主〕長野氏
〔交通アクセス〕JR日豊本線「小波瀬西工大駅」から苅田町コミュニティバス白川ルート「山口」停留所下車、徒歩四五分。

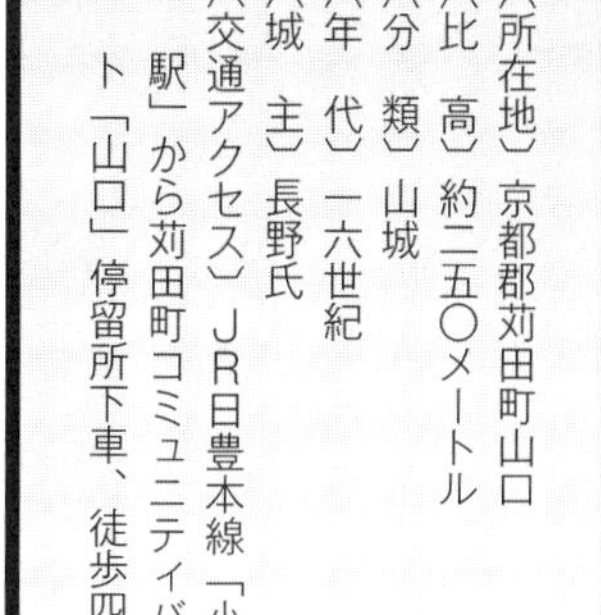

【修験道の霊場に築城】 福岡県京都《みやこ》郡苅田《かんだ》町の西側、国定公園平尾台の北端の主峰貫《ぬき》山（標高七一二メートル）の南東側中腹に山岳修験の山伏の子孫が暮らす等覚寺《とかくじ》集落がある。等覚寺集落北谷・本谷の間にある南北方向に延びる権現山（標高約三〇〇メートル）に位置する白山多賀神社境内一帯を城域として、等覚寺城が残る。等覚寺集落周辺は、日本三大修験のひとつ英《ひ》彦《こ》山の主要拠点である「彦山六峰」に数えられる「普智山《ふちさん》等覚寺」にあたり、白山多賀神社の神宮寺として子院三〇〇が存在したともいわれている。大正八年（一九一九）には社殿改築の際に、銅製経筒が発見されており、福岡県の有形文化財（考古資料）に指定されている。また境内地における既往の発掘調査成果によると、近現代に神社建築のために大きく削平を受けているものの、古代に形成された可能性のある柱穴群や中・近世に形成された整地層などの遺構が確認されている。古代の緑釉《りょくゆう》陶器・平瓦、古代から中世の土師器《はじき》椀《わん》・皿、備前焼甕、鞴《ふいご》の羽口なども出土しており、白山多賀神社境内には、古代においては、「普智山等覚寺」の上宮としての古代寺院の存在が想定される。中世においては、等覚寺城として機能し、山口城の別称をもつ。現在、境内地北側より白山多賀神社社殿（標高約三〇四メートル）・山王権現社（標高約三〇一メートル）が配されており、山王権現社の南東側には「松庭《まつにわ》」（標高約二九〇メートル）と呼ばれる平坦地がある。「松庭」は、五穀豊穣などを祈願し、毎年春に行われる修験の祭礼「松会《まつえ》」の舞台として、日本全国で唯一、等覚寺だけに残る貴重な

●―白山多賀神社(等覚寺城主郭)

「幣切《へいき》り」行事が現在も行われている。等覚寺の松会は、国の重要無形民俗文化財に指定されている。

【応永年間の兵火】 等覚寺城の築城年代などの詳細については不明である。一次史料ではないが、『京都郡誌』(伊東尾四郎・一九一九年)所収「白山神社記録」に「応永中、一山罹兵火、僧徒多戦死、於是、寺務大廃」、「応永丙子年(応永三年・一三九六)、当山五拾二世の座主尭賢《ぎょうけん》の時、兵火に罹り、社殿堂塔悉《ことごと》く焼亡す」、「等覚寺座主尭賢大僧正は、大友左近将監親実《ちかざね》の弟なるを以て、山坊山徒等一千四百人を率ひて、同郡松山城に応援し、苅田潟に戦、大内軍の為めに戦没す」などの記載がある。

応永年間(一三九四―一四二八)の兵火で古代以来の「普智山等覚寺」は全山焼失し、応永五年頃の大内氏と大友氏の苅田潟の合戦では、等覚寺座主の尭賢が、豊後の大友氏の援軍として戦に参加し敗れたとある。当時、「普智山等覚寺」には、僧兵のような武装勢力の存在があったことが想定されるが、文献史料において「等覚寺城」が確認できるのは、永禄年間(一五五八―七〇)の毛利氏と大友氏の豊前争奪戦に関する記載が挙げられ、等覚寺城は、戦国時代に城郭化されたと考えられる。

●―等覚寺城堀切

なお、既往の発掘調査において検出された焼土が応永年間の兵火の痕跡であるとの評価や現在、白山多賀神社境内にある照葉樹林の巨木が応永年間の兵火後に自生した樹木であるとの指摘があるが、伝承などを根拠にしているため、今後、さらに詳細な出土遺物・遺構の再検討や自然科学的方法も用いて考察する必要がある。

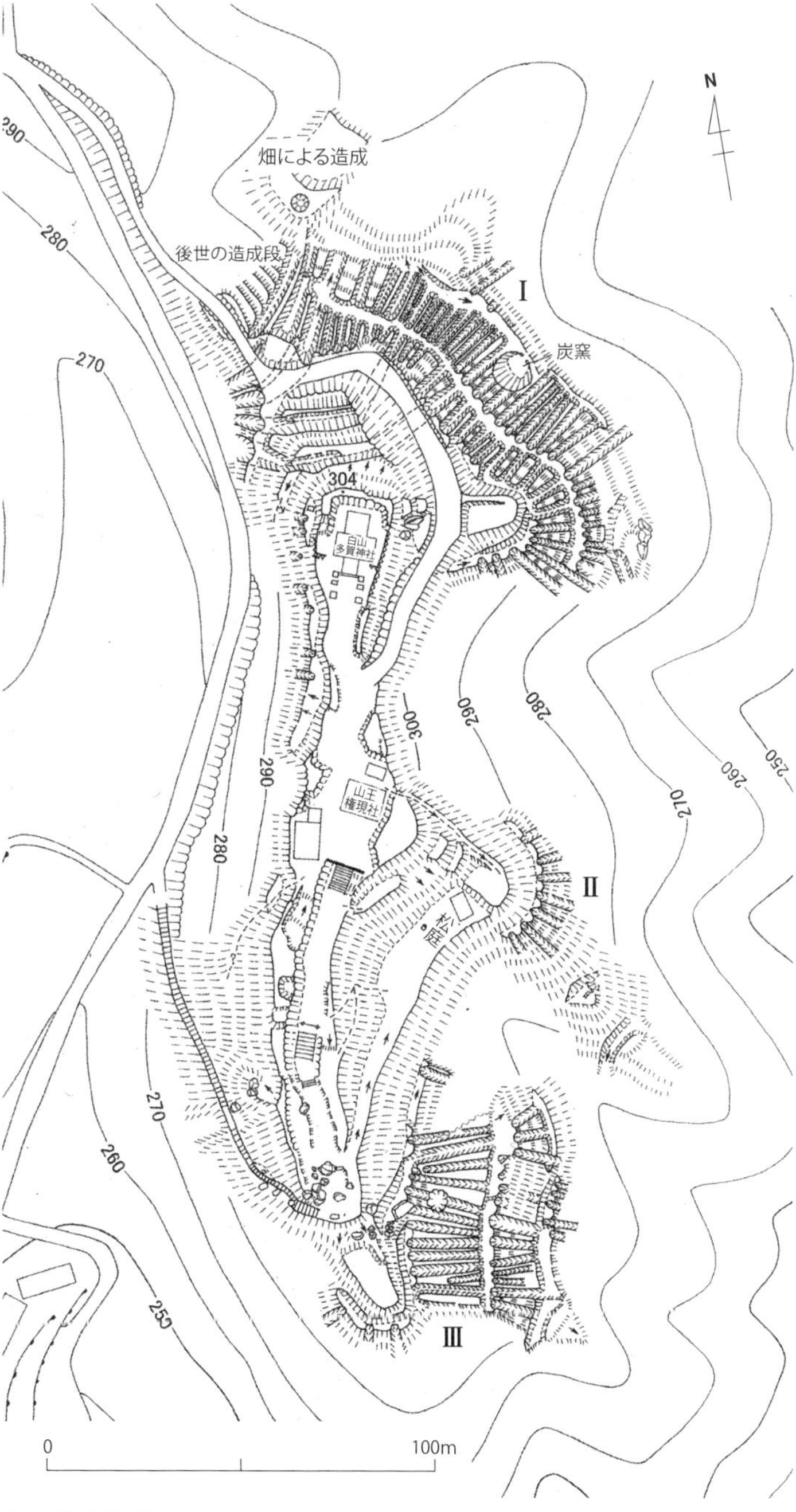

●—等覚寺城縄張図（出典：福岡県教育委員会 2016）

城主については、戦国時代の豊前国人領主長野三河守助守が挙げられる。長野氏は、企救郡長野の長野城と筑前国境にほど近い企救郡三岳に小三岳城と大三岳城、京都郡等覚寺城を軍事拠点として持ち、企救《きく》郡南部を支配していた。等覚寺

●—等覚寺城畝状空堀群

城は長野氏の戦略的重要拠点であり、長野助守が城主であった。

【永禄年間の長野退治】　永禄年間の毛利氏と大友氏の豊前争奪戦において、等覚寺城は長野城を拠点とする長野氏の京都郡方面の要の城として機能しており、大友氏・毛利氏の双方から攻められてたびたび落城したことが文献史料に残る。永禄十一年、毛利氏の大軍が豊前に送り込まれ、長野氏は大友氏方として戦った。この時の戦いは、毛利勢による「長野退治」と呼ばれる。「九月三日至貫越打廻候、また安芸衆去八月十六日ヨリ渡海仕候、又宮尾取、長野城三岡取悉候、同三日酉時セメ候、同四日二小三岡ハ落候、同五日大三岡落城、同夜等覚寺落居候、長野兵部左京ハ被打、其外城内男女数千人生害候、敵多損候風聞候、三河守ハ豊後へ参候」（『宇佐到津文書』）の記載がある。永禄十一年八月十六日、毛利元就《もとなり》の子である小早川隆景《たかかげ》・吉川元春《きっかわもとはる》が渡海し、長野氏の居城はつぎつぎと集中攻撃を受け、全城ことごとく落城して一族は四散し、等覚寺城も攻落し、長野三河守助守は、大友氏によって豊後に落ちのびた。

天正元年（一五七三）頃、長野助守は、大友宗麟《そうりん》の命により、馬ヶ岳城督として、京都郡・仲津郡の二郡の守備にあたったとされる。等覚寺城の記載については、この長野退治を最後に一時史料からの記載がなくなる。しかし、『京都郡誌』（伊東尾四郎・一九一九年）所収「京都郡旧記」に、「天正年中兵火に厄して、堂社寺院焼亡す、僧徒多く逃去しなり、天正十四戌年より、寛永元子年迄、松会の式怠るなり」の記載が残る。天正年間（一五七三—九二）に兵火に遭い、天正十四年から寛永元年（一六二四）まで、松会が催行されなくなったことが記されており、天正年間も等覚寺城は機能していた可能性が考えられる。

【等覚寺城の構造】　等覚寺城は、白山多賀神社境内一帯が城域であり、社殿裏の標高三〇四メートルを最高所として、標高約二九〇メートルを測る南端の曲輪まで南北約二〇〇メートルの範囲に平坦面が続き、神社建築や参道による改変を受けつつも、曲輪の一部が残る。曲輪群北側のⅠは、四本の堀切によって尾根を分断する。また北東側斜面は、犬走り《いぬばしり》を間に配した約五〇本以上の竪堀《たてぼり》二・三段からなる畝状空堀群《うねじょうからぼりぐん》によって厳重に防御する。Ⅱの南東方向に延びる尾根は、竪堀七本の畝状空堀群と堀切《ほりきり》一本で遮断する。Ⅱのすぐ上には曲輪群が階段状に並列し、その南西側には「松庭」の平坦面が位置し、後世の削平は受けるが、曲輪と切岸《きりぎし》の一部が残る。曲輪群の南端Ⅲにも、Ⅰと同様に約三〇本以上の竪堀二・三段からなる畝状空堀群が構築されている。城域西側は急傾斜の地形であり、一部の竪堀が構築されるのみである。

　等覚寺城の特徴は、約八〇本以上の竪堀からなる二段以上に構築する畝状空堀群であり、非常に高度な防御技術により構築された城であると評価できる。曲輪群周囲の斜面を二段にわたって構築する畝状空堀群は、長野氏の居城である長野城の畝状空堀群の構造に共通する。なお、長野城は竪堀本数が二五〇本近くで全国最多の規模を誇り、等覚寺城の竪堀本数も全国屈指の規模である。文献史料の記載と城の構造から築城主体は長野氏とすることが妥当である。また畝状空堀群の構築時期については、一次史料の記載から永禄年間とする意見があり、また長野助守が馬ヶ岳城を本拠とした天正年間に出城として改修した可能性が挙げられる。

【参考文献】　苅田町教育委員会『等覚寺修験道遺跡群調査概報』（一九九六）、苅田町『軌跡かんだの歴史—苅田町合併五〇年記念誌—』（二〇〇五）、勝山町史編纂委員会『勝山町史上巻』（二〇〇六）、福岡県教育委員会『福岡県の中近世城館跡Ⅲ—豊前地域編—』（二〇一六）、岡寺良『戦国期北部九州の城郭構造』（吉川弘文館、二〇二〇）

（若杉善満）

●特異な畝状空堀群を持つ要衝の城

馬《うま》ヶ《が》岳《たけ》城《じょう》

〔行橋市史跡〕

〔所在地〕行橋市大字大谷・西谷、京都郡みやこ町犀川花熊
〔比　高〕約一八〇メートル
〔分　類〕山城
〔年　代〕一五世紀〜元和元年（一六一五）
〔城　主〕新田氏、長野氏、黒田氏など
〔交通アクセス〕平成筑豊鉄道田川線「豊津駅」下車、県道を西へ、徒歩約三〇分で大谷登山口。山道を二〇分登坂で城跡。

【交通の要衝】 福岡県北東部に位置する京都《みやこ》平野は、瀬戸内海西端の周防灘に面する。中世には海岸線が湾のように内陸に入りこみ、天然の良港となって「今井津」「大橋津」が栄えた。この京都平野の南西に、飯岳《いいだけ》山（大坂山）を最高峰として平野に切り込むように東にのびる山並みがある。この山並みは京都郡（現在行橋市のうち西部および京都郡苅田《かんだ》町、京都郡みやこ町のうち旧勝山町）と仲津郡の郡境でもある。

馬ヶ岳城はこの山並みの東端に近い馬ヶ岳（標高二一六メートル）に築かれた。北麓には大宰府と豊前国府をつなぐ古代官道が通り、東に見下ろす豊津台地には豊前国府が置かれた。馬ヶ岳の西隣の御所ヶ岳（ホトギ山）には七世紀後半に古代山城・御所ヶ谷神籠石《ごしょがたにこうごいし》が築かれた。馬ヶ岳城は京都平野の支配を安定させるだけでなく、大宰府や博多を擁する福岡平野と瀬戸内海をつなぐ最短ルートを押さえる歴史的な要衝に築かれた。

【戦国時代以前】 『京都郡誌』所載の近世の地誌によると、馬ヶ岳城の築城は天慶年間（九三八〜九四七）、源経基《つねもと》による。その後大宰大弐橘氏、緒方氏、菊池氏、少弐《しょうに》氏など多くの勢力が支配したが、南北朝期に征西将軍宮懐良《かねなが》親王を支えた新田氏三代が後世特に顕彰された。

古文書に馬ヶ岳城があらわれるのは応永十二年（一四〇五）、幕府が送り込んだ九州探題渋川氏の書状で、味方に馬ヶ岳城を攻略したことを知らせている。

【諸勢力の攻防】 周防の大内氏が北部九州に進出する中で、

●―馬ヶ岳城遠景（北から．中央左のピークが馬ヶ岳城，右のピークが御所ヶ岳）

文明八年（一四七六）、文亀元年（一五〇一）に馬ヶ岳城および周辺で大内軍と大友・少弐軍が激しく衝突している。天文四年（一五三五）に大内・大友両氏は和睦し、豊前国は大内氏支配のもと一時平穏となった。しかし大内義隆《よしたか》が重臣陶隆房《すえたかふさ》に自害に追い込まれ、その陶隆房（晴賢《はるかた》に改名）が毛利元就《もとなり》に厳島《いつくしま》で討ち取られると大内氏の支配は弱体化した。弘治二年（一五五六）筑前国の秋月文《ふみ》種《たね》が京都郡にまで進出し、馬ヶ岳城はほとんど抵抗もなく陥落した。

翌年大内氏が毛利氏によって滅ぼされると、大友義鎮《よししげ》が北部九州の大内領に侵攻し、馬ヶ岳城も激しい攻撃で秋月氏から奪取された。以降北部九州は旧大内領をめぐって大友氏と毛利氏が激しく争奪する。馬ヶ岳城も毛利氏方の攻撃にさらされたが、大友氏は城番や米を手配し守りきった。馬ヶ岳城を確保した大内氏と比べ、確保できなかった毛利氏は北部九州内陸部への交通を制限されることとなった。永禄十一年（一五六八）には企救《きく》郡（北九州市東部）の長野氏が毛利氏に攻略され、大友氏の支援で馬ヶ岳城に拠点を移した。しかし大内輝弘《てるひろ》や尼子《あまご》氏残党に中国地方を攻撃された毛利氏は同年末までに全軍を撤退させ、北部九州の覇権は大友氏に帰した。天正三年（一五七五）に上洛の途次、豊前国を通行した島津家久《いえひさ》は、馬ヶ岳城を長野氏の城と記録している。

天正六年の耳川の戦いで大敗した大友氏の支配は緩み、馬ヶ岳城主の長野氏も反大友の秋月種実《たねざね》や豊前小倉城の高橋元種《もとたね》らと連合した。

【豊臣秀吉の九州平定】　天正十四年、豊臣秀吉による九州平定の先遣隊として黒田孝高《よしたか》、毛利氏らが九州に侵攻した。長野三郎左衛門尉はこれに帰順し、翌年の秀吉本隊の動向を記した『九州御動座記』に「弐千計《ばかり》の人数持也。去年より無二に御味方申仁也」と記されている。もっとも長野氏は本領安堵とはならず、後に筑後に移された。秀吉が九州に上陸し

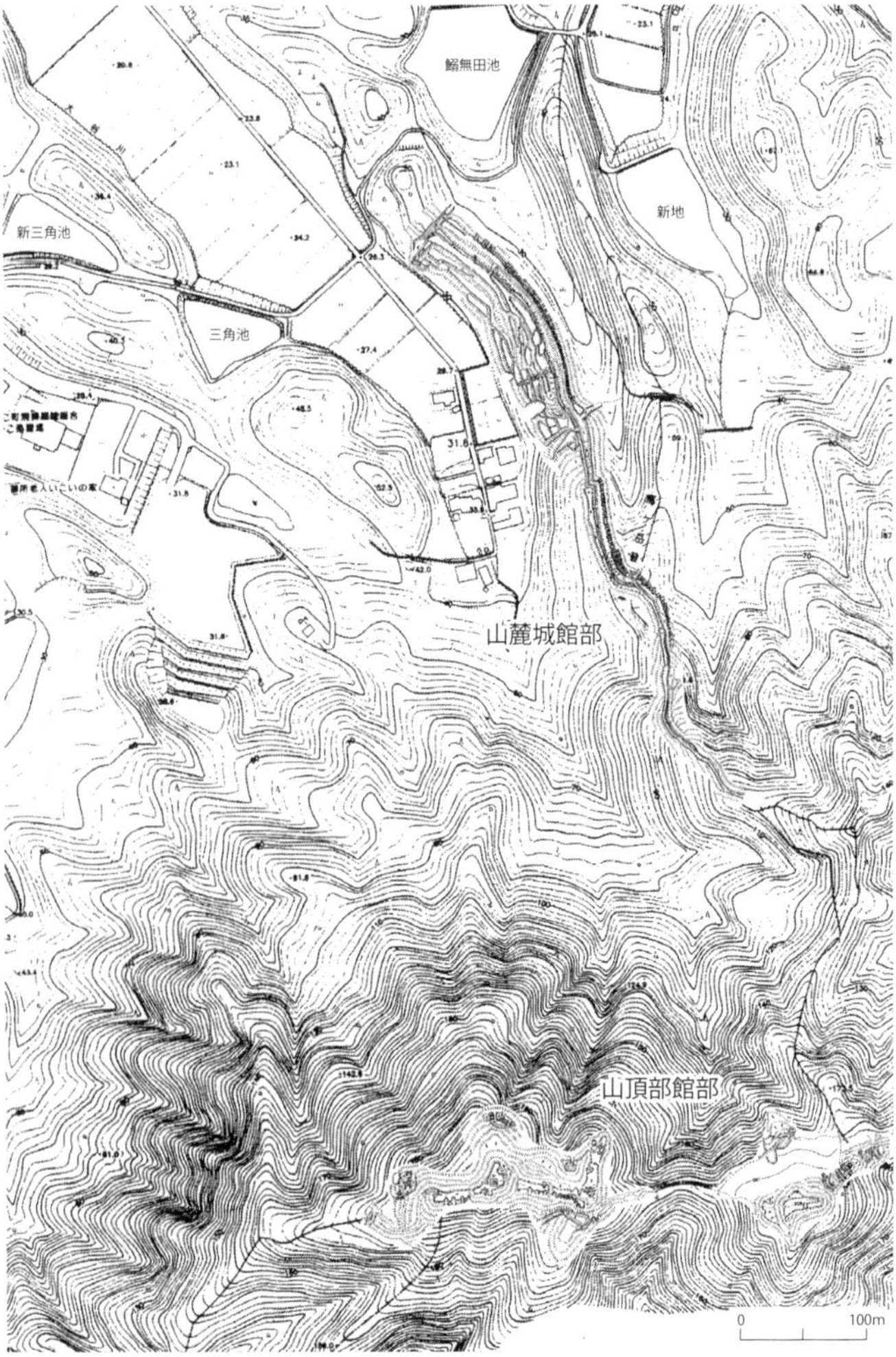

●—馬ヶ岳城縄張図（出典：福岡県教育委員会 2016）

た時点で馬ヶ岳城が豊臣勢の最前線にあたり、秀吉は三月二十九日にこの城に入った。軍議で敵対する秋月家の堅城岩石城《がんじゃく》の攻略方針が包囲から強襲に変更され、四月一日に蒲生氏郷《うじさと》や前田利長《としなが》らの猛攻で即日陥落したことが、秋月種実の降伏につながった。

九州平定がなると、馬ヶ岳城を含む豊前国六郡は黒田孝高に与えられた。孝高は当初馬ヶ岳城を居城としたが、馬ヶ岳城が領内で北西にかたよりすぎていること、城下町を形成しにくい山城であることから、築城《ついき》郡八田の法念寺《ほうねんじ》に移って海沿いに中津城の築城を始めた。馬ヶ岳城は嫡子の黒田長政《ながまさ》が居城とし、城井《きい》氏ら国衆の一揆と戦った。中津城が完成して長政が移ると、後に小河信章《おごうのぶあき》が入ったようで、小河家に馬ヶ岳城の遠景図や縄張構成、長野氏の墓や寺があったことなどを記した覚書が伝わっている。

慶長五年（一六〇〇）のいわゆる関ヶ原の戦いの際は、黒田家は東軍、豊前国企救郡・田川郡を領した毛利勝信は西軍についたため、孝高（如水）は田川郡方面への備えとして馬ヶ岳城に桐山信行ら三百余人を配置して豊後方面に出陣した。

●―山麓部の畝状空堀群（行橋市教育委員会提供）

戦後の論功行賞で黒田家は筑前国に移り、後に細川忠興《ただおき》が入った。黒田家が年貢米を持ち去ったことで両家は緊張関係となり、互いに藩境付近の城郭を整備した。しかし馬ヶ岳城は藩境から遠く、細川家が城を使用した形跡はみられない。元和元年（一六一五）の一国一城令で廃城となったと伝わる。

【城の構造】　馬ヶ岳城の防御遺構は、主に山頂周辺と北麓に向かう尾根筋上にみられる。以下、前者を山頂部、後者を山麓部と呼称して城の構造を解説する。

山頂部は「新田氏表忠碑」が立つ標高二一六メートルの西岳と標高二〇八メートルの東岳を中心に遺構がみられる。西岳が主郭とみられ、東西に細長い曲輪群が並ぶ。曲輪群の南側斜面には畝《うね》状空堀群《じょうからぼりぐん》が設けられていた可能性がある。曲輪群の列は東端から北に直角に曲がり、内側の谷に水貯めとみられるくぼみがある。西岳の北、西、南東の三方に堀切《ほりきり》がある。南東の堀切は特に大きく幅一〇メートルを超え、東端を土橋《どばし》状に掘り残している。東岳はより平坦面が狭いが、北に一条、東に五条の堀切を設けている。西岳と東岳との間の鞍部には堀切がなく、一体的な防御空間であったと考えられる。

山麓部は杉ノ木と呼ばれる集落のある谷を守るように、東に隣接する尾根の東斜面に土塁《どるい》、横堀が五〇〇メートルにわたって続き、横矢《よこや》掛りのような直角のクランクもみられる。山麓側の北端は堀切で遮断している。

馬ヶ岳城の特筆すべき遺構が、横堀外側の低い土塁を刻むような極端に短い竪堀である。畝状空堀群の一種とみなされているが、一般的な畝状空堀群とは明らかに様相が異なって

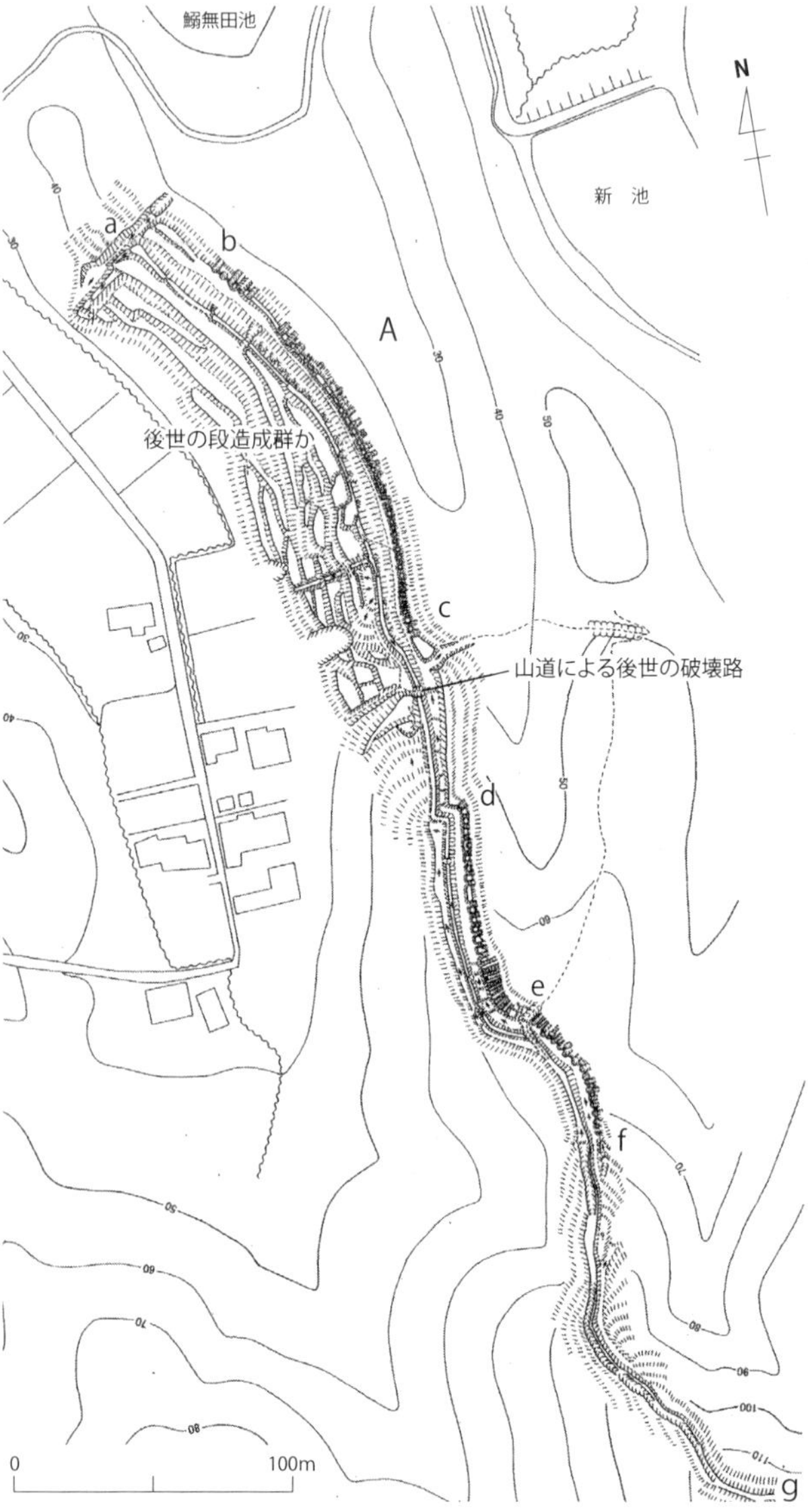

●—山麓部遺構（出典：福岡県教育委員会 2016）

おり類例も乏しい。機能についても不明であるが、身を隠しながら射撃する銃眼説が提示されている。またこの尾根の東の谷（A）は現在湿地になっており、水堀であるとする見解もある。

この山麓部の長大な防御線がみられるのは谷の東側のみで、北側および西側の状況が不明である。また特異な構造ゆえ、構築主体についても長野氏、秀吉軍先遣隊の小早川氏など諸説定まっていない。

【参考文献】伊東尾四郎編『京都郡誌』（一九一九）、古賀武夫編『中・近世の豊前紀行記』（一九七六）、行橋市史編纂委員会『行橋市史　中巻』（二〇〇六）、小和田哲男『戦争の日本史一五　秀吉の天下統一戦争』（二〇〇六）、中村修身『北九州・京築・田川の城　戦国史を歩く』（二〇一六）、福岡県教育委員会『福岡県の中近世城館跡Ⅲ—豊前地域編—』（二〇一六）、行橋市歴史資料館「平成二十八年度特別展　後藤又兵衛の出奔と細川忠興」展示図録（二〇一六）

（天野正太郎）

●竪堀八〇本以上を有する畝状空堀群

大《おお》坂《さか》山《やま》城《じょう》

〔所在地〕京都郡みやこ町犀川大坂・勝山松田
〔比　高〕約三七〇メートル
〔分　類〕山城
〔年　代〕一六世紀
〔城　主〕西郷氏、杉氏
〔交通アクセス〕JR日豊本線「行橋駅」から太陽交通バス香春線「呉」停留所下車、南へ約五キロ。

【郡境の城郭】　豊前国田川・京都《みやこ》・仲津の三郡にまたがる飯《いい》岳《だけ》山は、大坂山・猪岳の別称をもつ。そのため、大坂山城は飯岳山頂に位置するとの説もあるが、山頂には城跡は確認されておらず、山頂から東に延びる尾根上の干草山《ほしくさやま》一帯の城郭関連遺構が大坂山城に比定され、周知の埋蔵文化財包蔵地に登録されている。大坂山城は北側に京都郡、南側に仲津郡に接する郡境に位置する。

【西郷・杉氏の挙兵】　築城年代などの詳細は不明であるが、城主として、永禄年間（一五五八—七〇）に活躍した豊前宇都宮氏一族の西郷隆頼《たかより》が挙げられ、大坂山城の南麓の集落大坂地区には宇都宮氏一族の西郷氏の菩提寺である曹洞宗興聖寺や伝西郷高頼（隆頼）の墓があり、近接する大村地区には西郷氏の城館・不動ヶ岳城が位置する。

また永禄年間の毛利氏と大友氏の豊筑における争奪戦においては、「到津文書」の永禄十一年六月に「都郡大坂山ヲ杉因幡守・西郷両人で取り誘え候、是又せめ落とされ、杉領も西郷も向参し候」とあり、毛利方の杉隆哉・西郷隆頼が大坂山城において挙兵したが、大友方に攻められ降参したことを知ることができる。大坂山城の別称としては杉因幡守隆哉に関係する「因州城」や大坂村の「インシウ城」が香春城の砦であったことが幕末の文献史料に残る。

【大坂山城の構造】　飯岳山山頂（標高五七三メートル）から東側へ尾根線を約一キロ下った標高約四五〇メートルを測る地点から干草山山頂（標高四六二メートル）までの東西約五〇〇メートルの範囲を城域と

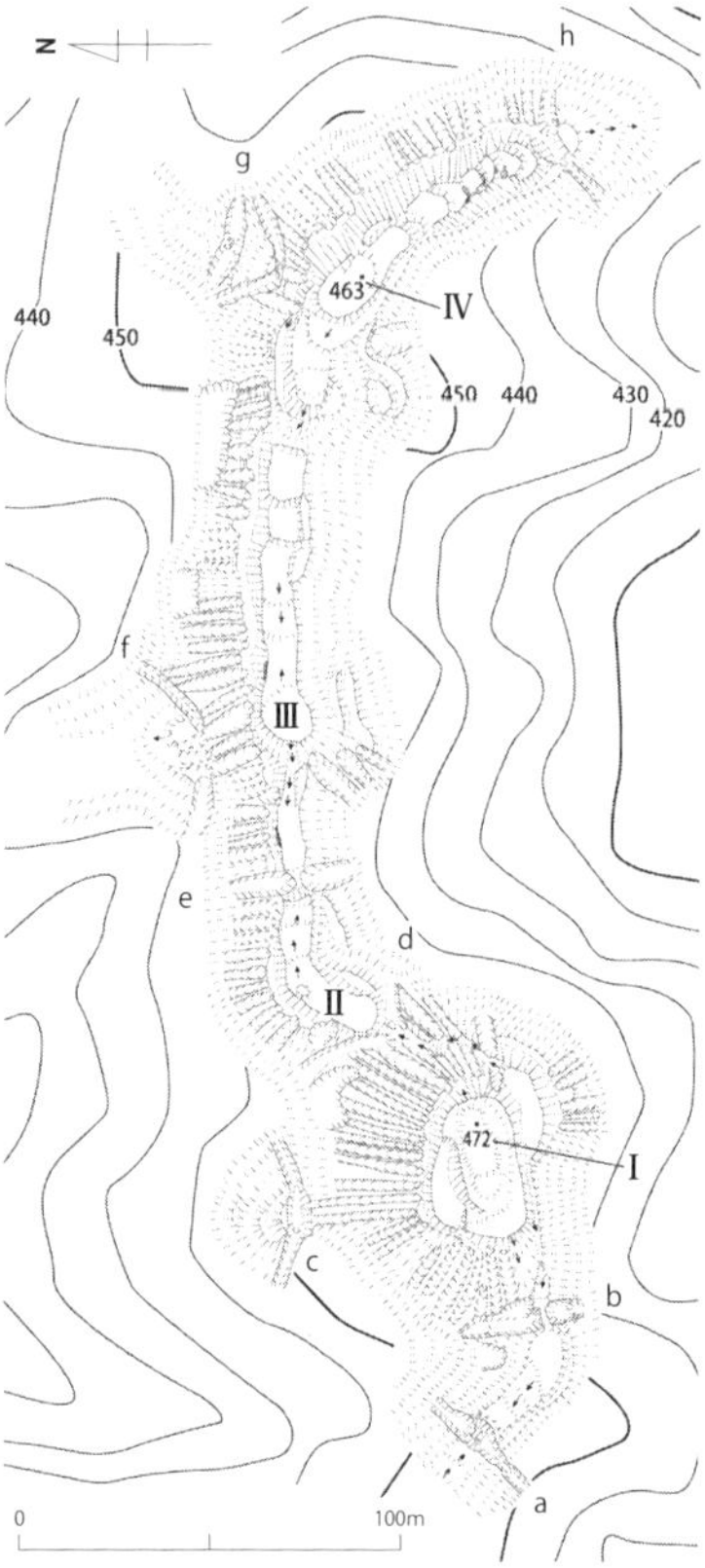

●—大坂山城縄張図（作図：若杉善満）

し、城域の東端と西端を堀切《ほりきり》で画している。標高四七二《メートル》を測る西側の曲輪群Ⅰと標高四六三《メートル》を測る東側の曲輪群Ⅳを中心として、その間に東西に細長い曲輪群Ⅱ・Ⅲを配し、曲輪群Ⅰ・Ⅱ・Ⅲの間には、それぞれ土橋《どばし》をもつ堀切を設ける。また各曲輪の直下に高低差がある通路を設け、尾根上の移動を制限している。曲輪群Ⅰの周囲は竪堀《たてぼり》約三〇本を数える畝状空堀群《うねじょうからぼりぐん》を置き、西側に二本・北側に一本・東側に一本の堀切を設置する。城域内の最高所で、かつもっとも厳重に防備されているため、主郭と考えられる。曲輪群Ⅱ・Ⅲは東西に細長い曲輪を形成し、北側を中心として畝状空堀群を配し、曲輪群Ⅲから北側に延びる尾根を横堀・土塁《どるい》・竪堀で遮断する。曲輪群Ⅳは北東側の尾根を畝状空堀群と二本の堀切で遮断し、南西方向に小規模な曲輪群を階段状に置き、その東側に竪堀一〇本以上の畝状空堀群を配し、南東側の尾根を堀切一本で遮断する。城域全体では竪堀八〇本以上の畝状空堀群が確認され、そのほとんどが城域の北側・北東側に設けられる。

【多数の畝状空堀群の評価】 文献史料と城の構造を照合すると、永禄年間における大坂山城は、西郷氏あるいは杉氏の居城として機能したと考えられる。また戦国期の北部九州における畝状空堀群を多数付設した城館については、筑前国の国人領主秋月氏による影響とする近年の研究成果を参考にし、大坂山城の城域規模と多数の畝状空堀群の配置、香春城の砦という伝承を勘案すると、天正年間（一五七三—九二）には香春城に秋月種実《たねざね》の実子である高橋元種《もとたね》が在城している。当該期においては、大坂山城は、香春城主高橋元種の京都郡・仲津郡方面の重要な出城として機能していた可能性も考えられる。

【参考文献】犀川町誌編纂委員会『犀川町誌』（犀川町、一九九四）、福岡県教育委員会『福岡県の中近世城館跡Ⅲ—豊前地域編—』（二〇一六）、岡寺良『戦国期北部九州の城郭構造』（吉川弘文館、二〇二〇）

（若杉善満）

●天正年間の改修が残る城

障子《しょうじ》ヶ《が》岳《たけ》城《じょう》

〔みやこ町史跡〕

〔所在地〕田川郡香春町採銅所、京都郡みやこ町勝山松田
〔比　高〕約三五〇メートル
〔分　類〕山城
〔年　代〕一四～一六世紀
〔城　主〕足利氏、千葉氏、大内氏、高橋氏、小早川氏
〔交通アクセス〕JR日田彦山線「採銅所駅」下車、徒歩約二〇分で味見峠登山口。登山口から徒歩三〇分。

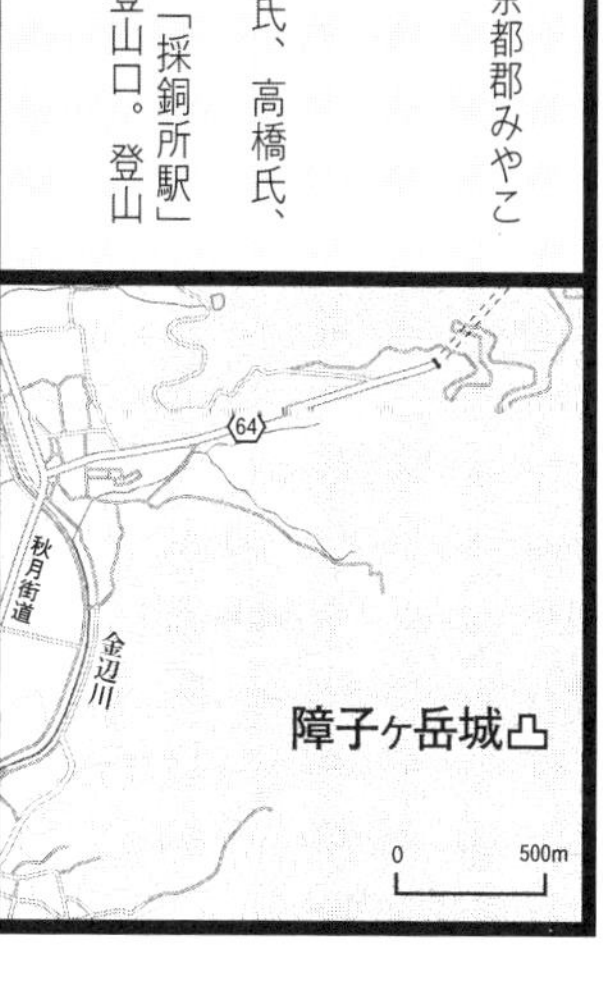

【四方が一望できる立地】　障子ヶ岳城は、豊前国田川郡と京《みや》都《こ》郡の郡境である南北方向の稜線上にある標高四二七㍍の障子ヶ岳山頂に位置する。勝司嶽城の別称をもつ。障子ヶ岳城は四方に眺望がよく、東は周防灘まで一望でき、西は香春《かわら》岳、南は飯岳《いいだけ》山、北は平尾台周辺を展望できる。

【障子ヶ岳城の伝承と歴史】　一次史料ではないが、『京都郡誌』（伊東尾四郎、一九一九年）所収「豊前古城記」に、障子ヶ岳城について、建武三年（一三三六）に足利尊氏《たかうじ》の命により足利統氏《むねうじ》が築城し、応安元年（一三六八）には千葉上総介光胤《みつたね》が足利統氏を討って居城としたが、その後、大内氏の持ち城となり、天正年間（一五七三―九二）には小早川隆景《たかかげ》の持ち城となるが、のちに破却したとする記載が残る。

小早川家文書や黒田家文書に残る豊臣秀吉書状などによると、豊臣秀吉が九州平定の軍を九州に派遣した際には、天正十四年（一五八六）十月三日に、毛利輝元《てるもと》・黒田孝高《よしたか》・吉川《きっかわ》元春《もとはる》・小早川隆景の軍勢が先鋒として関門海峡を渡り、翌四日には小倉城を攻め落とし、城兵は高橋元種《もとたね》の本城である香春城に逃亡した。十一月には、小倉城から松山城に入った小早川隆景・黒田孝高は軍を進めて、宇留津《うるづ》城を撃破し、豊前国は内陸の田川郡に戦局が移ることとなる。十一月十五日、小早川隆景・黒田孝高が香春城の支城である障子ヶ岳城を降し、高橋元種の籠る香春城を包囲し、十一月二十一日、吉川元長・広家が香春城三の丸を攻め落とし、十二月十五日には高橋元種が降伏した。

【城の縄張】 障子ヶ岳山頂一帯に展開する本城部が、みやこ町の史跡として指定されている。また、近年の福岡県教育委員会の調査成果により、田川郡と京都郡の郡境の稜線上、本城部の北側約二五〇〇㍍の範囲に九ヵ所、本城部の南側約五〇〇㍍の範囲に二ヵ所、計一一ヵ所の障子ヶ岳城の周辺城館群が確認されている。障子ヶ岳城の周辺城館群については城名などの伝承も残っていないが、障子ヶ岳城の本城部と同様の郡境の稜線上に立地し、各周辺城館群は近接する位置にあるため、ここでは、障子ヶ岳城の本城部と周辺城館群の城郭の構造について、紹介することとする。

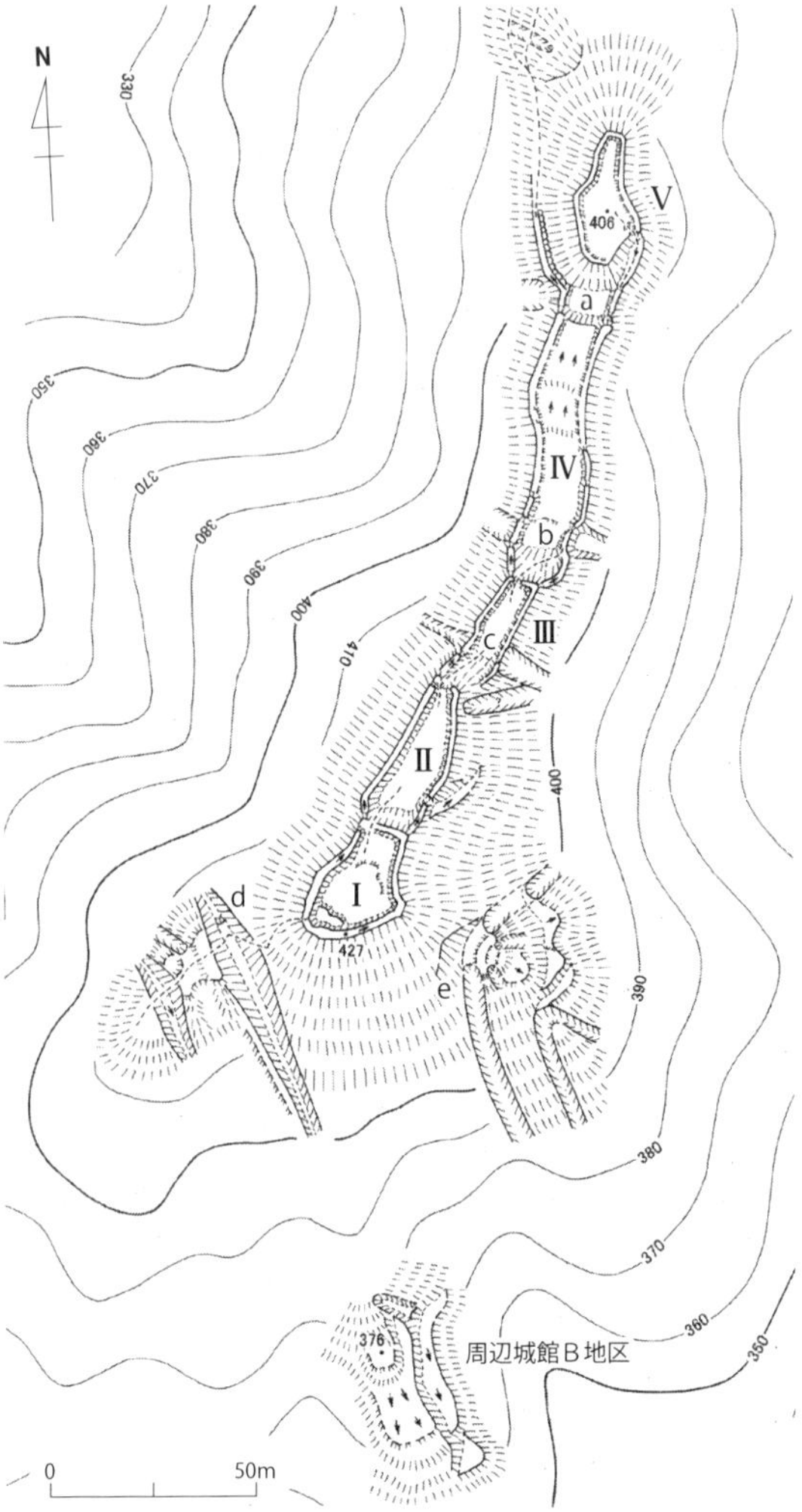

●―障子ヶ岳（本城部）縄張図（出典：福岡県教育委員会 2016）

【障子ヶ岳城の本城部】 障子ヶ岳城の山頂の南北に延びる稜線上、東西約二〇〇㍍・南北約二〇〇㍍の範囲に五段に連なる曲輪Ⅰ〜Ⅴを配置する。南端の最高所である標高四二七㍍を測る曲輪Ⅰが主郭と考えられ、北側に向かって段状に下がるⅡ〜Ⅳの曲輪を配置し、曲輪Ⅴで再び高くなり、標高は四〇六㍍を測り、南端の曲輪Ⅰと北端の曲輪Ⅴの比高差は約二〇㍍となる。曲輪Ⅰ〜Ⅴの周囲には約一㍍以下の低土塁《ていどるい》を設け、土塁線は基本的には各曲輪で完結するが、各曲輪間を仕切る切岸の両側にも南北方向の土塁線を設けており、曲輪Ⅰ〜Ⅴ全体を土塁で囲い込む。また、曲輪Ⅱ・Ⅲの間のc、曲輪Ⅲ・Ⅳの間のb、曲輪Ⅳ・Ⅴの間のaの三ヵ所については、東西に展開する溝状の窪みが観察され、その延長の両側

●―障子ヶ岳城曲輪群（本城部）

斜面には竪堀《たてぼり》状の掘り込みが現存する。ａ・ｂ・ｃの三ヵ所の土塁・窪み・竪堀状の掘り込みの位置関係から、東西方向に展開した堀切《ほりきり》を埋め、曲輪Ⅰ～Ⅴ全体を囲い込むための南北方向の土塁線を設定したと考えられる。曲輪Ⅱ～Ⅳの各曲輪は東西方向の堀切で仕切りつつ階段状に曲輪を展開した段階があり、その後、三ヵ所の堀切を埋め、その上に土塁を設けるという改修を行ったと推定される。主郭とされる曲輪Ⅰの南西側には現存深さが約一〇メートルを測る非常に大きな堀切ｄを掘削し、堀切ｄの堀底から曲輪Ⅰとの比高差は約二〇メートル以上となる。堀切二本により主郭の南西方向の尾根線を遮断する。また、主郭南東側にも長大な堀切ｅが構築されている。なお、堀切は上方からの流入土によって、現在尾根部分の大半が埋まっており、自然埋没、あるいは主郭の改修の際に土砂が大量に流入した可能性が指摘されている。曲輪Ⅰ東側の土塁は屈曲して南東方向に張り出し、その下方の南東尾根は堀切三本で分断し、厳重に防御する。

障子ヶ岳城の本城部は、階段状に連なる五段の曲輪群を土塁が囲い込み、主郭の南西側と南東側の尾根上は大堀切によって遮断する構造である。また、堀切の埋没状況から、大々的に改修が行われ、改修後には横矢《よこや》を志向するような屈曲により突出させた土塁線が構築されている。

現状では、天正六年の香春城を奪取した高橋鑑種《あきたね》・元種が障子ヶ岳城を京都郡方面の出城とした段階に改修したという意見と、天正十四年の小早川隆景・黒田孝高が障子ヶ岳城を落城させたのちに、香春城攻略の際の付け城として改修した可能性が挙げられている。

【障子ヶ岳城の周辺城館群】　本城部と同様の南北稜線上の頂部を中心として、南側から北側にかけてＡ～Ｋ地点の計一一ヵ所が確認されている。そのほとんどが堀切などの防御遺構を設けず、数段の連続する小規模な曲輪群を主体として構成されており、全長約四〇～一五〇メートル程度の規模である。各地

●―障子ヶ岳城・周辺城館位置図（出典：福岡県教育委員会 2016・一部改変）

点間の距離は約三〇〇メートルと近接し、稜線上の自然の平坦地形を最大限に活かし、最低限の造成を行っている。唯一、北端のK地点では、標高四〇四メートルの頂部を中心として、稜線上に全長約三〇〇メートルを測る他に比して大規模な曲輪群が展開しており、堀切三本・土塁等の防御遺構も構築している。障子ヶ岳城の周辺城館群のほとんどは、その構造などから恒常的な在城を意図して造られたものではなく、一時的な兵の駐屯を目的とした「陣城」であると推定される。K地点は、構造・規模などが他の地点と異なるため、周辺城館群の中心的な位置、あるいは単独で存在したひとつの城館であったと考えられる。歴史的な背景から、天正十四年に、障子ヶ岳城を攻めるための付城として、小早川・黒田勢が構築し、障子ヶ岳城を攻落させた後は、香春城包囲戦に関わる陣城群として機能した可能性が想定される。

【参考文献】『勝山町史　上巻』（勝山町、二〇〇六）、福岡県教育委員会『福岡県の中近世城館跡Ⅲ―豊前地域編―』（二〇一六）、岡寺良『戦国期北部九州の城郭構造』（吉川弘文館、二〇二〇）

（若枚善満）

●豊前宇都宮氏の居城

神楽山城《かぐらやまじょう》

〔所在地〕京都郡みやこ町犀川木井馬場・犀川上高屋
〔比　高〕約一八〇メートル
〔分　類〕山城
〔年　代〕一二～一六世紀
〔城　主〕板井氏、豊前宇都宮氏、黒田氏
〔交通アクセス〕ＪＲ日豊本線「行橋駅」から太陽交通バス「木井馬場」停留所下車、徒歩四〇分。

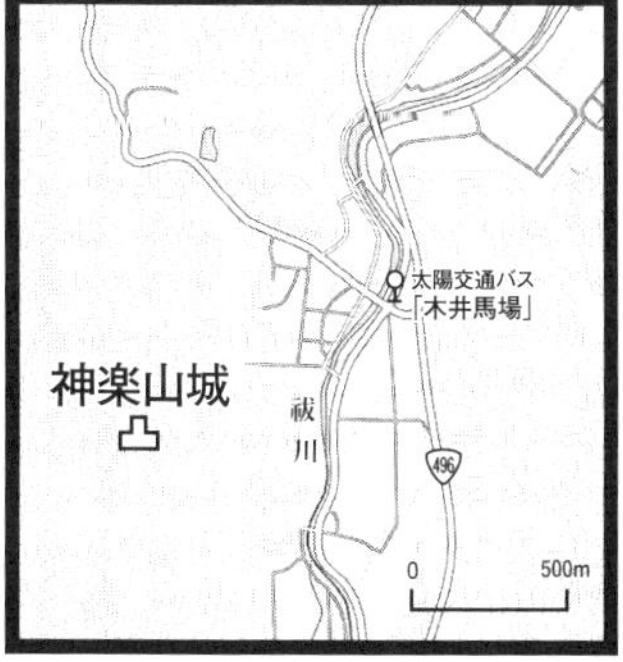

【神楽山城の立地と伝承】　英彦《ひこ》山（標高一一九九メートル）・鷹ノ巣山（標高九七九メートル）から周防灘に向かって延びる丘陵と丘陵の間に、英彦山を水源地とする祓川《はらいがわ》に沿って北へ向かって長く延びる狭い谷が形成され、祓川中流域の丘陵が張り出して狭隘になった地点に、神楽山城が所在する神楽山（標高二七二メートル）がある。さらに約七キロ下流の地点には、豊前国府が位置する。神楽山の名称については、神功《じんぐう》皇后が三韓出兵の際に、この山で天神地祇《てんしんちぎ》を祀り、戦勝を祈願して神楽を奏し、凱旋の後、またこの山で御礼の神楽を奉納したという伝承による。城山・高彦山の別称をもつ。

【豊前宇都宮氏の居城】　平安時代末に、平氏の与党として板井種遠《たねとお》は神楽山城を本拠にして仲津郡から築城郡を中心に所領を拡大し、豊前国府の田所・税所職を兼任したが、文治元年（一一八五）、平氏の滅亡で、その所領は源氏政権に没収された。源頼朝より、板井種遠の旧領と跡職を給付され、神楽山城に本拠を構えたのが、宇都宮信房《のぶふさ》である。その名が示すように、もとは下野国の領主で、豊前宇都宮氏（城井氏）は、下野宇都宮氏の庶流・中原宗房《むねふさ》が鎌倉時代に豊前仲津郡城井郷の地頭職として豊前に赴任してきたことにはじまる。

建久六年（一一九五）、宇都宮信房が豊前に入り、神楽山城を居城とした後、代々、豊前宇都宮氏の本城となる。神楽山城の山麓には、宇都宮信房が軍功を立てた後、出身地の宇都宮大明神および安楽座大明神を奉祀してできた木井神社が鎮座する。境内には、推定樹齢四五〇年のイチイガシの巨木

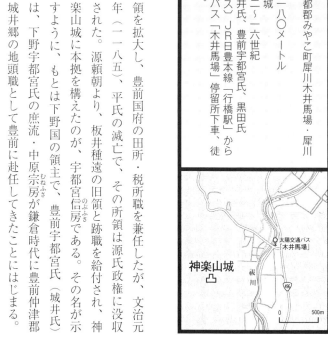

●―神楽山城東側遠景

が聳えており、福岡県の天然記念物に指定されている。また、鎌倉五山を模して仏頂山楞厳《りょうごん》寺《じ》・等山寺・平原寺・正安寺・高徳寺を建立し、以前より在った常山寺・道成寺を加えて城《き》井《い》七ヶ寺と称し手厚く保護した。楞厳寺には宇都宮信房の供養塔とされる大型の五輪塔があり、楞厳寺の裏山に位置する常山寺跡には、鎌倉時代の四方仏多層塔が残る。神楽山城の山麓一帯の木井馬場《きいばば》においては、中屋敷・市屋敷・弓馬場・上屋敷・古屋敷の地名が残り、祓川西岸の下木井遺跡においては圃場《ほじょう》整備に伴う発掘調査が実施されている。

その調査成果によれば、井戸跡・土坑・製鉄炉跡・石列・溝などの遺構、中国産の龍泉窯系青磁・同安窯系青磁や白磁・青白磁に加えて朝鮮半島産の高麗青磁などの貿易陶磁器の優品、下駄・櫛・箸などの木器や漆器、獣骨・植物種子などの自然遺物、常滑《とこなめ》焼・備前焼などの国産陶器、土師器《はじき》・瓦器《がき》などの多種多様な遺物が出土しており、一二〜一五世紀代に比定される中世城館跡の存在が想定される。下木井遺跡の北側に隣接し、神楽山城の北約七〇〇㍍の地点の標高約一〇〇㍍を測る低丘陵上には毘沙門《びしゃもん》城が位置する。神楽山城の見張りの砦や木井馬場の防御拠点のひとつとして機能していたと考えられる。豊前宇都宮氏は神楽山城と山麓の木井馬場を本拠とし、九州屈指の有力御家人となる。

通説では、南北朝時代、六代宇都宮頼房《よりふさ》の頃に、本拠地を木井馬場の神楽山城から築城郡本庄の若山城に移し、菩提寺の天徳寺を建立したとされる。その後も、一六代宇都宮鎮房《しげふさ》まで、仲津郡・築城郡一帯を支配し、神楽山城は豊前宇都宮氏の重要拠点として戦国時代末まで機能したと考えられる。

【豊前国人一揆】 豊臣秀吉の九州平定戦において、宇都宮鎮房は、当初、島津方の秋月氏と同盟関係にあったが、天正十五年（一五八七）、秀吉に降伏し許され、伊予国に転封を命ぜられた。しかし、鎮房は不服として応じなかった。その後、黒田孝高が豊前国六郡を賜り、孝高・長政父子が入部し、山国川河口の下毛郡中津に築城を開始した。この頃、肥後国人一揆が起こり、孝高は豊前の仕置きは長政に託し、肥後の佐々成政の救援に向かった。この肥後国人一揆に呼応するかのように、豊前国人一揆が勃発し、宇都宮鎮房は築城郡城井谷《きいだに》に拠り、黒田に反旗を翻し、一時は長政を窮地に追い込むほど頑強に抵抗した。『黒田家譜』によれば、長政は鎮房攻略のため「神楽山といふ古城」を付城として兵約三五〇人を置き、夜襲に来た一揆軍を撃退した記載が残る。天正十六年四月、鎮房は中津城において謀殺され、翌日には鎮房の子である宇都宮朝房《ともふさ》も肥後で殺され、約四〇〇年間続いた豊前宇都宮氏の歴史の幕は閉じる。

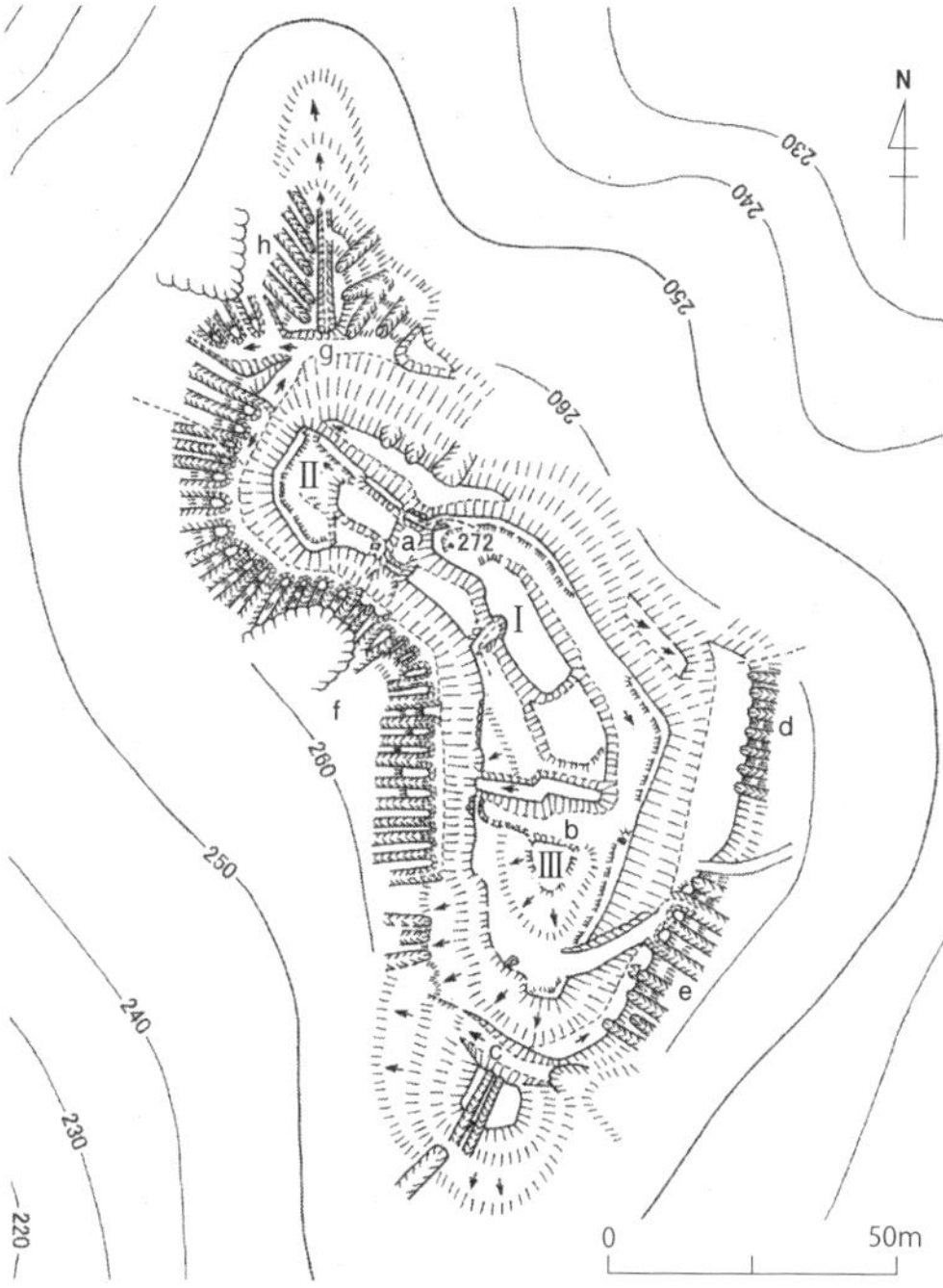

●—神楽山城縄張図（出典：福岡県教育委員会 2016）

【城の縄張】　山頂一帯の標高約二六〇～二七〇㍍を測る東西約一〇〇㍍・南北約二〇〇㍍の範囲を城域とし、北側と南側の尾根は堀切《ほりきり》と竪堀《たてぼり》によって遮断し、北東側一部の斜面以外は、六〇本以上の竪堀からなる畝状空堀群《うねじょうからぼりぐん》を構築し厳重に防御する。最高所の標高二七二㍍を測る地点に東西約一〇㍍・南北約三〇㍍の主郭Ⅰを置き、周囲に帯曲輪《おびくるわ》を巡らせ、北側に曲輪Ⅱ、南側に曲輪Ⅲを配する。主郭Ⅰの帯曲輪の東側は低土塁《ていどるい》を設け、西側一部に列石状の石積み遺構が残る。

　曲輪Ⅱの周囲は低土塁を巡らし、曲輪Ⅱと主郭Ⅰの間に堀切aを設けて仕切る。堀切aは両端部に土留めの石を用いた土塁で塞がれ、曲輪Ⅱの周囲を囲む低土塁と主郭Ⅰの東側低土塁につながっていく。堀切a・土塁の延長の両側斜面には竪堀状の掘り込みが残る。それらの位置関係から、堀切を埋めた後、新たに土塁を設けることにより、分割していた曲輪群を再結合するような曲輪配置の改修が実施されたと考えられる。主郭Ⅰの南側には、小規模な曲輪Ⅲを配置する。曲輪Ⅲの平坦面の整地は不明瞭であり自然地形に近い形状を呈するが、周囲の切岸は明確に残る。曲輪Ⅲの東側には低土塁を

●—神楽山城畝状空堀群

設ける。主郭Ⅰと曲輪Ⅲの間は、土塁と堀切bで仕切る。堀切bの西側は堀切aと同様に土留めの石を用いた土塁で塞いでいる。

加えて、堀切bの北側に隣接し、主郭Ⅰ南端の東西方向に延びる土塁の中央には直角に屈曲する部分が残っており、横矢《よこや》を掛けるための塁線の折れが確認される。主郭Ⅰと曲輪Ⅱ・Ⅲからなる曲輪群の周囲は、南側と北側の尾根続きには堀切cと堀切gで遮断し、それ以外の斜面にはd～fの畝状空堀群が構築される。主郭Ⅰの北東斜面側を除き、畝状空堀群は曲輪群を囲繞し、六〇本以上の竪堀が確認されている。特に、西側斜面においては曲輪群下の横堀に接続して畝状空堀群が張り巡らされており、畝状空堀群を構成する竪堀は、ほぼ等間隔に規則的に構築される。曲輪群の北側を仕切る堀切gのさらに北側の尾根は、堀切gと直交する方向に竪堀一本を掘削し、その東西両側に畝状竪堀群hを設けることによって、攻城側の侵入が想定される北側尾根筋を強固に遮断する。

神楽山城の構造からは、戦国時代末の豊前宇都宮氏による畝状空堀群の大改修が想定される。また豊前宇都宮氏の他の城郭のほとんどは畝状空堀群を採用していない。近年の研究成果によると、戦国期の北部九州における畝状空堀群を多用する城郭については、筑前国の国人領主秋月氏の影響が指摘されており、神楽山城の畝状空堀群の大改修についても、秋月氏の関与が考えられる。畝状空堀群を主体とする防御に対して、曲輪間の堀切を埋め立て新たに土塁を設けて曲輪配置を変更する改修や折れをもつ土塁線については、城の防御の在り方が異なる。そのため、後者は、天正十五年の豊前国人一揆に対して黒田長政が神楽山城を付城とした際の改修が考えられる。

【参考文献】　犀川町誌編纂委員会『犀川町誌』（犀川町、一九九四）、築城町教育委員会『宇都宮氏城館跡』（二〇〇五）、福岡県教育委員会『福岡県の中近世城館跡Ⅲ—豊前地域編—』（二〇一六）、岡寺良『戦国期北部九州の城郭構造』（吉川弘文館、二〇二〇）

（若杉善満）

●福岡県屈指の大規模居館

宇都宮氏館《うつのみやしやかた》

〔所在地〕築上郡築上町大字松丸
〔比　高〕五～一〇メートル
〔分　類〕平山城
〔年　代〕一四～一五世紀
〔城　主〕宇都宮氏（城井氏）
〔交通アクセス〕ＪＲ日豊本線「築城駅」下車、太陽交通バス寒田線「松丸」停留所下車、徒歩一〇分。

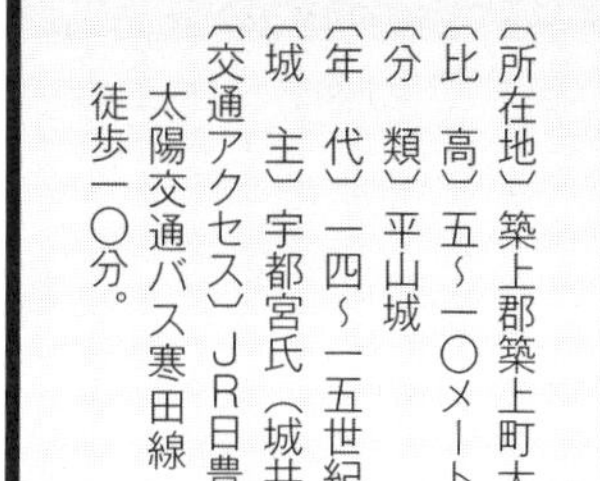

【位置と環境】　海岸線から約七キロ上流の谷底平野の中央、城《き》井《い》川西岸の台地に位置する。周囲より約五～一〇メートル高い広大な台地からは遠くに周防灘を望み、空中写真でみるように田園風景の中、樹木に囲まれた館跡の存在感には目を見張る。堀切、切岸で区画された南北一五〇メートル、東西一二〇メートル方形の主郭と、北側に三角形の副郭を持ち、全体の面積は約四ヘクタールにもおよぶ。主郭の小字は立屋敷、北に隣接する副郭は上の峯、南の台地は下の峰というが、この台地一帯を地域では館ノ内（タテンウチ）と呼んでいる。周辺には堀田、一ノ坂、釜蓋（構外か）、尾園などの地名がある。

　宇都宮氏が天正十六年（一五八八）に滅亡してから約一〇〇年後の元禄七年（一六九四）、黒田藩の儒学者貝原益軒《かいばらえきけん》が『黒田家譜』編纂のため、豊前豊後地方の史跡調査をした時の見聞録『豊国紀行《ほうこくきこう》』に館跡のことが記述される。「松丸村の上、道東の側に、城井鎮房《きいしげふさ》が隠居の宅にせんとて構へたる所有り、方六十間斗廻りに小土手をつき、から堀をつくれり……」。また『豊国紀行』の付図である『城井谷絵図』では「城井屋敷跡」と方形の区画が白抜きに図示され、「取テノ方一丁程有、廻り土手有、カラホリ有」と記述される。

【発掘調査】　本館跡は築上町（旧築城町）によって平成十一年から五ヵ年で範囲内容確認の発掘調査が行われた。その結果、居館の周囲三方を巡らすと思われる空堀《からぼり》と土塁《どるい》が数ヵ所で確認された。また掘立柱《ほったてばしら》建物跡二五棟などが検出され、建物跡の主軸の違いや切り合いから四つの時期の変遷がみら

●—城井谷遠景（中央下が宇都宮氏館跡）（北から撮影）（築上町教育委員会提供）

●—城井谷の中心部にある宇都宮氏館跡（西から撮影）（築上町教育委員会提供）（＊中央下が入口部）

れるが、出土遺物は小皿、茶臼、石鍋など非常に少なく、詳細な年代は不明だが、一四世紀中頃以降と考えられる。空堀と土塁は南側で良好に残存し、幅七・五メートル、深さ一・五メートル、並行する土塁の基部の幅は五メートルを測る。また西側は高低差約三メートルの切岸《きりぎし》がまっすぐに延び、切岸の下部には残存深さ〇・五メートルの空堀が並行する。中央付近で空堀が途切れる幅三・五メートルの土橋《どばし》跡が確認でき、館の入口と推定される。「城井谷絵図」でも館跡の西に朱線で道が描かれるように、道から館の中央付近に進み、入口があったと考えられる。土橋北側の堀跡にも細長い土橋状のスロープが台地の上へとつながるが、当初のものか判然としな

●—城井谷絵図部分（福岡県立図書館所蔵）（＊右下が館跡）

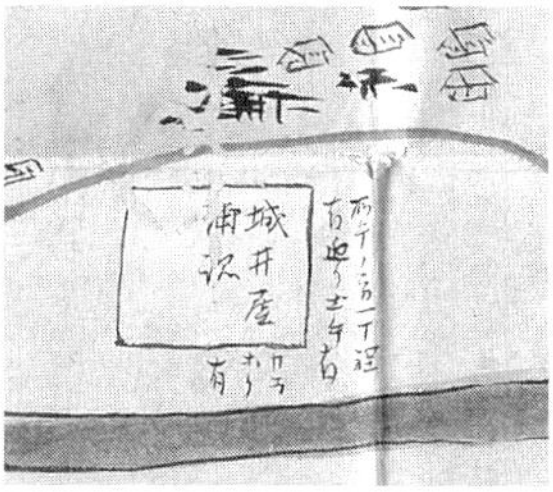

●—館部分拡大

い。

館の西隅は後世の進入路造成で不明瞭であるが、北隅と東隅は張り出し部がみられ、隅櫓《すみやぐら》の可能性がある。また台地の中央を東西に横断する切通しは当初のものでなく、明治時代に溜池築造のために土取りした結果できたもので、部分的に残るテラス状の段差が当時の空堀の底と推定される。

二五棟が確認された掘立柱建物跡はいずれも柱痕が一五〜二〇センチと小さく、確認面に拳大の礫石が数個置かれる例が多く、建物の廃棄に伴う習俗であろうか。注目されるのは二間×三間に三面庇が付く五号建物跡で、身舎内の一間×二間の部屋部分のみ柱穴間にも間柱の小穴四基が掘られ、黄色粘土が残存していた。黄色粘土は壁土と思われ、床下の侵入を防ぐ土蔵造りの構造と考えられる。

発掘調査の範囲は一部であり、茶臼の出土はあるものの、出土遺物がわずかで、建物跡も小規模なものが多く、この館跡の時期や歴史背景、また構造、機能など検討課題は多い。また周辺にはこの居館にふさわしい規模の山城はないが、居館背後の高低差は大きく、台地という立地条件と切岸、空堀と土塁によって十分な防塞機能を備えた居館と言える。

【研究史と歴史的背景】　文久三年（一八六三）に刊行された国学者の渡辺重春著『豊前志』には「松丸村城阯　宇都宮鎮房《しげふさ》の塞に築きしなり。湟《ほり》、土居など今も存れり」とある。また郷土史家、稲葉倉吉は昭和九年（一九三四）『築上新聞』に「高畑城の発見」と題して、ここからやや北方に高畑の地名があることを根拠に、応安七年（一三七四）に宇都

●宇都宮氏館跡調査測量図（出典：築城町教育委員会 2005）

宮冬綱《ふゆつな》、家綱《いえつな》父子が南朝方として反乱を起こし、今川了俊《りょうしゅん》に鎮圧された高畑城をこの館跡とした。しかしその後、則松弘明は『鎮西宇都宮氏の歴史』で文書資料を詳細に検討し、高畑城の反乱の場所は、みやこ町犀川木井馬場の神楽城と結論付けた。しかし本館跡の歴史を決定づける文献などはまだ見つかっていない。

鎮西御家人として下向した初代の宇都宮信房《のぶふさ》は中原氏を名乗り、本館跡のある松丸から二・五キロ西隣の谷合地の木井馬場を本拠地として館を構えた。後に五代の頼房《よりふさ》が正慶年間（一三三二―三四）に本拠地を当地の「城井谷」に移転したといわれる。また四代の通房《みちふさ》は蒙古襲来で九州へ下向し、この頃から宇都宮一党が「城井一類」と呼ばれ、本拠地の築城郡から豊前国東部の上毛郡、下毛郡、宇佐郡へと有力一族の山田氏、野仲氏、佐田氏をはじめ、その庶子庶家が土着化し勢力を広げていき、豊前最大の武士団となった。そして幕府執権の北条氏と結びついた通房、頼房、冬綱の一三世紀後半から一四世紀後半は筑後国、豊前国守護や肥後国守護代、また鎮西探題の頭人にもなり、島津、小弐、大友の九州三大勢力におよぶ地位を確立していった。こうした勢力拡大を背景として本拠地を移転し、この大規模館跡が築かれたと考えられる。

前述した高畑城の反乱で鎮圧された冬綱以降は、大内氏が豊前国守護となり、宇都宮氏は急速に勢力を失い、戦国時代には大友氏の傘下となることが多く、大きな勢力を保持できず、豊臣秀吉の九州攻めに参加するも、九州国分けで伊予国転封《てんぽう》を命じられた。

『豊国紀行』では本館跡を最後の当主、鎮房《しげふさ》の隠居宅とするが、当時この巨大な館を維持できる勢力はなく、さらなる山間地の城井谷の寒田《さわだ》に館と山城を構えていたことが知られている。

【参考文献】　則松弘明『鎮西宇都宮氏の研究』（一九九六）、築城町教育委員会『宇都宮氏城館跡』（二〇〇五）、福岡県教育委員会『福岡県の中近世城館跡Ⅲ―豊前地域編―』（二〇一六）、築上町『豊前宇都宮氏歴史資料集』（二〇一六）

（高尾栄市）

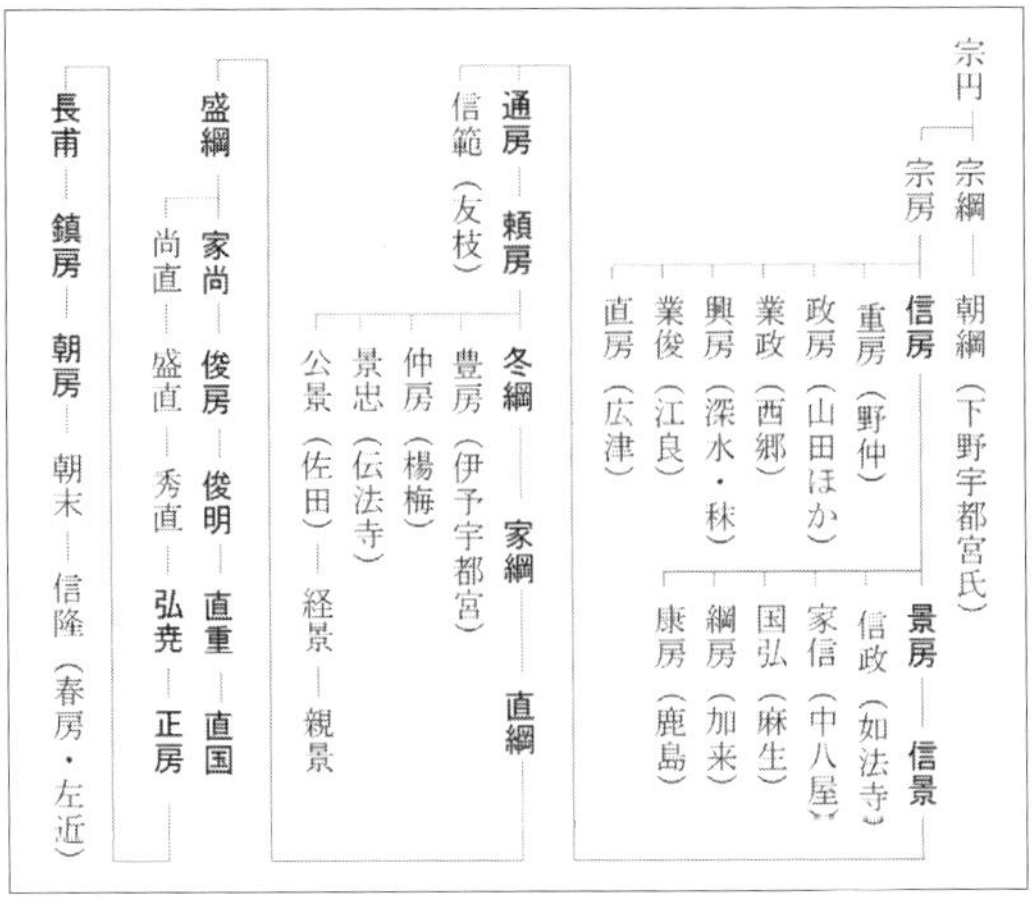

—豊前宇都宮氏系図（太字は嫡流当主）

●難攻不落の城塞

城井ノ上城《きいのこじょう》

〔所在地〕築上郡築上町大字寒田
〔比　高〕約五〇メートル
〔分　類〕山城
〔年　代〕一六世紀
〔城　主〕宇都宮氏（城井氏）
〔交通アクセス〕ＪＲ日豊本線「築城駅」から太陽交通バス寒田線「上寒田」停留所下車、徒歩三〇分。

【位置と環境】　海岸線から約二〇キロ、城井谷の最上流域の寒《さわ》田《だ》の最奥部、城井川の東側の峡谷に位置する。東は修験の霊山、求菩提山《くぼてさん》から一ノ岳、西は猿尾ノ峰から修験の山、飯盛《いいもり》山、そして鉾立峠《ほこたてとうげ》へと急峻な峰々がつづく。城井ノ上城の周辺は猪牟田カルデラ（大分県九重町）の火砕流や噴出堆積物の溶結凝灰岩の切り立つ岩山が多く、城井ノ上城の前面には「三丁弓《さんちょうゆみ》の岩」と呼ばれる岩がそびえ立つ。ここを防御するのにわずか三丁の弓で足りたという逸話に由来する。

表門（城門）と伝承される巨大なトンネル状の岩の隙間を潜り抜けると、岩壁に囲まれた谷地形が広がる。ここから谷を約二〇〇メートル進むとやや広い場所があり城跡というが、自然地形の緩傾斜地で、人為的に作られた城館の遺構など何もなく岩壁の下に祠があるのみである。

城井ノ上城は宇都宮氏（城井《きい》氏）の詰城、隠れ城といわれてきたが、初出は貝原益軒《かいばらえきけん》の『豊国紀行《ほうこくきこう》』で、「きのかう屋敷は、城井氏が敵をのがれてたてこもる所なり。入口は両に大石ありて門のことし。其口二間ばかり。宅の四方はみな大なる岩岸にて、人の下り通るべき所にあらず。入口をかたくふせがば、百万の兵を用ゆとも攻かたかるべし。誠に世にたぐひなき要害なり」と記述され、また『豊国紀行』の付図『城井谷絵図』には「城井櫓籠　常の住所ニあらず」、と白抜きされる。

【歴史的背景】　豊臣秀吉の九州統一後の天正十五年（一五八七）六月、黒田孝高《よしたか》が豊前に入国すると、宇都宮氏一族の一揆が勃発し、当主の鎮房《しげふさ》も赤郷《あか》（大任町柿原）から寒田に戻り挙兵した。十月九日、黒田長政は広幡城（築上町水原）を攻略し、寒田へと進軍したが、岩丸山の合戦（峯合戦）で敗退し馬ヶ岳に退去した。十月下旬、長政は再び寒田を攻めるため、城井谷の西尾根（みやこ町境）の茅切山《かやきりやま》に向城を築いた。そして父孝高とともに吉川広家《きっかわひろいえ》の援軍をえて、寒田の猿尾の峰に陣を構え、城井鎮房を降伏させた。

この時期と思われる十一月二十七日に鎮房が家臣に宛てた書状の案文《あんもん》（写し）が残されている（進家文書）。内容を要約すると、「（黒田勢の城井谷攻めに備えて）家臣たちには足弱（女や子供老人）ともども寒田で堪忍するよう申付けたのに、未だに寒田に籠っていないのではないか。堪忍は明年にまで及ぶことは申すまでもない。内意ではあるが、今月中に寒田へ立て籠らなければ私（鎮房）への反逆である。この書状を遣わすのでよく承知するように」とあるが、この中の「足弱の寒田での堪忍」とはどこの場所を示すのだろうか。

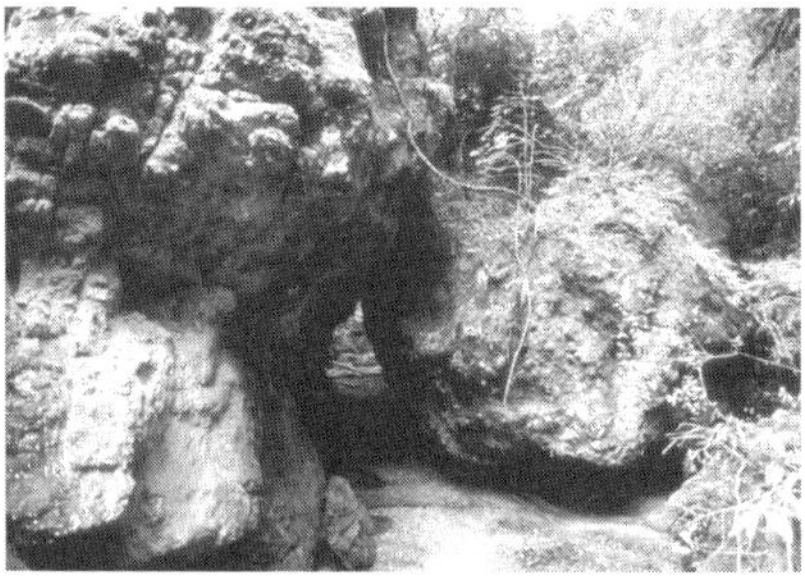

●—城井ノ上城表門（築上町教育委員会提供）

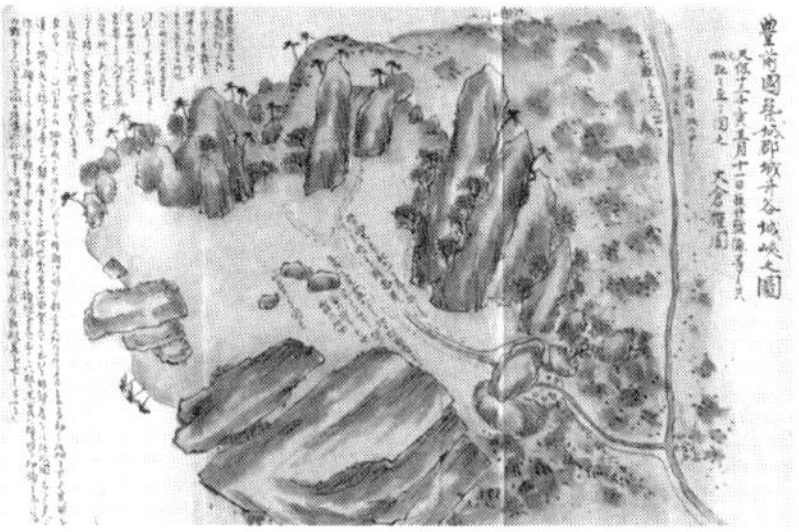

●—豊前国築城郡城井谷城峡之図（国立公文書館所蔵）天保13年（1842）大蔵種周

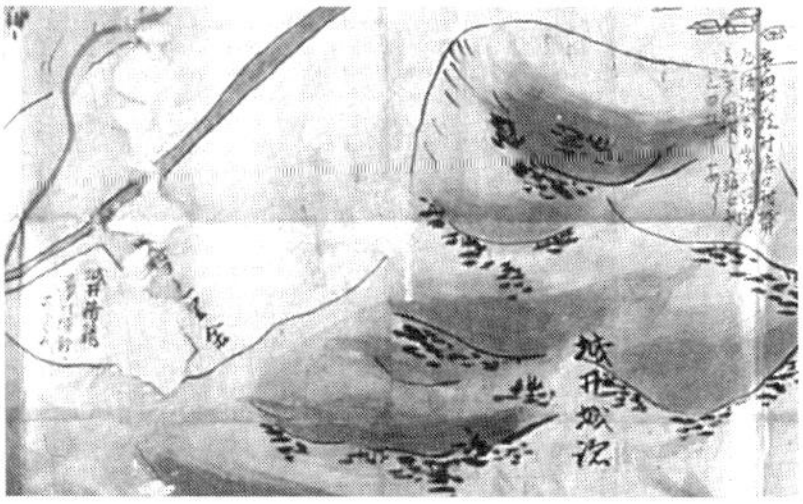

●—城井谷絵図 部分拡大（「福岡県立図書館デジタルライブラリ」からの転載）

戦国時代において、戦闘から農民などが避難する場所として、領主の城へ入る例や、外周の谷に小屋掛けする例、村独自の山城に立て籠る事例などが研究報告されているが、城井ノ上城には城の形態や遺構がないにもかかわらず、元禄期においてすでに「立て籠もる場所」と認識され、それを城と呼んでいることを踏まえると、侍や農民がともに「小屋掛け避難」する場所だったのではないかと推察される。

【参考文献】藤木久志『雑兵たちの戦場』（一九九五）、築上町教育委員会『宇都宮氏城館跡』（二〇〇五）、福岡県教育委員会『福岡県の中近世城館跡Ⅲ—豊前地域編—』（二〇一六）、築上町『豊前宇都宮氏歴史資料集』（二〇一六）

（高尾栄市）

●小規模ながら横堀が卓越

馬《ば》場《ば》城《じょう》

〔所在地〕豊前市馬場
〔比　高〕約七〇メートル
〔分　類〕山城
〔年　代〕一六世紀
〔城　主〕八屋統重、宇都宮播磨守
〔交通アクセス〕ＪＲ日豊本線「豊前松江駅」、または「宇島駅」から豊前市バス畑線「馬場」停留所下車、徒歩一五分。

【城の位置と歴史】　角田川の西岸、馬場の集落の西側背後にある小高い丘陵の城山山頂に位置する。宇都宮播磨守が居城し、後に宇都宮氏家臣の八屋《はちや》（仲蜂谷《なかはちや》）幡十郎宗重《むねしげ》が入るが、黒田官兵衛に攻め落とされたとある。城別名山城ともいう。戦国期豊前地域の小規模な国衆の持ち城である。

【城の構造】　城山の山頂部には、南北方向の尾根上に、Ⅰ～Ⅲの曲輪が並ぶ。それぞれ一辺三〇《メートル》ほどの規模で、大きさに大差はない。Ⅰ～Ⅲの周囲や曲輪間は、堀切《ほりきり》や横堀により厳重に防備されているのが特徴である。

　標高が最も高い曲輪はⅠであるが、いずれの曲輪も土塁《どるい》が曲輪の西側に置かれていることなど、それぞれの曲輪の独立性が高く、いずれが主郭（中心的な曲輪）であるのかは決めるのが困難である。いずれの曲輪も深さ五～一〇《メートル》と規模も大きく、曲輪間はすべて堀で仕切られており、また横堀も一連ではなく、aとbで分断されている。

　Ⅰ～Ⅲを巡る横堀の外側には、南側には城内より高い尾根に備えた堀切dを一

●―横堀

本設けるほか、北側には曲輪Ⅳを挟んで、北側からの侵入を防ぐために堀切cが一本構築されている。

以上のように、馬場城は三つの並立する曲輪を中心にそれぞれ周囲を横堀、堀切、土塁で囲い込んで厳重に防備する構造を呈していることがわかる。

【城の見所】城域全体は公園整備されており、城の遺構を見るうえでは比較的良好な状態である。当城の大きな特徴である横堀が縦横に走る様子をよく観察でき、厳重な防備を体感することができる。

また、Ⅰの曲輪の奥には、後世の人たちが建てた城主・仲蜂谷宗重の供養碑がある他、馬場城の麓、馬場集落からの城の登山口には、中世と思われる五輪塔などもあり、城に関わった人物に関連する供養塔ともみられ、併せて見学をお勧めしたい。

【参考文献】福岡県教育委員会『福岡県の中近世城館跡Ⅲ―豊前地域編―』（二〇一六）

（岡寺　良）

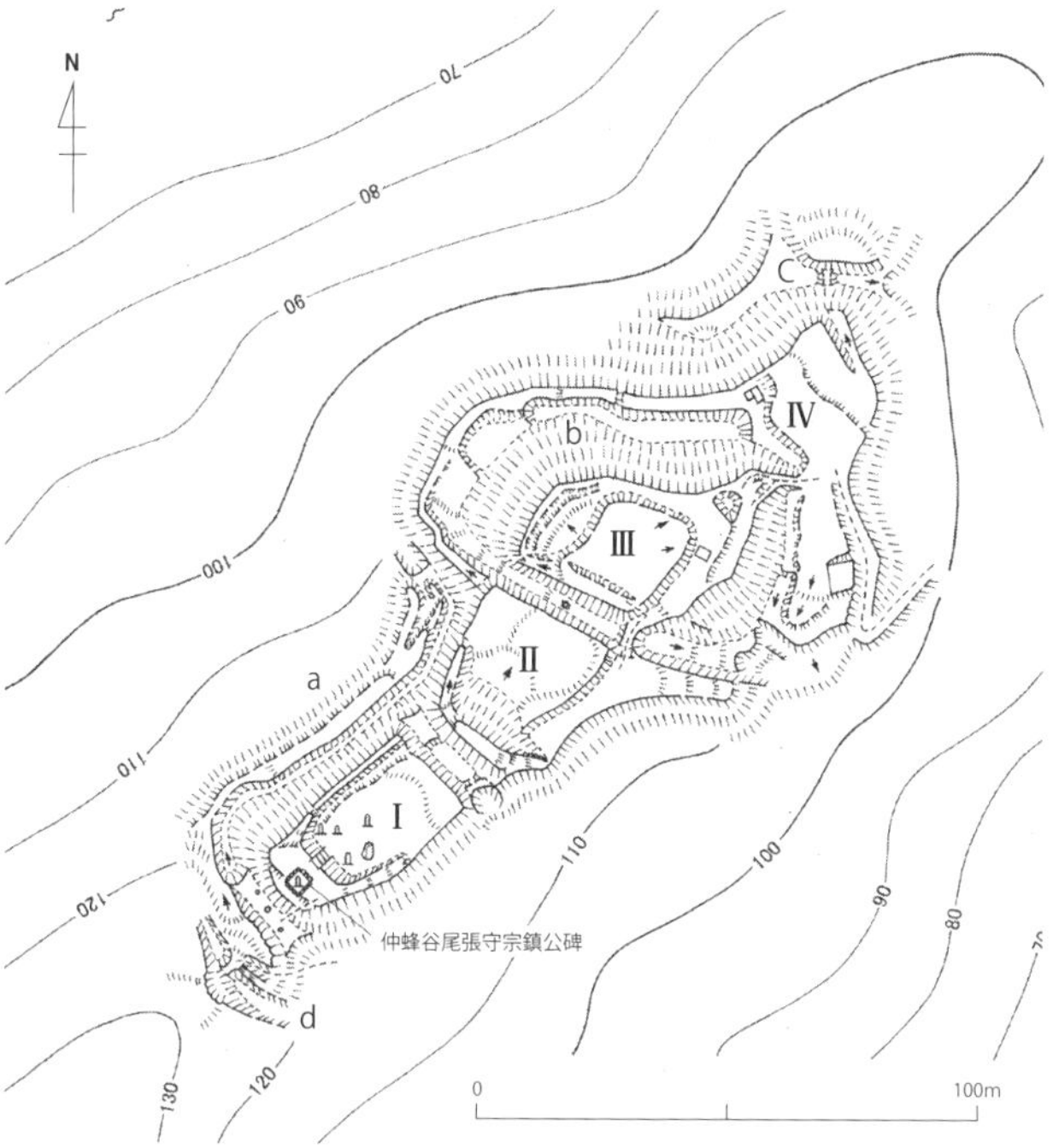

●―馬場城縄張図（出典：福岡県教育委員会 2016）

●―麓にある五輪塔

●巨大な空堀群と石垣による改修

櫛《くし》狩《がり》屋《や》城《じょう》

〔所在地〕豊前市川内
〔比　高〕約一五〇メートル
〔分　類〕山城
〔年　代〕一六世紀
〔城　主〕宇都宮常陸介か
〔交通アクセス〕ＪＲ日豊本線「宇島駅」下車、豊前市バス櫛狩屋線「櫛狩屋」停留所下車、徒歩三〇分。

【城の位置と歴史】　中川上流域の川に挟まれた櫛狩屋集落の西側に聳える「城の台」と呼ばれる標高約二五〇㍍の頂部に位置する。宇都宮常陸介の砦とも伝えられるが詳細は不明である。

【城の構造】　主郭は、標高約二五〇㍍のⅠの一帯が広く曲輪群が展開しており、そこだとみられる。東側の曲輪の縁ａには低土塁《どるい》が巡り、東側斜面には石垣ｂが築かれるが、石垣は部分的である。Ⅰの南東側斜面には、幅広の横堀と竪堀《たてぼり》六本から構成される畝状空堀群《うねじょうからぼりぐん》ｃがみられ、城内においてもっとも厳重に防備しているところであるといえよう。

さらに、Ⅰの東側の尾根続きには、ｄとｅ、併せて四本の堀切群《ほりきりぐん》が構築され、東側からの防御に備える。ｄとｅとの間の平坦地形には、堀状の掘り込みが幾筋かみえ、敵方にこの場所を足掛かりにされないための構築ともみられるが、防御の意図が今一つ読み取れず、遺構の判断が難しい。

一方、Ⅰの西側は不明瞭な平坦地形が続くが、ｆには井戸跡とも考えられる落ち込みな

●—城の遠景

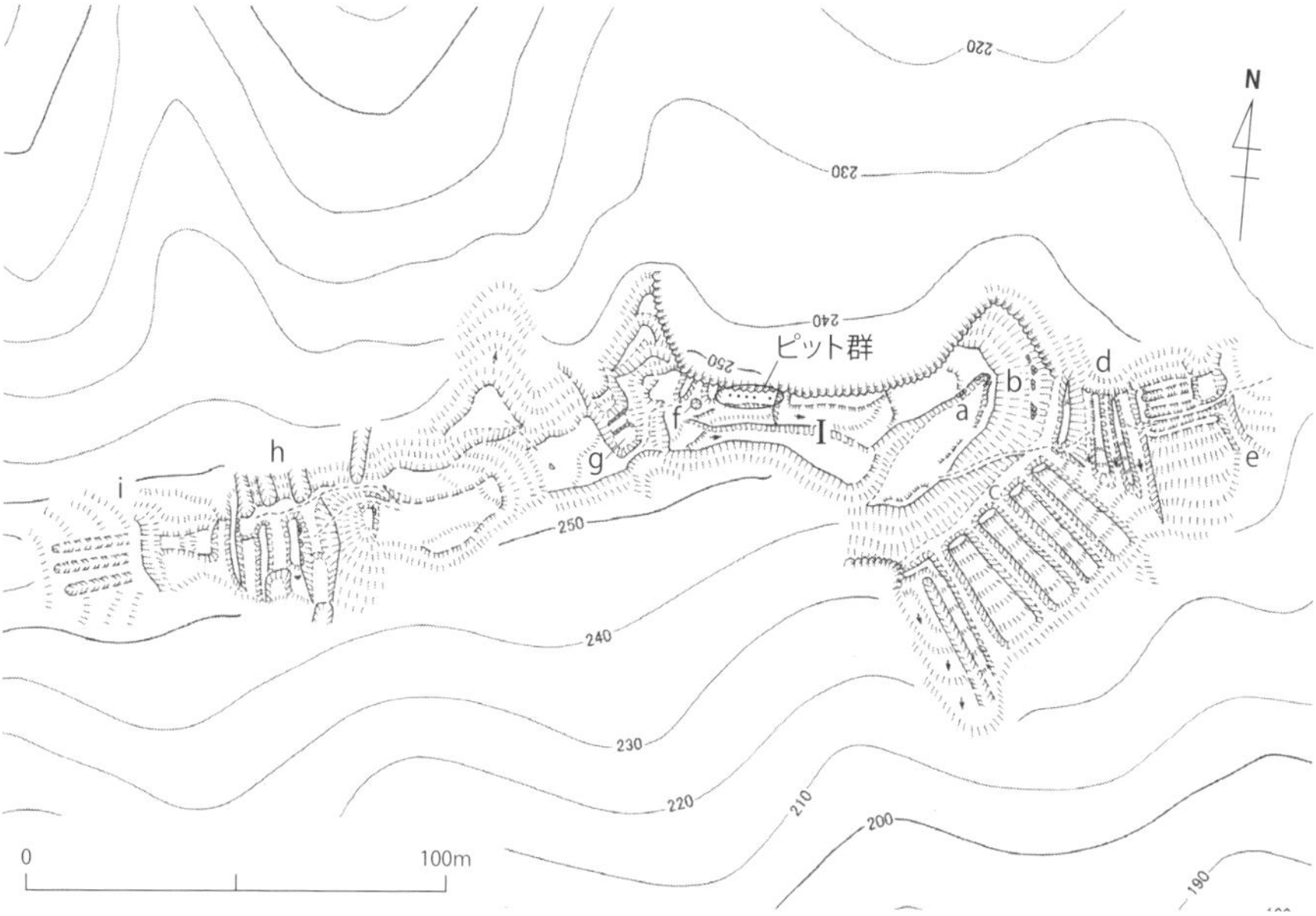

●—櫛狩屋城縄張図（出典：福岡県教育委員会 2016）

どもあり、東側には小穴列も確認される。その西側は堀切gにより遮断するが、堀切の両端部は土橋《どばし》や石垣により仕切られている。堀切gの西側は不明瞭ながら、平坦地形が続く。あまり丁寧に整形が行われていないが、その西側h〜iにかけ、堀切四〜五本を構築することで、西側からの遮断を諮っている。iの西側斜面には竪堀状の掘り込みがいくつかみられるが、城館遺構ではないかと思われるが、詳細はわからない。

●—畝状空堀群

【城の見所】

以上のように、櫛狩屋城は、畝状空堀群と堀切群により厳重に防備されるのが特徴であり、見所の一つは、畝状空堀

●—堀切を仕切る土塁と石列

●—堀切を仕切る土塁内部の石組み構造物（築上町広幡城・九州歴史資料館提供）

群と堀切群が密集する様子であろう。堀の掘り込みも深くしっかりと残存しており、とても見ごたえがあるといってよいだろう。

そしてもう一つの見所に、堀切gの両端部を仕切る構造も挙げられるだろう。仕切られた土塁の所々には、土留めだろうか石が並べられており、強固に造られた様子がわかる。豊前南部地域（旧築城郡・上毛郡）には、このように堀切の防御意図を敢えて否定するような改修の痕跡をみることができる。神楽《かぐら》城や追揚《おいあげ》城などでも確認することができるが、中でも広幡《ひろはた》城（築上町）土塁の内部構造として、堀切を仕切った土塁中に石列遺構を認めることができる。このような防御の方向転換は、異なる領主による改変と考えることができないだろうか。これらの遺構は、天正十五年（一五八七）の豊前国人一揆において、黒田方に落とされた城に多く認められることから、国人側の城を攻め取った黒田方が戦いの中で、それらを利用した際に、改修を加えた痕跡ではないかとも考えられる。

【参考文献】福岡県教育委員会『福岡県の中近世城館跡Ⅲ―豊前地域編―』（二〇一六）

（岡寺　良）

●巨大な空堀群と石垣による改修

追《おい》揚《あげ》城《じょう》

〔所在地〕築上郡上毛町東下・西友枝
〔比　高〕約四〇メートル
〔分　類〕丘城
〔年　代〕一六世紀
〔城　主〕内尾兼元
〔交通アクセス〕ＪＲ日豊本線「中津駅」から築上東部乗合タクシー終点「大平支所前」停留所下車、徒歩一五分。

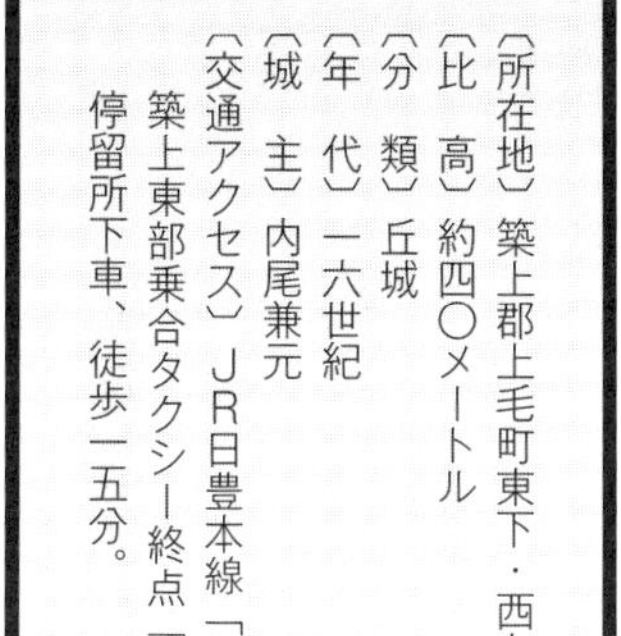

【城の位置と歴史】　友枝《ともえだ》川と東友枝川にはさまれた山稜突端部に位置する。内尾兼元の出城と伝える。当城を尾根伝いに約四〇〇メートル上ると叶松《かのうまつ》城（加能松城）にたどり着き、当城は叶松城の出城と伝えられる。叶松城が黒田官兵衛に攻め落とされているため、当城もその折に落城したものと考えられる。

【城の構造】　西友枝と東友枝の境、丘陵突端の標高約八〇〜一一〇メートルの一帯、南北約一五〇メートルに渡って城域が広がる。標高九〇メートル付近に主郭Ⅰを置いている。

Ⅰの南側には堀切《ほりきり》ａがみられるが、ａは埋め立てられており、石垣がみられ、同様のものが東側のｃにもみられる。またⅢの曲輪の西側には横矢《よこや》をかけられるような櫓台《やぐらだい》状の張り出しｂが確認でき、改修の一環と考えられる。堀切を埋め立て、曲輪面上を平坦にしている。そして曲輪Ⅲの西側には、横堀が確認できる。

曲輪Ⅲの南側には土《ど》橋《ばし》を設けた堀切ｄが設けられ、その南にはあまり平坦に造成していない曲輪Ⅳを挟んで、

●—巨大な竪堀

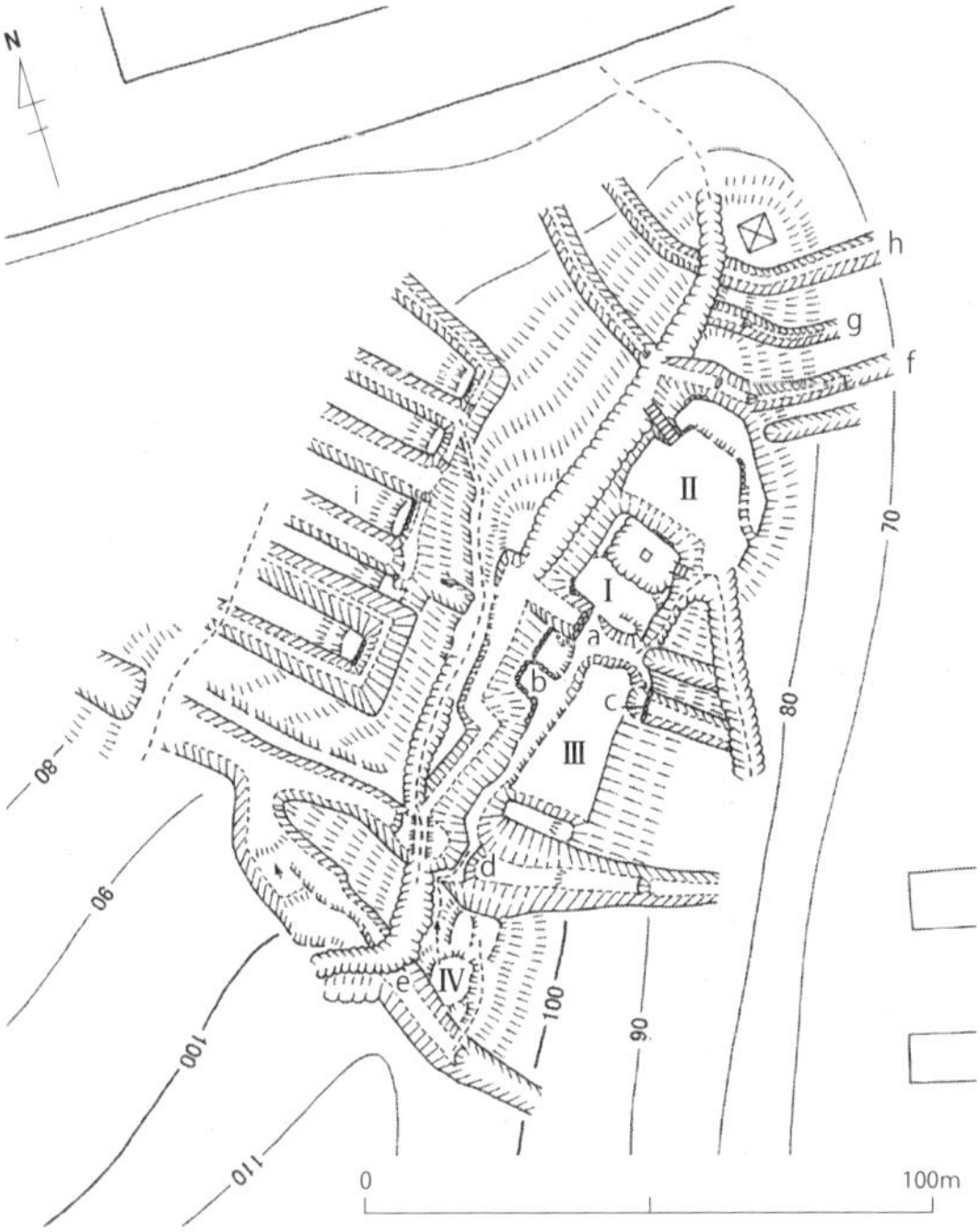

●—追揚城縄張図（出典：福岡県教育委員会 2016・一部改変）

さらに堀切eを設けて城域を画している。一方、曲輪Ⅱの北側には、麓側の尾根上に対して、三重の堀切を構築する。堀切は全て麓まで到達するくらいにまで長大に掘られている。そして、曲輪群の西側には、幅一〇《メートル》もあろうかという大規模な竪堀《たてぼり》六本とそれらをつなぐ横堀とで構成される畝状《うねじょう》空堀群《からぼりぐん》iが構築されている。

【城の見所】　当城は、大規模な堀切群や畝状空堀群で曲輪全体を厳重に防備する様相をみることができる。畝状空堀群としては非常に大規模であり、この規模の竪堀は県内では、直方市《のおがた》の鷹取城や嘉麻《かま》市の益富城、北九州市の長野城くらいでしかみられない。それに加え、石垣を備えた横矢《よこや》を効かせた櫓台やそれに付随する石垣や横堀の改修は、織豊系城郭の築城技術とも考えられ、黒田氏の関与も十分に考えられるだろう。隣接する叶松城に黒田氏により落城した伝承があるため、黒田氏の関与も十分考えられるが、即断はできない。いずれにせよ、周辺一帯において重要な役割を果たした城であったことは疑いない。

●—堀切を埋めるように築かれた石垣

【参考文献】福岡県教育委員会『福岡県の中近世城館跡Ⅲ—豊前地域編—』（二〇一六）

（岡寺　良）

●長岩城の北を守る城

雁《かり》股《また》城《じょう》

〔所在地〕豊前市松尾川内・築上郡上毛町西友枝・大分県中津市耶馬渓町川原口
〔比　高〕川原口側五〇〇メートル
〔分　類〕山城
〔年　代〕一四〜一六世紀
〔城　主〕友枝氏
〔交通アクセス〕東九州自動車「豊前IC」から雁股峠まで車で六〇分。峠から徒歩三〇分。

【城の歴史】大分県中津市本耶馬渓《ほんやばけい》町・耶馬渓町の福岡県境には急峻な山稜が横たわる。いくつかの独立峰は、大平山・瓦岳・経読岳《きょうよみだけ》・犬ヶ岳などと呼ばれ、その内の一つに本城郭が所在する雁股山がある。雁股山は豊前市、上毛町、中津市耶馬渓町の三自治体に跨り、北に福岡県、南に耶馬渓町大字川原口を望む。中津市の長岩城は南西約二・六キロの距離にある。東峰と西峰のピークがあり、遺構は標高八〇七メートルの西峰に所在する。大平山から経読岳につながるルートは九州自然遊歩道として整備されており、秋の紅葉のシーズンなど登山愛好家達も行き交う。その中間点付近に雁股山はある。所々、登山道・看板など後世の手が入るが全体的に遺構は良好に保持されている。山頂部は急峻だが、南東側は比較的緩やかであり、城跡を目指すには雁股峠まで自動車で行き、そこから西に登るルートがお薦めだ。

『豊前古城記』には「雁股　大友ノ抱城、貞治ヨリ畠山ノ居城」と記され、南北朝期の貞治年間（一三六二—六八）、大友氏の城郭として畠山氏がいたとする（福岡県、二〇一六）。『築上郡誌』には文明四年（一四七二）、「野仲、刈股の峯に出城を築、周防口より敵追寄る時は、煙火を上げ、為知用意城也」と記す。敵が北から侵入した際に烽火を挙げていたとする。天正十年（一五八二）、長岩城主野仲鎮兼《しげかね》は、従属する豊前方面の領主層へ各城の普請を手堅くするよう申し付けている（中津市、二〇一九）。「長岩・雁俣」が不慮になった場合でも、二〇日〜三〇日はともに支え合うよう伝えてお

●—遠景（右側の山　北東から）

り、長岩城と併記されていることから雁股城が野仲氏支配下の城の中でも特別視されていたことがわかる。『豊前志』は「長岩城主野仲兵庫の出城なり。城代友枝大膳丞《ともえだだいぜんのじょう》居る。黒田氏より攻め落とされたり」とあり、豊前の在地領主友枝氏が城代であったこと、黒田氏により落城させられたことを記す。『豊前市史』には天正十五年（一五八七）、黒田軍は上毛郡唐原村（上毛町）観音原で一揆を起こした在地領主層と戦い、その際友枝大膳丞は討ち死にしたこと、雁股城に籠っていた弟の友枝新兵衛は、黒田氏に降りその家臣となったと記している。

【構　造】　遺構は全長約四〇〇《メートル》の山頂尾根部に展開する。最高所はⅠであるが、尾根上にいくつかの巨岩を残し、塁線は自然地形を呈すなど曲輪を造成する積極性は感じられない。しかし、南端は東から西にかけて幅の狭い土塁《どるい》を巡らし防御の意識が認められる。その南斜面には石を数段積む石垣が形成されており、断続的ではあるが、東西方向へ延長約四〇《メートル》にわたって延びる。端部A付近は幅一《メートル》、高さ一・二《メートル》ほどの石塁《せきるい》を成し、石材は厚さ一〇～四〇《センチ》の扁平な石が主体である。耶馬渓町に所在する長岩城跡と類似性が強い。『耶馬渓文化叢書』にはこの石塁にかつて「六寸角の砲眼」があったというが、現在は認められない。『豊前市史』にも、昭和三十年代（一九五五）頃までは、「上部に矢を射る穴（矢狭間・銃眼）」が残っていたが壊されこの穴は残っていないとする。地元民はこの石塁を「矢穴」と呼ぶとも記す。長岩城にも急峻な尾根上にある馬蹄形（楕円形）石積み遺構に三ヵ所「銃眼」とされる穴がある。実際この穴から外側を覗いてみると、遠くの谷間の上部しか窺うことはできず、銃眼かどうか判断が難しい。この石垣・石塁ラインは尾根端部を横断する位置にあり防御ラインと評される。南斜面Bには尾根の両サイドに竪堀が構築されており、尾根を狭め、多数の敵兵の侵入に備えている。ここを北向きに登ると先ほどの防御ラインに行き当たり、いったん東に曲った後、北向きに進むように誘導される。東に曲がる箇所は防御ラインからの横矢《よこや》掛《が》かりを受ける形となる。曲輪Ⅰ南端の土塁はこの箇所で途切れており、ここに虎口《こぐち》が設定されていることがわかる。曲輪Ⅰの北には長さ約六〇㍍の曲輪Ⅱがあり、中央部に低い土塁が縦断する。これは登山道整備に伴う道や境界の標識である可能性があるが、土塁北端は下位曲輪へ連絡するように曲輪西端部に認められ、城郭遺構と城郭類似遺構との見分けが困難な箇所がある。

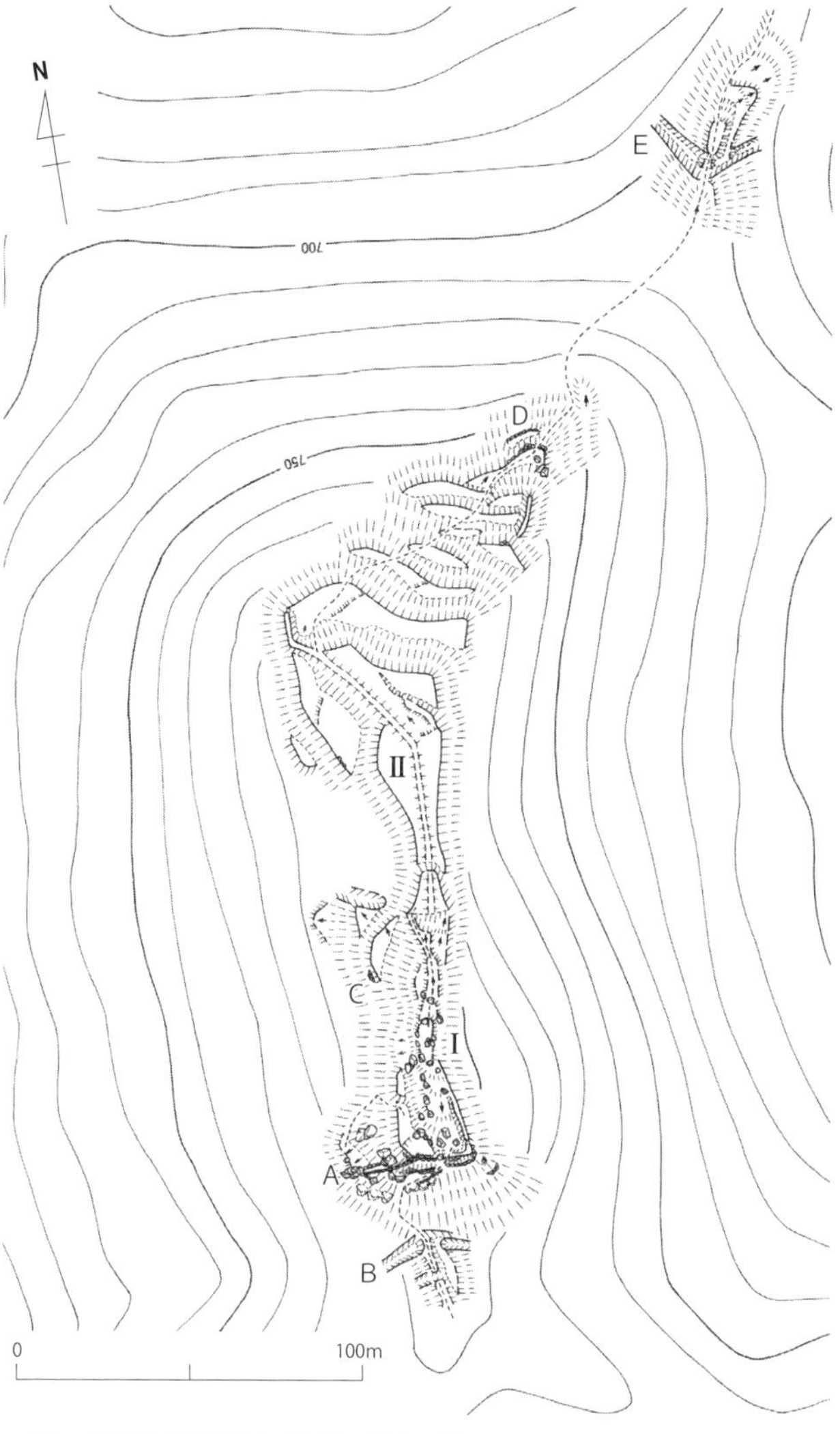

●—雁股城縄張図（作図：岡寺 良）

曲輪Ⅱ北東は勾配の強い斜面で、一〇段程度の腰曲輪が不規則に構築されている。一部上位から下位曲輪への連絡を目的とした曲輪間を繋ぐ土塁も認められる。端部D付近は北斜面にやや大型の石材で石垣を構築する。大型石材は曲輪Ⅰ西の腰曲輪Cにもあり、目的によって石材を変えていたとの指摘もある（福岡県、二〇一六）。Dの北東斜面下はEに堀切が構築されている。B同様尾根を狭め、多数の兵員の移動を制限している。

●—Aの石塁（南から）

●—Aの石塁（西から）

本城郭は長岩城を詰城とする野仲氏にとって、豊前方面からの侵入抑止を担う城として機能したと考えられる。

城跡から九州自然遊歩道を西に進むと経読岳を経て、標高一一三〇メートルの犬ヶ岳に至る。周辺は求菩提山《くぼてさん》の山伏が修行に励んだ山道だ。北の犬ヶ岳登山口を過ぎると、一二世紀末に頼厳によってもたらされた山岳信仰の山、求菩提山が正面にそびえる。平成十三年には国の史跡に指定されており、麓の福岡県立求菩提資料館には銅板法華経や経塚出土品などの資料が展示されている。

【参考文献】熊谷克己『築上郡誌』（一九一一）、豊前市『豊前市史』（一九九一）、渡辺重春・渡辺重兄校訂『豊前志』（一八九八）、福岡県教育委員会『福岡県の中近世城館跡Ⅲ―豊前地域編―』（二〇一六）、中津市教育委員会『中津市の中近世城館Ⅰ』（二〇一九）

（浦井直幸）

●近世支城にみる軍事と家臣統制の相克

香春城《かわらじょう》・鬼ヶ城《おにがじょう》

〔所在地〕田川郡香春町大字香春
〔比　高〕二ノ岳（四一〇メートル）
　　　　　鬼ヶ城（一〇〇メートル）
〔分　類〕山城
〔年　代〕一六世紀後期～慶長期。元和元年に廃城
〔城　主〕戦国末期：高橋元種。豊臣期：森吉成家臣犬甘時定。徳川期：細川孝之
〔交通アクセス〕ＪＲ日田彦山線「香春駅」から登城口（須佐神社）まで徒歩一五分（鬼ヶ城）。

【略　史】　城は筑前と豊前の国境の交通の要衝にある。一五世紀後期には大内氏の豊前支配の拠点となり、同氏滅亡後は、九州進出を狙う毛利氏と北部九州平定を進める大友氏が激しい争奪戦を展開した。永禄十二年（一五六九）末頃の毛利氏の九州撤退後は、大友方の千手《せんず》氏が入城したようである。しかし、天正六年（一五七八）の耳川合戦大敗を機に大友氏が衰退を始めると、秋月種実《たねざね》・高橋元種《もとたね》（種実の子ヵ）・長野種信《たねのぶ》（種実の弟ヵ）らの秋月氏一門が急成長し、間もなく城は奪取された。同七年九月二十八日付の長野助守《すけもり》（種信とは別系統ヵ）の毛利氏宛覚書の「香春両岳慮外之事」とは、香春城一・二ノ岳が助守の思惑に反して高橋元種の手に渡ったことを指すようである。天正七、八年頃から秋月種実は穂波・鞍手・田川郡へ北進しており、高橋元種（本拠は小倉城）の香春城への居城移転（つまり南進）は、南北に分断した状態にある秋月氏一門の勢力圏を種実・種信と連携して面的に結合し、支配力の質的強化を図る戦略の一環と考えられる。加えて、元種勢力の豊前中部・南部地方への本格的な進出を睨んでの行動と考えられる。

天正十四年の九州役で秋月氏一門は島津氏に与し、十月四日、高橋元種は小倉城で豊臣軍先鋒の毛利軍（黒田孝高《よしたか》・宮木堅甫《かたよし》・安国寺恵瓊《えけい》が軍監、小早川隆景《たかかげ》・吉川元長《きっかわもとなが》が指揮）を迎撃した。しかし即日に敗戦、開城した。そして、豊臣軍に備えて小倉の後背山地に整備したと推定される長野城（本邦最多の二〇〇本を超す畝状竪堀群《うねじょうたてぼりぐん》に横堀と土塁《どるい》を有機的に組み合

わせた、当期北部九州で最新鋭の縄張を持つ）で一戦することもなく、香春城へ後退した。十一月中頃より同城で毛利軍を迎撃するものの、十二月十一日、落城間際に至り、降伏・開城した。その後の九州国割では、小倉に入城した森（毛利）

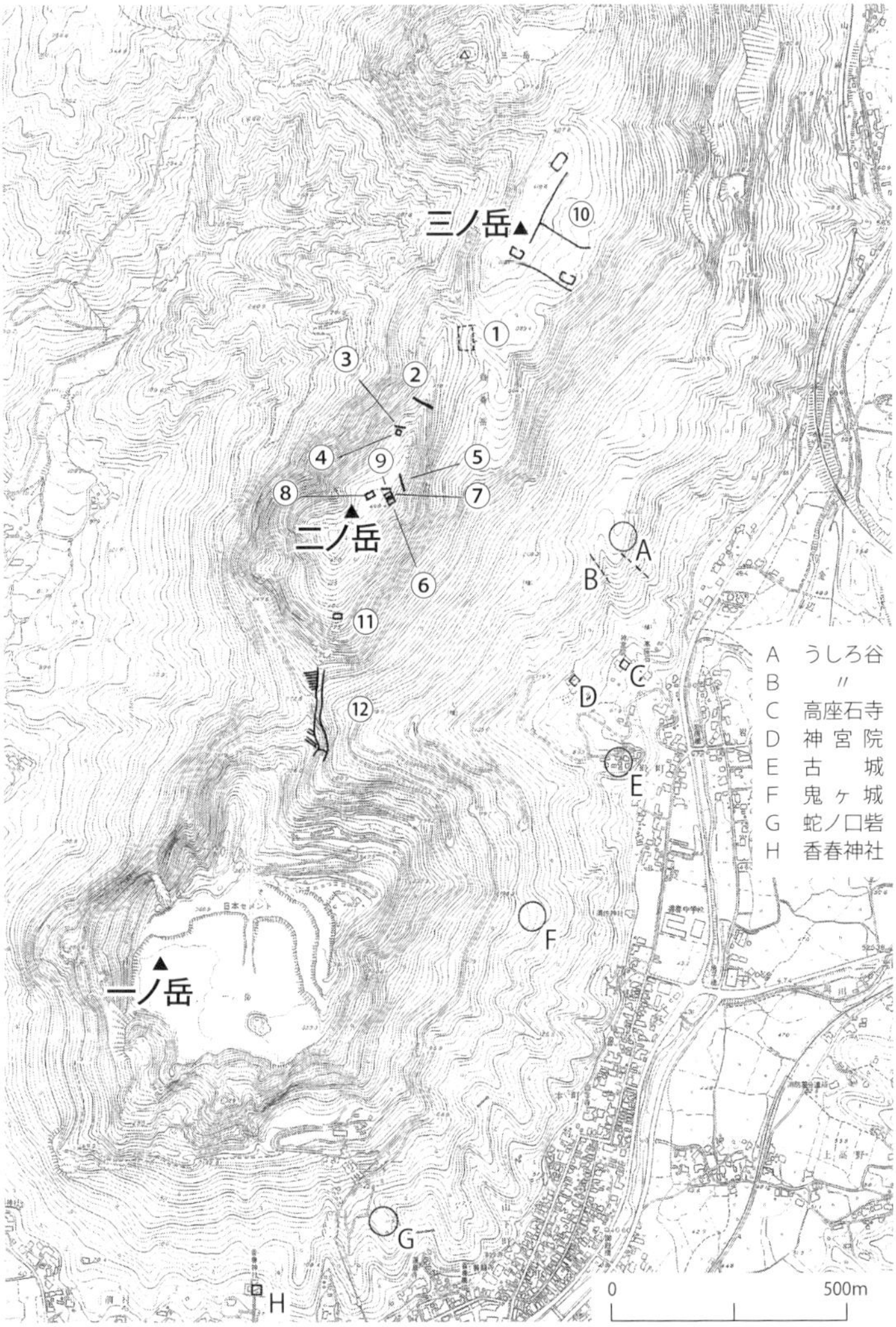

●―香春岳遺構群配置図（『香春岳 香春岳の総合調査』香春町教育委員会 1992年より転載）

吉成の支城となり、犬甘《いぬかい》時定《ときさだ》が入城した。

関ヶ原戦の後、香春城は豊前国を得た細川氏の支城に取立てられ、城主には忠興末弟の細川孝之《たかゆき》が、家中筆頭の大身松井康之・細川興元《おきもと》、細川興《おき》秋《あき》と同禄の二万五〇〇〇石の大禄の知行を有して入城した。その後、元和「城割」によって廃城になった。

【縄　張】城は、一ノ岳、二ノ岳、三ノ岳の三峰からなる。主郭部は一ノ岳山頂にあったが、昭和十年（一九三五）からの石灰岩の採石によって消滅しており、その姿は陸軍参謀本部築城部『日本城郭史資料』の「香春城平面図」に頼るほかない。ただし、同書収載図の精度は地域差が大きく、九州の精度は相対的に低い。よって、「香春城平面図」が細部まで表記できているのか否か不明であるが、一応、図に従えば、虎口《こぐち》の位置・形状が不明確で土塁《どるい》・石垣や横矢《よこや》の折れを持たない、地山の形に沿った単調な塁線の曲輪が六個、雛壇《ひなだん》状に連なる。また、掘削前の古写真では、曲輪内は傾斜していたように思われる。右のような形態ならば、その姿は、戦国期山城ではごく普通にみられる縄張である。すなわち、建物については不明ながら、土木施設の面では細川期に大改変は行われなかった可能性が高いと思われる。

●―間谷《たご》土塁
※現在消滅（出典：香春町教育委員会 1992）

　二ノ岳は、稜線周りの大部と山頂部が自然地形のままで、諸所に石灰岩の岩盤が露出する。曲輪（造成された平場）は、④⑥⑦⑧⑪など僅かである。⑥⑦⑧では建物跡らしきピットが検出され、明染付や金襴手などの貿易陶磁が数多く出土しているが、建物の規模・形状・用途を推定するのは困難である。なお、瓦の出土はない。

　二ノ岳の稜線上と付近の迫・谷地を塞ぐ位置には、荒割の石灰岩を粗く積んだ石塁②③⑤⑨を、いずれも北側に向けて構えている。これは、二ノ岳山頂に日立った普請を加えない措置と連携した縄張と考えられる。つまり、二ノ岳は急峻な独立峰ゆえに「一城別城」になりうる場所であるため、一ノ岳（主郭部）への求心性を阻害しないよう敢えて山頂の普請を抑制して、下位曲輪区に仕立てる意図がうかがえる。

　一ノ岳と二ノ岳の間の鞍部の両辺は、「間谷《タゴ》土塁」と呼ばれる防塁で固められている。上方は土塁、下方は荒割の石灰岩を粗く積んだ石垣である。そして片側（西側）の裾には、筋目が揃った畝状竪堀群を伴う。二つのピーク地形を土塁や石塁《せきるい》で連結して一体化する縄張は戦国期北部九州では立花山城・安楽平城・勝尾城・高牟礼城に例があるが、さらに畝状竪堀群を組合わせる用法はとりわけ先進的である。全国一の畝状竪堀群地帯を形成する北部九州の中でも特にその技術を究めたのが秋月氏一門であることから、「間谷土塁」は高橋期の構築の可能性が高いと考えられる。

　三ノ岳は、山頂部が自然地形のままで、南側稜線の平場

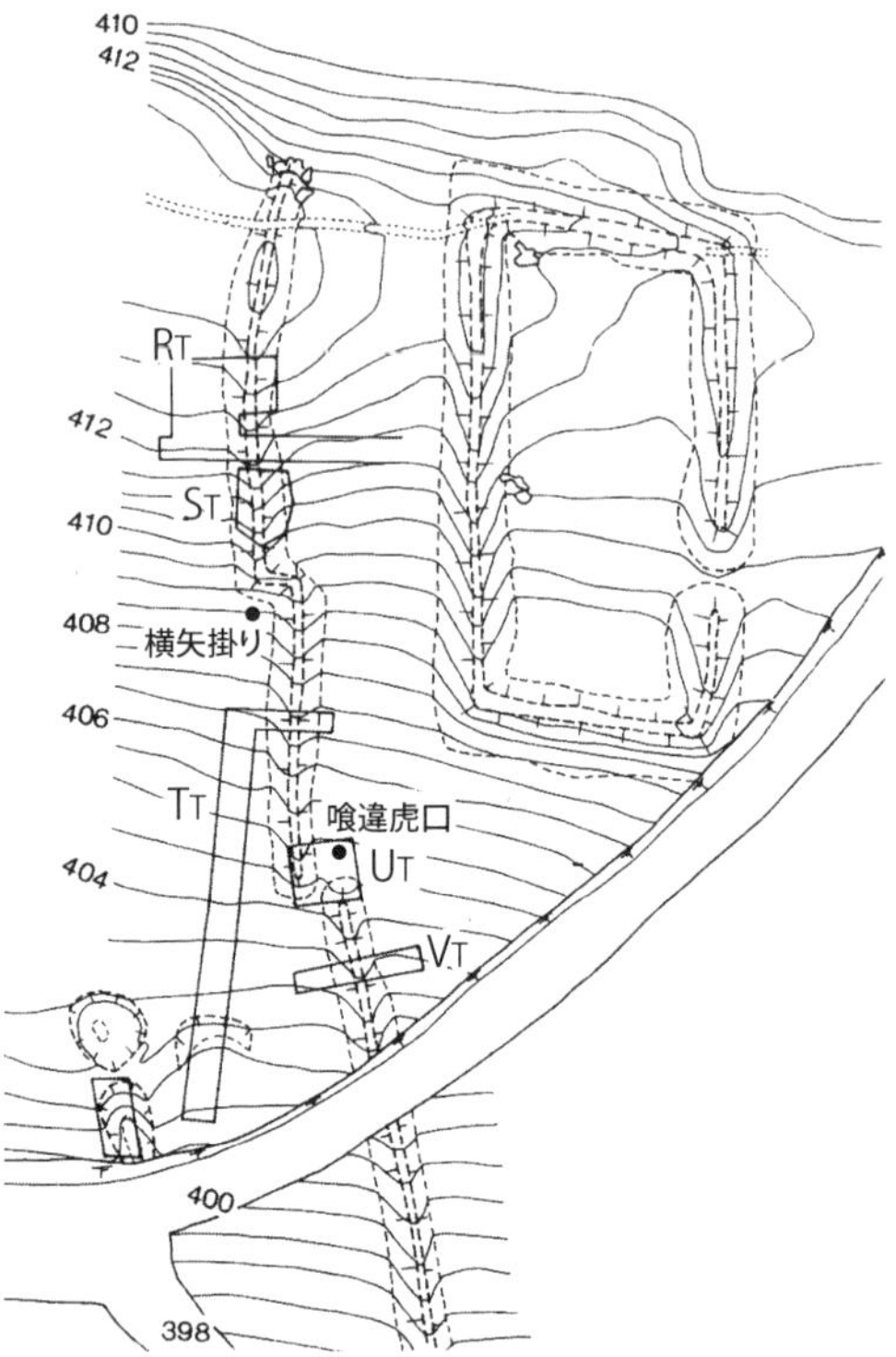

●—三ノ岳の土塁囲いと防塁型土塁（出典：香春町教育委員会 1992）

に、平入り虎口を持った矩形の土塁囲いが三基と、防塁型土塁が三本残る。これらは、九州役の時の毛利軍の陣城跡の可能性が極めて高い。『陰徳太平記』七三巻には、吉川勢らが三ノ岳を奪取して二ノ岳に対峙する向城を土塁で築造する記事があり、実際、南端の防塁型土塁と二基の土塁囲いは、二ノ岳側へ向けて構えられている。また、防塁型土塁に設けられた横矢掛りの折れと喰違《くいちがい》虎口も、織豊勢力の関与を裏づける。防塁型土塁は仕寄、土塁囲いは背後堡塁に該当する施設と考えられ、類似例には播州三木城攻めの付城群がある。

一ノ岳山腹の字「鬼ヶ城」には曲輪群が残る。鬼ヶ城の主郭は曲輪①（八三頁の図）と推定される。その東辺には櫓台C1があり、直下には、細川領内では小倉城下町・中津城下町に次ぐ町人数を持つ巨大な城下町（『元和八年小倉藩人畜改帳』では家数三三八軒、内、町人本屋一七六軒、鍛冶本家三軒、番匠本家三軒）が広がる。地元では同所を「天守台」と呼ぶ。慶長十七年頃に毛利氏の密偵が作製した『九州諸城図』（山口県文書館蔵）には香春城内の鬼ヶ城の位置に三層櫓《やぐら》の姿絵を描くが、図中の他の城（福岡城・若松城・益富城・小倉城・柳川城・佐賀城・熊本城・南関城）をみるとわかるが、櫓の姿絵は「城」の所在を示す標章記号であって、櫓・天守の存在や形状を示すものではない。ただし、香春城内では鬼ヶ城の位置にだけ櫓の姿絵を描く点に注目すると、細川期の香春城の中心は鬼ヶ城だった様子がうかがえる。

なお、櫓の姿絵が「城」の標章となるのは慶長の前期頃からと思われ、『慶長国絵図』（肥後国・長門国・周防国）にも用例がある。これは、織豊系城郭の登場・発展に始まる近世城郭の普及に伴って、そこに用いられる重層櫓のような建築物が土塁・石垣・堀に比肩あるいはそれ以上の視覚的インパクトを持つものとして受け止められ、現在の「天守・重層櫓＝城」という一般認識と大差ない意識ができあがりつつあった様子を示すものと考えられる。

櫓台Ｃ１の西辺と曲輪①の北面、張出Ｃ２の南側には、石垣Ｉ１・Ｉ２・Ｉ３の根石列・下層部が残る。石材は地山の石灰岩で、矢穴痕は確認できない。根石列と曲輪面の比高から判断すると、石垣の高さは約二《メートル》である。石垣Ｉ２の天端には馬踏の段があり、縁石列が残る。

曲輪①の南には内枡形《うちますがた》虎口Ｋ１があり、枡内に石列が残る。門口の脇には横矢を掛ける張出Ｃ２が付く。曲輪①と②の間には岩盤を掘削した方一〇《メートル》ほどの穴Ｐ１があり、南辺に土塁Ｄ１を伴う。水ノ手曲輪を意識した施設ではないかと思われるが、不明である。

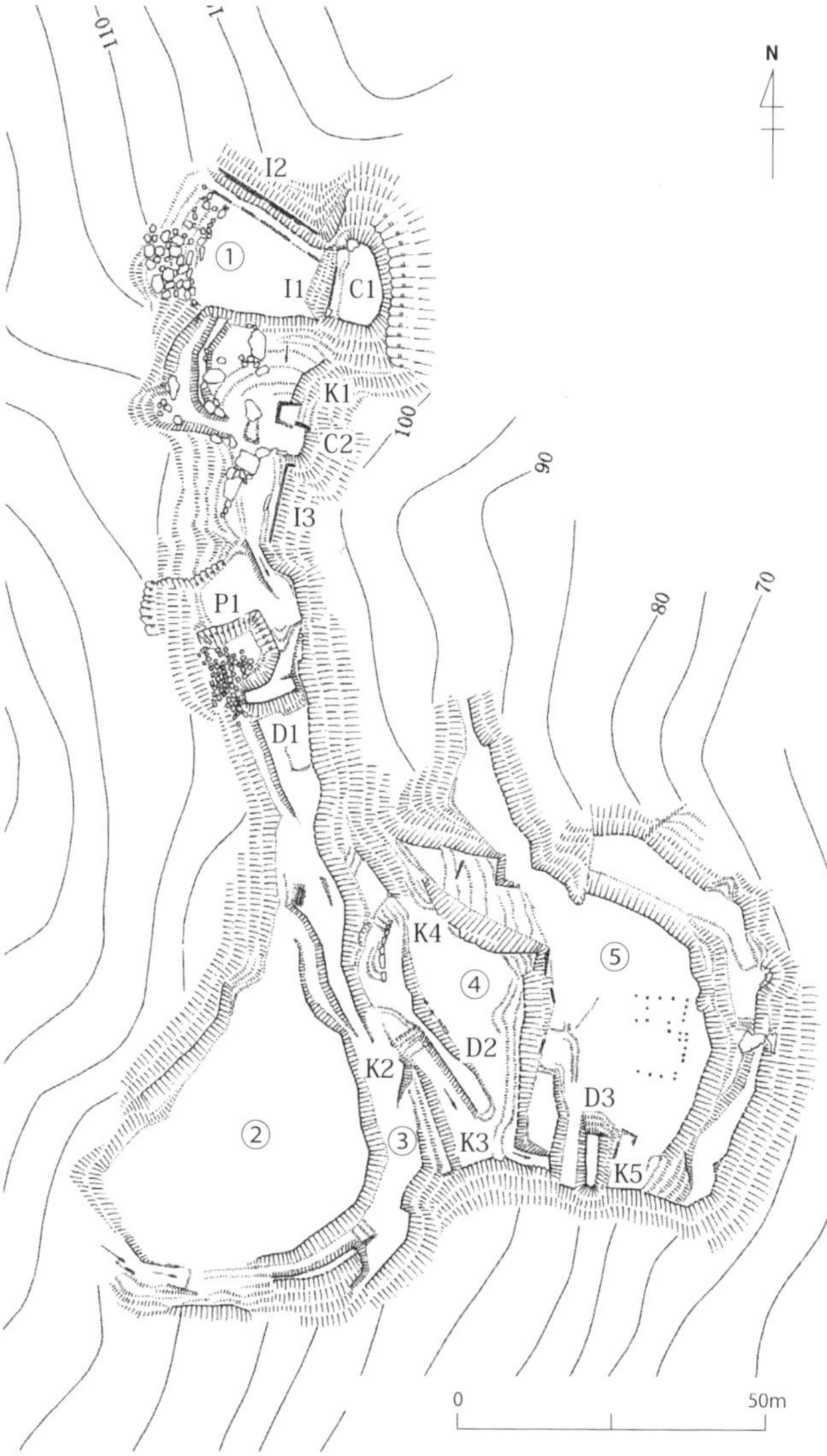

●—鬼ヶ城縄張図（作図：木島孝之）

曲輪②は鬼ヶ城内で最大の面積を持ち、内部の削平の仕上げ具合は良好である。その東斜面には曲輪③④⑤が雛壇状に連なる。なお、まだ図面化はしていないが、曲輪②の西側上方にも三段ほど小規模

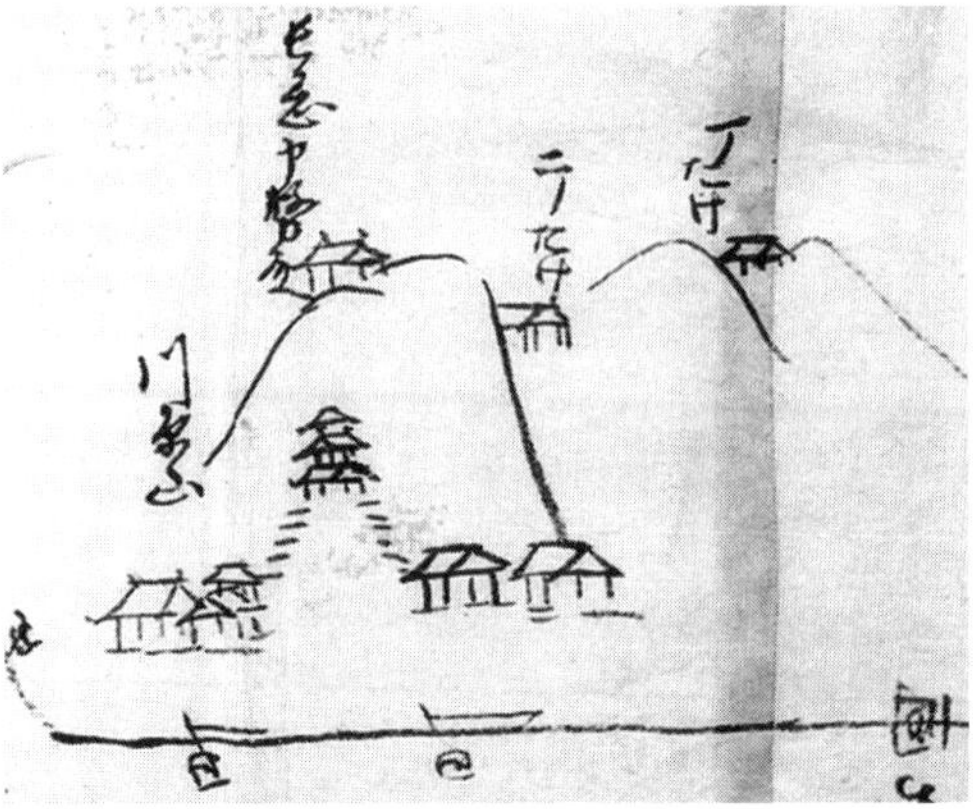

●—「九州諸城図」中の香春城部分（毛利家文庫／山口県文書館所蔵）

な曲輪が連なる。

曲輪④の東斜面と土塁D2・D3には、石灰岩を用いた石垣の根石が残る。おそらく曲輪②〜⑤全体に石垣が築かれていたと推定される。鹿毛豊の聞取りでは、明治末頃に石灰窯業の勝平八郎が、鬼ヶ城の石垣から採石をしたという。

曲輪②③④⑤の虎口は、K2・K3・K4・K5に比定される。K5は、土塁D3が蔀の機能を果たすと考えられる。K4には特に遺構はなく、平入り虎口であったと考えられる。K2・K3は、掘り込み状の通路であり、動線を長く取るが、技巧的というほどのプランではない。

建物遺構については、曲輪⑤の中央の南北一二メートル・東西八メートル程の範囲に礎石が残り、周辺に瓦片が散見される。この状況から、南北六間・東西四間程の大型の瓦葺礎石建物が推定される。曲輪②では、明確に礎石と判断できるものは確認できないが、北側に瓦片が多量に散在する。曲輪①の石垣I1の裾にも瓦が散見される。なお、鬼ヶ城で表採される瓦は、丸瓦は全てコビキB手法、軒平瓦は三葉紋均整唐草である。つまり、織豊系瓦である。

鬼ヶ城の遺構の成立は、織豊系瓦と内桝形虎口K1と横矢掛りC2の存在からみて、豊臣期以降である。特に丸瓦が全てコビキB手法である点に注目すれば、細川期の可能性が高いと思われる。また、石垣も、矢穴割肌石材や布目崩し積みなど等の織豊系石垣の特徴はみられないが、内桝形虎口・横矢掛り・コビキB手法瓦との共伴関係に注目すれば、やはり細川期の築造と考えるのが妥当と思われる。

【縄張が意味するもの】 細川期の香春城は、一ノ岳中腹に構築（あるいは改修整備）した鬼ヶ城が中心であり、一・二・三ノ岳の山上は、大きくは改修されなかったようである。むろん、非常時には詰城《つめじろ》に使うとは思うが、一・二・三ノ岳山上への築城に一義的関心がなかった点は否めない。

一ノ岳の眼下には、南から西方にかけて筑前黒田領へつづく平野が広がる。深刻な対立関係にある黒田氏（松尾城の項を参照）との境目紛争の緊張感を考えれば、是非にも強固な支城を設けたい場所である。よって、新城を築いて大身筆頭衆の細川孝之を配したのは、至って素直な反応ともいえる。その一方で、軍事力を純粋に追求するならば矛盾とも思える点がある。すなわち、新城の鬼ヶ城の位置からは黒田領との国境地帯が全く望めず、同所での軍事行動に備えた最良の選地とはいえない。軍事に徹するならば、視覚的威圧効果の面からも一ノ岳山頂を新城に選び、織豊系技術で大改修すべきである。しかし先記のとおり、同所には大きな改修はなかった可能性が高い。また、鬼ヶ城の縄張は曲輪①に横矢掛りが効く内桝形虎口を持つとはいえ、曲輪①~④の曲輪取りが大味で虎口や塁線の工夫もない。このような新城（鬼ヶ城）の選地と縄張の背景には、本来であれば境目の城に求められるはずの純軍事的機能の追求行為に抑制を加えてまでも対処を要するような、当期大名が抱える切実な課題が推察される。

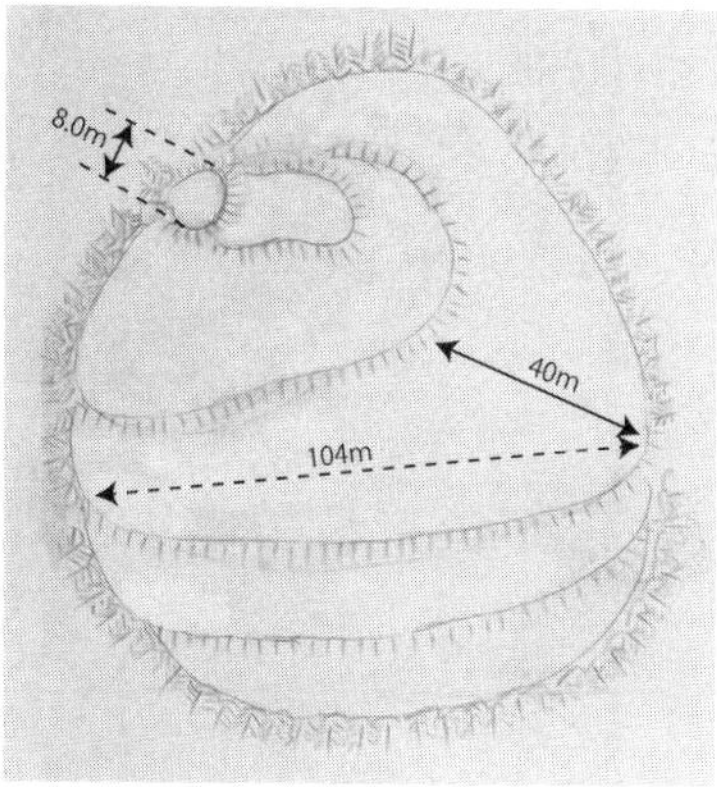

●―香春城平面図（陸軍築城部本部編『日本城郭史資料 四十 豊前國』国会図書館所蔵）

その課題とは、近世大名へ至る御家興起の最大の功労者で、当主と盟友に近い関係にある城持ち大身家臣（一門を含む）の、自立性と軍事的・権力的増長の抑制、制御である。実際、安定社会の構築に際しては最早、独立領主の器量と意識に満ちた城持ち大身家臣は、面倒で厄介な存在でもあり、黒田氏では六端城主の家系全てが寛永期（一六二四―四三）までに当主との対立によって出奔や排除に至る。細川氏も豊前入国早々に小倉城主細川興元《おきもと》、慶長十年に中津城主細川興秋《おきあき》、元和九年（一六二三）頃に細川孝之《たかゆき》が出奔、慶長十一年に岩石城主飯河忠直《いいかわただなお》が誅伐など、内紛が続出する。ゆえに大名権力と徳川幕府の安定化政策として、将軍権力の絶対的優位性の確立を背景に、支城主から「城主身分」を収公する元和城割なる掣肘《せいちゅう》が必要とされた。つまり、戦国大名よりも格段に強力な当主権力を核に据えた秩序立った領主結集体（近世大名権力）の創出に向けて、（松尾城の項でも述べたように）城持ち大身家臣が所持を許される「適正」な軍事力と身分的格式のあり方を細川氏なりに模索し反映した姿が、鬼ヶ城が中心となる「新生 香春城」であったと考えられる。

（木島孝之）

【参考文献】木島孝之『城郭の縄張り構造と大名権力』（九州大学出版会、二〇〇一）

●豊前一の堅城と言われた要害

岩《がん》石《じゃく》城《じょう》

〔所在地〕田川郡添田町添田・赤村赤
〔比　高〕約三〇〇メートル
〔分　類〕山城
〔年　代〕一二世紀～一六一五年
〔城　主〕大庭景親、秋月氏ほか
〔交通アクセス〕ＪＲ日田彦山線「添田駅」下車、徒歩九〇分。

【山城の位置と特徴】　岩石城は、添田《そえだ》町と赤村《あか》の境界に跨るように位置する。標高四五四メートルの岩石山々頂部に築かれた城郭は、中世から戦国時代にわたって歴史を刻んできた。

山頂付近の城郭と集落との比高差は約三〇〇メートルを測り、南北が急峻な地形で、自然の要害地形を備えている。花崗岩質の地質的特徴を活用し、山城周辺諸所に点在する巨岩と急峻な斜面の合間に、いくつもの削平曲輪群が築かれた天然の要害である。

築城は、保元二年（一一五七）、平清盛が大宰府の長官として赴任した頃、家臣の大庭《おおば》景親《かげちか》という武将に築城を命じたという。田川地域では数少ない連郭式の縄張で、本丸を中心に東西方向に数百メートルにわたって曲輪群が連立する。

【中世・戦国期の岩石城】　現在の縄張図に示されている発達した曲輪や堀切《ほりきり》は、秋月氏の勢力下となった戦国末から、小倉藩の支城として再建された頃のものとされる。築城からどのような過程を経て、このような縄張となったかは定かではない。築城の契機となったのは、南の英彦山《ひこさん》（日本三大修験霊山の一つ）に信仰を集めた山伏勢力への牽制、監視のためであったと考えられる。鎌倉初期の『彦山流記』には、すでに数百の坊舎を構えたという。このような英彦山の一大勢力に備え、その警備のための砦のような役割が始まりだったのかもしれない。

文治二年（一一八六）からは筑紫三郎種有、筑紫弥平治種因の居城であった。種有は承久の乱で官軍に従って所領を没

●—岩石城縄張図（作図：木島孝之）

収され、大友氏の持城となった。

その後大庭氏が数代にわたって城主となっていたようだが、室町時代にかけて大友氏と周防の守護大名大内氏との争乱の中で、巧みにその地位を保持していたものとみられる。

【岩石城攻城戦】 大友氏の勢力弱体にともない、岩石城を勢力下としたのが筑前を拠点とする秋月氏である。このころから城郭が大規模に展開し、畝状空堀《うねじょうからぼり》や丘陵尾根を利用した曲輪が発達したと考えられる。東西尾根に削平曲輪が連続し、最高所には、長軸五〇㍍規模の土郭を擁する拠点的山城へと発展した。

このような発展過程には、戦国末期の政治情勢が背景にあった。南九州の島津氏の支援を元に勢力拡大を図った秋月氏は、天下統一を目論む関白太政大臣豊臣秀吉の動向に備え、勢力下の防備強化に取り組んだのではとする見解がある。九州の玄関口に位置する豊前国は、豊臣秀吉が都から派兵する際の上陸地にあたる。このため、当城をはじめ戸城山城、香春城など豊前地域の各所が主戦場、戦役の最前線と想定されたようだ。時の政治情勢が影響して、豊前一の堅城と言われるようになったのが岩石城である。

この言われは、『黒田家譜』に「山高く樹茂りて険難なる要害なり」、また『九州御動座記』には「この岩石、隠れもなき名城なり」という記述があることからも裏付けられる。

秋月氏が想定したように、豊前地域の各地では戦闘が起こり、岩石城も豊臣勢に包囲され攻防が繰り広げられた。想定外だったのは数十万ともいわれた軍勢や、圧倒的な物資による攻勢であった。物量に物をいわせるように押し寄せた豊臣軍は、瞬く間に岩石城を陥落させた。当初は豊臣方の攻勢を巧みにしのぎながら、島津勢の本営が到着するまで持ち堪えるべく縄張拡張したのが秋月氏の戦略だったが、想定外の攻勢に敢えなく一日で陥落したのが史実とみられる。

【縄張図から見た岩石城】 現在の岩石城の主郭部周辺には、軒丸瓦《のきまるがわら》をはじめ多数の遺物が散乱している。これは主に細川小倉藩の時代に改修した際のものとされている。関ヶ原以降天下泰平へと向かいつつあるも、戦国期の風潮も色濃く残っていたため、藩内の戦略的拠点として岩石城がその役割を担っていたようである。のちの元和の一国一城令（一六一五年）により破却され、城としての役目を終えた。

現在認められる岩石城の縄張には二つの側面がある。それは、九州征伐と形容される豊臣秀吉の派兵に対する備えを設けた時期と、幕藩体制において縄張の主要な部分を再活用し非常時に備えた時期の二つである。山頂部を中心に張り巡らす畝状空堀や堀切、東西五〇〇メートルにおよぶ連郭式の曲輪の数々は、秋月氏勢力下になって備えられた城郭の一時期、そしてもう一つは、近世城郭技術に類似する石垣構築法を、主郭中心部に認められる新たな一時期にある。

【岩石城を歩む】 赤村側から岩石山登山道を登っていくと、城域の周辺に点在する巨岩・奇岩群によって、行手を阻まれ大勢での往来には不向きな環境にあることに気づく。まさに天然の要害であることがわかる。

●—岩石城内、城域周辺　（左）針の耳（右上）落ちない岩（右下）獅子岩・国見岩

現在の登山道はいくつかのルートがあるが、林道から上がって岩石不動を通るルート上には、先の画像のような巨岩奇岩群に出くわす。人馬の往来を阻むように針の耳、落ちない岩が登山道を占拠し、そして城域内には、獅子岩、国見岩大砲岩、八畳岩などが城内の防備に活用されている。このような天嶮によって構築されているのも岩石城の特徴で、現在では登山道沿線の名所として人々に親しまれている。

●—岩石城内の様子　(上)国見岩からの眺望 (左下)主郭 (右下)細川期の石垣

余談になるが、このような巨岩・奇岩群が散在しているためであろうか、英彦山修験の峰入りルート上に岩石城がある。獅子岩にみる梵字が象徴するように、山伏たちをはじめ人々の信仰を集めてきた。主郭付近からの眺望は絶景の一言に尽き、巨岩群とともに自然のエネルギーに満ちた畏怖すべき場所として、城無き後も修行の場として人々の往来が絶えなかった。

さまざまな歴史と特徴的な自然環境に囲まれた岩石城は、城郭としての興味深さとともに、パワースポットとしても魅力にあふれており、訪れる人たちを楽しませてくれる場所となっている。

【参考文献】赤村村史編纂委員会『赤村史』(二〇〇六)、福岡県の城郭刊行会編「岩石城」『福岡県の城郭』(二〇〇九)（松浦幸一）

●小夜姫の悲話が心打つ本格的山城

戸《と》城《しろ》山《やま》城《じょう》

〔所在地〕田川郡赤村赤・内田
〔比　高〕約八〇メートル
〔分　類〕山城
〔年　代〕一四〜一六世紀
〔城　主〕畠山義高、馬屋原元有ほか
〔交通アクセス〕平成筑豊鉄道「油須原駅」下車、村道を北へ徒歩約一〇分で登山道入口。登山道四〇分で山頂主郭。

【戦国悲話が伝わる戸城山城】　戸城山城は延元四年（暦応二、一三三九）、南北朝に分かれて争乱を繰り広げた頃に、肥後を拠点とする南朝方の武将菊池武重《たけしげ》が築城したと伝わる。建徳元年（一三七〇）頃、戸城山城には足利氏の一門である畠山氏が在城していたと記録が残っている（『赤村史』）。南北朝の統一もなった元中七年（一三九〇）以降は、長門国を拠点とする大内氏が本格的な九州侵攻を開始したことにともない、戸城山城での攻防戦が勃発する。この時の城主は畠山義高、そしてその娘に美貌で名高い小夜姫《さよひめ》が籠城したという。

　攻城戦の和平案として、この小夜姫を大内方に差し出せば和平成立となる。このような和平案ではあったが、これは謀略の可能性も考えられた。このため小夜姫は有松友之助という若武者以下数名の家臣とともに城を出ることになった。

　しかし、極秘裏に進められた脱出が大内方に知れ、一行は敵兵に囲まれてしまう。実は、この有松友之助という人物、大内方の密偵として事前に城に出仕していた。ひそかに小夜姫は友之助を想っていたが、裏切りに加え捕らえられ辱めを受けることを恥じた小夜姫は、眼下の川に身を投じた。同じようにいつしか小夜姫に恋心を募らせていた友之助は、小夜姫の入水をみてたまらず姫の後を追い川に身を投じた。

　その夜豪雨の中大蛇が川より出で、淵の岩に巻きついて怪死した。大蛇はそのまま岩となり、これを「蛇巻岩」と呼んでいる。今でもこの岩は、戸城山城眼下に流れる今川のほとりにある。

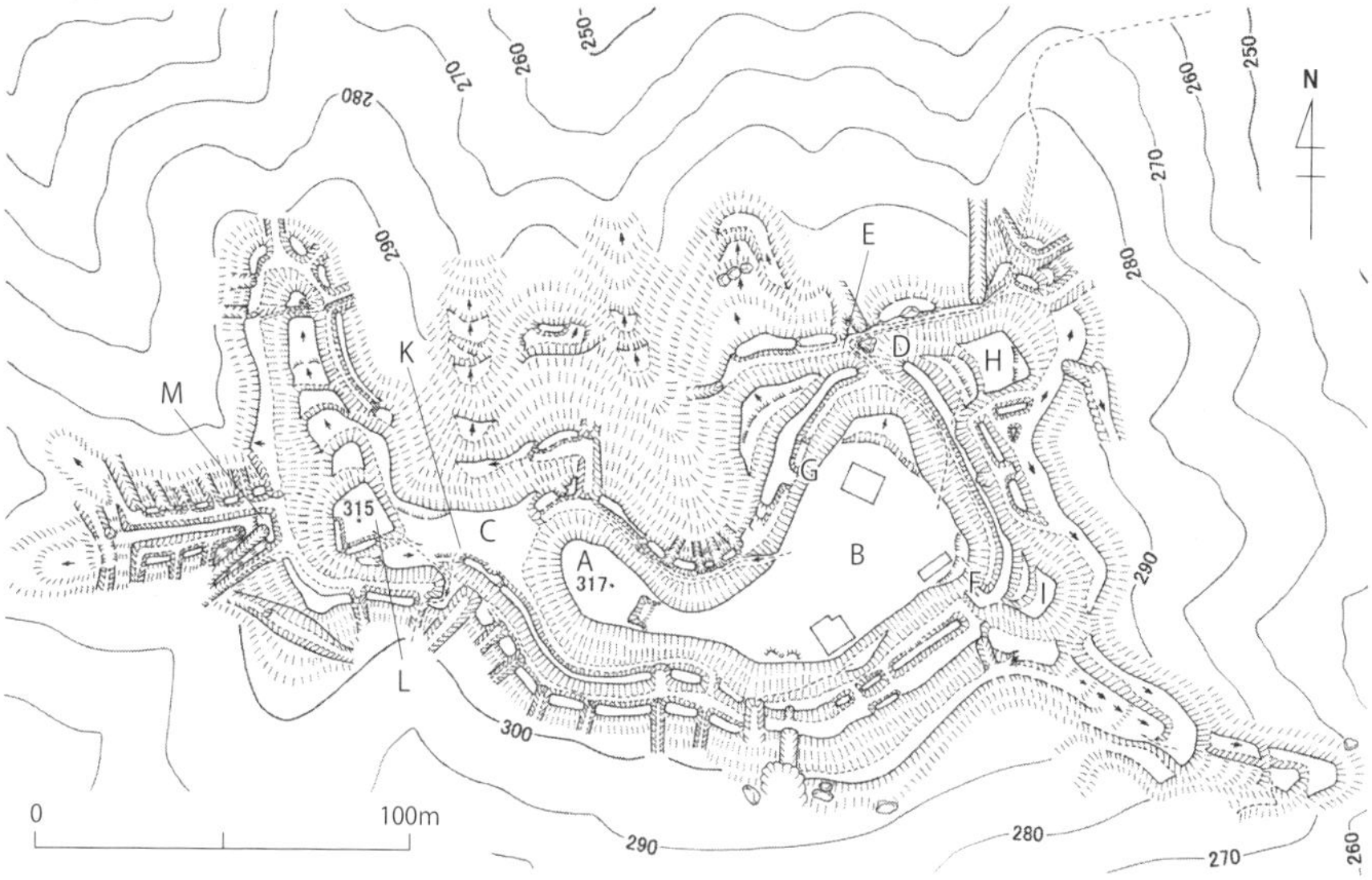

●—戸城山城縄張図（作図：岡寺良）

【九州征伐での戦】　天正十五年（一五七九）、九州征伐において豊臣軍の先遣隊としてこの城を攻略したのは黒田如水だった。現在縄張図に確認できる堀切《ほりきり》や畝状空堀《うねじょうからぼり》は、この戦役に先立って構築されたものとみられ、岩石城と同じように秋月氏によるものと考えられている。発達した縦、横方向の空堀内の埋土には、今でも炭化米をみることができ、落城の際、城に火をかけ堀に兵糧米を捨てたためのものであろう。戦国史を語る山城遺構として興味深い。

【参考文献】　赤村村史編纂委員会『赤村史』（二〇〇六）、福岡県の城郭刊行会編「戸城山城」『福岡県の城郭』（二〇〇九）（松浦幸一）

●—戸城山城主郭　（上）縄張図Ｂ付近（下）主郭を巡る横堀

お城アラカルト

幕末・維新期の城郭

岡寺 良

幕末・維新期は、日本城郭史における「築城ラッシュ」の時代でもあった。全国的には北海道函館の五稜郭や松前城、長崎県五島列島の石田城などが想起されるが、そればかりではなく、全国津々浦々に構築された台場や、館・御殿と称しながらも少なからず防御性のみられるものも含まれる。筆者はこれらをまとめて「幕末・維新期城郭」と呼んでいる。

福岡県内にも「幕末・維新期城郭」と呼べるものは存在している。福岡藩では福岡藩沿岸部に文久年間（一八六一―六四）には攘夷問題とも併せ、台場の構築が行われた。福岡城を擁する博多湾岸を始めとする約一二ヵ所を数え、現在、そのうちの洲崎《すざき》、能古島《のこのしま》、小戸《おど》の三ヵ所には石垣遺構などが残存している。また、本書でも掲載している犬鳴別館のほか、秋月藩の南御殿なども幕末の築造である。

豊前では、実際に戦闘もあった関門海峡沿岸部にも数多くの台場が構築されたが、後世の改変により残されているものは皆無である。

一方で豊前地域には明治時代以降に構えられた陣屋遺構が残されている。豊前市にある旭《あさひ》陣屋は、小倉小笠原藩の支藩・新田《しんでん》藩の陣屋であるが、その築造はとても新しい。慶応二年（一八六六）の第二次長州戦争において長州藩に攻め込まれた小倉藩は、居城・小倉城のある企救郡（北九州市東部）を追われ、田川郡香春《かわら》に次いで京都《みやこ》郡豊津（現みやこ町）に陣屋を構えるに至った。小倉城下に屋敷を構えていた新田藩主・小笠原貞正も香春に逃れ、のちに所領の上毛郡に移り、明治二年（一八六九）には塔田原《とうだばる》の地に居館を構築、翌年完成したのが旭（千束《ちづか》）陣屋である。現在千束八幡宮の境内となっているが、一辺七〇～八〇メートルの方形区画を敷地とし、その縁辺には部分的に石垣や石段も残されている。

このように新居を構えるに至った新田（千束）藩であったが、翌明治四年に廃藩置県となったため、わずか一年で廃城となった。当時の城門や御殿建物と伝えられる建造物は、近隣の寺院に残されている。

なお、本藩・小倉藩も、香春、豊津においても陣屋を構築しており、遺構の確認は困難だが、往時の建造物とされるものは周辺にそれぞれ残されている。

筑前

鷹取城虎口（西口城門．直方市教育委員会提供）

●畝状空堀と石垣を備える麻生氏の城

花《はな》尾《お》城《じょう》

〔所在地〕北九州市八幡東区大字前田、八幡西区大字鳴水・熊手
〔比　高〕約八〇メートル
〔分　類〕山城
〔年　代〕一五〜一六世紀
〔城　主〕麻生氏
〔交通アクセス〕JR鹿児島本線「八幡駅」から徒歩五〇分で登山道入口駐車場。または西鉄バス北九州「花尾東登山口」停留所下車、徒歩二〇分。

【城の由来と立地】　花尾城は、皿倉山《さらくら》、帆柱山《ほばしらやま》（帆柱山城）より延びる支峰である花尾山山頂（標高三五一メートル）、現在は花尾山公園と呼ばれる公園の中に位置する。中世以降のこの地域一帯は、関門海峡と洞海湾《どうかい》、響灘《ひびきなだ》や周防《すおう》灘の交通を繋ぐ要衝地として、中近世城郭が多数築かれたことが知られている。花尾城の周辺では、花尾城と同じく麻生氏の根拠地であった帆柱山城があり、山頂から西側に延びる尾根上四〇〇メートルほどに遺構が広がる。他にも花尾山と帆柱山の間に内藤陣山《ないとうじんやま》が所在したと伝わり、現在その推定地には地元ライオンズクラブによる説明板が置かれている。また花尾山北西の河頭山《ごうとうさん》にも陣が所在したと伝わるが、遺構などを確認するに至っていない。

文献史料に現れる花尾城として最も古い記録は、延文元年（一三五六）および貞治四年（一三六五）の軍忠状に見られる「麻生山」が花尾城をさす可能性がある。また文明十年（一四七八）の相良正任の日記である『正任記《まさとうき》《しょうじんき》』には、大内氏による麻生家延攻めの記録を見ることができる。その後も永禄年間（一五五八―七〇）の三通の書状にも花尾城に係わる合戦の記録が見られることから、大友氏と毛利氏の争いの渦中にあったことがうかがえる。その後、花尾城は天正十四年（一五八六）の黒田・小早川による帆柱山城における攻城戦の際に、帆柱山城とともに落城したと考えられる。

江戸時代における花尾城跡についての詳細は不明であるが、黒崎宿を描いた絵図に花尾城跡を「古城」と記している

ことや、文化年間から天保年間の『古戦古城之図』に採録されていることから、かつての城跡・戦場跡として認識されていたことがうかがえる。

【城の構造】 花尾城の構造は、東西に延びる尾根筋に複数の曲輪を連ね、南北約二〇〇《メートル》、東西約七〇〇《メートル》にもおよぶ。これは遠賀郡においてはおそらく最も規模の大きい中世城郭であり、また福岡県内においても有数の規模を誇るものである。

花尾城の特徴である畝状《うねじょう》空堀《からぼり》群《ぐん》は、城域全域を八〇本もの竪堀群で厳重に守るものである。竪堀群は城の南側と南西側に最も集中して作られており、花尾城の守りの意識が、南側（帆柱山城側）に向けられていることがわかる。畝状空堀

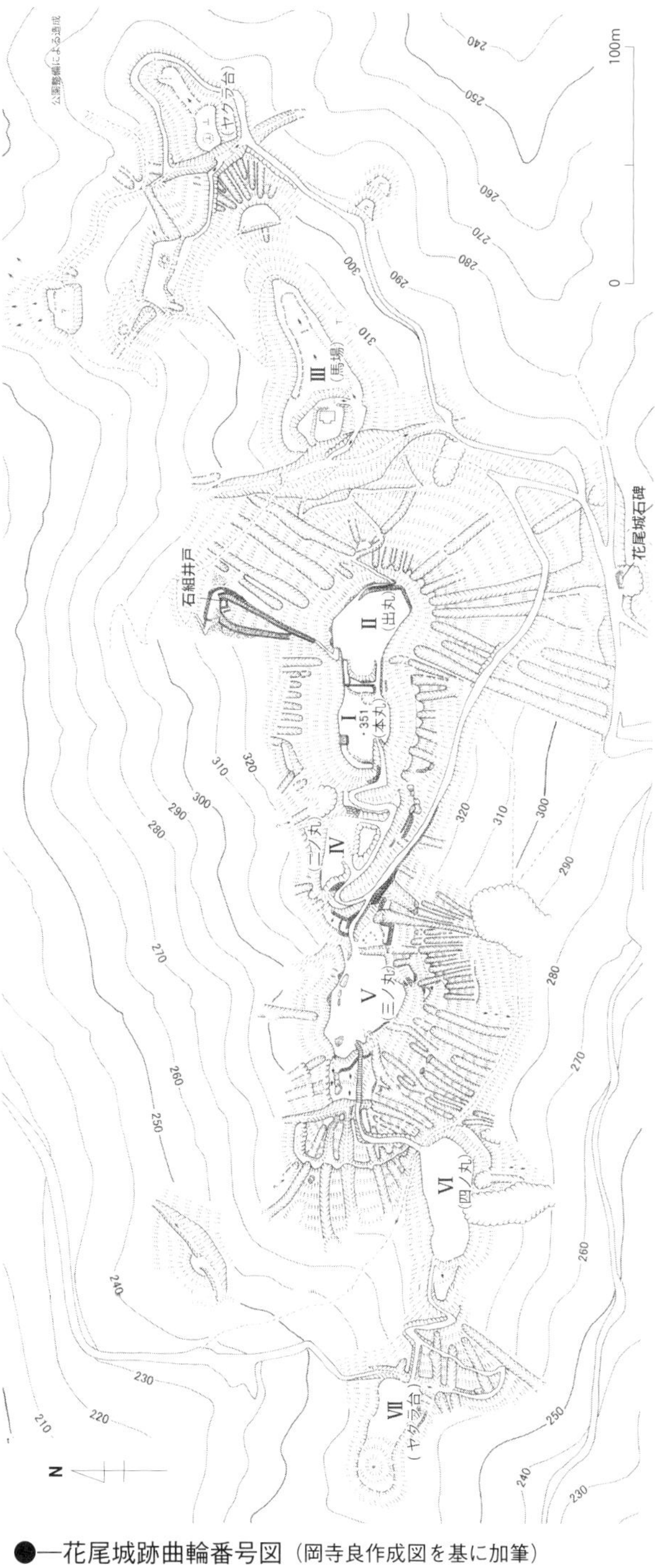

●—花尾城跡曲輪番号図（岡寺良作成図を基に加筆）

●―花尾城小曲輪石垣

群によるこのような縄張は、北部九州に特徴的にみられるものであり、特に国人領主の秋月氏の勢力との関係が指摘されている。

曲輪Ⅱ東側の大堀切《ほりきり》は、幅二〇メートル、深さ一五メートルを超える非常に大規模なものであり、見るものを圧倒する迫力である。この他にも曲輪の連結部を中心に複数の堀切が残る。

花尾城跡には大小合わせて一〇を超える石垣が残る。これらの石垣の中には明らかに後世のものもあるが、古図（古戦古城之図）で確認できる複数の石垣は、戦国期からのものであると考えられる。曲輪Ⅰ・Ⅱに残る石垣は野面積《のづらづみ》で、一部に横目地を意識した石積も見られ、隅部は算木積《さんぎづみ》状を示している。曲輪ⅣとⅤの間の小曲輪は、高さ三メートルほどの石垣で囲われており、これは花尾城で最も高い石垣であることから、この部分が城の大手の役割を担っていた可能性がある。

これらの石垣は在地系の技法によるものと考えられるが、周辺の戦国期城郭と比べても、花尾城には圧倒的に多量の石垣が築かれており、花尾城が重要な軍事拠点として機能していたことをうかがい知ることができる。

【登り石垣状遺構】　花尾城で最も特異な遺構として、登り石垣状遺構がある。曲輪Ⅱの北側斜面上に、長さ約五〇メートル、比高差二五メートルにおよぶ二列の登り石垣が築かれ、最下部には方形石組みの井戸状遺構が築かれている。登り石垣については長岩城（大分県中津市）や雁股《かりまた》城（豊前市他）、勝尾《かつのお》城（佐賀県鳥栖市）など、北部九州の在地系の城郭技術においても類例は確認できるが、井戸を囲い込むように構築したものは類例がなく、花尾城特有のものといえる。古くから知られており、その機能や築造時期についても諸説あったが、井戸状遺構の中心下部からは湧水《ゆうすい》がみられることから、井戸として考えて問題はなかろう。時期についても他の遺構と同じく戦国期のものと考えておきたい。

【出土遺物と城の存続期間】　花尾城ではこれまでに二度の発

●―登り石垣状遺構下部の井戸状遺構（北九州市教育委員会提供）

掘調査が行われ、戦国期の山城としては豊富な遺物が出土している。土師器《はじき》の皿のほか、福建省系の白磁皿や漳州系の青《せい》花《か》、景徳鎮窯《けいとくちん》の碗などの輸入陶磁器が出土している。このほかに鉄滓《てっさい》や銭貨《せんか》、炭化米が出土していることから、城館として機能していたことがわかる。これらの出土遺物の時期は一五世紀から一六世紀にかけてのものであり、近世以降のものは含まれていない。また花尾城の出土品から指摘できることは、中世期後期の特徴である伝世する龍泉窯系青磁碗が見られないことである。

　このことは花尾城の築造と使用年代が限定的であることを示しているが、古記録や伝承に見られる城の使用年代とは乖離がみられる。城の大改修などが行われた可能性も考えられるが、今後のさらなる検討が必要である。少なくとも慶長期以降における活動の痕跡は確認できなかったことから、花尾城の継続時期については一六世紀末ごろまでと考えておきたい。

【参考文献】福岡県教育委員会「福岡県の中近世城館跡Ⅱ―筑前地域編2―」『福岡県文化財調査報告書　第二五〇集』（二〇一五）、「花尾城跡」『北九州市文化財報告書第一五六集』（北九州市、二〇一八）

（原田智也）

●井上之房ゆかりの筑前六端城の一つ

黒《くろ》崎《さき》城《じょう》

〔福岡県史跡〕

〔所在地〕北九州市八幡西区屋敷
〔比　高〕約五〇メートル
〔分　類〕平山城
〔年　代〕一七世紀初頭
〔城　主〕井上周防之房
〔交通アクセス〕ＪＲ鹿児島本線「黒崎駅」下車、徒歩二〇分。または、西鉄バス北九州「紅梅」停留所下車、徒歩一五分。

【城の由来と立地】　黒崎城は洞海湾《どうかいわん》南岸に位置する道伯山《どうはくさん》の山頂、現在は城山緑地と呼ばれる公園内に位置する。道伯山は玄武岩、花崗岩からなる独立した島であり、北は洞海湾、南は花尾城、帆柱山城を一望することができる。現在の標高は六二メートルである。

黒崎城は、黒田長政《ながまさ》が関ヶ原の合戦後に筑前に入部した際に、東に隣接する豊前細川藩に対する備えとして築かせた出城「筑前六端城」の一つであり、御牧《みまき》（遠賀）郡奉行にして筆頭家老である井上周防之房《ゆきふさ》に命じ慶長九年（一六〇四）の築城とされている。三方を海に囲まれた天然の要害であり、西の山下町に家臣を住まわせ北に港を作るなど、之房は城下町の整備に努めたが、元和元年（一六一五）の一国一城令により、他の端城同様に廃城となり、一二年の歴史に幕を閉じた。廃城後、城下は宿場町として整備され、本陣や脇本陣が置かれ、黒崎宿として幕末までを過ごすことになる。現在は山頂部付近まで車で登ることが可能で、駐車場も整備されており、容易に訪問することが可能である。

【城の構造】　山頂部に本丸および櫓台《やぐらだい》を配し、その周囲を帯《おび》曲輪で囲む平山城である。特に西側と北側の帯曲輪は広くなっており、いわゆる二ノ丸、三ノ丸を構成している。

元和元年に破城《はじょう》となったこと、また江戸時代中期における洞海湾の干拓事業で城の石材が使われたことから、石垣の残存状態はよくない。また第二次世界大戦中は軍の施設が置かれたことに加えて、現在は山頂部に大きな貯水槽が建設されており、築城時の構造をうかがい知ることは困難である。しかしながら幕末の絵図である遠賀郡黒崎古城図に加え、明治三十二年（一八九九）の陸地測量図を現況図と比較して検討することで、ある程度の復元は可能である。二ノ丸、三ノ丸は比較的現況からもうかがい知ることができるが、本丸や櫓台については削平され、石垣もほとんど残存していない。また帯曲輪については水害に伴う崩落などにより失われた部分が多い。

【石　垣】　現存する石垣は二ヵ所でわずかに一段のみと、これまで遺構がほとんど残されていないと考えられていた黒崎城であるが、北九州市による確認調査に伴い、城内に残る複数の石垣について新たな知見が得られている。

公園駐車場入り口付近の石垣は、現状で視認できる石垣の一つであるが、一辺一㍍以上の比較的大型の石材が用いられており、鏡石として築かれたものであろう。この石垣は確認調査の結果、三ノ丸櫓台に伴う石垣に比定されている。

二ノ丸東帯曲輪に伴う石垣は、確認調査により新たに発見された石垣である。基底部での残存長は二五㍍を測る。この石垣は二ノ丸東側に築かれた高石垣と考えられる。また城の南側の斜面では、幅一〇㌢ほどの矢穴が多数穿たれた玄武岩

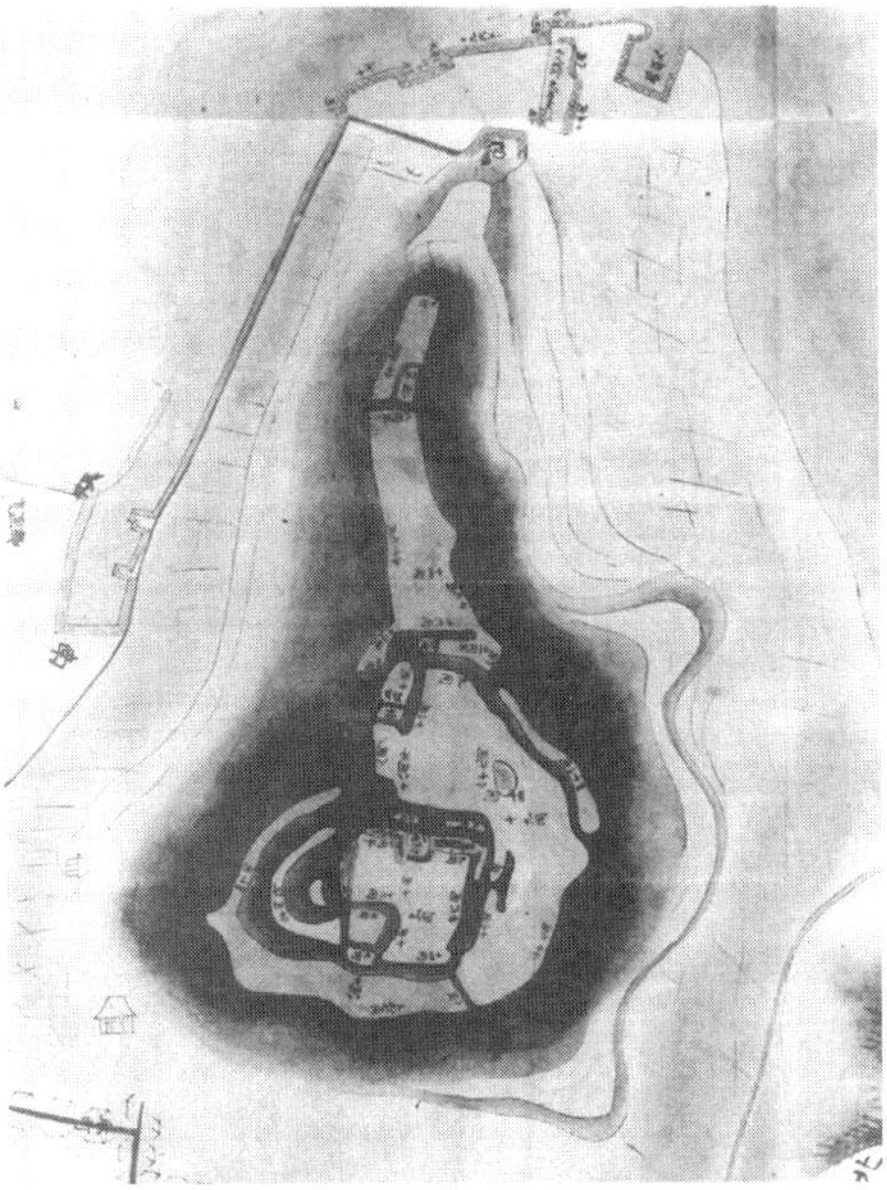

●―遠賀郡黒崎古城図（部分・国立公文書館所蔵）

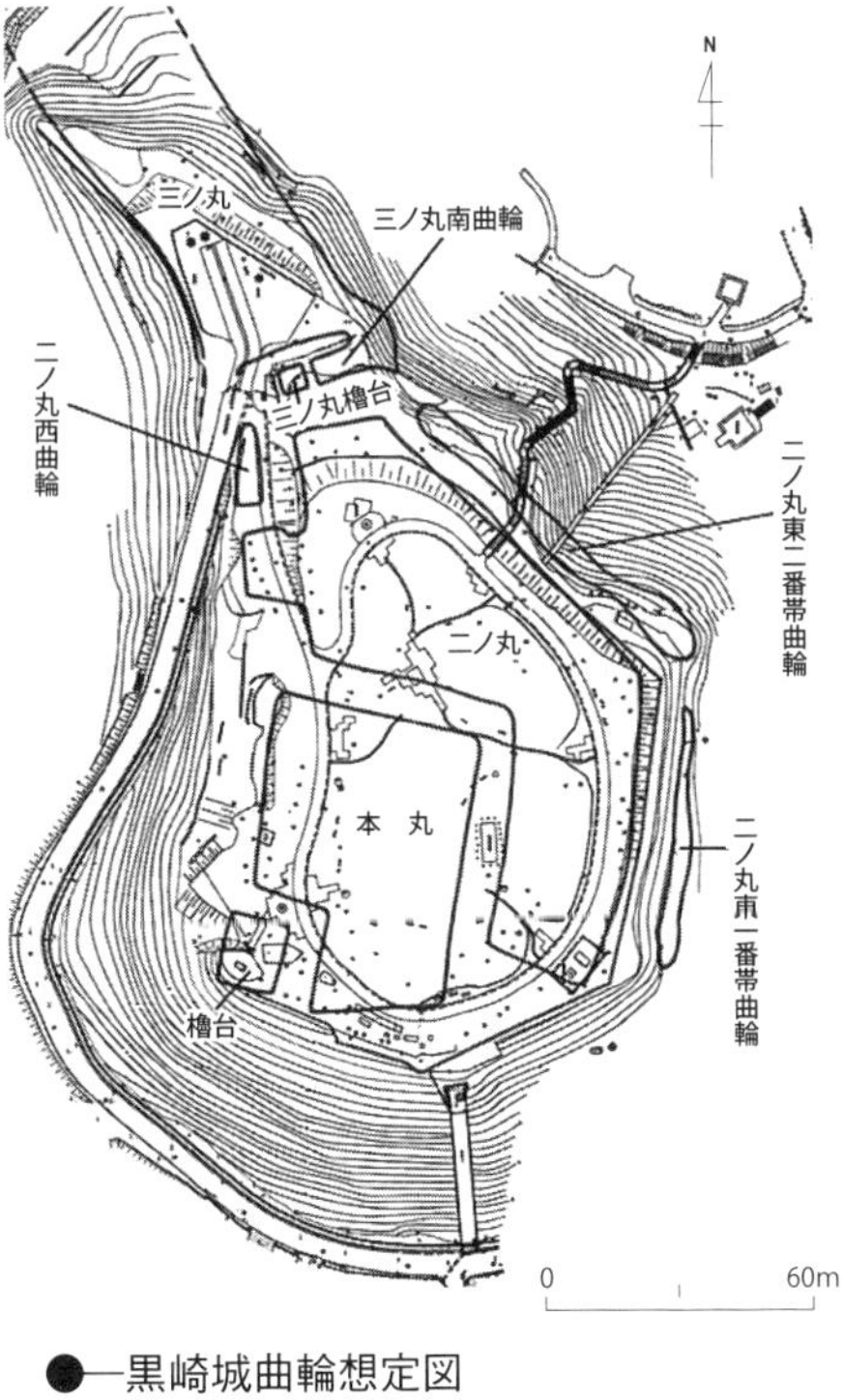

●―黒崎城曲輪想定図

の岩塊が二つ確認されており、築城当時の石切り場の可能性がある。

確認調査では、一七世紀初頭と考えられる上野《あがの》高取《たかとり》系の小杯のほか、丸瓦・平瓦が多数出土しており、往時の黒崎城には、瓦葺《かわらぶき》の建物が存在していたと考えられる。

黒崎城は、高石垣に囲まれた曲輪を持ち、その中に瓦葺の建物が築かれるなど、当時の最新技術である「織豊系城郭」の技術を用いて築かれたが、近世社会の幕開けとともに、元和の一国一城令による破城の憂き目を辿ることとなった。まことに悲運の名城といえよう。

【参考文献】「黒崎城跡」『北九州市文化財報告書　第一三九集』（北九州市、二〇一五）、福岡県教育委員会「福岡県の中近世城館跡Ⅱ―筑前地域編2―」『福岡県文化財調査報告書　第二五〇集』（二〇一五）、『福岡県文化財指定講演会　国境の城　黒崎城―まぼろしの実像に迫る―』（北九州市、二〇一七）

（原田智也）

●―公園駐車場入り口付近の石垣（鏡石）（北九州市教育委員会提供）

●―二ノ丸東帯曲輪石垣（北九州市教育委員会提供）

●―矢穴痕の残る玄武岩（黒崎城南側斜面）（北九州市教育委員会提供）

●洞海湾を掌握した筑前麻生氏の家城

帆《ほ》柱《ばしら》山《やま》城《じょう》

〔所在地〕北九州市八幡西区熊手・市瀬
〔比　高〕約三三〇メートル（登山口から）
〔分　類〕山城
〔年　代〕一五～一六世紀
〔城　主〕麻生氏
〔交通アクセス〕ＪＲ鹿児島本線「黒崎駅」または「八幡駅」下車、西鉄バス北九州「花尾西登山口」停留所下車、徒歩二〇分ほどで帆柱山への登山口。

【帆柱山城の位置】　帆柱山城は北九州市八幡西区に位置する。当地は戦国期には筑前国御牧《みまき》郡（遠賀郡は中世には御牧郡と呼ばれた。以下御牧郡で統一）に属した。城は北九州国定公園を構成する帆柱連山の支峰帆柱山（四八八メートル）に築かれた。帆柱連山は、主峰の皿倉《さらくら》山（六二二メートル）を中心に、権現山（六一七メートル）、帆柱山など標高四〇〇～六〇〇メートル級の山々が東西に連なる。北麓には花尾山（三五一メートル）が位置する。戦後は皿倉山のケーブルカーが山上駅まで開通し、帆柱自然公園として市民に親しまれている。帆柱山城には、山上駅から皿倉平を経て稜線沿いに三〇分程度歩くコースと、麓の花尾登山口から六〇分程度登るコースがある。帆柱連山からは、関門海峡の西側に広がる響灘《ひびきなだ》と洞海湾《どうかいわん》が一望できる。中世の洞海湾は響灘と遠賀川河口をつなぐ遠浅の内海であった。沿岸には若松や芦屋の港津が成立し寺院や町場が形成された。

【帆柱連山の山城】　帆柱山城の周辺には大小の山城がまとまって分布する。豊前国境に面した北東側の尾根筋には茶臼山城が位置する。いっぽう、主峰の皿倉山や権現山は後世の改変が激しいが、中世は彦山と関係を持つ山岳霊場の拠点であった。そして、北麓の花尾山には花尾城があり帆柱山との間には曲輪（内藤陣山）が確認される。この他、西麓の市瀬《いちのせ》地区にも出城の市瀬城や別当城（開発により消滅）があり、さらに南側に近接して竹の尾城が位置する。この内、帆柱山城、花尾城、竹の尾城は、東西三〇〇～四〇〇メートルの範囲に広がる連郭式の山城であり、「帆柱城塞群」ともいえる様相を示す。

【花尾城合戦と帆柱山城】　帆柱山城の城主とされる麻生氏は、南北朝時代に足利氏に従い、幕府奉公衆として在京するとともに、北九州では将軍御料所を管理するなど密接な関係を持った。永享元年（一四二九）には筑前国が幕府料国となり、代官の大内氏（周防国・長門国守護）がこの地に進出した。麻生氏らは大内氏被官となり、応仁・文明の乱や将軍足利義稙《よしたね》上洛などの軍事行動に大内方としてたびたび参戦した。

帆柱山城が最初に同時代史料に登場するのは、文明十年（一四七八）の花尾城合戦である。花尾城合戦の発端は永享八年に始まる。麻生氏の家督継承に介入した大内教弘《のりひろ》は惣領家に代わり在京奉公衆の弘家《ひろいえ》を擁立する。しかし、応仁・文明の乱時に大内政弘《まさひろ》（教弘の子）が西軍として上京すると惣領家出身の家延《いえのぶ》が東軍に呼応して挙兵する。政弘は文明九年に帰国すると九州に渡海し、花尾城に籠る家延勢を攻め立てた。翌年十月末に家延は降伏するが、この時の戦場からの報告が博多にいた政弘側近、相良正任《さがらまさとう》の日記『正任記《しょうじんき》』に記されている。和睦交渉の場で、家延側は帆柱山城が「麻生家城」である（「帆柱城事者麻生家城之由家延申云々」）と主張し、花尾城は大内氏から預かった番城として引き続き在番させてほしい（「当城事者如今預給者可畏入之由」）と要求している。この記述から当時、帆柱山城と花尾城はともに機能していたことがわかる。また、大内方の武将内藤弘矩《ひろのり》は、「麻生帆柱山着陣候、今日可止花尾水手之由」と注進し、帆柱山城が花尾城の水手を押さえる位置にあったことをうかがわせる。

【戦国・織豊期の帆柱山城】　弘治三年（一五五七）に大内氏が滅亡すると豊後国の大友宗麟《そうりん》が九州北部に進出する。大友氏に敵対した麻生氏惣領家は攻め滅ぼされ、芦屋の麻生隆実・家氏と、上津役《こうじゃく》の麻生鎮里《しげさと》・統春《むねはる》に分立する。両者は大友氏・毛利氏の間で立場を二転三転しながら、対立を続けた。

九州の戦国時代の最終局面で、再び帆柱山城は同時代史料に登場する。天正十四年（一五八六）、豊臣秀吉は九州出兵を命じ、黒田孝高《よしたか》と毛利輝元《てるもと》・吉川元春《きっかわもとはる》・小早川隆景《たかかげ》ら（以下、豊臣軍）は先陣として関門海峡に集結する。対岸の豊筑地域では秋月種実《たねざね》（筑前古処山城主）と高橋元種《もとたね》（豊前香春城主、種実次子）が領主連合を形成し対峙した。十月四日に豊臣軍は渡海し高橋方の小倉城を取り囲む。この時の戦闘については、十月十六日付の「豊臣秀吉書状」（「黒田家文書」五巻十号）には「四日小倉表被執出候処、麻生・宗像両所者共、同日秋月半城へ依取詰、釼岳・浅川・古賀三ヶ所明退候処、右両人追付、討捕頚注文通……（中略）……帆柱城之儀も可明渡之由候て、人質抔出之由候」の記述があり、「黒田孝高等連署書状写」（『麻生文書』九二）にも「殊只今戸端・若松火色相見申候、……（中略）……依帆柱御動之儀、対三家中候条被仰談候、取詰専一候」とあるように、豊臣軍に呼応した麻生家氏は秋月方の出城を攻略、洞海湾沿いに戸畑・若松に火を放ち進軍する。これを見た豊臣軍からさらに「帆柱城」（＝帆柱山城）の攻略が要請され、帆柱山城を手中に収め人質を受け取っている。この時、帆柱山城には豊臣軍と対峙した秋月方の勢力が立て籠っており、豊臣軍と対峙していた隙を突かれる形で家氏側の攻勢に城を明け渡して撤退したことがわかる。

【帆柱山城の縄張と秀吉の九州出兵】　帆柱山城の遺構は比較的良好に残る。帆柱山城の縄張は、東西に大きな堀切《ほりきり》を持ち、主要部は東側の山頂を占める主郭部Ⅰと西側の峰に続く曲輪群Ⅱから構成される。東側の主郭部Ⅰは、防御を強化するために、北側を除く三方の切岸《きりぎし》を石垣列で取り囲み遮断性を高める工夫が施されている。石垣列は比較的扁平な石材を用いて一メートル前後の高さで一～二段に分けて積み上げる構法で築かれている。主郭部Ⅰの西側の曲輪には南西隅に平入り虎《こ》

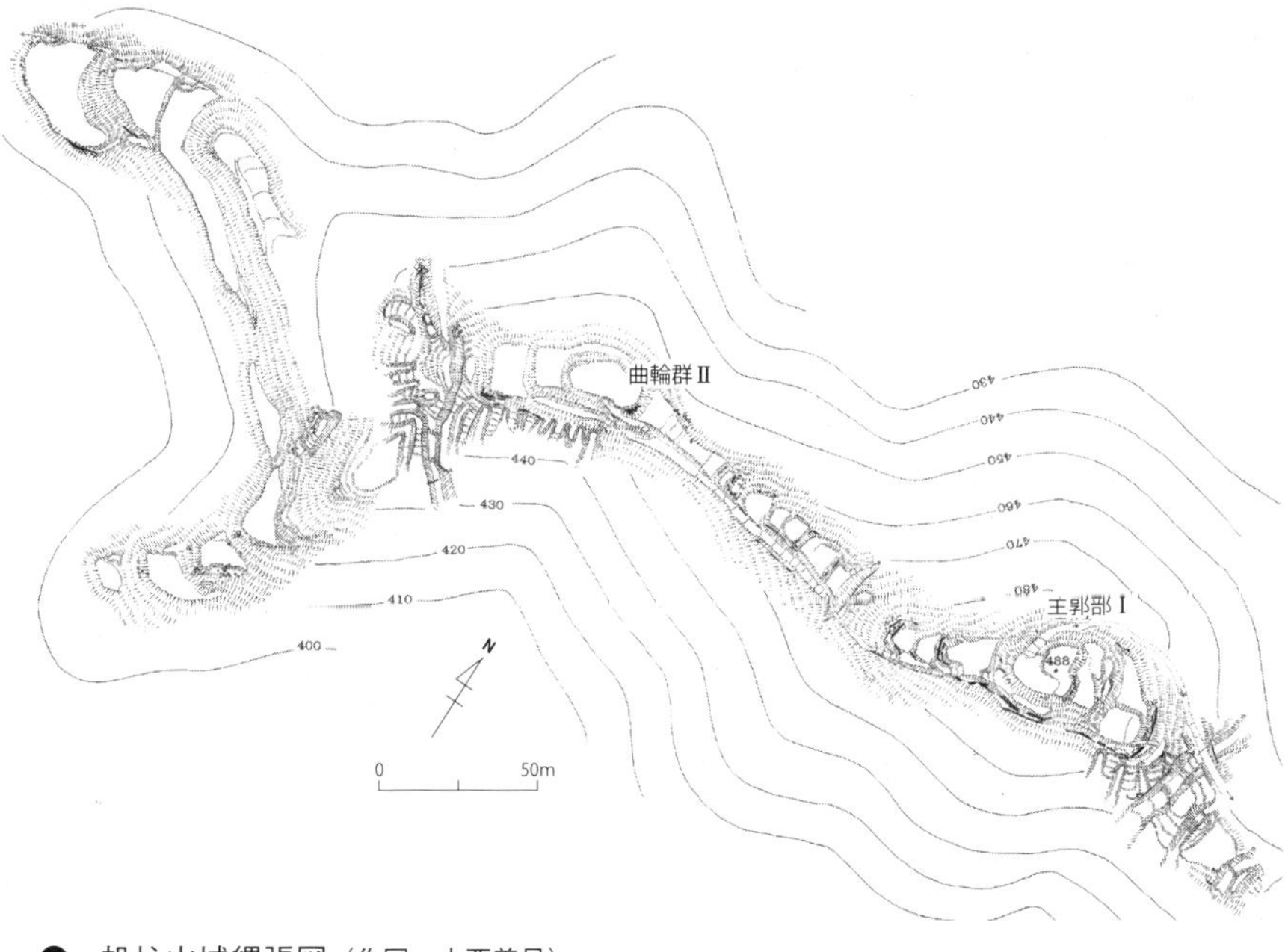

●—帆柱山城縄張図（作図：中西義昌）

●—帆柱山城石垣列

口《ぐち》があり、そこから西側稜線に沿って斜面を固める石垣列と横堀状の城道が伸びる。この城道は曲輪群Ⅱの側面を固めると共に、主郭部Ⅰの西方に大きな駐屯部を囲い込む防塁型ラインを形づくる。曲輪群Ⅱの南側斜面から南西隅に石垣列があり、前掲の防塁型ラインの西端を固める橋頭堡の役割を果たした。また、曲輪群Ⅱの南側斜面の一隅には平入り虎口があり、その直下に防塁型ライン上の唯一の小さな平入り虎口が設定された。

帆柱山城の縄張は、全体でみると城域の両端、すなわち主郭部Ⅰの東側・南東隅、曲輪群Ⅱの西側・南西隅にそれぞれ畝状空堀群《うねじょうからぼりぐん》と稜線を遮断する巨大な堀切が左右対称に築かれていた。特に西側は大堀切と畝状空堀群が組み合わさった複雑な阻塞となっており、この方面からの侵入を曲輪群Ⅱの西面で防ごうとする強い意識が確認できる。東西稜線を大堀切で遮断し、その間の主郭部Ⅰと曲輪群Ⅱの南側斜面を横堀状の城道と石垣列で繋ぐことで、横堀と石垣列、大堀切・畝状空堀群を組み合わせた防塁型ラインを築き、一体的な防御を図ったことがわかる。

帆柱連山では、帆柱山城の石垣列を伴う防塁型ラインは隣接する花尾城にも採用されている。また、花尾城、茶臼山城は大堀切で尾根筋を遮断する点で共通する。よって、帆柱山城塞群は、同一勢力が整備した可能性が高い。さらに、周囲の事例を見渡しても、豊前長野城や等覚寺城・豊前松山城（以上、高橋氏）、古処山城・益富城や鷹取城（以上、秋月氏）などに共通した縄張の特徴が確認できる。同時代史料を勘案すると、帆柱山城を含む現存の帆柱城塞群は、御牧郡に進出した秋月氏が豊筑国境に位置する帆柱連山に麻生統春ら同郡の領主層を糾合し、城塞群として改修した姿と考えられる。高橋方の小倉城とともに九州渡海を企てる豊臣軍と対峙しようとしたのであろう。

【参考文献】中西義昌「城郭の縄張り構造と天正中・後期の北九州」『北九州市立自然史・歴史博物館研究報告　B類一〇号』（二〇一二）、同「筑前御牧郡帆柱連山の戦国期山城」『北部九州中近世城郭情報紙』三四号（二〇一八）

（中西義昌）

●豊前をにらむ天空の要塞

鷹《たか》取《とり》城《じょう》

〔所在地〕直方市大字頓野・永満寺、田川郡福智町上野
〔比　高〕約五六五メートル
〔分　類〕山城
〔年　代〕永承元年（一〇四六）～元和元年（一六一五）
〔城　主〕長谷川吉武、少弐氏、筑紫氏、毛利氏、母里太兵衛、手塚水雪
〔交通アクセス〕ＪＲ福北ゆたか線「直方駅」からコミュニティバス上頓野線「会下公民館」停留所下車、徒歩一二〇分。

【国境の戦略的要衝】　鷹取城は、直方《のおがた》市の東部、福智山から西側へ延びた尾根の先端、標高六三〇メートルの鷹取山山頂を中心に築かれている。中近世城郭の中でも屈指の標高を誇る山城で、その眼下には彦山川と遠賀《おんが》川が合流して流れ、肥沃な直方平野が形成されている。晴天の日には、遠賀川河口や田川・飯塚市方面まで眺望できる。この地は古くから筑前国と豊前国の境界に位置しており、戦略的重要性が高く、勢力争いの接点であり、国を守るための要衝地でもあった。

【古代の伝承が残る城】　その築城は『正蓮寺《しょうれんじ》先祖記』によると永承元年（一〇四六）、長谷川兵部卿吉武が家臣である永井宗久《そうきゅう》に命じ築城したと伝えられ、平安時代にまでさかのぼるとされる。一方『古城伝記』によると、正慶二年（一三三三）、大宰少弐《しょうに》頼尚《よりひさ》が「豊前田川郡高鳥居城」を築城開基し、末子の式部少輔頼直を配置したとの記録も残る。そのため、遅くとも一四世紀の早い段階には確実に築城されていたとみられる。さらに、貞和元年（一三四五）からは筑紫上総介白心（白信）入道統種《むねたね》が城主として在城していた。

【変遷多き城主】　室町時代に入ると、周防大内氏の当主となった大内盛見《もりはる》は栄華を取り戻すため、北部九州方面に進出した。応永の初め頃、豊前に陣を敷いた大内の威勢に恐れをなした近くの諸城はみな降参し、高鳥居城の城主であった筑紫統種も同様、大内氏に降った。しかし応永六年（一三九九）の頃、肥後の武将であった、菊池太郎武宗、左京大夫武貞は一万余騎を伴って豊前田川郡に討ち入り、高鳥居城を攻め

●—福智山から鷹取城を望む

落としたことが『応永戦覧』からわかる。応仁の乱後、弱肉強食の世はまさに戦国擾乱の様相を呈し、九州は大友・大内・島津の権力闘争の場となった。特に、北部九州は大内氏と豊後の大友氏の二大勢力の接触点となり、大内配下である宗像氏は大友臣下である粕屋の戸次《べっきし》氏と対立していた。

一六世紀代の鷹取城主は、大内氏家臣の毛利鎮実《しげざね》であったが、天文十一年（一五四二）大友宗麟《そうりん》と息子義統《よしむね》は一万三〇〇〇の軍にて筑前を攻めさせた。この時、福智山方面から五〇〇〇騎の猛攻を受け落城、鎮実は大友の臣下へと降った。しかし、天文十一年という年は、大友宗麟齢一二歳の頃であり、当然のことながら義統は生まれていない。天正十一年（一五八三）の記述間違いかとも考えられるが、そうであれば大友宗麟五三歳である。家督は義統に譲っており、大友氏の力もすでに衰退している頃であるが、いずれにせよ、記録をたどると毛利鎮実が大内氏から大友氏の軍門に降ったことは間違いないであろう。話を戻すが、大内義隆は陶晴賢《すえはるかた》の乱で自害、これにより大内氏は滅亡する。その陶氏も毛利元就《もとなり》に滅ぼされ、周防の支配は毛利氏に代わった。ところが、その勢力も北部九州まではおよばず、宗像氏は大内氏からそれまで受けていた助勢がなくなったのである。この機に乗じた立花（戸次）道雪《どうせつ》は宗像領の若宮郷を横領し勢力を拡大していくが、これに若宮郷の武士達は不満を持つわけである。

そして、立花の鷹取城への兵糧輸送をきっかけに、戦国時代の鞍手地方におけるもっとも大きな戦である小金原の戦いが勃発する。さらに『宗像軍記』によれば、永禄四年（一五六一）に大友氏が宗像の許斐岳城を攻めているが、その時の案内者を鷹取城主毛利鎮光《しげみつ》と記している。こうした争いの中、天正十三年豊臣秀吉は九州諸大名に教書を送り、御家人になることを勧めた。鷹取城主である毛利氏や大友氏、立花氏はこれに応じたが、島津氏は抵抗した。翌年、秀吉の九州征伐が始まり、平定後、筑前国は小早川氏が領有することとなる。この間、鷹取城は記録に姿を現さず、一時廃城となっていた可能性がある。

それからほどなく、慶長五年（一六〇〇）関ヶ原の戦の後、筑前国は黒田長政が領主となり、翌六年には「筑前六端城」の制をしく。この際、現在山頂でみることのできる石垣造の近世城郭へと大修築され母里太兵衛《ぼりたへえ》が城主となった。慶長十一年（一六〇六）には、大隈城主であった後藤又兵衛が出奔したため、母里太兵衛が大隈城へと入り、後任を手塚水雪（光重）が務めた。元和元年（一六一五）、徳川幕府は大名統制策として「一国一城令」を布告した。福岡藩では福岡本城を残し、六端城をすべて破却、廃城とした。こうして鷹取城は、五六九年の長き歴史に幕を閉じたのである。

【江戸期の縄張図】　鷹取城には、秋月藩士の大倉種周《たねちか》が製作した幕末頃の縄張図（古地図）が残されている。秋月藩から命じられ、領内の田畑や筑前国内の廃城になった山城などを測量しており、この縄張図もその際作成されたとみられる。図には、各曲輪の広さや当時呼称されていた地名が記載される。約二〇〇年前に作成された縄張図だが、その精度は非常に高く、目を見張るものがある。

【城の構造】　鷹取城は、標高六三〇メートルの山頂部を主郭（本丸）とし、北東方向に延びる尾根を利用した曲輪群と北西方向に延びる尾根を利用した曲輪群の大きく三つの曲輪群から構成されている。鷹取城では、五次にわたる発掘調査が実施されているが、出土した遺物のほとんどは近世初頭のものであ

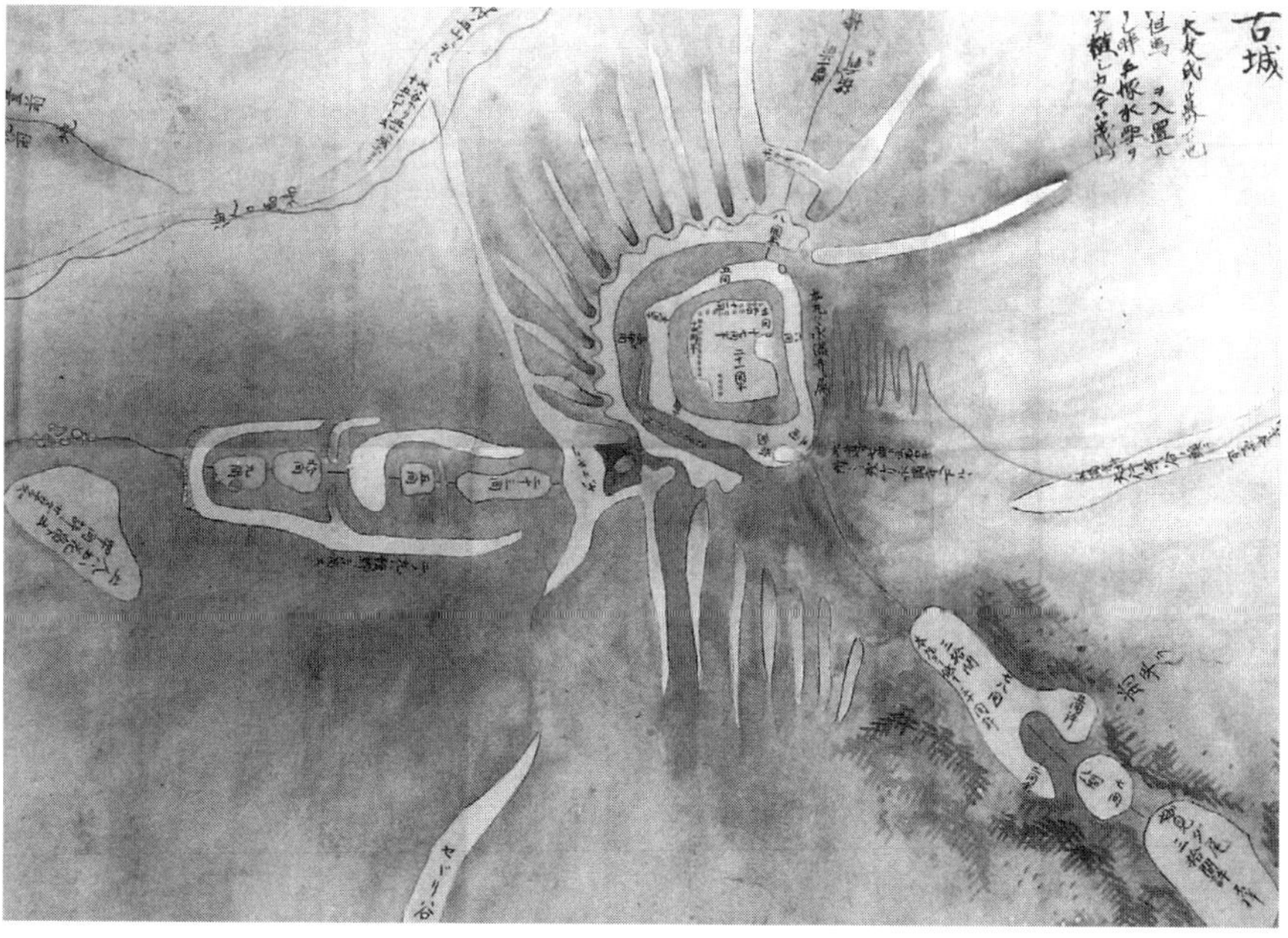

●—鞍手郡頓野村鷹取山古城図　部分（国立公文書館所蔵）

り、中世期の遺物は数点しかない。

主郭は近世初頭に大規模な修築が行われているが、主郭の北側から南側にかけての東斜面には、半周ぐるりと二〇本以上からなる畝状竪堀群《うねじょうたてぼりぐん》が構築される。竪堀の幅が一〇㍍前後もあって非常に規模の大きなものとなっている。これは、戦国期の改修によるものとみられ、豊前側からの防御を固めているようである。主郭まで登る途中、山頂に近づくとみえる竪堀は、構築から数百年たった今でも非常に残りがよく、圧巻である。

主郭と北東方向に延びる尾根の曲輪群の間には、大きな堀《ほり》切《きり》が所在しており、曲輪群には三ヵ所の平坦部がつくられている。もっとも先端に位置する曲輪（B地区）は、平面円形を呈し、周囲を空堀《からぼり》と土塁《どるい》がとりまいている。この平坦部からは、三間×三間以上の掘立柱《ほったてばしら》建物跡が確認されている。これに隣接した曲輪（C地区）においても、掘立柱建物跡が確認されている。柱穴は、中央に位置する一列を確認したのみであるが、三間×二間以上の掘立柱建物に復元される。この地区からは、文献によると少弐氏や筑紫氏が城主として在城していた頃の一四世紀前半までさかのぼる白磁の皿が出土している。出土遺物の中ではもっとも古い資料であり、一四世紀前半には確実に城として機能していたことが明らかとな

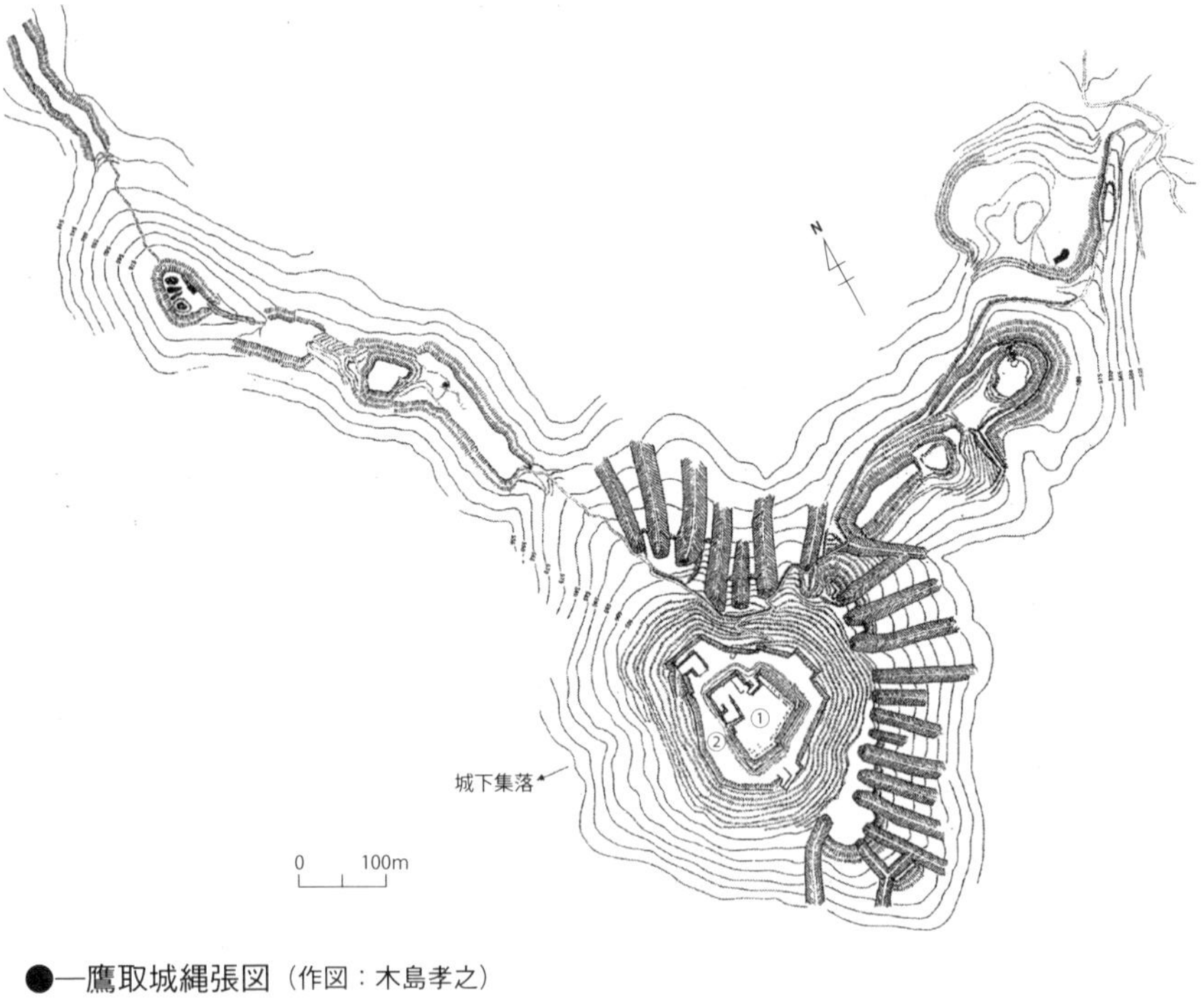

●—鷹取城縄張図（作図：木島孝之）

っている。これらの曲輪群のさらに東側に大倉種周の古地図の中で「御花畠《おはなばたけ》」と呼称されている平坦地（A地区）が所在している。この場所の発掘調査の結果、貯水機能を持っていたと思われる溝状遺構が検出されており、水を貯める遺構と屋敷がセットで存在していたものと思われる。一方、山頂から北西に延びる尾根の間にも大きな堀切がつくられている。こちらの尾根上には、四ヵ所の平坦部がみられる。二ヵ所のピークには、比較的規模の小さな平坦部があり、一段下がったところに細長い平坦部がある。この地区は発掘調査がほとんど行われていないが、瓦が表面採集される箇所が一ヵ所ある。

　主郭部分は前述のとおり、江戸期に筑前六端城として再整備され、新たに石垣などの施設を築いているが、中世の防御施設を再利用した形跡はみられない。そして、敵対する細川氏が統治していた豊前側の監視を強く意識したつくりとなった。そのため、現在山頂でみることのできる遺構は、江戸期のものとなっている。その概要をみていくと、上下二段の平坦部からなり、いずれも総石垣で、面積は約八〇〇〇平方メートルを誇る。上段の南西隅には五間×六間に復元される礎石建物が確認されており、隅櫓《すみやぐら》が置かれていた。南側と東側にはそれぞれ礎石《そせき》列が並んでおり、長さ約五〇メートルほどの多聞櫓《たもんやぐら》が所在していたとみられ、出土遺物などから建物は瓦葺きであったと想定される。上段と下段には、それぞれ二ヵ所ずつ虎口《こぐち》が設けられる。これらの虎口は、上段の東口城門を除いて西に面しており、すべての虎口がL字形に屈曲している。上段の二ヵ所（東口城門・西口城門）は防御性の高い内桝形《うちますがた》虎口《こぐち》であるのに対し、下段の二ヵ所（南口城門・永満寺《えいまんじ》口城門）は出撃性の高い外桝形《そとますがた》（嘴《くちばし》型）虎口となっており、曲輪ごとに明確な機能分化がなされている。西口城門と永満寺口城門からは、橘の実や枝をモチーフとした鬼瓦が出土しているが、このモチーフは、黒田氏の替文であることが知られている。曲輪の縁辺部は総石垣で固められ、約五メートルの高さをもっていたが、一国一城令の際の破却により、大半が半分以上崩壊している。また、石垣の塁線はところどころ直角に屈曲し、永満寺口城門の南側と、東側の張出部北側に横矢《よこや》掛が設けられる。

　このように鷹取城は、主郭部分の非常に発達した織豊系城郭の特徴と、その周辺の畝状竪堀群や曲輪を特徴とした中世、特に戦国期双方の特徴を有する城であるといえる。ところで、城主の居住施設は城跡から確認されておらず、麓の永満寺村に根小屋《ねごや》を構えていたと思われる。永満寺地区には鉄砲町や桜馬場、町屋敷といった地名が残り、江戸期には城下

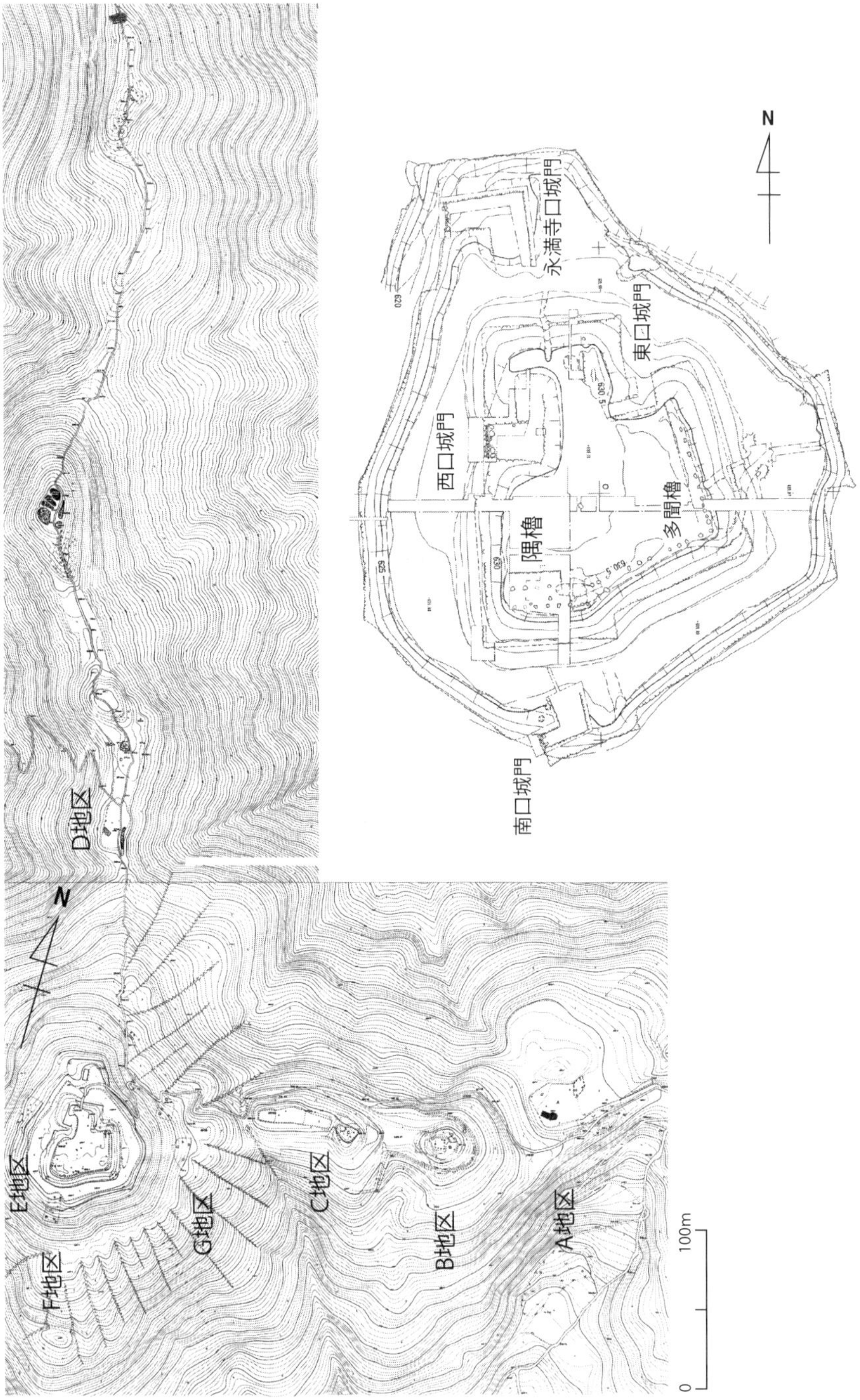

●—鷹取城跡測量図（直方市教育委員会『鷹取城跡Ⅱ』掲載図を一部改変）

町が形成されていたことを偲ばせる。桜馬場地区では発掘調査が実施されており、江戸期に鷹取城下として整備した際の造成の痕跡が確認されている。現在辿ることはできないが、往時はこの永満寺から鷹取城へ登るルートがメインであった。鷹取山は福智山とあわせ、人気の登山コースでもある。幸いなことにその立地のため、当時の遺構が大きく破壊されることなく残り、中世と近世両方の見事な築造技術を垣間見ることのできる鷹取城は、極めて貴重な城跡である。

【参考文献】直方市史編纂委員会編『直方市史 上巻』（直方市、一九七一）、直方市教育委員会『筑前鷹取城跡Ⅰ～Ⅴ』（一九八七～一九九一）、田村悟「筑前鷹取城跡」『地域相研究』第二六号（地域相研究会、一九九八）

（無津呂健太郎）

●―礎石建物（隅櫓）（直方市教育委員会提供）

●―西口城門（直方市教育委員会提供）

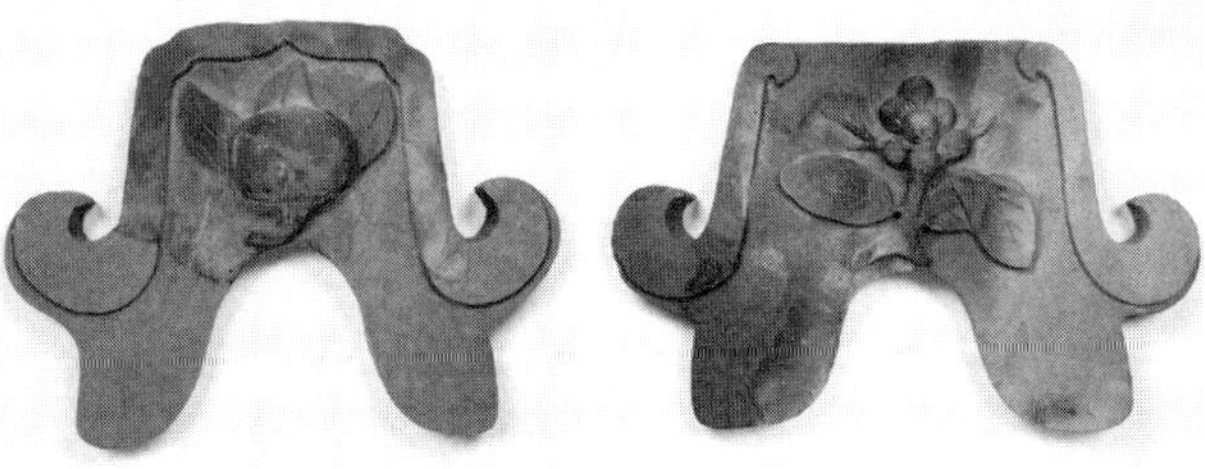

●―城門跡出土鬼瓦（直方市教育委員会提供）

●筑前杉氏の本拠城砦群

龍《りゅう》ヶ《が》岳《たけ》城《じょう》・祇《ぎ》園《おん》岳《だけ》城《じょう》

〔所在地〕宮若市龍徳・本城
〔比　高〕約二〇〇メートル（龍ヶ岳城）
〔分　類〕山城
〔年　代〕一六世紀
〔城　主〕杉氏・秋月氏
〔交通アクセス〕JR福北ゆたか線「直方駅」からJR九州バス「龍徳」停留所下車、徒歩約三〇分で六ヶ岳登山口。約三〇分で龍ヶ岳山頂。

【城の立地】　宮若市と鞍手町との境に聳える六ヶ岳（標高三三八・八メートル）は、複数の峰が派生する山塊である。龍ヶ岳城（標高二二一メートル）は六ヶ岳から派生した東南の支峰に位置する。また、祇園岳城は、龍ヶ岳の西、龍徳川の流れる谷を隔てた猿田山（標高一五二・五メートル）と呼ばれる独立した峰に位置する。両城の距離は約四〇〇メートルと近接した位置に築かれ、いずれもこの地を拠点とした杉氏に関わる城砦と伝えられている。犬鳴川《いぬなきがわ》に面した龍ヶ岳山麓には、御館《おたて》、辻屋敷、町屋敷、上小路《しょうじ》、下小路、門之内などの地名が残り城下集落が形成されていたことを偲ばせている。

【犬鳴川の水運】　城がある龍徳は筑前最大河川「遠賀《おんが》川」支流の「犬鳴川」中流域にある。一八世紀初頭に編纂された『筑前国続風土記』によれば犬鳴川は、龍徳より上流にある宮田まで船の通行が可能であり、遠賀川河口の港湾都市芦屋まで宮田周辺で生産された米の輸送が行われていたとされている。犬鳴川を下り遠賀川との合流地点には長崎街道の宿場町として知られる木屋瀬があり、また対岸には中世からの交通の要衝である植木がある。物流の主役が船舶であった中世において犬鳴川は龍徳に水運の恵みをもたらしていたと考えられる。

【龍ヶ岳城】　龍ヶ岳城は、北と南の二つの峰からなり、双方の頂部を中心に曲輪《くるわ》群が展開する。標高二三〇メートルの北峰は、城域内での最高所である弓なり状の頂部曲輪を中心として周囲に帯《おび》曲輪が巡る。帯曲輪と頂部曲輪は高低差がある垂直に切り立った切岸《きりぎし》で隔てられており、その比高差は大きいところで約七メートルを測る。さらに六ヶ岳へと続く北の尾根には、上幅約一〇メートルの堀切《ほりきり》を二条設置することにより往来を遮断する。前述の帯曲輪は、曲輪よりに設置された堀切から頂部曲輪の周囲を巡りながら近づくように設定されており通路の機能を有していたとも考えられる。

標高二二二メートルの南峰も、頂部を中心に帯曲輪が展開する。頂部曲輪の中央部には杉氏を祀る祠《ほこら》があり、周囲には性格不明の直径一〜二メートルの窪みが数ヵ所確認できる。また、頂部曲輪を取り巻く帯曲輪の南縁には土塁《どるい》が確認でき横堀状となる。さらに南斜面を中心に堀切や畝状竪堀《うねじょうたてぼり》が設置されている。

ほぼ同程度の規模を有する南北の峰からなる龍ヶ岳城において、高度で南峰に優越する北峰に対して、南峰は、堀切や畝状竪堀などの防御施設の設置数においては勝っており、どちらが主城としての役割を果たしていたのか即断するのは難しい。

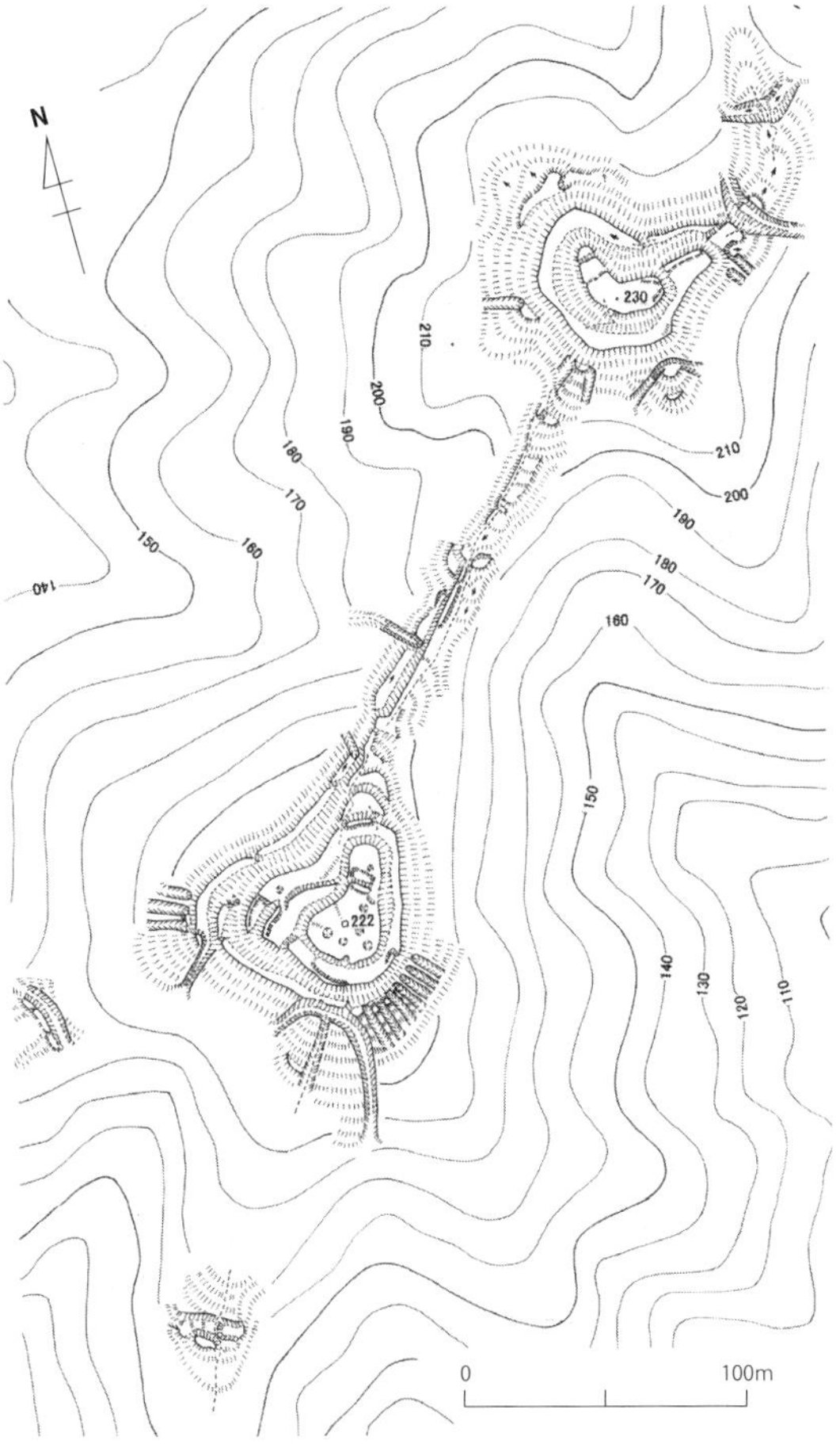

●―龍ヶ岳城縄張図（作図：岡寺 良）

龍ヶ岳城はこのように独立した南北二つの曲輪群からなるが、これらを連結する造作を二つの峰を結ぶ尾根にみることができる。約二〇〇メートル離れた南北の峰を結ぶ尾根は比較的緩やかであり、駐屯や通行が可能となるよう造作されている。また、鞍部となる尾根の高度がもっとも低い地点の西側斜面には、谷筋への通路となる竪堀状の掘り込みが確認できる。この掘り込みを起点として南北峰方面に一部塹壕状となる通路が尾根の西側斜面に設置されている。尾根上から常時監視できるように敢えて一段下がった位置に設置されており、さらに尾根上との斜面を切岸状に造作することにより尾根上への進行を防ぐ意図も感じさせる。

【祇園岳城】 龍ヶ岳城の西に位置する祇園岳城は、標高一五二メートルの猿田山の頂部に南北約五〇メートルの主郭を置き、そこを中心に南北約一五〇メートルにわたって一〇近くの曲輪が確認できる。曲輪群の周囲には、約八〇条にもおよぶ竪堀からなる畝状竪堀を中心とした遺構が確認できる。高度差こそ龍ヶ岳城に劣るものの、厳重な防御施設の造作は龍ヶ岳城を凌駕する。

特に防御の重点が置かれているのは、南端にある出丸の役割を果たす台形状の曲輪である。城下へと続く南東尾根には、連続堀切群が設けられ尾根からの往来を遮断している。この堀切の両端は竪堀となり、さらに曲輪の周囲を巡る竪堀と連動し約三〇条の竪堀からなる畝状竪堀を形成している。特に連続堀切と連動する東側斜面には曲輪下切岸と畝状竪堀の間に横堀が形成され曲輪への侵入を困難なものにしている。

また、この南端出曲輪を見下ろすことができる主郭南直下には、土塁で囲まれた曲輪が設けられ南端曲輪方面からの侵入に対する防衛の要となっている。

【杉連緒と統連】 杉氏と当城砦群周辺地域の情勢について桑田和明の『若宮町誌』の記述に沿ってみていきたい。天文から永禄年間、竜ヶ岳の北西、粥田《かいた》庄新入郷（直方市）を中心に勢力を持っており、鞍手郡のほかに糟屋郡高鳥居城などを拠点にしていた杉連緒《すぎつらつぐ》がいる。連緒は、天文二十年（一五五一）大内義隆の滅亡時に滅んだ筑前国守護代杉興運《おきかず》と同じ弾正忠、豊後守を称していること。また興運の家臣と同じ名字の家臣が連緒の家臣にみられるので、興運の一族であったと考えられるとしている。大内氏の滅亡以降、永禄年間、大内氏の遺領を巡る大友氏と毛利氏の争いの中で北部九州の諸勢力は時に応じて上級領主を選択していくことになる。毛利氏に与していた連緒は、永禄十年（一五六七）とされる四月十五日大友氏により動員された秋月氏と筑後国衆により祇園岳城を攻撃されている（卯月二十八日森勘兵衛宛杉連緒感状《かんじょう》写『児玉韞採集文書』）。その後、永禄十二年末、毛利氏は北部九州より撤退するが、以降の連緒の動向は詳らかではない。

北部九州六ヵ国の守護職を獲得していた九州最大の戦国大名大友氏が天正六年（一五七八）十一月日向高城の戦いで島津氏に大敗すると、筑前国においては古処山城（朝倉市・嘉麻市）を本城とする秋月氏が大友氏に叛き大友方の諸氏との間に戦闘が勃発する。さらに天正九年十一月十三日鞍手郡吉《よし》川《かわ》庄（宮若市）において、大友氏の立花城督戸次道雪と宗像大宮司氏貞が戦闘するに至り、龍ヶ岳城周辺も軍事的緊張が高まっていたことが想定される。秋月氏は、龍ヶ岳城の南西約七キロにある笠置《かさぎ》城（宮若市・飯塚市）を鞍手郡方面の拠点としており、吉川庄の戦いには宗像大宮司側として参戦している。

天正十一年三月二日、杉統連《むねつら》は尾仲新佐に去る十三日の新入郷東蓮寺夜討ちでの活躍に対し、境郷寺家分四〇町の代官職を預けている。統連が領主権を行使しているのが確認できる。次に同年五月二十四日、統連は尾仲新佐に去る二十二日、新入郷金崎村夜討ちを催したところ、鞍手郡若宮庄（宮若市）に至り、秋月衆と合戦を遂げ活躍したので感状を発給している（『筑前町村書上帳』遠賀郡 鞍手郡）。秋月衆と合戦を遂げたとあることから、このときには、統連は大友方に属していたとも考えられる。また、統連の「統」の一字は大友義統から与えられた可能性がある。桑田は、統連が連緒と同じ「連」の一字を使用していること、連緒の家臣に尾仲氏がいたことから系譜の上でのつながりをもっていたことは明らかであり、統連は、連緒の子と考えることができるとしている。

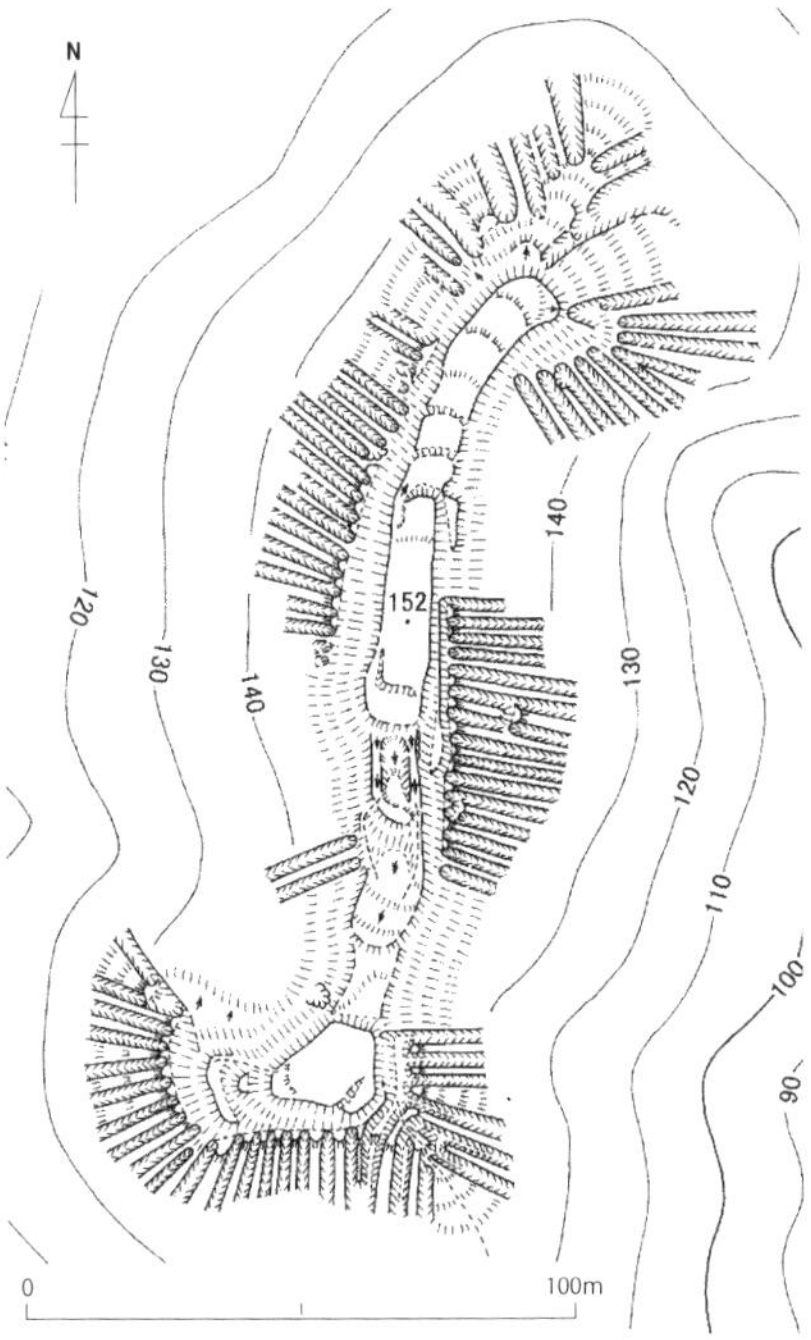

●—祇園岳城縄張図（作図：岡寺 良）

杉統連は龍ヶ岳周辺の新入郷などを中心に勢力をもっていたことから、龍ヶ岳を居城としたと考えるのは自然である。後世に編纂された『筑前国続風土記』によれば、龍ヶ岳城主として杉権頭連並が記述されている。そして、後述する朝倉隆秋宛書状では杉統連は連並と同じく「権頭」を名乗っている。後世の記録にみえる龍ヶ岳城主杉連並とは、統連と考えられる。

【杉統連と秋月氏】 天正十一年九月六日尾仲新助宛杉統連書状には、「今度牢籠《ろうろう》中其方事別而辛労之條」（『鞍手郡誌』「山部村尾仲家所蔵文書」以下「尾仲文書」とする）とあり、「牢籠」の文字から統連が何らかの苦境に直面していたことがわかる。この後、統連の鞍手郡での活動は、天正十四年九月まで確認できなくなる。また、天正十五年四月三日秋月氏が豊臣秀吉に降伏した時の秋月氏の持ち城を示すと考えられる『生駒雅楽頭宛覚書』には鞍手郡竜（龍）ヶ岳があり、坂田蔵人・深見駿河が城主を勤めたと記述されている。『覚書』は原本が所在不明で検討要する史料ではあるものの、天正十一年以降に龍ヶ岳城は秋月氏が奪取していた可能性がある。

天正十二年肥前佐嘉を拠点とし勢力を拡大していた龍造寺隆信が、島津氏と島原沖田畷の戦いで戦死すると旧領回復のため大友氏が筑後国に出兵する。九月三日、筑後国に出陣していた立花城督戸次道雪が鷹野増時に宛てた書状には、杉氏が道雪とともに同陣しているとある（「立花家文書」）。桑田は、この杉氏とは統連と考えられるとしている。秋月氏により龍ヶ岳城を追われた統連は戸次道雪の許に身を寄せていたと考えることもできる。

天正十四年十月三日豊臣秀吉の九州統一戦の先陣をきる毛利輝元が関門海峡を渡り小倉城（北九州市小倉北区）を攻略。翌四日には、剱岳《つるぎだけ》城（鞍手郡鞍手町）・浅川城（北九州市八幡西区）・古賀城（遠賀郡水巻町）から撤退する秋月勢を宗像・麻生勢が追撃し、討ち取った頸注文《くびちゅうもん》が秀吉に提出されている。このことは秋月氏の勢力が鞍手郡を越えて遠賀川下流域まで拡大していたことを示している。また、これに先立つ九月三十日、統連は粥田庄で戦っていることが、十月十四日尾仲主膳兵衛宛杉統連書状（「尾仲文書」）からわかる。毛利勢の九州上陸に連動した旧領回復のための軍事行動とも考えられる。

また、同年十一月立花統虎や毛利勢とともに、統連は秋月勢の籠る笠置城を攻めている。十一月九日統連は毛利氏の武将朝倉隆秋へ笠置城攻撃における朝倉家中の功労を称賛する書状（『萩藩閥閲録』）を出している。天正十五年二月十六日尾仲主膳兵衛尉宛杉統久書状（「尾仲文書」）から笠置城の秋月勢との戦いは、同月十八日まで続いていたことがわかる。秋月種実《たねざね》・種長《たねなが》父子は、同年四月二日豊臣秀吉に降伏する。秀吉の九州平定後、筑前国は小早川隆景が支配することになるが、その後の杉統連の動向は不明である。一つの城砦群ともいえる密接な関係にある龍ヶ岳・祇園岳両城の堅固な構造は、このような杉氏と秋月氏の戦いの中で整備されていたものとも考えられる。

【参考文献】桑田和明「戦国時代」『若宮町誌　上巻』（若宮町、二〇〇五）、岡寺　良『戦国期北部九州の城郭構造』（吉川弘文館、二〇二〇）

（藤野正人）

●宗像氏の鞍手郡西部防衛拠点

宮《みや》永《なが》城《じょう》

（所在地）宮若市宮永・山口
（比　高）約二〇〇メートル
（分　類）山城
（年　代）一六世紀
（城　主）宗像氏
（交通アクセス）「若宮IC」より車で約一〇分で北西麓大谷。大谷より鉄塔管理道を利用し、徒歩約六〇分。

【天正九年吉川庄合戦と宮永城】　天正六年（一五七八）日向高城の戦いで大友氏が大敗したことにより、筑前は秋月氏をはじめとする反大友勢力が勢力を拡大する中、天正九年十一月十二日、大友氏の立花城督戸次道雪《べっきどうせつ》は、鞍手《くらて》・田川郡境にある鷹取城（直方市・田川郡福智町）に拠る毛利鎮真《しげざね》のもとへ兵糧を輸送するが、翌十三日、帰路を待ち受けた宗像氏貞《むなかたうじさだ》勢と鞍手郡吉川《よしかわ》庄清水原において合戦におよぶ。この合戦は、後世小金原《こがねばる》合戦として知られる戦国期鞍手郡最大の戦いである。立花勢は、宗像勢を撃退し立花領内に帰還するが、この戦いをきっかけとして、宗像氏と大友氏はふたたび交戦状態となる。翌十年とされる卯月二十六日宗像氏貞が小早川隆景《たかかげ》に宛てた書状（「無尽集」）によれば、合戦の翌日十四日、氏貞は、立花城督戸次氏の反撃に備えるため大友領糟屋郡に近く唐津街道を押さえる重要拠点、許斐岳城《このみだけじょう》（宗像市王丸・福津市八並）に兵員を配置した。しかし、戸次氏の動きも早く、氏貞領宮地岳城《みやじだけ》（福津市宮司）を占拠している。そのため、氏貞は、さらなる戸次氏の攻勢に対抗するために、領内境目の南北の要地、田島（宗像市）と宮永（宮若市）に向城を設置している。この向城は、片脇城（田島）と宮永城（宮永）と考えられる。宮永城は、『宗像記追考』によれば氏貞の家臣、吉田杢之助《もくのすけ》が勤番したとする。

【宮永城の構造】　城のある山は、雁城《がんぎ》と呼ばれている。山名の「がんぎ」（雁木）は、山頂周囲を巡る畝状竪堀《うねじょうたてぼり》を雁がジグザグに編隊を組む姿に例えて名付けられたと考えられる。

青柳種信《たねのぶ》が文化十一年（一八一四）藩命を受けて筑前国続風土記の再吟味にあたった『筑前国続風土記拾遺』鞍手郡「宮永村古城」には以下の記述がある。「（前略）凡《およそ》他城の隍《ほり》ハ山を横に堀廻したるに此城ハ岸より直ニ下ニ幾条も竪に畦の如く堀下したり、是山上より大石大木抔《など》を投下するに便せん為なるへし、（後略）」とあり、筑前における城郭研究史上、畝状竪堀の初見とも考えられ興味深い。

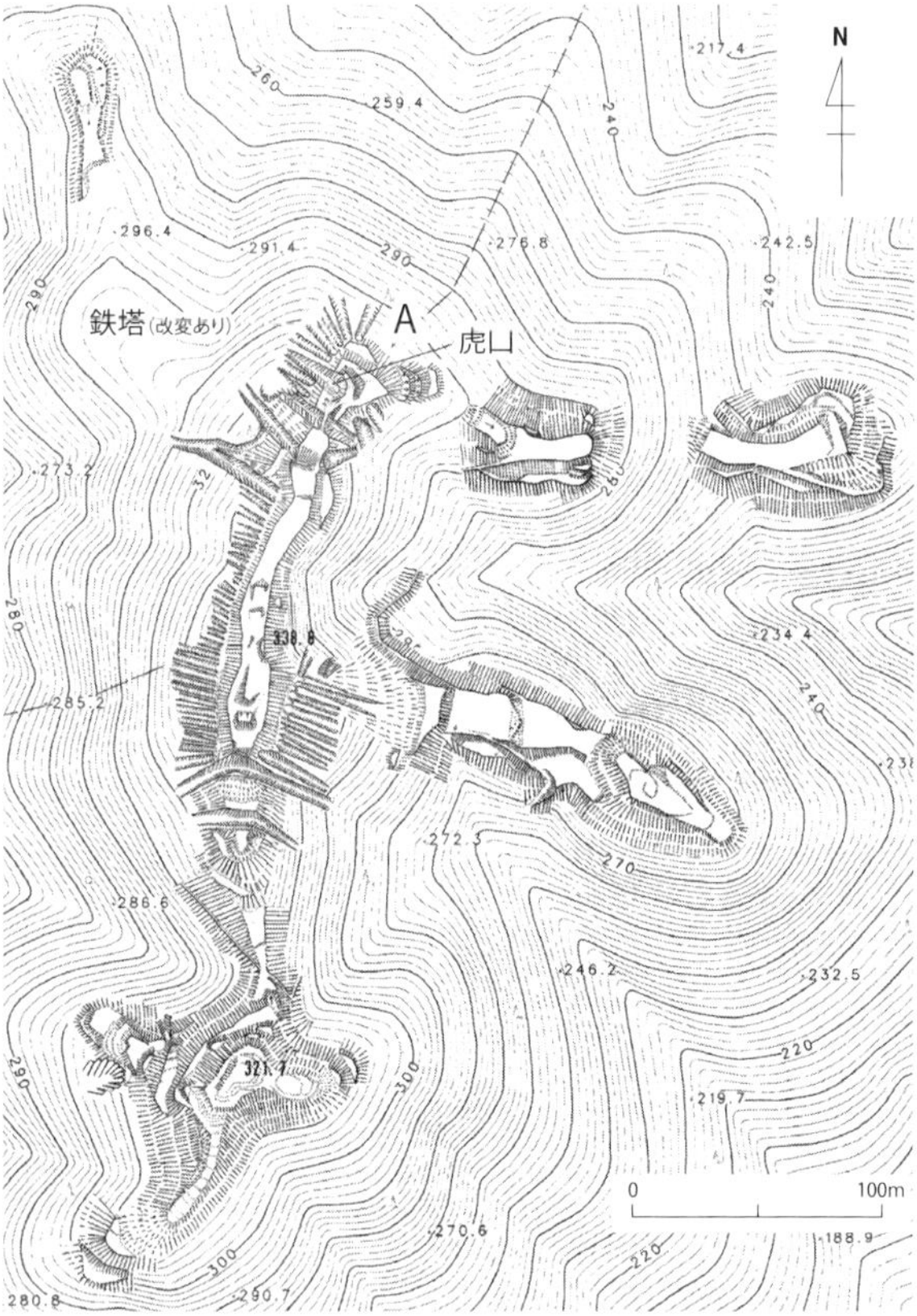

●—宮永城縄張図（作図：藤野正人）

宮永城では当地域内随一の保存状態のよい畝状竪堀をみることができる。当城の主郭周囲は斜面を削り落とした切岸《きりぎし》となり、その下方斜面に畝状竪堀が設置されている。この畝状竪堀は切岸形成により切岸下部に副次的に発生したと考えられる犬走《いぬばしり》状の帯《おび》曲輪を破壊している。宮永城における事例からは、畝状竪堀は攻城軍の横移動を阻害するだけでなく攻城の足掛かりとなる平坦面（帯曲輪）を破壊する目的としても設置されたと考えられる。

さらに、特徴的な構造として、城域の北端には、土橋《どばし》のある堀切《ほりきり》で主郭と切り離され、主郭の前衛防御の要となる曲輪Aがある。この曲輪の中央部には、竪堀の一つを城道として利用し曲輪内に引き込み、周囲を土塁《どるい》で囲み三方から侵入者を攻撃することができる桝形《ますがた》状の虎口《こぐち》が確認できる。宮永城は、当該地域において明確な虎口が確認できる希少な城館であるとともに、天正九年当時の山城における防御技法を知るうえでも参考になる事例である。

【参考文献】藤野正人「宗像氏の中世城館」新修宗像市史編集委員会編『新修宗像市史　いくさと人びと』（二〇二二）

（藤野正人）

お城アラカルト

鞍手郡西部の小規模城郭密集地帯——堀切の進化について

藤野正人

鞍手《くらて》郡西部にあたる現在の宮若《みやわか》市域は、県内でも小規模城館が密集する地域として指摘されている。このような城館の密集は、自立的な村落の存在や小領主層の割拠を示すものではないかとも考えられている。しかし、城が機能していた時期を示す史料に乏しく、その実像は詳らかでない。当該小規模城館の構造上の特徴として、県内の城館に設置された堀切《ほりきり》の圧倒的多数が、その形態において先端部分が斜面まで貫通し竪堀《たてぼり》となる（以下、「斜面貫通型」とする）のに対し、当該地域の多くの小規模城館は、主郭の周囲に帯《おび》曲輪を巡らすとともに、堀切の堀底が等高線に沿って回り込み帯曲輪に繋がる（以下、「帯曲輪連結型」とする）。二つの堀切の遮断効果の優劣を考えたときに、斜面貫通型は、尾根からだけでなく、斜面を迂回し城内に進入することも妨げる効果があるのに対し、帯曲輪連結型は、いったん堀底へ進入を許してしまうと、主郭周囲を巡る帯曲輪への通行を許してしまうため前者に比べると遮断性に劣る。従って、帯曲輪への進入を防ぐために連結部分を狭く造作したり、塀や柵などの構築物を設けたり往来を遮断する措置がとられたと考えられる。大分県におけ

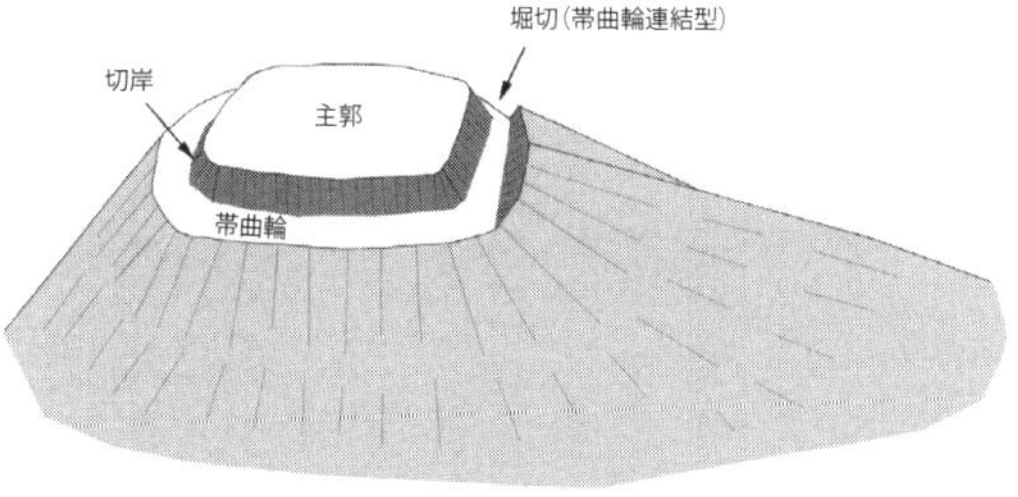

●—帯曲輪連結型堀切イメージ

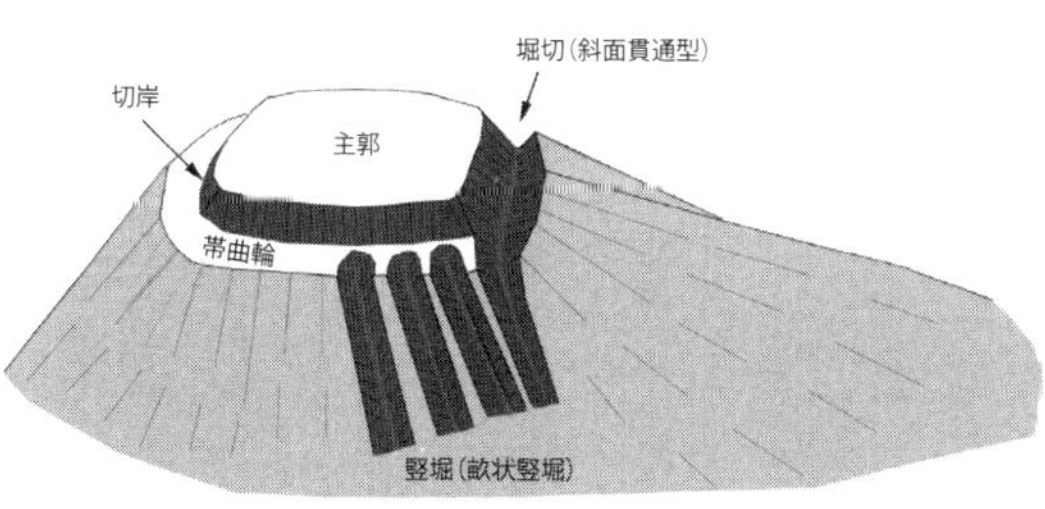

●—斜面貫通型堀切イメージ

る分布調査では、主郭回りを取りまく帯曲輪を有するタイプの城郭は、一五世紀末以前に出現したことが想定され、堀切の初現形態をあらわすものと考えられている。

宮若市域において、文献史料から天正九年（一五八一）の使用が確認できる宮永城の堀切は斜面貫通型である。一六世紀後半、戦闘様式が飛び道具主体となり、攻城戦における戦いの場が斜面に集中していくなかで、堀切の形態は斜面防御に適していない帯曲輪連結型から斜面貫通型に進化していったとも考えることができる。

戦国時代初期の混乱は、自治的な村落や小領主層の自立を促進させたと考えられる。それを反映するように彼らの拠った小規模城館が乱立したことが考えられる。混乱の中から有力領主や戦国大名の地域権力が拡大する過程で、彼らの拠った城館は整理統合され多くの小規模城館は機能を停止したと考えられる。

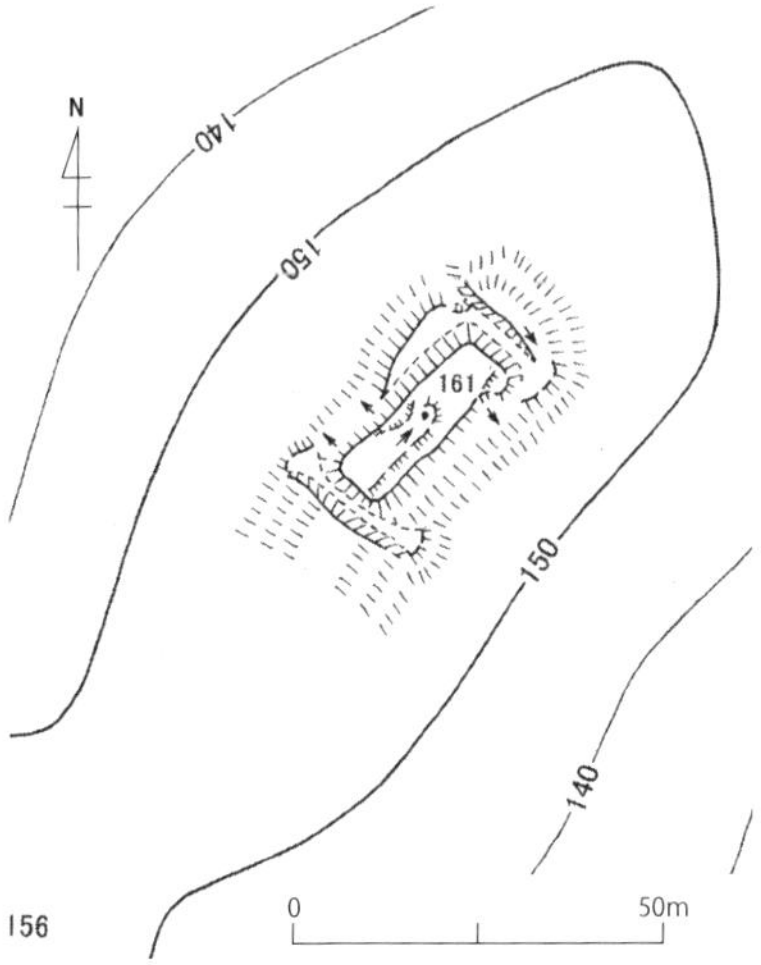

●—小規模城郭の一例（宮若市岡田城）（出典：福岡県教育委員会 2015）

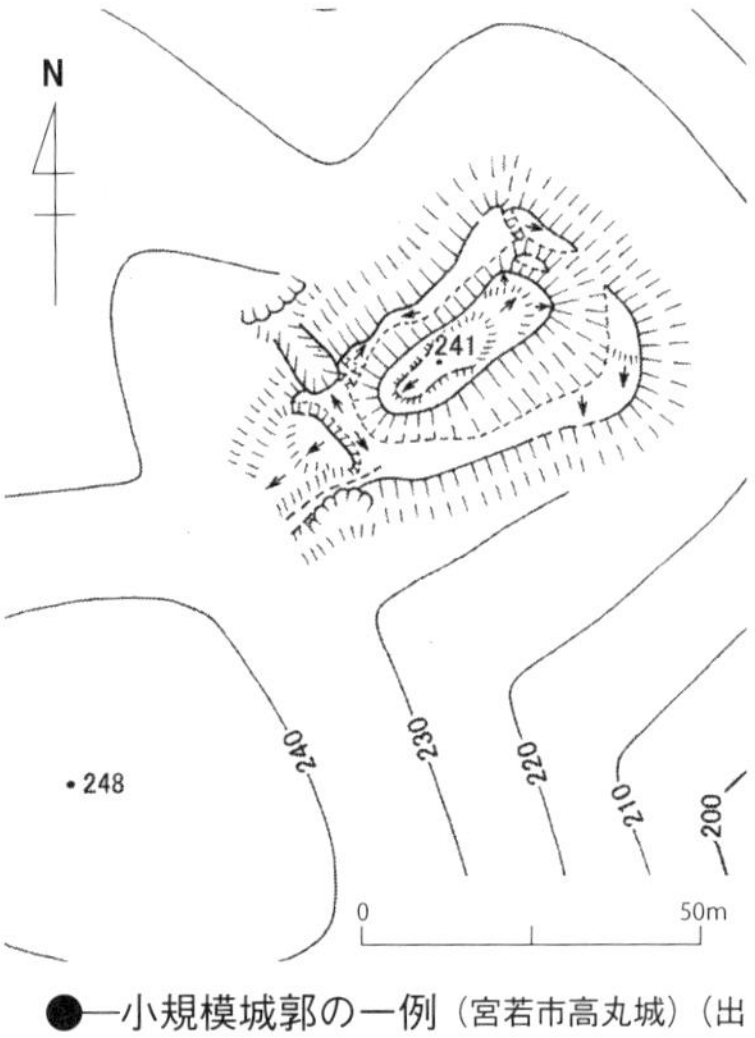

●—小規模城郭の一例（宮若市高丸城）（出典：福岡県教育委員会 2015）

【参考文献】中村修身「福岡県若宮盆地の中世城郭調査—天正九年段階戦国大名（宗像氏貞）の軍事態勢の一側面—」『日本考古学』第一二号（日本考古学協会、二〇〇一）、小柳和宏「城郭構成要素の変遷～城館編年のための基礎作業～」『大分県の中世城館第四集—総論編—』（大分県教育委員会、二〇〇四）、岡寺 良「若宮地域の小規模城館群にみる戦国時代」『九州歴史資料館研究論集』四三（九州歴史資料館、二〇一八）、藤野正人「宗像氏の中世城館」新修宗像市史編集委員会編『新修宗像市史 いくさと人びと』（二〇二二）

●謎多き隔絶した高所に造られた城

熊《くま》ヶ《が》城《じょう》（犬鳴山城）

（所在地）宮若市犬鳴
（比　高）約三五〇メートル
（分　類）山城
（年　代）一六世紀
（城　主）黒瀬氏・毛利氏か
（交通アクセス）JR鹿児島本線「博多駅」もしくは福北ゆたか線「直方駅」からJR九州バス直方線本線「犬鳴口」停留所下車、徒歩約六〇分。

【熊ヶ城の立地】　熊ヶ城は、宮若《みやわか》市の西部、糟屋郡久山町との境に近い犬鳴《いぬなき》山山頂（標高五八四メートル）に位置する。犬鳴山は、筑前国の中央部を南北に縦断する三郡山地の北に位置し、山頂からは、東に若宮盆地、現在は雑木で視界が遮られるものの、西側には福岡平野を見渡すことができる立地にある。

江戸時代に書かれた『筑前国続風土記拾遺』には、熊峯古城として、「緑山畑村扇谷（宮若市）の上高峯也。本丸址（東西十一間　南北六間）及二の丸址等残れり。又馬場（山の東の方）沓洗（山の西の麓）など云所有。誰人の構へたる城なるや不詳。又本谷の内に館原《やかたはる》と云処あり。是此城主の居宅の址ならんか」とある。

地誌の多くは、城主不詳とするが、『鞍手郡誌』においては、黒瀬越後守とする。越後守は、他の資料で確認できず詳細は不明である。しかし、黒瀬氏の一族が、犬鳴山を挟んで鞍手郡や糟屋郡で活動していたことが他の資料から確認できる。相良正任《さがらまさとう》の日記『正任記』からは、文明年間（一四六九―八七）黒瀬氏が、犬鳴山東山麓鞍手郡吉川庄（宮若市）に所領を得ていたことがわかる。黒瀬氏は、大内氏に従い、中国地方から筑前に移り住んだものと考えられる。また、大内氏滅亡後、黒瀬氏が戦国期糟屋郡において杉連緒《つらつぐ》や立花城督戸次《べっき》氏を上級領主として活動していることがわかっている（『久山町誌』）。

【熊ヶ城の構造】　熊ヶ城の遺構は、最高所である犬鳴山山頂

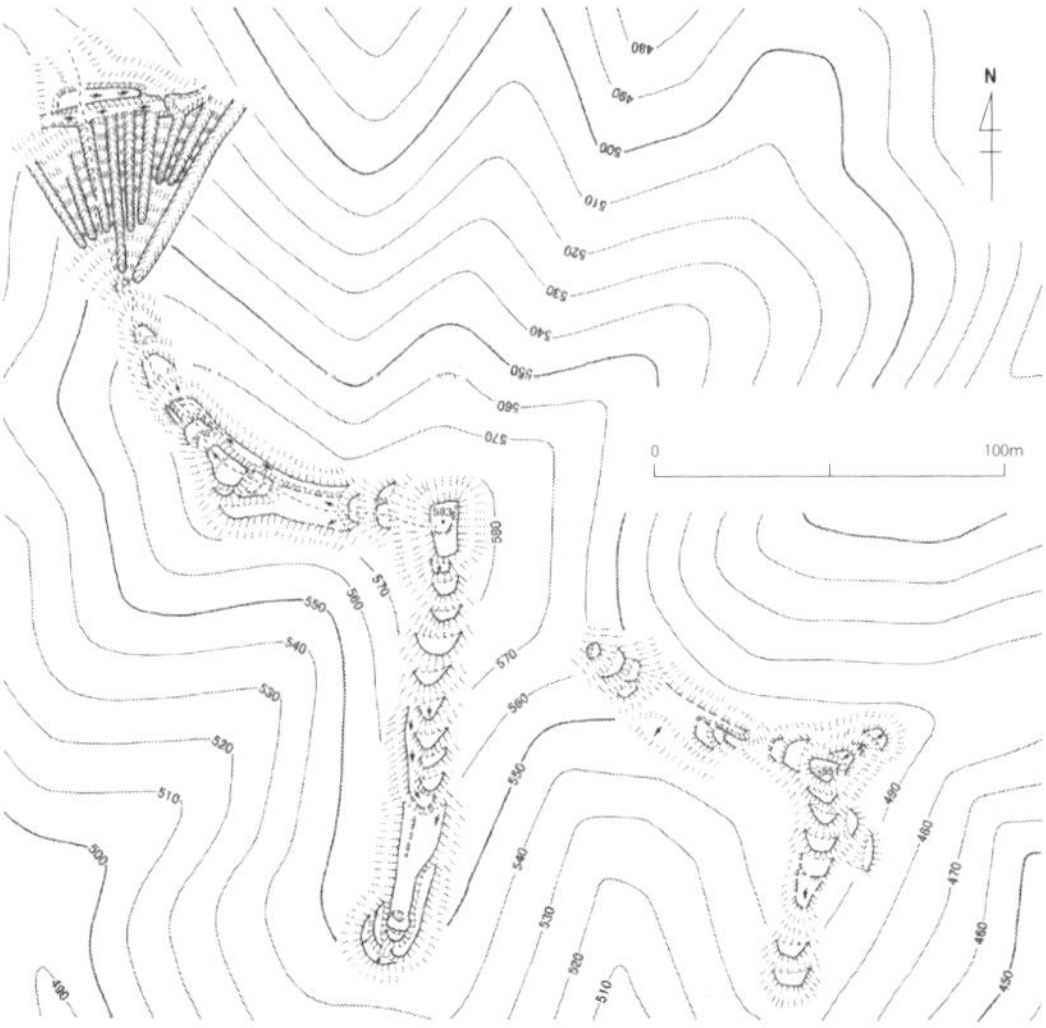

●—熊ヶ城縄張図（出典：福岡県教育委員会 2015）

の曲輪を中心に北西、南、南東の各尾根に曲輪が確認できる。その範囲は、東西、南北とも二五〇㍍におよぶ。単郭の小規模城郭が多い若宮地域の中では規模は大きい。曲輪は四〇を数え、城域の規模に比較して多い。多くの曲輪は、傾斜する尾根に従って階段状に造成されており、個々の曲輪は、城域の規模に比較して小さいものが多い。これは陣のように労力少なく短期間で駐屯空間を造成する必要があったためとも考えられる。また、堀などの防御施設も城域の規模からすれば少なく、尾根が続く北西にのみ確認できる。北西尾根の先端曲輪斜面には、九条の竪堀《たてぼり》からなる畝状《うねじょう》竪堀が設置されている。竪堀の先端には一条の堀切《ほりきり》を設け往来を遮断している。さらに堀切の外側には土塁《どるい》も確認できる。

永禄十二年（一五六九）戦国大名毛利氏と大友氏は、北部九州の覇権を巡り筑前の要衝立花城を巡り攻防戦を行うが、毛利側の史料である『森脇飛騨覚書』には、「明る春ほはしらへ御陣替候、若松・芦屋の渡をさせられ、熊か嶺を御越、だんと中所中陣に被成、翌日筑前立花へ近陣よせられ候」と記述されており、毛利勢が立花城（福岡市東区他）を攻めた時に、まず筑前の帆柱（北九州市八幡西区）に陣を敷き、ここより若松から芦屋へ遠賀川を渡り、熊か峯を通り、だん（旦ノ原か　福津市内殿・古賀市筵内）で陣を敷き、立花城に向かっている。『覚書』に記述された熊が峯は、熊ヶ城に比定され、その普請には毛利氏の関与も考えられる。さらに当城の位置は、立花城（西約八㌔）と同時期毛利氏が北部九州侵攻の拠点として普請を行った笠置城（東約九㌔）との中間にもあたる要衝の地ともいえる。

【参考文献】福岡県教育委員会『福岡県の中近世城館跡Ⅱ—筑前地域編2—』（二〇一五）

（藤野正人）

●幕末福岡藩の緊急事態に備えた

犬《いぬ》鳴《なき》別《べっ》館《かん》

〔宮若市史跡〕

〔所在地〕宮若市犬鳴
〔比　高〕約五〇メートル
〔分　類〕居館
〔年　代〕元治元年（一八六四）
〔城　主〕黒田長溥
〔交通アクセス〕JR鹿児島本線「博多駅」もしくは福北ゆたか線「直方駅」からJR九州バス直方線本線「犬鳴口」停留所下車、徒歩約四〇分。

【城の位置と歴史】　鞍手《くらて》郡の西端、糟屋《かすや》郡との境に近い犬鳴《いぬなき》谷《だに》の奥部の丘陵上に位置する。現在は犬鳴ダムの奥にあたる。『新訂黒田家譜』には「福岡者海岸故、攘夷之時也或ハ長防御征伐ニ付而者、英夷加担致すべき間、海岸之城ハ不都合とて、右様犬鳴山え別館取立候」とあって、幕末の元治元年（一八六四）、福岡藩が国内外に対する防備のため、そして有事に備えて藩主をかくまうため、家老加藤司書《ししょ》の推挙により犬鳴谷に別館の建設が始められたことが記される。途中、乙丑《いっちゅう》の獄と呼ばれる藩内における勤皇派への弾圧が行われ、加藤の切腹により建設は頓挫したが、慶応元年（一八六五）十一月には完成した。明治初期まで福岡藩の施設として利用されたが、明治十七年（一八八四）に建物が倒壊したと伝えられている。

【城の構造】　現在、犬鳴ダムがある犬鳴谷の奥部、標高二九〇メートルの丘陵の腹部を切り込むように平坦面が築かれる。階段状に五〜六段の平坦面を造り出していて、併せて一三面程に上る。最上段は約五〇メートル四方の方形を呈する最大の平坦面を造り出し、左右二ヵ所の石段、石垣を備えた虎口《こぐち》を持つ。その下段には約二〇×五〇メートルの長方形の平坦面が八面ほどつづき、最下段は地形に即して不整円形となる。基本的にはすべての平坦面に石垣が築かれている。犬鳴ダム建設に伴い、発掘調査が行われ、下段の石垣を中心に調査が行われた。藤《ふじ》巴文軒丸瓦《ともえもんのきまるがわら》なども出土し、藩の施設であることを示している。『犬鳴御別館絵図』（宮若市教育委員会蔵）は、建物配置

●—犬鳴別館遠景（九州歴史資料館提供）

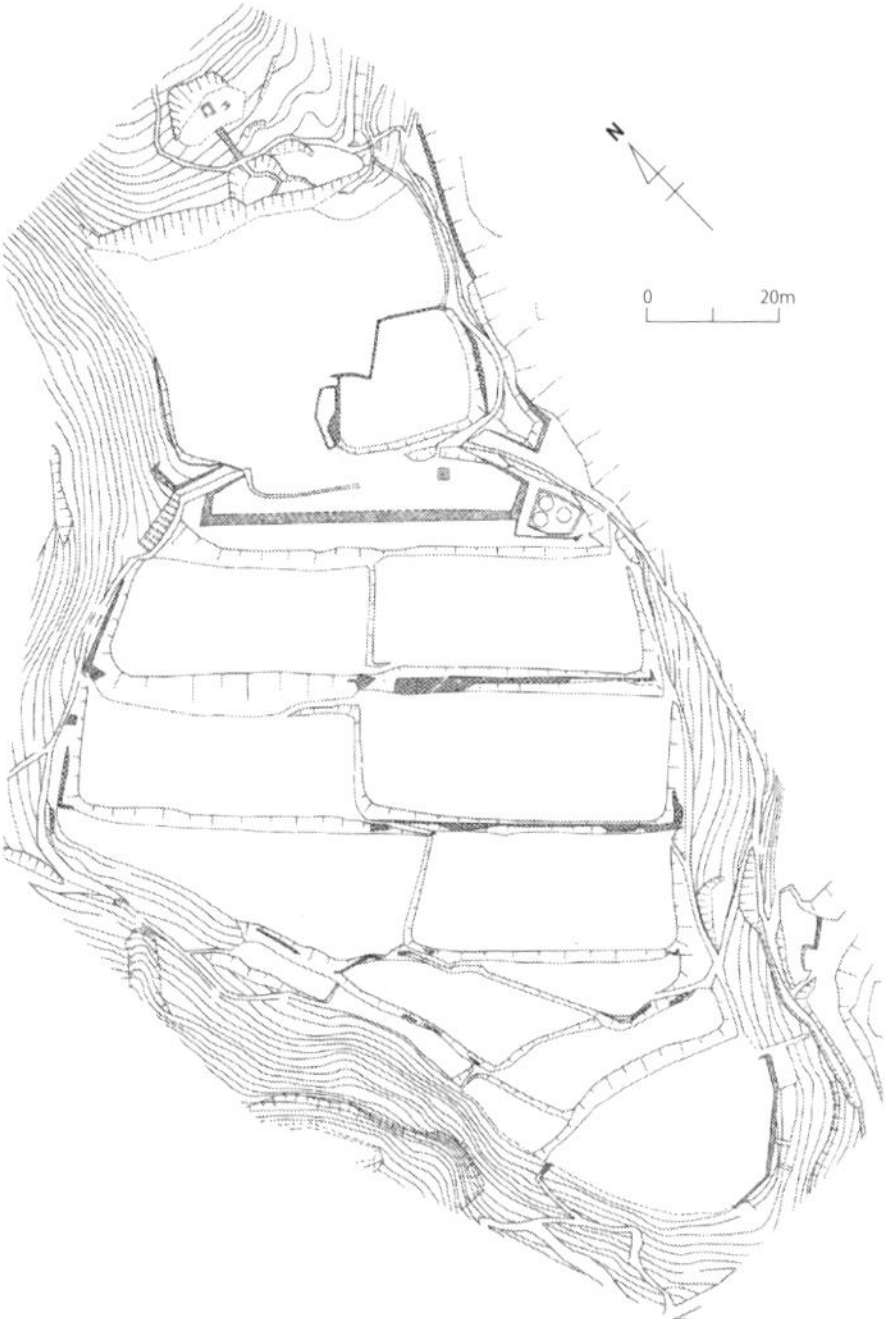

●—犬鳴別館測量図（出典：福岡県教育委員会 1992）

も含めた犬鳴別館の様子を描いた絵図で、これをみると、最上段の最大の平坦面に別館の藩主館が建てられ、館の間取りには御居間、御湯殿、御台所、大溜などがあったことがわかる。

また、館の東側には園池が描かれているが、現地には池の石垣などが残されている。そして表門の傍らには番所の建物が描かれている。下段側には大きく三段に描かれ、物置蔵、上長屋、下長屋が置かれ、最下段には犬鳴谷庄屋の篠崎文内宅が置かれる。以上のようにこの絵図は犬鳴別館の構造を知る上で非常に重要な資料である。

絵図に描かれた園池遺構、最上段周囲には石垣遺構もみることができ、幕末の緊迫感を伝えている。幕末には全国の各藩は国内外の防衛に備え、別館や御殿という名目で、非常時の避難施設を構築する事例が多く、犬鳴別館もその一つと位置付けられよう。

【参考文献】福岡県教育委員会『犬鳴Ⅲ』（一九九二）、若宮町誌編さん委員会『若宮町誌　上巻』（一九九五）、福岡県教育委員会『福岡県の中近世城館跡Ⅱ—筑前地域編2—』（二〇一四）、『幕末の城—近世の沿岸警備と幕末期城郭—』（九州歴史資料館、二〇一八）

（岡寺　良）

【城の見所】

二段目以下は、ダム工事に伴い、現在は地中に埋没しているが、最上段は現在でもみることができる。最上段には邸宅の跡があり、

筑前

●—犬鳴別館裏門の石垣（九州歴史資料館提供）

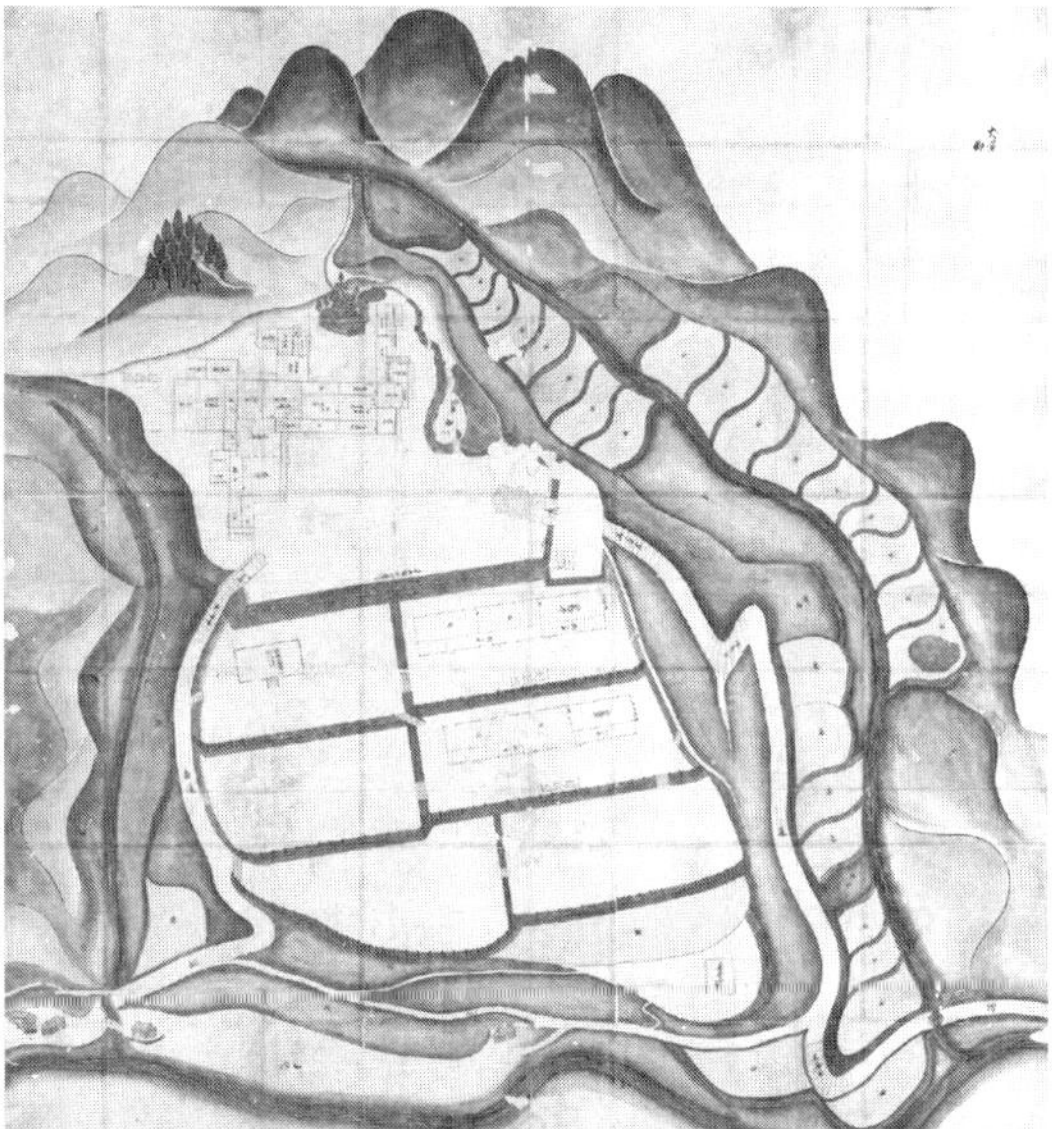

●—犬鳴御別館絵図（宮若市教育委員会所蔵・宮若市指定文化財）

●—黒田家の家紋をあしらった軒丸瓦（犬鳴別館出土・宮若市教育委員会所蔵）

●宗像社最後の大宮司氏貞の本城

岳《たけ》山《やま》城《じょう》（蔦《つた》岳《だけ》城《じょう》）

〔所在地〕宗像市陵厳寺・三郎丸・石丸、遠賀郡岡垣町上畑
〔比　高〕約三三〇メートル
〔分　類〕山城
〔年　代〕一六世紀後半
〔城　主〕宗像氏貞
〔交通アクセス〕ＪＲ鹿児島本線「教育大前駅」下車、徒歩六〇分。

【宗像氏貞の本拠赤馬】　岳山城は、宗像社《むなかたしゃ》最後の大宮司氏貞《うじさだ》の本城である。永禄二年（一五五九）、大友氏の後ろ盾を得た宗像鎮氏《しげうじ》の侵攻により大島に避難した宗像氏貞は、翌三年毛利氏の後援を得て、鎮氏の拠る許斐岳城《このみだけじょう》を奪回し旧領を回復する。さらに、河津《かわづ》氏ら大内氏旧臣団を取り込み、その支配領域は、西は当時糟屋郡に編入されていた西郷、南は鞍手郡若宮荘、そして、東は遠賀《おんが》川以西の遠賀（御牧）郡まで拡大する。

氏貞の前代までの大宮司は、宗像社信仰の拠点「辺津宮《へつみや》」のある田島の「大宮司館」を居所としてきた。氏貞は、拡大した領域統治と引き続く戦乱に対応するため、支配領域のほぼ中央に位置する赤馬の要害「蔦ヶ岳」を新たな拠点に選定し築城を開始した。「宗像第一宮御宝殿置札」によれば、城は三ヵ年の後完成し、氏貞は「蔦ヶ岳」の名を「岳山」と改称した。これにより領内には、宗像社辺津宮のある宗教的拠点「田島」と岳山城のある軍事と政治の拠点「赤馬」の二つの拠点が並立することとなる。

山麓には、近世唐津街道と呼ばれた道路が通る。この道路は、当時筑前を代表する物資の集散地である「博多」（那珂郡）・「筥崎」（糟屋郡）と「芦屋」（遠賀郡）を結んでいる。氏貞が新たな拠点とした岳山城のある赤馬は、領域支配の適地であるとともに、交通の要衝ということができる。

【岳山城の構造】　その裾野が狭く急峻な山塊は、天然の要害である。岳山城の遺構の範囲は、東西八〇〇メートル、南北五〇〇

メートルの範囲におよび、福岡県内でも屈指の大規模城郭である。城域内には四〇を超える多数の曲輪が確認できる。また、山上の曲輪群は、総数約一七〇条の竪堀《たてぼり》から構成される畝状《うねじょう》竪堀によって守られている。『宗像記追考』が「当国無双ノ城也」と記述するように極めて堅固な城砦である。

石峠方面の尾根には、城山山頂部に匹敵する曲輪群が造成され、その削平地（曲輪）の法面を縁取る土の流出を防ぐ多数の石列も確認できる。また、山麓との比高差がもっとも小さく攻め口とされやすい同方面には、約一〇〇条の竪堀からなる畝状竪堀が曲輪の斜面を覆う。過剰ともいえる畝状竪堀の敷設は、当城を巡り厳しい軍事的緊張があったことを反映しているものとも考えられる。

遺物は、山頂より東へ一段降りた曲輪を中心に採集されている。山上での生活の痕跡を示す備前焼の甕片、土師器《はじき》の他、恒久性のある建築物があったことを示す瓦や、鉄器の製造や修理を行う工房があったことを示す鉄滓《てっさい》（鉄を製錬する際に出る不純物）などが採集されており、有事の際の詰城《つめじろ》という性格を超えた、常住を可能とする居住空間が整備されていたことが想定される。

宗像氏貞は、豊臣秀吉の九州統一戦が始まろうとする天正十四年（一五八五）三月死去する。天正十五年豊臣秀吉の九州平定後の国割により、宗像郡を含む筑前は、新たに小早川隆景《たかかげ》の支配するところとなり、当地での宗像氏の支配は終わるとともに岳山城も廃城となったと考えられる。

【斜面防御重視の背景】北部九州の山城での戦いの多くは、文献史料から岸や切岸《きりぎし》などの斜面において行われていることがわかる。しかし、そもそも攻城軍は、なぜ斜面に群がるのだろうか。なぜ、城道や虎口《こぐち》での戦いが少ないのだろうか。戦いの場から中世における山城の築城技術の進歩を考察した錦織勤は、中国地方の山城は、虎口に注意を向ける前に、道を機能的に取付ける――道をできるだけ長く取り、その間に、上方の曲輪や道から攻撃し続けるように造作する――ことと、切岸を上りにくくするために、竪堀（畝状空堀群）を整備することにこそ、まず神経を集中したといえるのではないかとし、斜面防御だけでなく道の取り付け方にも注目している。

北部九州の山城においても、中国地方の山城と同じく斜面防御に重点を置き発展した可能性を考えることができる。また、曲輪を一つ一つ通過せず、斜面を長く通らせて中核の曲輪に到達するような道の設定も確認できる。

岳山城山頂西方尾根曲輪群の南側斜面は登攀《とうはん》を許さない急斜面となっている。その斜面に約一〇〇メートルに渡って通路が取り付けられている。この通路は、一度に通過できる人数を制限するために狭く設定され、かつ常時尾根上の曲輪群から攻撃が可能となるように取り付けられているのがわかる。攻城軍の組織的行動を阻害するように工夫して道を設定する。そして、攻城軍を虎口まで到達させず通路上で撃退できるのであれば、虎口構造の強化に重点を置く必要はなくなる。

攻城軍は、狭く、そして長く設定された通路により組織的行動を阻害されるのであれば、通路からの進行を諦め、より数の優位性が発揮できる場所からの攻撃を選択すると考える。その場所は比較的傾斜の緩い斜面であり、そこを攻め上がり曲輪周囲に造作された切岸を越えて城内への進行を図ったと考える。多くの畝状竪堀が比較的傾斜の緩い斜面に設置されていることは攻城軍が斜面から城内へ侵入を図ろうとしていたことを裏付けている。

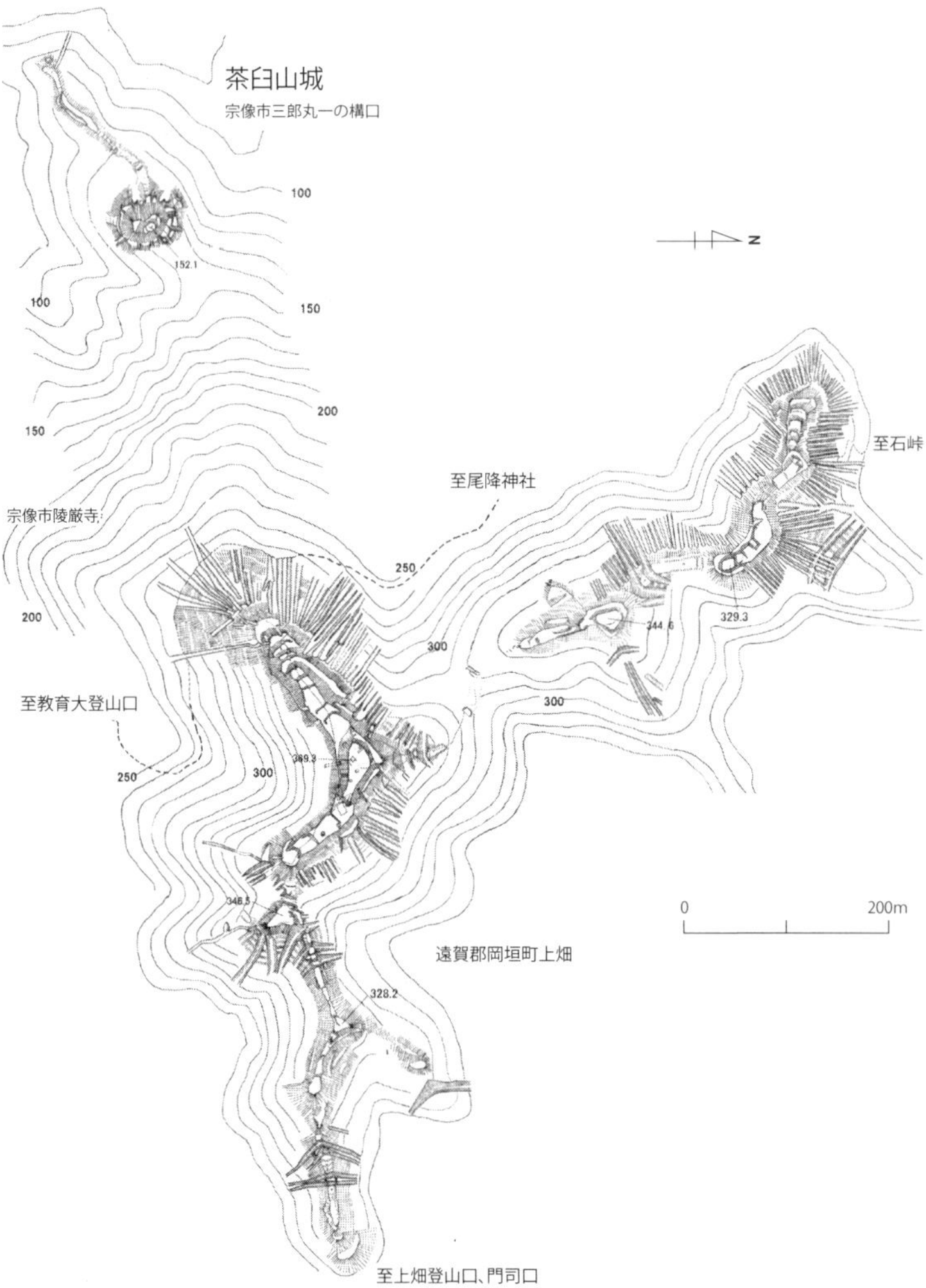

●—岳山城縄張図（作図：藤野正人）

【抑止力としての畝状竪堀】 その地から一国を支配するような戦国大名を輩出せず、有力国衆が割拠していた筑前は、全国的にも畝状竪堀を設置する城郭が多いことで知られている。中でも一〇〇を超える膨大な数の畝状竪堀を設置する城郭が複数確認されている。岳山城の他、益富城（嘉麻市）や荒平城（朝倉市）には、一〇〇を超える竪堀から成る畝状竪堀が確認されている。

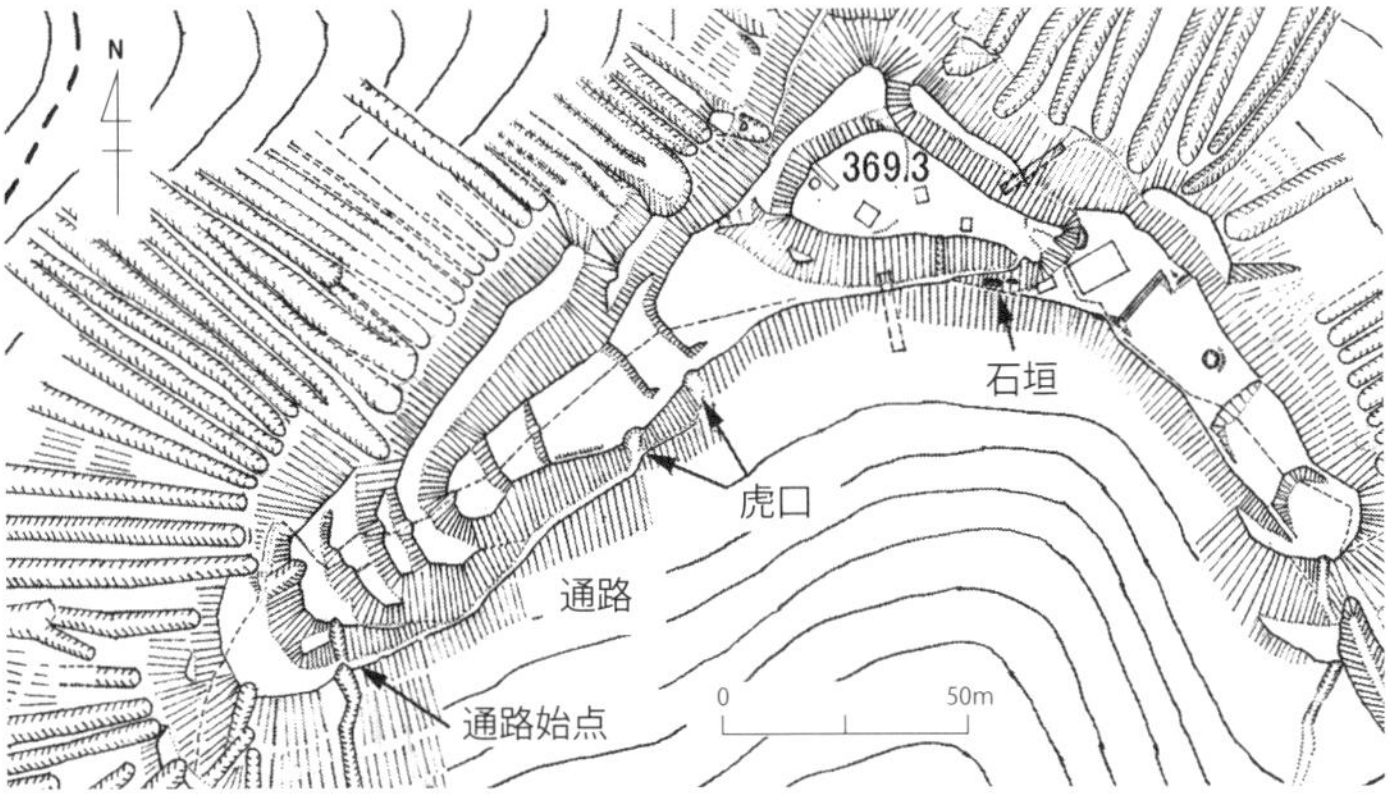

●―岳山城の南斜面にあえて狭く長く設置された通路

岳山城は、宗像氏貞の本城であるが、永禄十二年九州から撤退する毛利氏を追撃する大友勢の侵攻を受け籠城後和睦している。益富城、荒平城は、筑前最大の国衆秋月氏の拠点城郭であり、天正十五年豊臣秀吉の九州統一戦において秀吉の進行路に位置している。いずれも単独では対抗できない大規模勢力（戦国大名大友氏や豊臣政権）の脅威を受けていることに注目したい。

山肌を熊手で掻いたようにみえる畝状竪堀は、その設置が遠目にも非常に目立つ防御施設である。このように過剰ともいえる多数の竪堀からなる畝状竪堀の敷設の背景には、単に斜面防御の強化だけでなく、視覚効果を期待しているとも考えたくなる。外敵に対してハリネズミが毛を逆立てるように威嚇し、攻撃を躊躇させる抑止力としての効果が期待されている可能性もある。

【参考文献】 錦織勤「中世における山城築城技術の進歩について」『鳥取大学教育学部研究報告　人文・社会科学』第四六巻　第一号（一九九五）、藤野正人・山崎龍雄「国衆の城の一形態（宗像大宮司氏貞を事例に）」『七隈史学』第一九号（二〇一七）、藤野正人「筑前国の畝状竪堀について」『九州の畝状竪堀の様相と年代』第六回九州城郭研究大会資料集（北部九州中近世城郭研究会、二〇一九）、藤野正人「宗像氏の中世城館」新修宗像市史編集委員会編『新修宗像市史　いくさと人びと』（二〇二二）

（藤野正人）

●宗像氏の伝統的な拠点城郭

白《はく》山《さん》城《じょう》

〔所在地〕宗像市山田
〔比　高〕約二八〇メートル
〔分　類〕山城
〔年　代〕一二～一六世紀後半
〔城　主〕宗像氏
〔交通アクセス〕ＪＲ鹿児島本線「赤間駅」下車、車で増福院まで約二〇分。増福院登山口より約五〇分。

【白山城のある山田】　白山城は、釣川支流山田川の上流にあり、山田の地蔵尊で知られる増福院の背後の山である。白山城の最初の築城は、「宗像記」によると、一二世紀の大宮司氏国《うじくに》の築城によると伝えられている。

「宗像記追考」によれば、最後の大宮司、宗像氏貞《うじさだ》もこの城に当初拠ったとされる。また氏貞の父宗像正氏《まさうじ》（黒川隆尚《たかひさ》）が天文十六年（一五四七）家督を氏男《うじお》（黒川隆像《たかかた》）に譲った後、隠居した場所であるとされている。

天文二十年九月一日、中国地方から北部九州を支配した戦国大名大内義隆が、陶隆房《すえたかふさ》（晴賢《はるかた》）の反乱により長門大寧寺で自害した。義隆に従っていた氏男は、義隆に最後まで付き添い共に自害した。正氏の側室の子である氏貞は陶晴賢に擁立され宗像家督を継承することになるが、この家督相続における家中の争いにより、正氏の正室や氏貞の異母姉（氏男室）は殺害される。白山山麓には、家督相続の犠牲者の遺跡が残る。

【白山城の構造】　白山城は、白山山頂（標高三一九メートル）を中心に、南西に本村増福院へ続く尾根、西に横山方面へ続く尾根、そして、東北、孔大寺山《こだいしさん》へ繋がる尾根上に曲輪群や、竪《たて》堀《ぼり》、堀切《ほりきり》、土塁《どるい》など遺構が残っている。城域は、南北六〇〇メートル、東西六〇〇メートルに渡る大規模な城郭である。

主曲輪は、各尾根が連結するもっとも面積が広い白山山頂曲輪Ⅰだと思われる。増福院へ下る尾根は、竪堀の先に三段の曲輪が形成され、さらにそこから増幅院方向に尾根を破壊する竪堀が数条あり、竪堀の先には、掘切が二条確認できる。この増福院へ下る南斜面には、「水穴（山の井）」と呼ばれる岩を砕いた穴がある。城の取水場所と伝えられている。また、この増福院へ下る尾根と西へ続く尾根の間に畝状《うねじょう》竪堀を設置し、尾根の破壊と緩斜面における移動を阻害している。竪堀の数は二〇数条を数える。西へ続く尾根は、竪堀の先端に横堀ともいえそうな土塁を伴う大きな堀切を設置し、西尾根からの侵入に備えている。さらに、西方横山方面へ長く続く尾根には、細尾根に連続する曲輪群Ⅳがあり、先端に堀切を伴う竪堀などの遺構も確認できる。

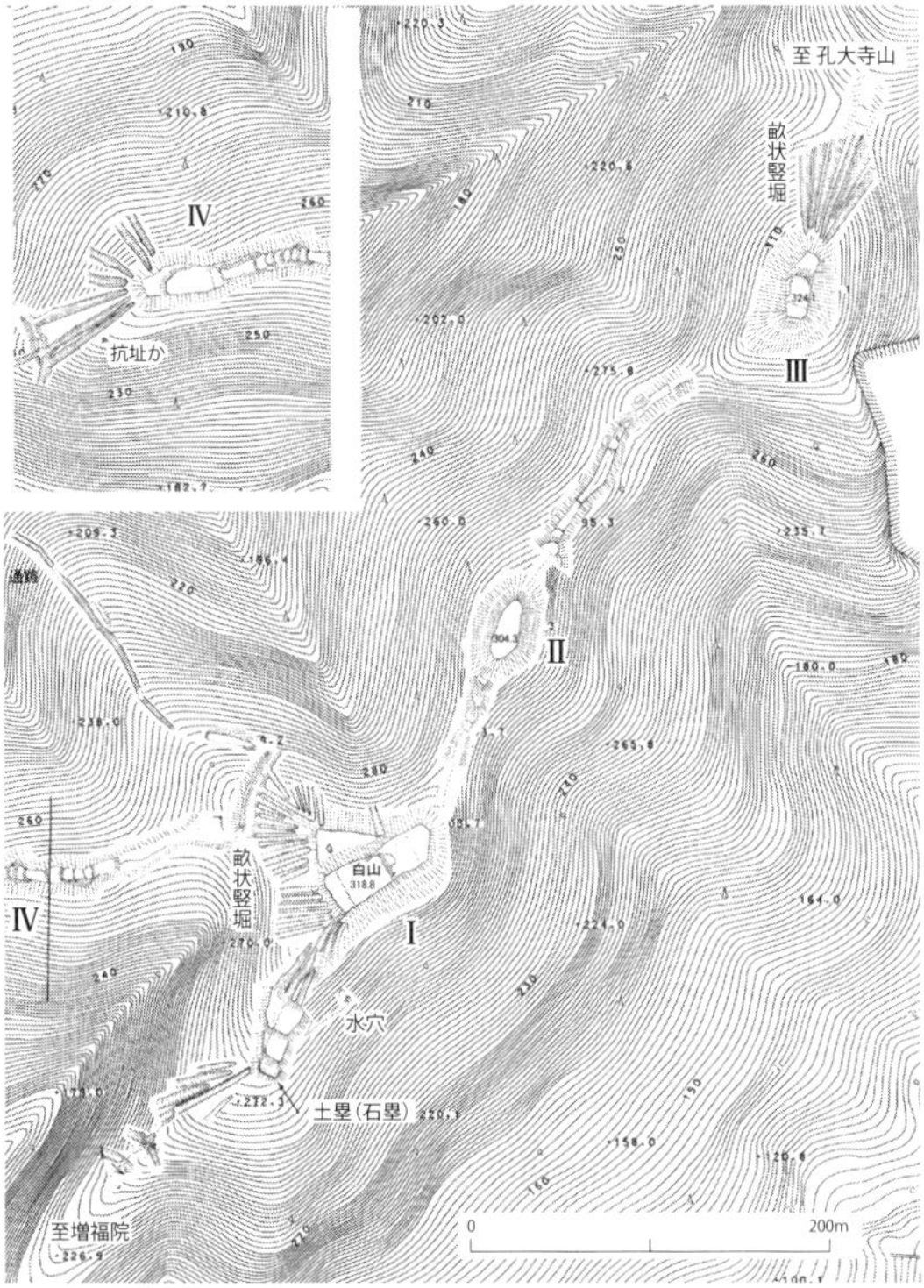

●—白山城縄張図（作図：藤野正人）

白山山頂より北東、孔大寺山へ続く尾根には曲輪Ⅱ・Ⅲからなる曲輪群がある。特に曲輪Ⅱ・Ⅲ間を連絡する一〇〇メートルにもおよぶ細長い削平地からは、狭隘な尾根すら駐屯空間として可能な限り確保したいとする意向を読み取ることができる。また、曲輪Ⅱは、尾根の前後をⅠ・Ⅲの曲輪で守られており、直接外部と接することのないもっとも安全な空間ということができる。区画を設けず単独の曲輪に造成することにより、最大限有効な駐屯空間を確保している。

これに対し、城の北端に当たり城外と接するⅢは、尾根が続く孔大寺方面からの侵入を阻止することを重視して設けられている。同方面の斜面には、六条の竪堀から構成される畝状竪堀が敷設されている。また、Ⅲの曲輪は、段差を設け二区に分かれた削平地から成る。孔大寺側の削平地は三メートルほど低く設定され同方向からの侵入をこの段差で防いでいる。

【参考文献】藤野正人「宗像氏の中世城館」新修宗像市史編集委員会編『新修宗像市史　いくさと人びと』（二〇二二）

（藤野正人）

●対大友氏の最重要防衛拠点

許斐《このみ》岳《だけ》城《じょう》

〔所在地〕宗像市王丸、福津市八並
〔比　高〕約二〇〇メートル
〔分　類〕山城
〔年　代〕一二～一六世紀
〔城　主〕宗像氏
〔交通アクセス〕ＪＲ鹿児島本線「東郷駅」下車、徒歩四五分で許斐山登山口、そこから徒歩三〇分。

【宗像支配を左右する城】　城は、宗像市と福津市との境にある許斐山（標高二七一メートル）の山上にある。『筑前国続風土記』には、宗像大宮司氏平の築城とする。許斐山は、旧宗像郡の中央部に位置する独立した山塊であり、南山麓に唐津街道も走る要衝の地である。永禄（一五五八―七〇）～天正年間（一五七三―九二）の大友氏との戦いのほとんどは当城を巡り行われており許斐岳城の確保が宗像地域の支配を左右する重要な城郭である。

　その構造においても、宗像氏貞《うじさだ》の本城である岳山城に迫る約九〇〇〇平方メートルにおよぶ広大な駐屯空間を有している。そして、駐屯空間に繋がる尾根は、連続堀切《ほりきり》や長大な空堀《からぼり》を設置し外部からの進入を阻む堅固な造りとなっている。特にテレビ中継所から北に延びる尾根は、里城があったとされる吉原（福津市八並）へ繋がっていたと考えられ、五条の堀切が山上への進行を遮断している。また、城の用水池と伝承のある金魚池周辺には、長大な空堀とともに側面攻撃を可能にする塁線の折れもみることができる。

　当城は、宗像氏にとってもっとも重要な防衛拠点であり、在城者は、許斐氏などの近隣の有力家臣だけでなく、領内各地から動員されている。また、永禄十一年（一五六八）から始まる毛利氏の九州侵攻において、毛利氏の部将小笠原兵部大輔が当城に在城したとされている（『宗像第一宮御宝殿置札』）。同時期と考えられる年未詳毛利輝元《てるもと》・元就《もとなり》連署書状から許斐岳城の普請が行われていることが確認できる（「吉田

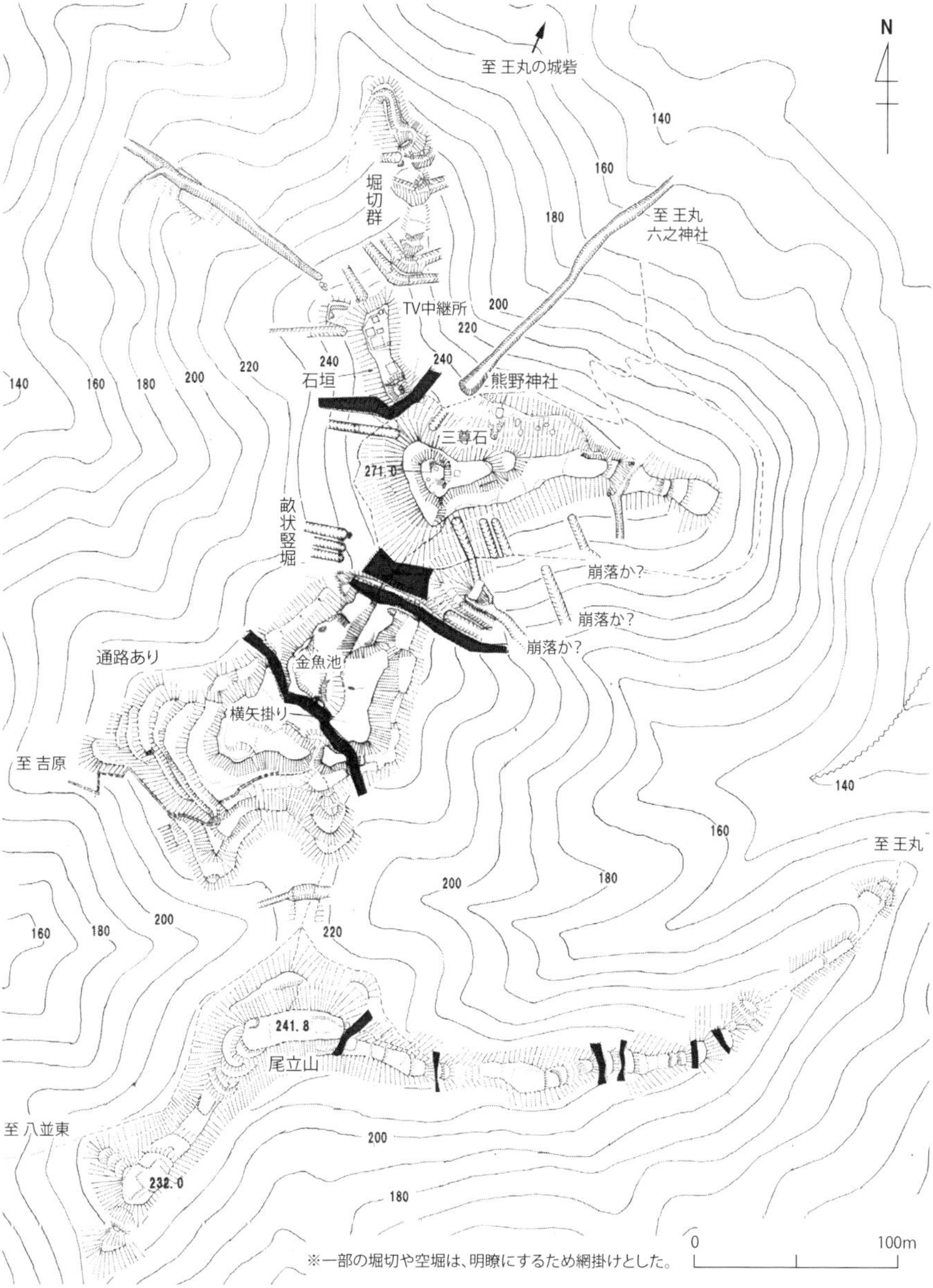

N
至 王丸の城砦
140
160
180
至 王丸
六之神社
堀切群
TV中継所
200
220
240
石垣
熊野神社
三尊石
271.0
畝状竪堀
崩落か?
崩落か?
崩落か?
通路あり
金魚池
横矢掛り
至 吉原
140
160
至 王丸
200
180
220
241.8
尾立山
至 八並東
232.0
0
100m
※一部の堀切や空堀は、明瞭にするため網掛けとした。

●—許斐岳城縄張図（作図：藤野正人）

●—許斐岳城遠景（宗像氏貞の本城岳山城より許斐岳城と大友氏の拠点立花城を望む）

ツヤ文書」）。城が大規模化した背景には戦国大名毛利氏の関与も考えられる。

【丸】 当城に係る史料からは、不明な点が多い当時の城の様相の一端を知ることができる。永禄二年（一五五九）大友氏が支援する宗像鎮氏の侵攻により大島に逃れた氏貞は、翌三年三月二十八日大島を出て鎮氏が占拠する許斐岳城を夜襲し落城させ旧領を回復する。この戦いの功績を賞する文書には、戦闘の場所が「詰丸」（宗像氏貞感状写「新撰宗像記考證」）あるいは、「甲丸」（毛利隆元・元就連署感状写「新撰宗像記考證」他）と記述されている。呼称は異なるものの、いずれも城内でもっとも重要な曲輪である「本丸」を指していると考えられる。「本丸」の呼称は近世城郭において定着したと考えられるが、中世においては各地域においてその呼称が異なっていたことを示している。

【城の門限】 さらに、『宗像記』にある許斐岳城の以下記述からは、当時の城の規則や警備の様子を垣間見ることができる。「城中の作法には、門木戸を酉《とり》の刻（午後五～七時頃）より鑰《かぎ》をおろし、其鑰どもを取上、朝の卯《う》の刻（午前五～七時頃）に鍵を出して、門戸を開く、其上夜廻りの武士、所々番人しばらくも怠りなかりければ、中々左右なく窺ひよるべき様なくぞ見えたりける」とあり、防御上もっとも重要な場所である城門の門限の規定や門の鑰の厳重な管理がわかる。また、永禄三年の氏貞による許斐岳城の奪回が夜襲により行われたように、もっとも危険な時間帯である夜間にも警備のため要所に番人が配置されるとともに、武装した兵士による巡回が行われており、夜通し厳重な警備が行われていたことを伝えている。

【参考文献】 藤野正人「宗像氏の中世城館」新修宗像市史編集委員会編『新修宗像市史 いくさと人びと』（二〇二二）

（藤野正人）

●立花城おさえの島津・秋月方の城

高鳥居城《たかとりいじょう》

〔所在地〕糟屋郡須恵町須恵・上須恵、篠栗町若杉
〔比　高〕三〇〇メートル
〔分　類〕山城
〔年　代〕一五～一六世紀
〔城　主〕杉氏、島津方、星野鎮胤・親胤
〔交通アクセス〕JR宇美線「須恵中央駅」下車、西鉄バス佐谷行きで「老人ホーム前」下車、停留所から徒歩一五分で須恵町立歴史民俗資料館に到着。山頂まで徒歩約四〇分。

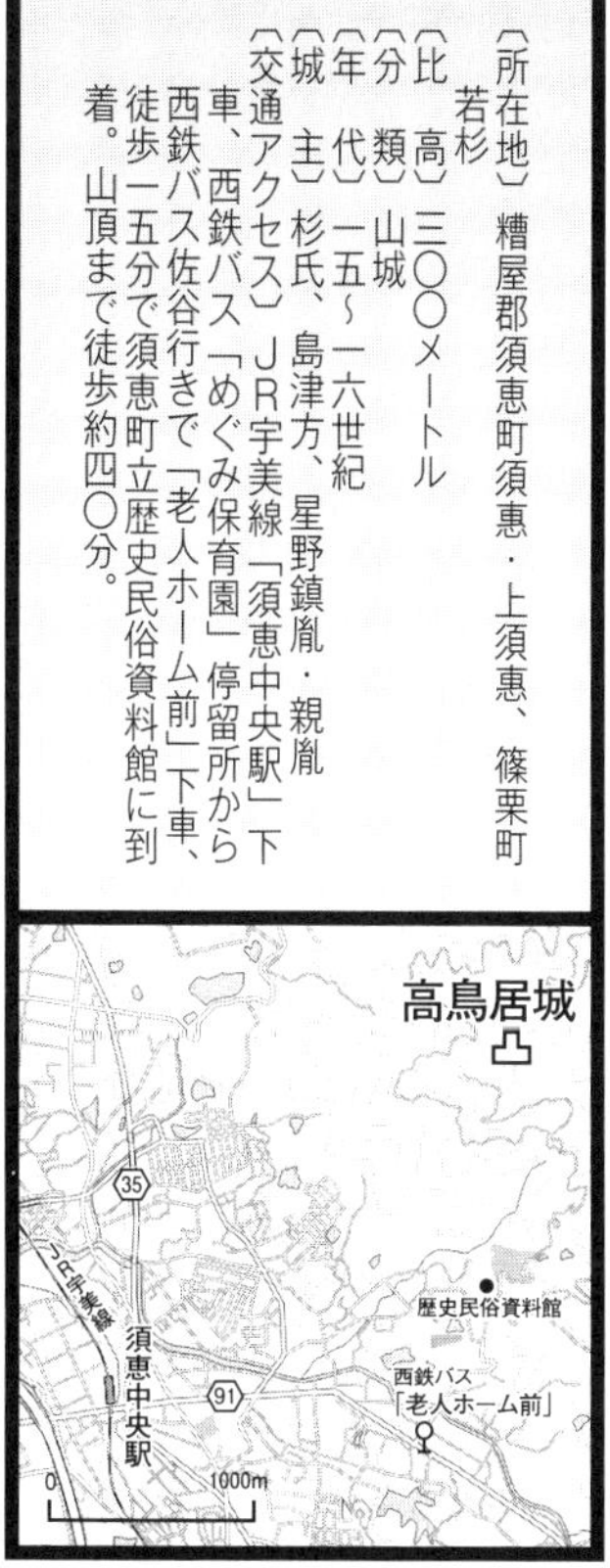

【城の位置と歴史】　糟屋《かすや》郡須恵《すえ》町と篠栗《ささぐり》町との境に聳える霊峰・若杉山から西へ派生する支峰・岳城山（標高三八一メートル）山頂には戦国時代の山城・高鳥居城がある。

高鳥居城は、筑前国守護・大内氏の守護代として筑前に入った杉氏が代々居城とした城である。その後、大内氏が滅亡すると、大友氏の勢力に押されて杉氏は同国鞍手郡に退転、当城は一時的に使用されていなかった（草城）が、天正十四年（一五八六）に筑前の有力国人領主・秋月氏についていた星野鎮胤《しげたね》・親胤《ちかたね》兄弟（地誌類では吉実《よしざね》・吉兼《よしかね》）が入城、秋月・島津方の最前線となった。立花城（福岡市東区・糟屋郡新宮町・久山町）を攻めていた島津方が、豊後方面に転戦のために撤退するや否や、立花城の立花統虎《むねとら》（後の宗茂《むねしげ》）はすぐさま高鳥居城を始めとする糟屋・御笠郡内の諸城を攻略、高鳥居城も落城して星野兄弟も討ち死にした。

【城の構造】　岳城山山頂部（I）が城内最高所であり、高鳥居城の主郭が置かれる。一辺約二〇メートル四方と他の曲輪に比してあまり広くはないが、周囲には低土塁《どるい》で囲まれ、南斜面には五本ほどの竪堀《たてぼり》によって構成される畝状空堀群《うねじょうからぼりぐん》aがあり、東側と北東側にも堀切群《ほりきりぐん》b・cが設けられるとともに、cのさらに先には、非常に大きな堀切dと平坦面が幾面かを設け、尾根筋からの攻撃に備えている。さらに主郭Iの北西側に延びる尾根上には、低土塁で囲まれた小曲輪eに付随して一〇本ほどの竪堀群が設けられるが、さらに斜面側に畝状空堀群fが確認される。

●—高鳥居城遠景（左側・右側の高峰は若杉山）

一方、山頂の主郭Ｉの南側はａの場所に畝状空堀群や堀切を設けるが、約五〇メートル先からは非常に平坦地形となって、稜線上にⅡの曲輪が展開する。登山道によって曲輪と曲輪との段差はならされてしまっているが、いくつかの段差をもって曲輪は構成されており、稜線が西方向へ展開した先には、Ⅲ・Ⅳに明確な曲輪の平坦面を確認することができる。ⅡからⅣにかけての曲輪群は総延長三〇〇メートルにもおよび、場内で最も平坦面が集中する地点である。

●—高鳥居城から見た立花山

曲輪Ⅱから南側へ延びる尾根筋には、堀切四本を連ねた連続堀切群ｉがあって、南側からの敵侵入を妨げているが、その東側の斜面には、竪堀本数約三〇本、横堀を挟んで二段にわたって構築された畝状空堀群ｊが設けられる。さらにｋ地点では自然の高まりを、空堀群を構築することで、敵勢の足場とさせないような工夫まで確認することができる。

そしてｉの西側の斜面には、Ⅲ・Ⅳの曲輪のさらに西側に設けられたⅤの曲輪の南側に至る三五〇メートルの範囲にわたってｌ・ｍ・ｎ・ｏと畝状空堀群が延々と構築されており、その

●—深く掘られた堀切

規模は竪堀約六〇本にもおよぶものである。

　曲輪Ⅳには現在は、東屋やテレビ局の送信所や、防災無線アンテナなどが構築されており、往時の状況が損なわれているものの、非常に見晴らしはよく、かつて敵対していた立花山城を眼前にすることができる。このⅣの北側の尾根筋にも数本の竪堀群pがあり、その直下にも人工的に造成された平坦面群を確認することができるが、かなり新しく造成された印象を受けることから、平坦面については、城郭遺構か否か判断できない。一方、曲輪Ⅴは東西約四〇メートル、南北約三〇メートルの規模であるが、曲輪面上にはいくつも径約一～二メートルの窪みを確認することができるが、城郭遺構と断定することは難しい。Ⅴの北側と西側尾根筋にも堀切群q・rを確認することができ、城域の西側を画している。

【城の見所】　このように、高鳥居城は東西約五〇〇メートル、南北約三五〇メートルの規模を誇り、曲輪群の周囲は、堀切群のほか、約一〇〇本もの竪堀によって構成される畝状空堀群によって厳重に防御されている様子がわかる。まさしくこれらの畝状空堀群は、天正十四年八月段階における島津・星野（秋月）方による立花城攻めの際に構築された防御遺構であり、その戦いの緊迫感を今に伝えており、当城の見所といえよう。星野氏は、秋月氏の幕下であり、天正十四年八月の立花城攻めにおいては、島津が撤退する際に、島津方から星野氏に城が渡され、その翌日に立花統虎によって、落城しているが、防御遺構のあり方から考えても、秋月、星野氏が、当城の構築に関わっているのは火をみるよりも明らかであろう。守護代も入ったことのある規模の大きさに加え、畝状空堀群の様

●—高鳥居城縄張図（作図：岡寺 良）

子、さらには指呼の間にある立花城との距離感など、現地で体感すべき見所はいくつもあって尽きることがないだろう。

なお、峯続きには、古代以来の山岳修験の霊峰・若杉山もあって、高鳥居城の岳城山からは縦走することが可能である。やや険しいコースではあるが、山好きの健脚派の方には、山城に加え、大杉の古木や修験の霊場なども合わせて巡ることができ、とてもおすすめである。

【参考文献】中西義昌「筑前高鳥居城の縄張りと国人勢力の結集」『城館研究論集』発刊準備号（仮称城館学会、二〇〇一）、福岡県教育委員会『福岡県の中近世城館跡Ⅱ—筑前地域編2—』（二〇一五）、岡寺良「高鳥居城の平面構造に関する再検討」『九州歴史資料館研究論集』四四（二〇一九）

（岡寺 良）

●筑前の要衝「立花城」と陣

立花《たち》花《ばな》城《じょう》砦《さい》群《ぐん》

（所在地）福岡市東区香椎・下原、糟屋郡新宮町立花口・原上、同郡久山町山田
（比　高）約三〇〇メートル（立花城）
（分　類）山城
（年　代）一四〜一六世紀代
（城　主）立花氏他
（交通アクセス）ＪＲ鹿児島本線「香椎駅」下車、西鉄バス「下原」停留所下車、徒歩六〇分で立花山山頂。

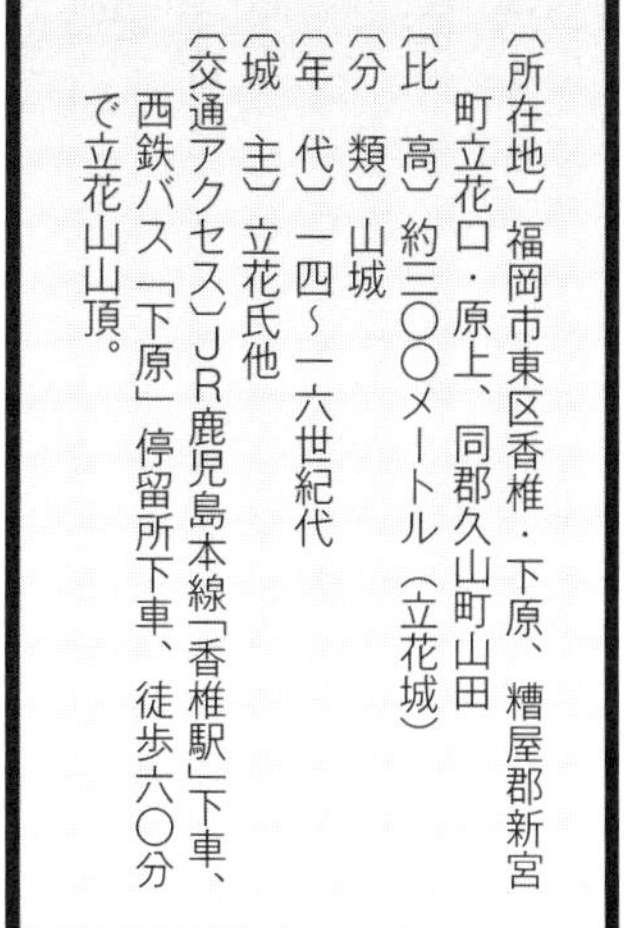

【筑前の要衝立花城】　立花城は、一四世紀香椎郷《かしいごう》（福岡市東区）を獲得した豊後大友氏六代当主貞宗の子貞載《さだとし》が築城したとされ、以後、大友氏の筑前における拠点となった。福岡平野の東北部入口に位置する立花山は、その山頂に登れば福岡平野から博多湾まで一望に収めることができる。ここが要衝であったことがよくわかる。中世国内有数の国際貿易都市として栄えた博多を眼下に望む立花城は、その権益を狙う勢力によりたびたび争奪戦が行われた。

　筑前は、弘治三年（一五五七）四月、西日本最大の戦国大名であった大内氏が滅亡した後、永禄二年（一五五九）筑前守護職を獲得した大友義鎮《よししげ》（宗麟《そうりん》）と中国地方の覇者毛利元《もと》就《なり》がその遺領を巡り争う。後述する両者が立花城を巡り対峙した永禄十二年立花陣は、最終的に毛利氏が九州から撤退することにより、同氏に与していた宗像氏などの有力国衆は大友氏と和睦し、筑前は、大友氏の支配するところとなる。

　大友宗麟は、筑前支配を強固なものとすべく、重臣吉弘氏を城督として派遣、そして、元亀二年（一五七一）吉弘氏に代えて戸次鑑連《べっきあきつら》（道雪《どうせつ》）を城督とする。

　天正三年（一五七五）五月二十八日道雪は、娘誾千代《ぎんちよ》に立花城の城督・城領・諸道具の一切を譲る。その譲り状（「立花文書」）には城の備品として、具足三〇領、甲三〇領、大鉄砲一五張、小筒一張、鑓五〇本、塩砂一〇〇〇斤、鉛一〇〇〇斤、銀一〇貫、置米一〇〇〇石、塩蔵、水甕五〇個、大樽、板、七五〇枚、薪、縄、松明などがあったことがわか

る。

天正六年十一月日向高城の戦いで、大友氏が島津氏に大敗したことにより、筑前においては、秋月氏をはじめとして、かねてから大友氏に不満を募らせていた諸勢力が大友氏に反旗を翻す。『豊前覚書』によれば天正六年十二月朔日、反大友勢力の侵攻に備え、戸次道雪は、その支配を委ねられた領域の郷民を立花城へ入城させている。さらに、反大友勢力の攻勢により、天正七年八月二十三日、大友氏の志摩郡柑子岳《こうじだけ》城督木付鑑実《きつきあきざね》、そして天正八年四月、早良郡安楽平城督小田部氏が、その居城を退去し、立花城に入城している。このような大規模な籠城に伴い立花城は駐屯空間の拡張整備が行われたと考えられる。

反大友勢力が大友領を侵略する中、戸次道雪は、宝満・岩屋城督高橋鎮種《しげたね》（紹運《じょううん》）の長子統虎《むねとら》を誾千代の婿として迎え入れる。統虎はその後、立花姓へ改姓する。強い絆で結ばれた両家は、周囲を反大友勢力で囲まれる中、大友勢力の挽回に奮闘する。立花城の籠城は、天正十四年八月薩摩島津氏の筑前撤退まで継続する。

天正十四年から始まる豊臣秀吉の九州平定戦の勲功により、翌十五年統虎は大名として取り立てられ、筑後三郡を拝領する。筑前は小早川隆景《たかかげ》に与えられ、隆景は立花城に入城する。その後、隆景は名島城を築城し新たな居城とする。そして立花城には代わって乃美宗勝《のみむねかつ》が入城する。慶長五年（一六〇〇）関ヶ原戦の論功行賞により、筑前は黒田長政《ながまさ》が拝領し、名島城に入城することとなるが、立花城は廃城となったと考えられる。

【立花城の構造】 立花山（井楼山《せいろう》標高三六七メートル）を頂点とし、松尾、白岳の三つの峰を中心に曲輪群が構成される。特に井楼山から西の小つぶらと松尾、白岳の峰に囲まれた空間には広大な駐屯空間が形成されている。加えて井楼山から東側へ下った尾根には、馬責場、大一足、小一足の曲輪群が各峰の頂部を中心に形成されている。立花城は、東西約九〇〇メートル、南北約五〇〇メートルにおよぶ巨大な城域を有している。

井楼山で特に注目すべき遺構は、連続する三つの外枡形虎《そとますがたこ》口《ぐち》が確認できることである。桝形虎口の遺構は、小つぶら地区においても確認できる。山頂より西へ下った曲輪Bでは、大量の瓦の散布がみられる。さらに西に進むと隅角部を有する石垣や松尾との鞍部には土塁や谷を塞ぐ石垣も確認できる。このような織豊城郭への改修は、井楼山・松尾・小つぶらの各区を連結させることを意図していると考えられる。そして戦国期の籠城などにより拡大した城域の中で限定的に行われていることがわかる。この改修は、天正十五年豊臣秀吉の九州平定により筑前に配置された小早川隆景によるものと考えられている。

また、急峻な山塊である立花山は、まさに天然の要害であるが、唯一南方の三日月山《みかづきやま》方面へは緩やかな尾根が続いている。三日月山と立花山との比高差は約一〇〇メートル《メートル》と小さい。そのため、井楼山より南へ約一〇〇メートル《メートル》の地点には、幅約八メートル《メートル》の堀切《ほりきり》が尾根を遮断するとともに、さらに南へ約一〇〇メートル《メートル》の地点には、東西約八〇メートル《メートル》に渡り横堀を伴う一七条の竪堀《たてぼり》からなる畝状《うねじょう》竪堀を設置している。立花城随一とも言える厳重な防御施設は、三日月山方面からの侵入を極度に恐れていたことを示している。

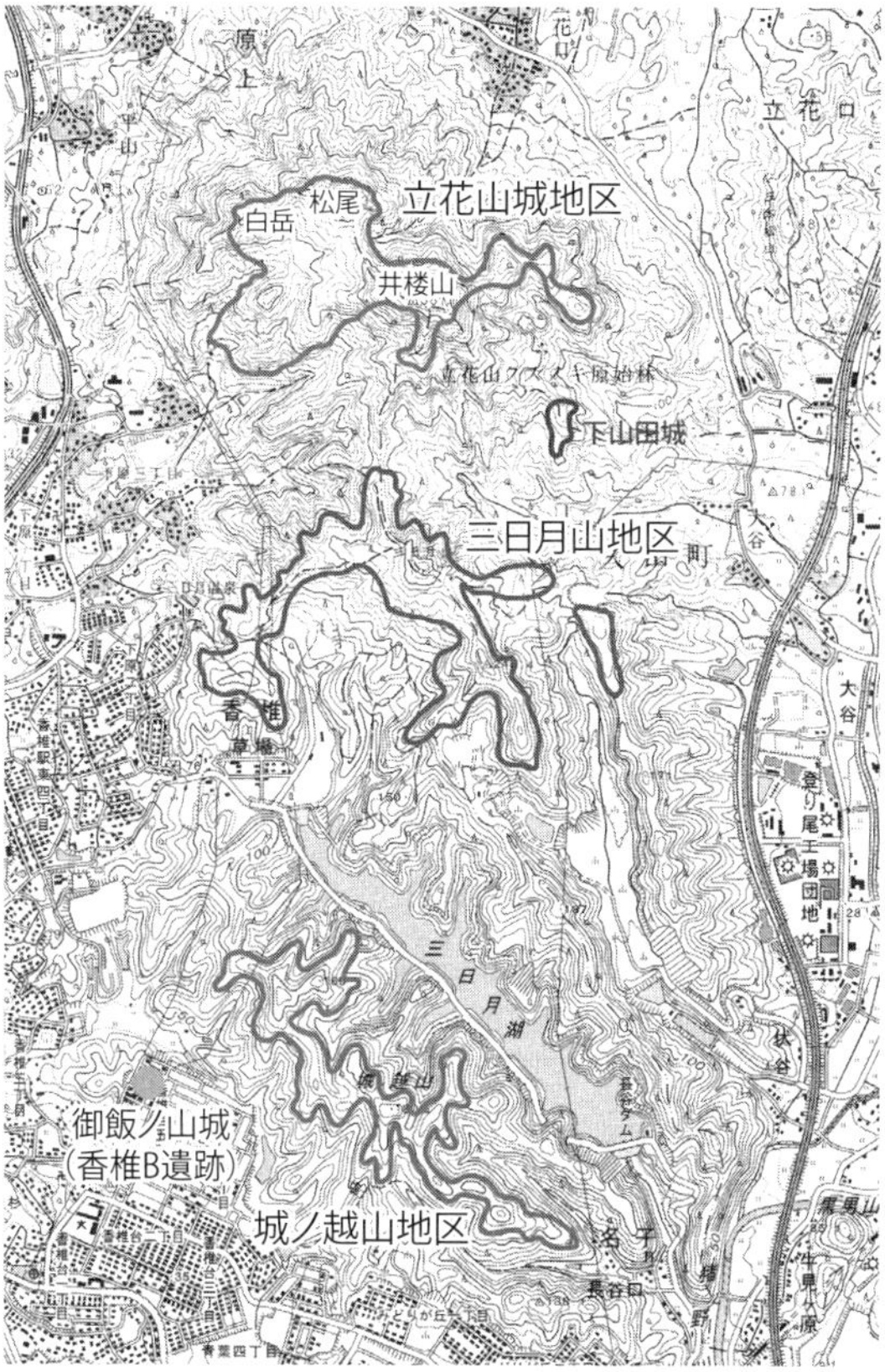

●―立花城および周辺城館位置図（「福岡県の中近世城館跡Ⅱ」2015年福岡県教育委員会より転載）

【九州戦国史上最大の戦い永禄十二年立花陣】 大友氏の支配をよしとしない、高橋鑑種《あきたね》や宗像氏貞ら筑前の国衆の強い要請のもと、九州侵攻を決めた毛利氏は、永禄十一年（一五六八）八月、山陰、山陽の諸国より動員した数万の軍勢で九州へ渡海、九月豊前長野氏の拠る三ヶ岳城（北九州市）を攻略し、小倉津（北九州市）に城郭を築き、北部九州計略のための橋頭堡《きょうとうほ》を築く。翌十二年四月大友氏の筑前最大の拠点立花城攻撃を開始している。四月十二日毛利勢は、立花山山麓に着陣。兵船名島内海に懸かるとのことから、海陸から立花山麓に押寄せたことがわかる（『宗像第一宮御宝殿置札』）。戦いは、四月の毛利勢の立花城包囲攻撃開始、五月十八日大友後詰《ごづめ》軍による毛利陣総攻撃、大友後詰軍敗退。閏五月立花城開城。その後の両軍の長い睨み合いの後、大友宗麟の支援を受けた大内輝弘の山口侵攻により、同年十月毛利軍本隊が撤退、十一月毛利方立花山籠城軍の開城

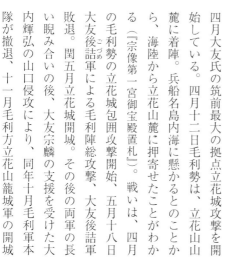

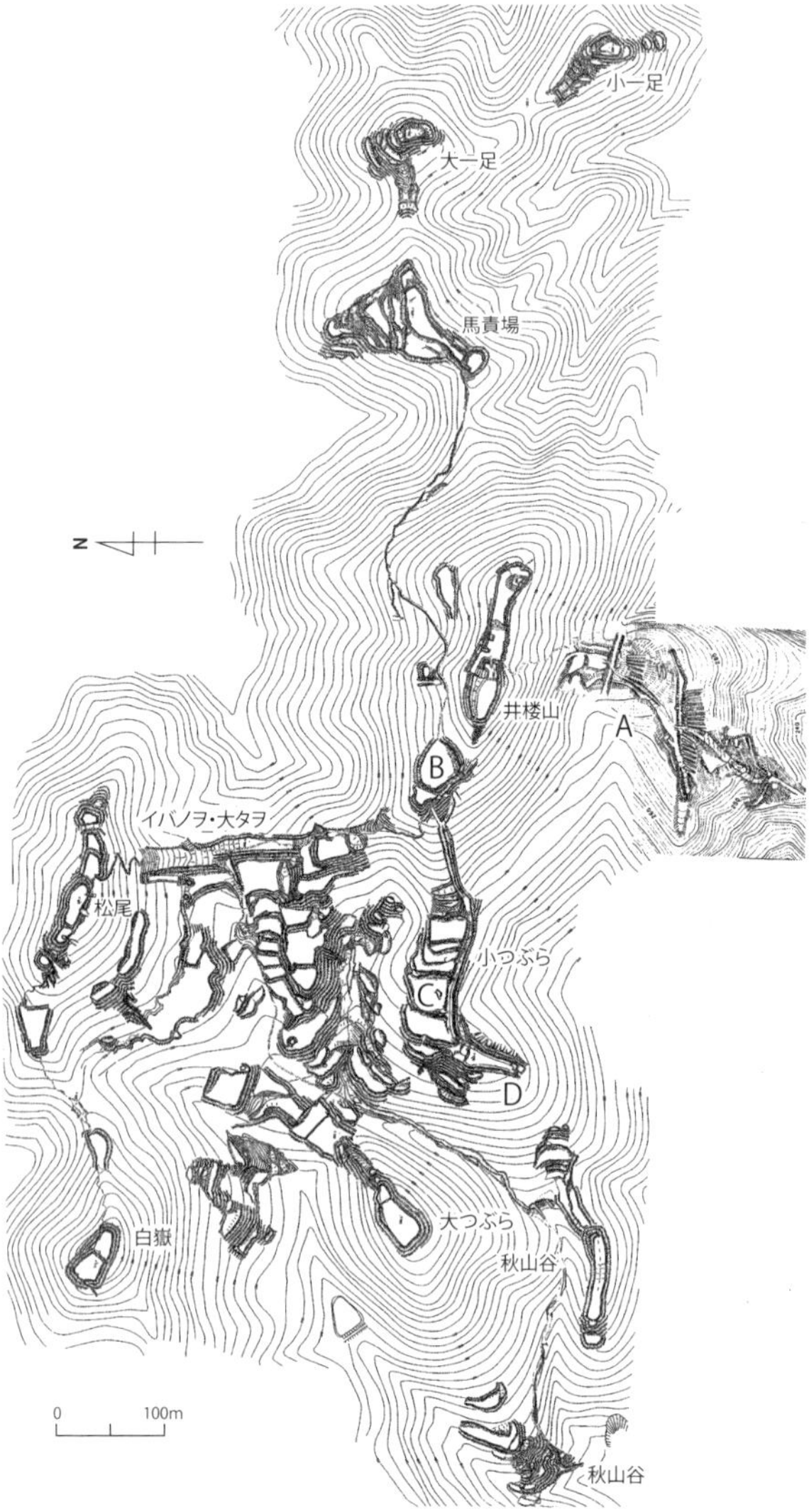

●—立花城縄張図（木島孝之作成図に井楼山南斜面部分藤野正人作成を合成）（出典：福岡県教育委員会 2015）

により終結する。

『森脇飛騨覚書』によると毛利勢の布陣は、北の白岳を吉見勢（石見国津和野城主吉見正頼）、松尾山と井楼山との間にある水の手を吉川勢（吉川元春）、尾頸（尾頸という地形から判断すると、下山田城付近か）を毛利本家の吉田郡山衆、そして、南（三日月山方面か）は小早川衆（小早川隆景）となっている。特に、吉川衆は攻城開始直後の段階で城の生命線とも言える「水の手」へ、四、五間（約七～九メートル）の距離まで肉薄している。立花城を守る大友勢は、最初から苦戦を強いられている。これに対し、守備側の大友勢は、田北、臼杵《うすき》、鶴原の諸将、そして立花親続ら合わせて六〇〇人余りで籠城したと伝えられている。

毛利勢の立花山着陣を聞いた大友勢は、筑後より、立花山籠城軍の救援に急行する。『宗像第一宮御宝殿置札』の記述によれば、香椎宮の西南にある丘陵、杉山（福岡市東区水谷）に着陣した大友勢は、五月二日名子山（久山町山田に小字で「名子山」あり、また、新宮町三本松山は、「名古山」ともいう）に陣を敷き、毛利勢を東西から挟んで陣を敷いていることがわかる。

北部九州五ヵ国の軍勢を動員した大友勢は、着陣と同時に、五月五日立花山籠城衆救援のために、毛利勢を攻撃している。なお毛利氏は、事前に大友勢の接近を予想して陣地構築をしていることが、「前かたより御陣所をも塀柵を御誘、岸を切、ほりをほり、御普請被仰付候て御仕退候」（『森脇飛騨覚書』）とみえる。各陣所を塀や柵で囲み、また、切岸や堀を設置した大規模な土木構築の様子がわかる。『元就公記』によれば、立花城を包囲した毛利勢は、包囲に必要な人数を残し、立花山包囲陣から八町（約八八〇メートル）ばかりの距離にある山に陣所を築いたとする。福岡平野を北上する大友勢の進路や包囲陣との距離から考えれば、毛利勢が大友後詰軍に対応して築いた陣所は、三日月山城砦群であると考えられる。

【対面する二つの城砦群】　立花山の南には、長谷（現三日月湖）を挟んで陣山とも呼ばれる三日月山（標高二七二メートル）と城ノ越山（標高一七九・七メートル）をそれぞれの最高点とする二つの対面する丘陵がある。城砦跡であることの名残を示すその山名のとおり、この二つの丘陵には城砦遺構が確認できる。双方の城砦とも規模が大きく堀などの防御施設が互いをけん制し合うように設置されており、大規模な動員能力を有する勢力同士が対陣する様相を物語っている。

【三日月山城砦群】　三日月山は、立花山の南に続く尾根約七〇〇メートルに位置している。『筑前国続風土記』には、「立花山の南の方、立花山につづきたる山を『鑑種陣』といふ。其下の谷も戦場なり」と記述されており、立花城との関係を想像させる。

城砦遺構は、最高地点三日月山山頂を中心に四方に派生する尾根が確認できる。その総延長は、約三キロを超える大規模城郭である。山上の尾根を極限まで削平することにより多数の曲輪を造り出し連続させている。曲輪間を遮断する堀切は確認できないことから、当該城砦群は、一体として機能したものと考えられる。

三日月山城砦群は、分立する曲輪群の集合体であるが、中でも求心力の強い区域は、四方に派生する尾根の結束点で、かつ最高所である三日月山を中心とした区域Aと、三日月山より南東方向へ約四〇〇メートルに位置する標高二四六・四メートルの峰を中心とした区域Cである。特に後者は、山上に広い駐屯空間を有するとともに、三日月湖を挟んで対面する城ノ越山《じょうのこしやま》丘陵に向かって延びる尾根の先端α・βには、多重の堀切や畝状竪堀が確認できる城域内でももっとも堅固な区域である。

【城ノ越山城砦群】　福岡市東区香椎に位置する城ノ越山（標高一七九メートル）を最高所に西北および南東に長く延びる尾根に

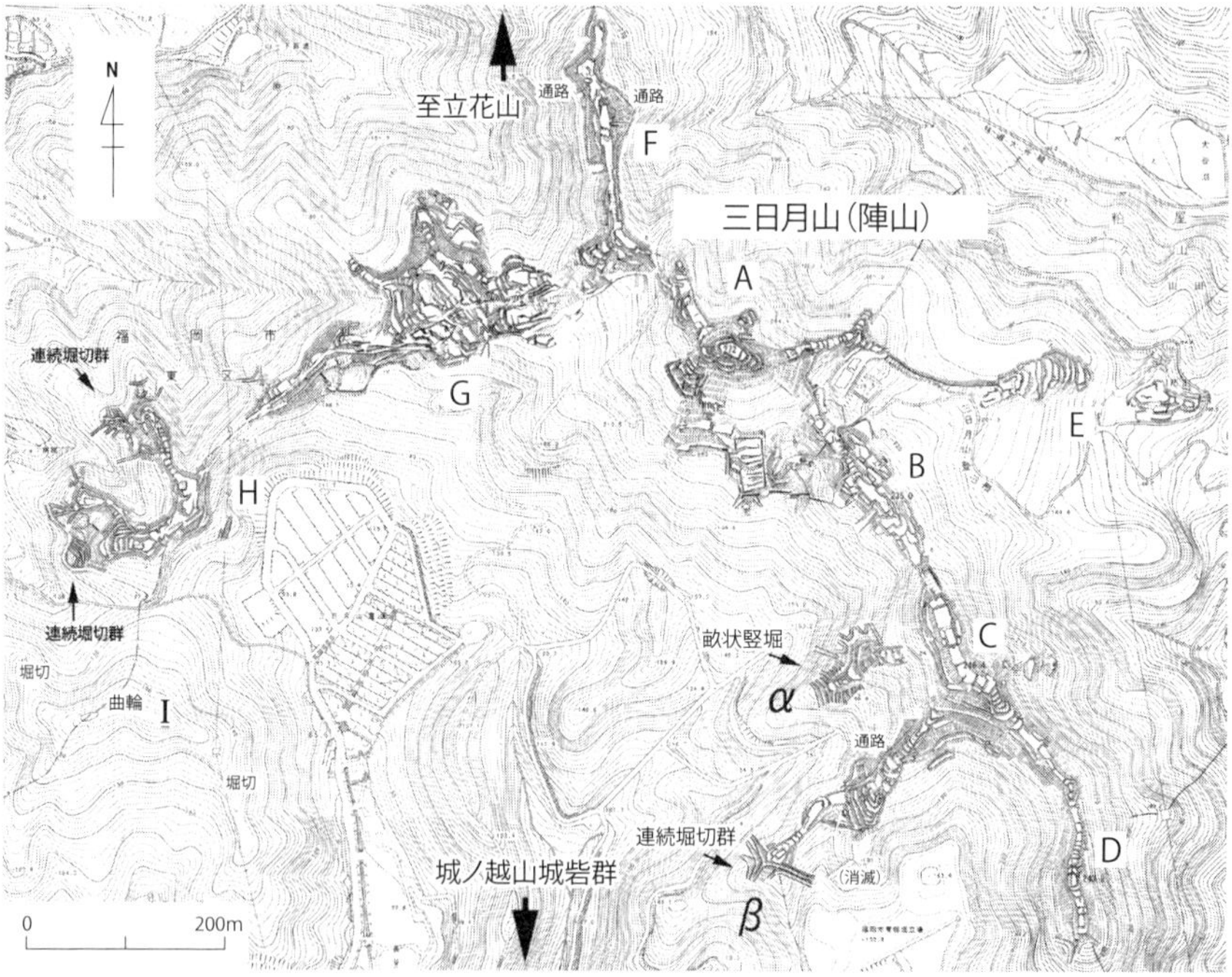

●—三日月山城砦群縄張図（作図：藤野正人）

長大な曲輪群が展開している。総延長約二キロに及ぶ巨大な城砦群である。北に長谷（三日月湖）を挟んで対面する三日月山城砦群との距離は、狭いところで約七〇〇メートルの近接した距離にある。三日月山城砦群と同じく丘陵上の尾根を極限まで削平し曲輪を連続させる大規模城砦群である。城砦群は、大きく分けると城ノ越山から北西に約五〇〇メートルの距離にある標高一六四・八メートルの無名の峰を中心とする曲輪群Aと南の城ノ越山（標高一七九・七メートル）を中心とする曲輪群Bの二つの区域に分けられる。堀切や畝状竪堀などの防御施設は、三日月山に近い前者に集中配置されている。三日月山城砦群に向かって派生する尾根の先端はことごとく堀切を設置し往来を遮断するとともに、三日月山方向に開いた谷部からの侵入を防ぐために畝状竪堀の敷設も確認できる。城ノ越山城砦群は、三日月山城砦群に布陣する勢力と敵対する勢力により築城されたものと考えられる。

【下山田城】　立花山の山頂から南東へ約六〇〇メートル、標高約一七〇メートルの尾根上には、『筑前国続風土記』において大友氏と毛利勢の攻防戦における向城と伝える下山田城（新宮町・久山町）がある。全長約一〇〇メートルの主郭部は、外郭ラインを石列で囲い、内部空間も石積みで区画する。主郭の西側には、南北に通路が走る。そして、主郭の南端には、櫓台とも考えられる周囲より一段高い方形区画が確認できる。防御の重点は東側に置かれており、土塁を伴う腰曲輪（横堀か）や一五条の竪堀からなる畝状竪堀が確認できる。東方約八〇〇メートルには、大友勢の陣所とされる名子山（久山町）があり、下山田城も三日月山城砦群と協調して機能した毛利勢の陣所の可能性がある。

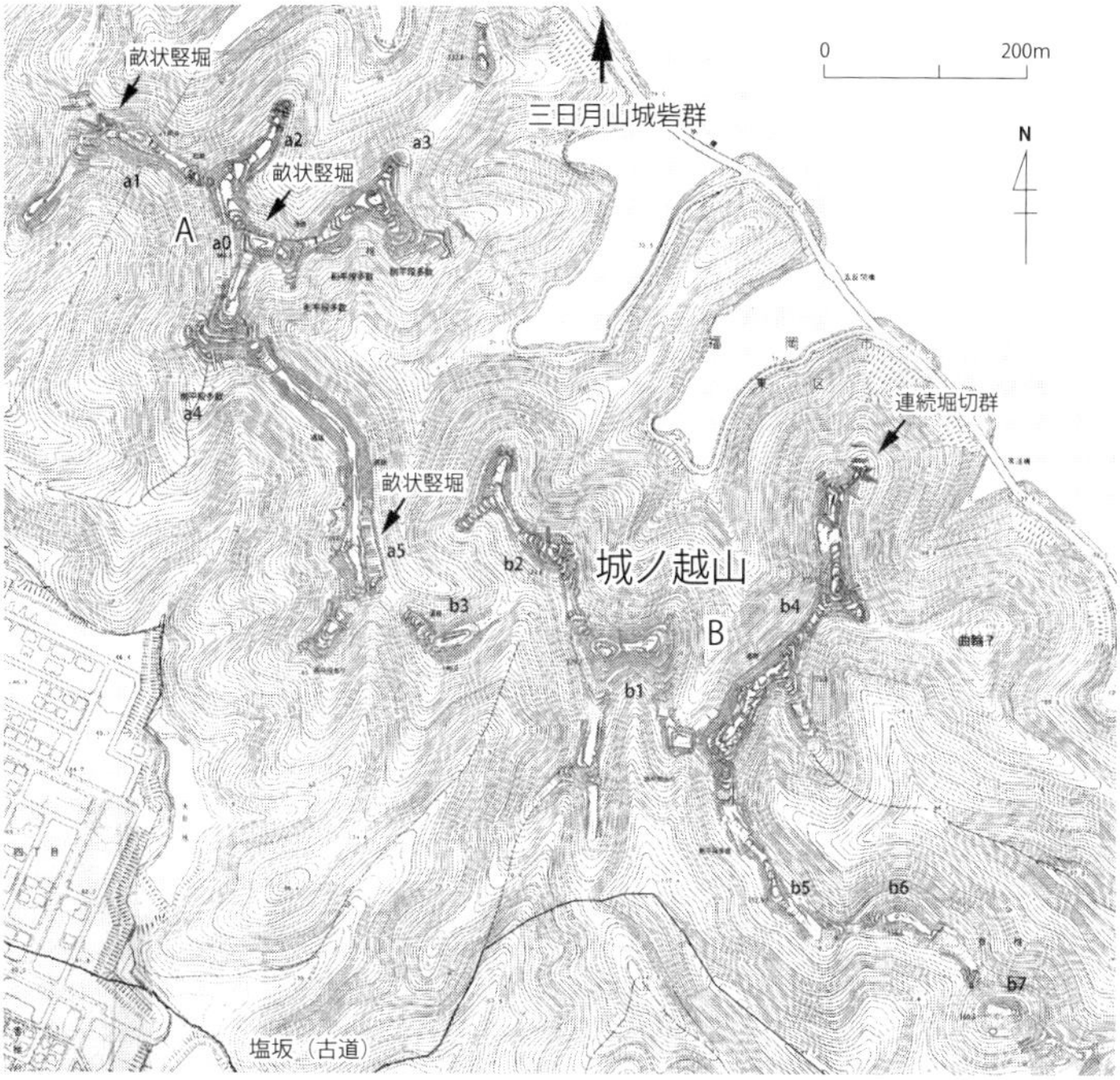

●—城ノ越山城砦群縄張図（作図：藤野正人）

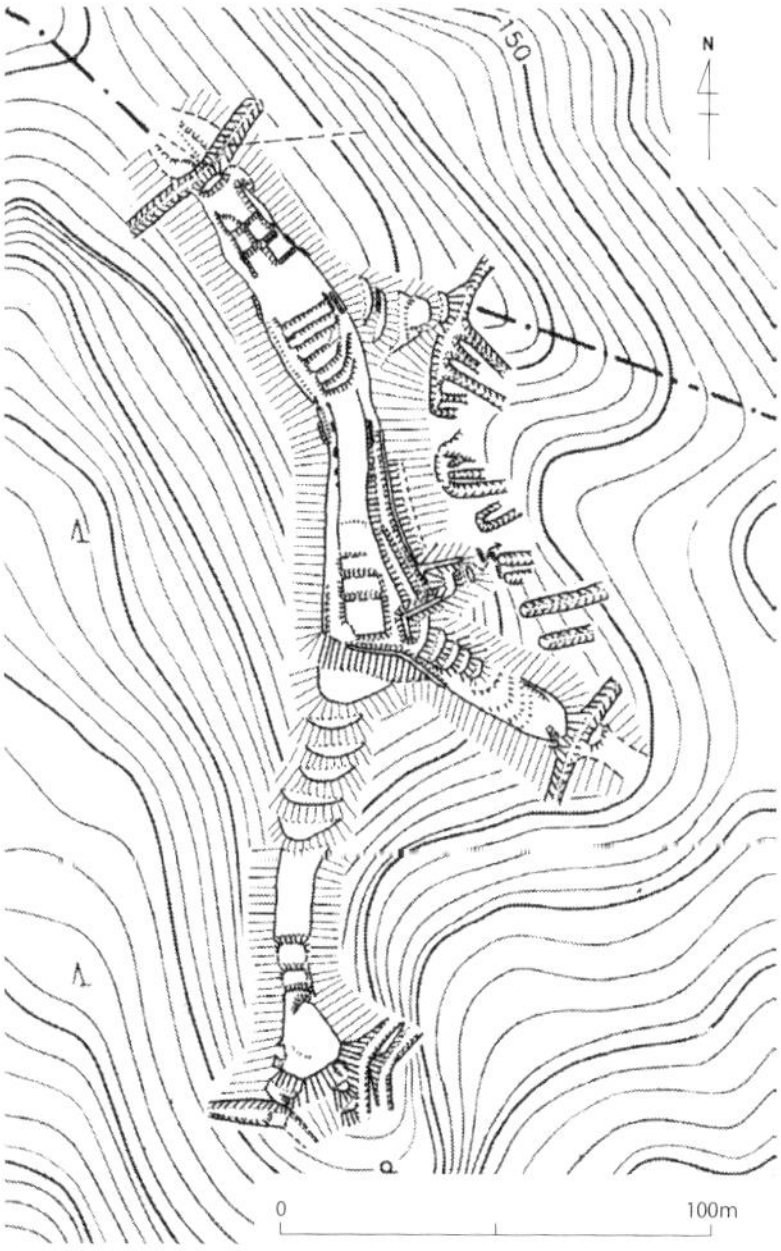

●—下山田城縄張図（作図：藤野正人）

【参考文献】木島孝之「筑前立花山城跡が語る朝鮮出兵への道程—小早川隆景による立花山城の大改修の実態とその史的意味—」『城館史料学』創刊号（二〇〇三）、藤野正人・山崎龍雄「三日月山城砦群と城ノ越山城砦群の考察」『九州考古学』第八九号（二〇一四）

（藤野正人）

●九州有数の規模を誇る近世城郭

福《ふく》岡《おか》城《じょう》

〔国史跡〕

〔所在地〕福岡市中央区城内・大濠公園
〔比　高〕約三〇メートル
〔分　類〕平山城
〔年　代〕江戸時代
〔城　主〕黒田氏
〔交通アクセス〕福岡市営地下鉄空港線「赤坂駅」下車、徒歩約五分。

【概　要】慶長五年（一六〇〇）の関ヶ原の戦いの後、黒田長政が筑前国を与えられ、名島城に入城した。貝原益軒《かいばらえきけん》により編纂された『黒田家譜』によると、名島城は戦に向いた城であるが、城下が狭いため、新城を建設することとした。新城の候補地は住吉・箱崎・荒津・福崎の四ヵ所とされた。いずれの場所も博多の周辺で、博多湾を望む立地となっており、これらの中から福崎の地が選ばれた。

　この福崎の地はかつて、古代の外交施設「鴻臚館《こうろかん》」が築かれた場所である。鴻臚館は「古代の迎賓館」と称され交流施設として語られることが多いが、入国管理施設としての役割があり、同時に軍事施設としての機能も有していたと思われる。また鴻臚館廃絶後の中世の状況については確定できていないが、造成が行われており軍事的な利用を想定する意見もある。この地が選ばれたのは偶然ではなく、古代・中世に造成が行われていた地形が他所に比べ効率的に新城を築くのに適していたからであろう。

　築城には慶長六年（一六〇一）から七年の歳月をかけ、この地は九州有数の規模の城と城下町となった。城名は黒田家の故地、備前国邑久郡福岡邑にちなんだものといわれている。以降、明治時代に入るまで福岡城は黒田氏によって近世福岡の中心として機能した。

　明治時代に入ると三ノ丸に県庁がおかれ、その後は陸軍が駐屯した。戦後はその大半が舞鶴公園として整備され、市民の憩いの場となっている。昭和三十二年（一九五七）に国史

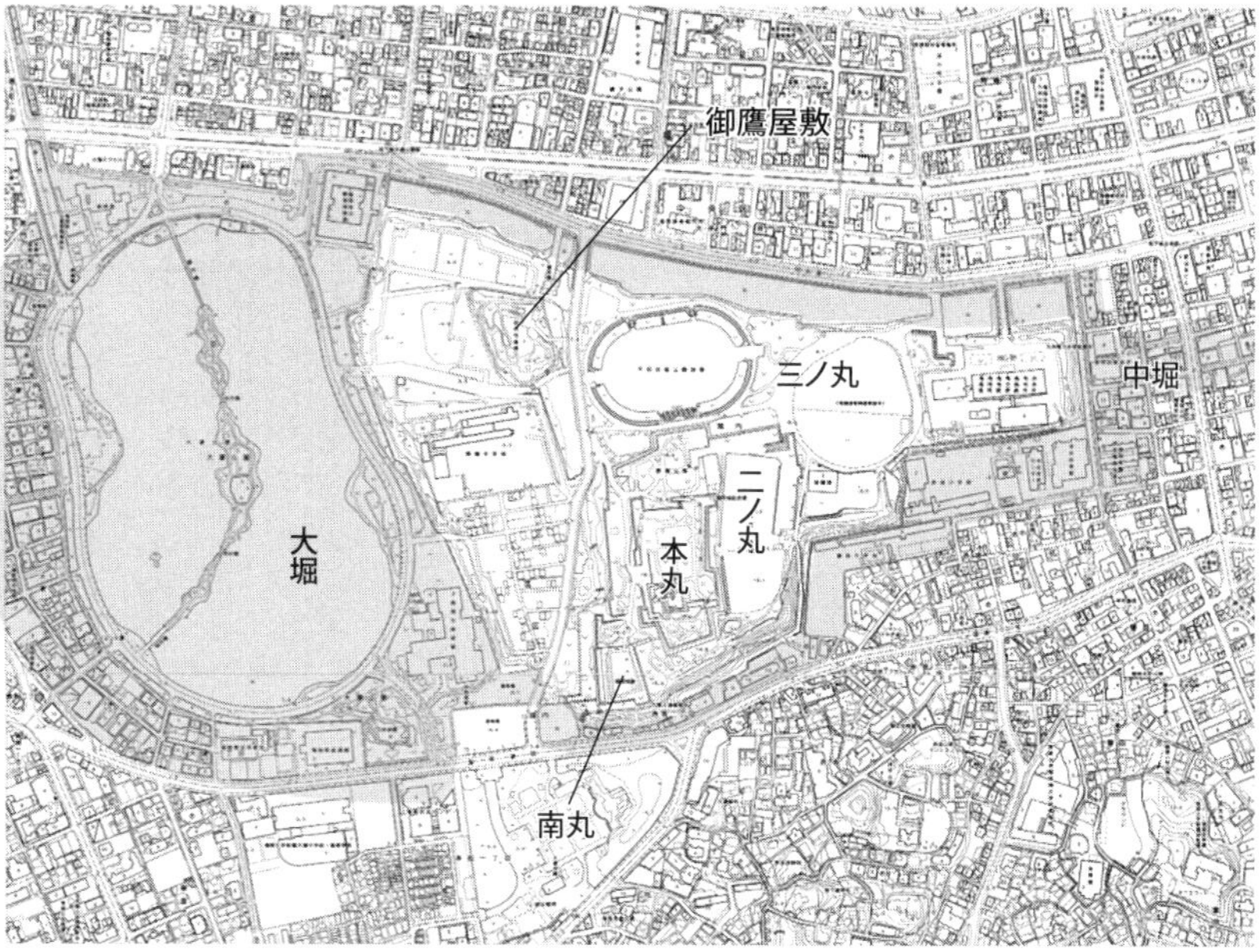

●—福岡城位置図

跡に指定されてからは史跡に関連のない諸施設移転事業や「重要文化財　福岡城南丸多聞櫓《たもんやぐら》」をはじめとする歴史的建造物や石垣の保存修理を進めている。現在城内には多聞櫓と下之橋御門《しものはしごもん》が修復をへて現存している。また城外に移築されていた（伝）潮見《しおみ》櫓が再移築されている。

城郭は博多湾に面した丘陵の先端部に立地したいわゆる梯《てい》郭《かく》式の平山城で、天守台・本丸・二ノ丸・三ノ丸を配す四層構造である。城内には五〇近くの櫓と一〇余の門が配されるが、天守の存在は不明である。外郭の南側は赤坂山から延びる丘陵を切断して、堀を設け、北側は潟を埋め立て、城下町を形成した。また、城の西側は大きく湾入する草ヶ江の入り江を利用して堀（大堀）を造り、東側は那珂川を境としてそれに通じる中堀（紺屋町堀《こうやまちほり》）、そして佐賀藩鍋島氏の助力により掘削された肥前堀を連結した。大手側の堀に上之橋・下之橋、搦手《からめて》側には追廻橋《おいまわしばし》を設け、城外への通路とした。

外周は本丸・二ノ丸・三ノ丸の門を中心に石垣で構築され、三ノ丸外周は腰巻石垣に土塁《どるい》となる。縄張については築城以来大きな変更はなかったようである。

総構《そうがまえ》については東を商人の町、博多を含み、御笠川《みかさがわ》を限りとし、寺院が配置された。博多は福岡との双子都市とされるが構造的には城の一部を形成している。西の限りは樋井《ひい》川

●—福岡城本丸（北東から）（福岡市提供）

とする説とさらに西の室見《むろみ》川を限りとする説がある。

【本丸】　南側に大・中・小天守台を配置する。大天守台は天端で標高三六メートル、東西二五メートル、南北二二メートルを測る。穴蔵構造をとり、東西、南北六列、四〇個の礎石が残存する。東側に中・小天守台を連結する。南側（搦手側）には二層多聞櫓の武具櫓を配し、東西の隅には三階櫓が置かれた。城内でも格別な規模を誇る。

石垣は野面積で礫岩および玄武岩が用いられている。普請は天守台、本丸周りから始まり、主要な石材は名島城から運ばれたものと思われる。この時期、長政は上洛しており、一足先に戻った父、黒田如水《じょすい》が築城に主体的に関わった。親子で相談しながら築城を進めていたが、時には意見の相違もあったようで、長政は石垣の規模について如水と意見が違っても自分の指示したとおりの規模でつくるよう指示している。

なお、天守については、福岡城と城下が描かれた福博惣《ふくはくそう》絵《え》図《ず》（一六四六）では描かれず、建設されたが何らかの事情によって取り壊されたとする説や、建てられなかったとする説があり、その存在は確定していない。

中央部に本丸御殿を置き、郭隅に櫓を配置する。本丸が地形の制約を受け、広くはないことから、御殿の規模も大きくはない。当初は藩主の住居、政務の機能を有していたが、二代藩主によって三ノ丸御殿が築かれると、その機能は三ノ丸御殿に移り、本丸御殿は儀礼・儀式の場として象徴的な建物として使われるようになった。

出入口は北に表御門・裏御門、南に武具櫓御門を配置する。天守台南側へは武具櫓御門が設けられている。表御門は、現在博多区の寺に移築され現存している。

櫓は古時打《こときうち》櫓・時打櫓・祈念櫓・月見櫓などがあり、古時打櫓は三ノ丸に移築されている（伝）潮見櫓ではないかともいわれている。

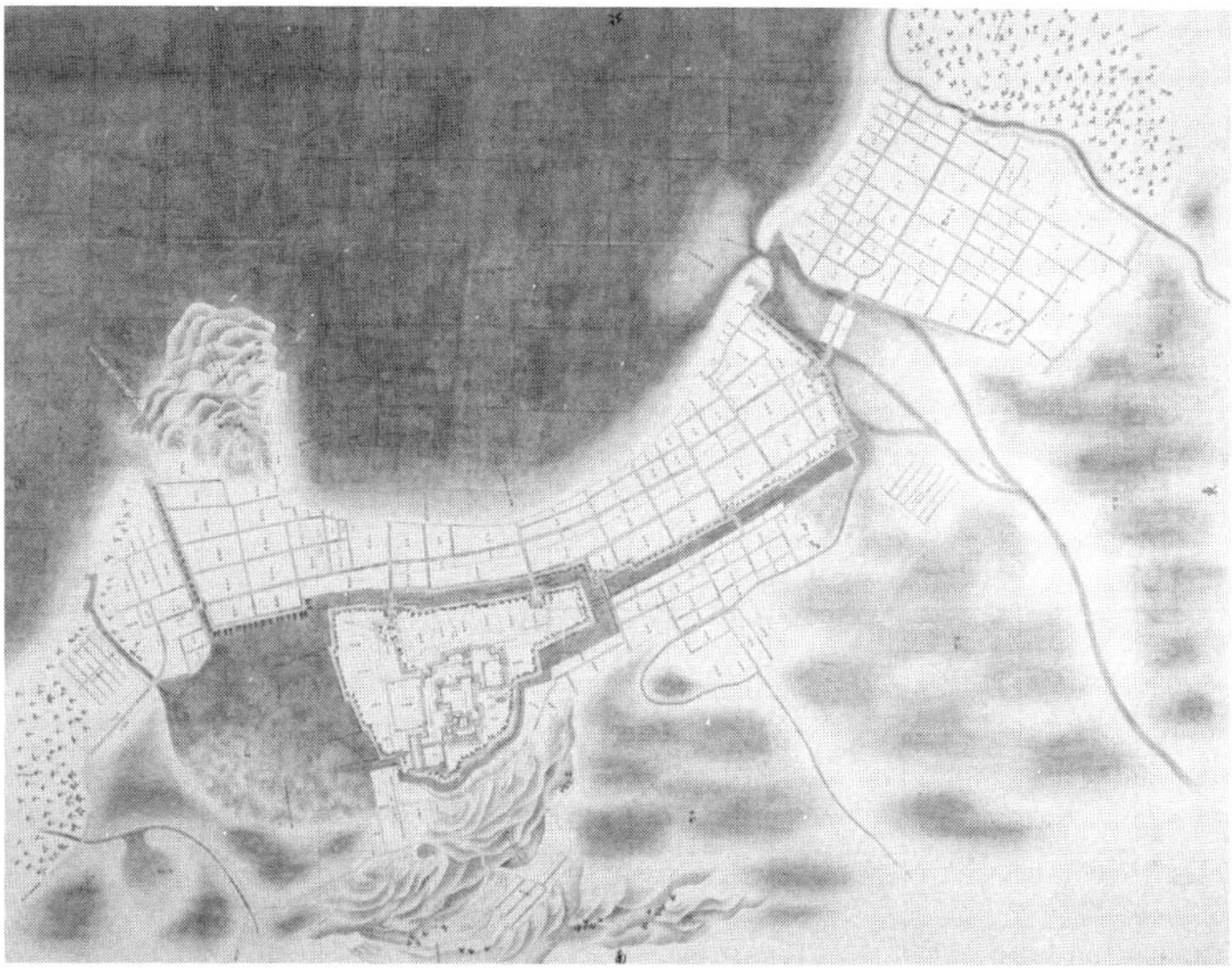
●—福博惣絵図（福岡市博物館所蔵）

明治時代以降に城内の建物は次々と取り壊されていったが、いくつかは黒田家や縁が深いところへ払い下げられた。このうち、黒田家別邸に移築された櫓のひとつが「潮見櫓」と呼ばれていた。昭和三十一年にこの櫓を城内に再移築し、県指定文化財として保存してきたが、その後、別の寺に払い下げられ「月見櫓」と伝えられていた櫓が潮見櫓であることが判明した。その後、調査によりこの櫓が古時打櫓と考えられるに至った。また、祈念櫓は大正時代に北九州市の寺へ払い下げられたが、建物は城内で撮影された古写真の祈念櫓とは規模、外観も大きく異なる。移築の際に相当な改変を受けたようである。

なお、一八世紀後半期には、天守台西側に如水や長政を祭る宗教施設が置かれた。

【二ノ丸】本丸を囲む二ノ丸は東部・西部・南丸・水の手から構成される。東部には二ノ丸御殿があったとされるが、戦後、国体の会場造成のため、南側の石垣が取り壊され、その南の水の手は東部の掘削土で埋立てられ、往時を窺うことはできない。

東部は標高一六メートルほどで、北東隅に二層の東御門を配置す

●—多聞櫓（重要文化財）

る。二層の革櫓、高櫓を配し、東、西側を平櫓で囲う。ここには二ノ丸御殿が建てられたが詳細はわからない。次期藩主が居住したとされるが、一八世紀後半以降、使われることがなくなり、建物は次々と取り壊されていった。西部は本丸の北と西を囲うように配置される。内部には建物はみられない。

水の手は水源確保のために郭として本丸南東側に配置されている。南東に延びる谷筋を造成して溜池にしたものと思われる。また南側には花畠が設けられていた。建物は焔硝《えんしょう》蔵が置かれていた。

南丸は本丸の南西部に配置された独立的な曲輪であり、高さも周りより一段高く標高二〇㍍を測る。北西と南西隅に二階櫓、北東隅に出入口を設け、その東に生捕櫓が延びる。南東隅に南三階櫓が配置され、その間を多聞櫓で囲った。西側の多聞櫓（西平櫓）は内部を各部屋に仕切られており、中を行き来することができない。この西平櫓と南西隅の櫓（西角櫓）は現存しており、昭和四十七年から解体修理が行われた。福岡城唯一の重要文化財として保存され、折々公開されている。

【三ノ丸】　東部と西部、御高屋敷に分かれ、東部で標高八㍍、西部は標高五〜六㍍を測る。桝形を除く外周は腰巻石垣と土塁で囲われている。

東部は大身屋敷がおかれた場所である。大手側に上之橋《かみのはし》御《ご》門《もん》を配置する。門より東側は東ノ丸とも呼ばれ、築城時に藩主長政が、本丸ができるまでの間住んだとされる。長政が本丸に移った後には、栗山備後利安《くりやまびんごとしやす》、その息子、大膳利章《だいぜんとしあきら》の屋敷地となり、いわゆる「黒田騒動」の舞台の一つとなった。この東部、東ノ丸の北東、南東隅には櫓が置かれていたようだが、福岡城と城下が描かれた福博惣絵図（一六四六）には「やぐら跡」と記され、櫓は描かれておらず、早い段階でなくなったことがわかる。枢要な櫓の消失は黒田騒動に関わるものと考えられている。

門より西側は大身家臣の屋敷が連なっており、初期には後に大坂の陣で豊臣方として活躍した後藤又兵衛の屋敷もあった。この屋敷の東側が郡境となり、東が那珂郡、西が早良郡に属していた。

西部は標高五〜六メートルで東部に比べ一段低い。大手側に位置する下之橋御門、搦手側に追廻御門を配置する。二代藩主忠《ただ》之《ゆき》の時代からは御殿と侍屋敷が置かれ、後に南側には馬場が置かれた。西部は用途の変更が著しく区画も多様に改編されている。下之橋御門は上之橋御門と同型の二層櫓門だが、幕末から明治期以降二階の櫓部分が取り除かれ、一層の門として保存されていた。しかし、平成十二年（二〇〇〇）に火災に遭い、これを機に二層櫓門として修復・復元されている。追廻御門は二階櫓を持たない一層の門で、名称は門の外にある追廻馬場から名付けられたとされる。

櫓は北西隅に潮見櫓、南西隅に花見櫓が配置される。この二つの櫓は、明治以降も残っており、明治時代末期に博多区の寺に移築され仏殿として使われていた。平成に入り仏殿の建て替えを機に二棟の部材を福岡市が譲り受け保管している。この内、潮見櫓については櫓台石垣の整備が行われ、復元が進められている。また、花見櫓については、馬場が近いことから「馬場見櫓」が転じたものとも考えられている。

三ノ丸御殿は寛永十年（一六三三）二代藩主忠之の時代に造営された。政務機能などの拡大により本丸御殿が狭小になったことや出仕の利便性から本丸・二ノ丸の西側に近接して置かれた。本丸御殿に比べ規模が大きく利便性も良かったが、その後三代藩主光之《みつゆき》の時には老朽化も進み、本丸に近いことから万が一に備え、北側へ規模を拡大し移された。この時、北西側の侍屋敷が取り壊されている。また、南西側の侍屋敷はその後南の馬場となった。

御鷹屋敷《おたかやしき》は黒田如水の隠居地とされる場所である。下之橋御門を抜けてすぐの南に位置する。独立丘陵を削平して造られたもので、標高は一三〜一四メートル。周囲に比べ高く独立性が高い。出入口は絵図では南側に確認できる。発掘調査では二条の溝と礎石および礎石抜き取り穴と考えられる遺構が検出されているが、如水隠居地と結びつくものは確認できていない。如水は一六〇四年に伏見で死去しているので、ここで過ごした期間は短い。以降は屋敷地として使われたようだが絵図の一つには「山」と記すものもあり、積極的には利用されていないようである。

【参考文献】福岡市教育委員会『福岡城跡保存整備基本構想』（二〇〇六）、『新福岡市史 特別編 福岡城 築城から現代まで』（福岡市、二〇一三）、『新修 福岡市史 資料編 考古② 遺跡から見た福岡の歴史』（福岡市、二〇二〇）

（中村啓太郎）

お城アラカルト

福岡城天守閣論争

中村啓太郎

福岡城に天守閣（大天守）は存在したのか。未だ決着をみない議論である。この議論は主として文献史学の研究者の間で論じられてきた。これまで多くの研究者たちが言及しているが、近年、概ね以下の論に分類されている。

①建設された天守閣が何らかの事情によって取り壊されたとする説。

天守台、礎石が残っていること。建設に関する黒田如水、長政の書状や取り壊しに関する書状などから一定の期間存在したとするもの。取り壊しの時期については元和六年（一六二〇）と「黒田騒動」に関連して寛永十五年（一六三八）までに破却されたとするものがある。

②当初から福岡城には天守閣は存在しなかった。

黒田家譜などの藩政資料に記述がないこと。政権への配慮、あるいは黒田如水は合理的な考え方をもち、以降の時代には天守は不要であるとして建てなかったなどの説がある。

③天守閣の建造計画はあったが実行されなかった。

●—福岡城跡天守台（福岡市提供）

礎石を有する天守台、曲輪をみれば建造計画はあったとみるのは自然であろう。この説の根拠の一つとして、福岡城と城下が描かれた福博総絵図（一六四六）に中・小天守台については「矢倉跡」と記載されているが、大天守台については「天守臺」と記されており、天守があったのであれば「天守跡」と書いたのではないかとしている。一方これに対しては除却の年代差を示すものとする意見もある。

④建築の途中で取り壊されたとする説。

建設途中で災害などに遭い、建設を断念した、あるいは計画変更したとするもの。

●—福岡城天守閣の模型（大正11年3月18日付『九州日報』より）

いずれの説にせよ江戸時代の初期以降、大天守が存在していないことは共通している。

近年、福岡市史の編さんが進み、天守閣の存在を窺わせる資料が確認されている。大正八年三月十八日、『九州日報』の記事で「福岡城大天守閣の模型発見」と題し、写真も掲載している。この雛形の写真をもって「存在した」とはならないが、築城段階で建造計画があったのは確かであろう。

一方、考古学からの言及は少ない。福岡城跡には東西二五メートル、南北二二メートルを測る野面《のづら》積みの穴蔵構造を持つ立派な大天守台が存在し、礎石も残されているが、これまで本格的な発掘調査は行われていない。

議論を進展させるためには天守台およびその周辺の考古学的調査が必要であろう。

【参考文献】中野等「一次史料に拠る福岡城築城過程の追究」（市史研究ふくおか第一〇号）、佐藤正彦『甦れ！幻の福岡城天守閣』（河出書房新社、二〇〇一）、佐藤正彦『福岡城天守を復原する』（石風社、二〇一一）、服部英雄『歴史を読み解く―さまざまな史料と視角―』（青史出版、二〇〇三）、丸山雍成「福岡城天守閣と下之橋大手門　その史料的検証をめぐって」（海路七号）、福田千鶴『城割の作法』（吉川弘文館、二〇二〇）

●龍造寺勢との攻城戦で知られる山城

安《あ》楽《ら》平《ひら》城《じょう》

〔所在地〕福岡市早良区東入部・内野
〔比　高〕約二一〇メートル（登山口から）
〔分　類〕山城
〔年　代〕一五世紀〜一六世紀
〔城　主〕大村氏、小田部氏、筑紫氏
〔交通アクセス〕ＪＲ鹿児島本線「博多駅」下車、西鉄バス「城の原」停留所下車、集落から城原林道を徒歩四〇分で登山口。

【安楽平城の立地】　安楽平城は福岡市早良区に位置する。この地は戦国期には筑前国早良郡に属した。城が築かれた荒平山（標高三九四・九メートル）は、筑肥国境（福岡県と佐賀県の県境）に跨がる背振山地から福岡平野・早良平野に向かって張り出した山地に位置する。荒平山の東方にある油山では、西油山天福寺など平安時代〜鎌倉時代に栄えた山岳寺院が営まれた。また、後背の背振《せふり》山地には中世の九州を代表する山岳寺院の背振山（上宮東門寺・中宮霊仙寺）が大きな勢力を保持した。安楽平城下の脇山には東門寺の政所が設置され大教坊など背振山の僧房が分布し村々を支配した。一方、城の西側には早良平野が広がり、戦国時代後期には博多湾の後背地として小田部氏、中牟田氏、曲淵《まがりぶち》氏ら早良郡衆が割拠した。早良郡には博多湾から室見川を遡り背振山地を越えて肥前国へ抜ける交通路が通る。そして、安楽平城の近くで三瀬峠を越えて山内から佐賀郡へ通じるルートと、板屋峠から坂本峠・七曲峠を越えて三根郡に通じるルートに分岐する。安楽平城が筑肥国境の中山間地域を掌握する要衝に築かれたことがわかる。

【大内氏時代の安楽平城】　安楽平城は、九州北部の中では関連する文献史料に比較的恵まれた城郭である。

大内氏（周防国・長門国守護）は、一四世紀後半に豊前国・筑前国へ進出する。永享元年（一四二九）には筑前国が幕府料国となり、大内氏は九州探題渋川氏を支援し大宰府を拠点とする少弐氏を圧倒した。大内氏は高鳥居城（糟屋郡）を守護代の拠点とし、岩屋城（御笠郡）、安楽平城（早良郡）や高《たか》祖《す》城（怡土郡）など郡単位に拠点を整備した。安楽平城には本国から派遣された大内氏家臣が早良郡代と城督を兼務、膝下の領主は交代で在番させる城衆に編成した。当時の史料から安楽平城督には、石津外記允、遠田兼常、神代武総、大村重継・興景らが確認できる。一六世紀には大内氏家臣の大村氏が世襲で城督を務めるようになった。しかしながら、大内氏本国や筑前国守護代の統制が強く、大村氏には大きな裁量権は与えられていなかったようである。それ故、弘治三年（一五五七）の大内氏の滅亡とともに大村興景は没落している。

【大友氏時代と龍造寺氏との攻城戦】 大内氏滅亡後、豊後国の大友宗麟《そうりん》が九州北部に進出した。大友氏は博多湾岸や大宰府周辺などに豊後国出自の領主を派遣し大友方勢力の支配を広げた。早良郡には大津留氏（豊後国大分郡の領主、那珂郡岩戸荘の鷲ヶ岳城主となる）出自の宗雲《そううん》・鎮元《しげもと》（紹吡《じょうしつ》）父子が小田部氏の名跡を得て入部し、安楽平城督を継承する。小田部氏による早良郡支配は大友氏の影響力を背景に約二〇年続いた。

天正六年（一五七八）に大友宗麟・義統《よしむね》が日向遠征で島津氏に大敗すると、九州北部の大友方勢力を取り巻く状況は急速に悪化する。小田部氏は、同国の原田氏や隣接する肥前国の筑紫氏ら反大友方に転じた有力領主から激しい攻勢に晒された。翌天正七年には、肥前国の龍造寺隆信が筑紫氏らと結び、背振山地を越えて軍勢を進発、小田部紹吡は龍造寺氏らの攻勢に対抗すべく周囲の大友方勢力を糾合し安楽平城に籠城する。現存する安楽平城の遺構はこの時期の改修によるものと考えられている。

龍造寺勢との激しい戦闘の末、紹吡と九郎（紹吡の嫡子）らは戦死。統房《むねふさ》（紹吡次男）は引き続き安楽平城に拠るが、翌八年には城を放棄し立花山城に退去した。戦後、安楽平城は筑紫広門（肥前国勝尾城主）に与えられ、一族の恒門を城主とした。天正十四年には島津氏に勝尾城を落とされた筑紫氏が降伏し安楽平城は島津方に接収されている。

【安楽平城の縄張】 安楽平城の縄張は、荒平山頂の主郭から東側に曲輪を連ねた主郭部の曲輪群Ⅰと、谷を挟んで対岸に位置する曲輪群Ⅱ、そして、曲輪群ⅠとⅡを繋ぐ馬蹄状地形に沿って、攻め手の侵入を強力に遮断する石塁《せきるい》Ⅲから構成される。荒平山を中心に南東から北西にかけて長大な防塁型ラインが城域を囲い込み堅固に防御する。安楽平城のように、九州北部の戦国期山城の縄張では、畝状空堀群《うねじょうからぼりぐん》や横堀、土《ど》塁《るい》・石塁、石垣などさまざまな防御の工夫を組み合わせた防

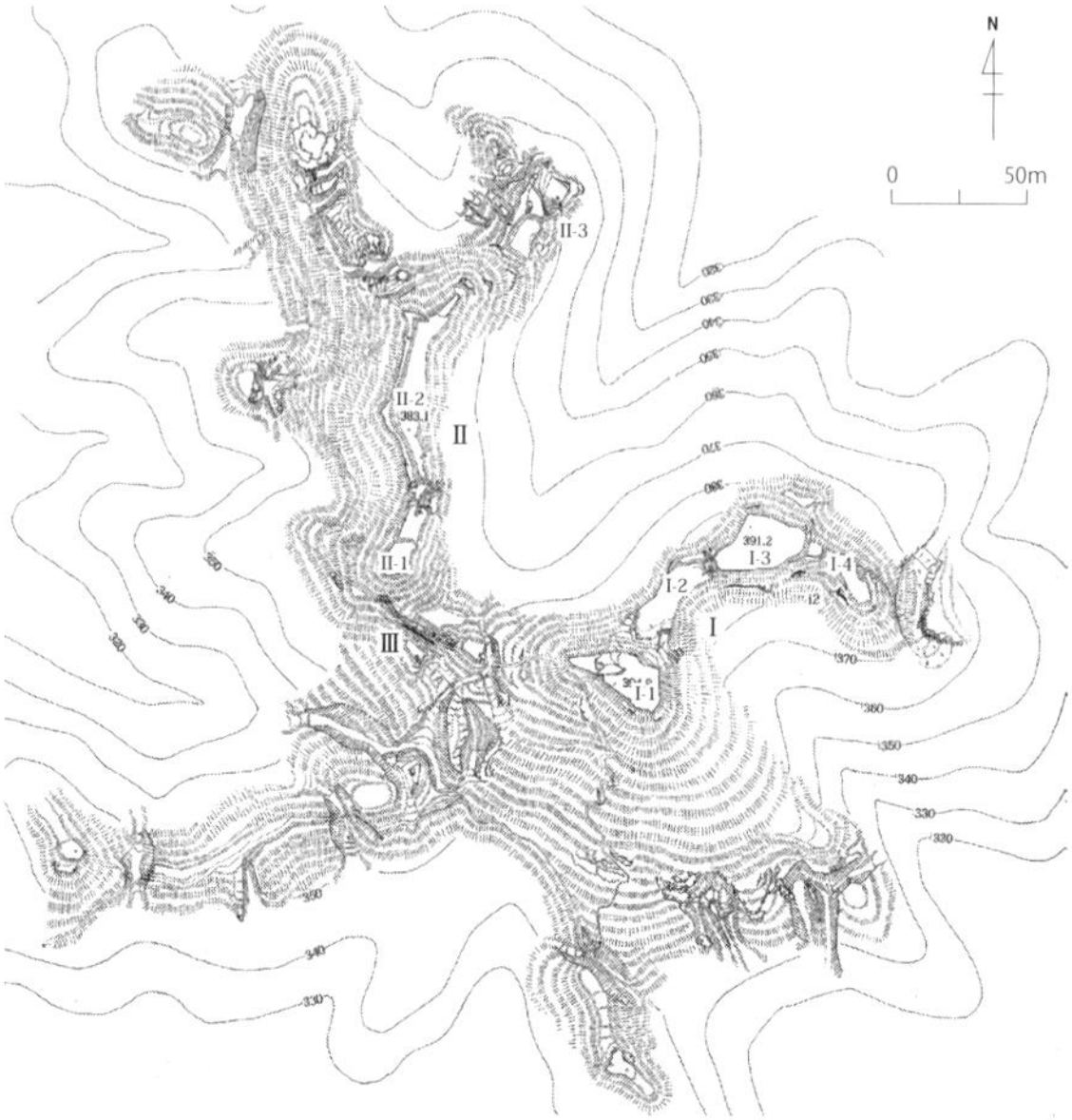

●—安楽平城縄張図（作図：中西義昌）

塁型ラインが積極的に用いられた。安楽平城では、曲輪の縁辺部を切岸《きりぎし》や石垣列で補強し、その上に土塁や石塁を積み上げる手法が採用された。具体的には、山頂の主郭を挟んで石塁Ⅲの東側に続く曲輪群Ⅰの南東斜面に石垣列が連なる。一方、石塁Ⅲの西側に続く曲輪群Ⅱでは、西側に向けて土塁と石塁が連なり、北西側の稜線にも連続堀切《ほりきり》や堀切と竪堀《たてぼり》を築き徹底した遮断が図られた。石塁Ⅲの東端に堀切を転用した平入り虎口《こぐち》が設定されたが、堅固な防塁型ラインにおいて、明確な出入り口を伴うものはこの一ヵ所のみである。直上の櫓台《やぐらだい》が虎口を牽制した。さらに、防塁型ラインの外側の稜線や尾根筋には、至る所に堀切や空堀が築かれた。

　このような防塁型ラインが採用された理由として、攻め手に安易に突破されないこと、ラインに沿って守備範囲を明確に分担し城内側の一体的な防御体制を構築することが期待されたと考えられる。

●—安楽平城石垣

　安楽平城では積極的に在地系石垣技術が採用された。背振山地周辺の山城には、鷲ヶ岳城や高祖城、二丈岳城など同様の事例がまとまって分布する。安楽平城では、石塁Ⅲのように扁平な石材を切岸に沿って一〜二メートル高さで二〜三段に分けて積み重ねたものと、曲輪群Ⅰ南側斜面の石垣列のように、やや扁平な石材を約二～三〓の高さに垂直に積み上げたものが確認できる。

この他、城の北東麓には谷に沿って不整形な削平地が並ぶ。おそらく、これらの削平群は油山に関連した僧房の跡と思われる。安楽平城として機能した一五世紀後半には僧房は退転し、天正七年の攻城戦では郡内の村々から動員した徒党の陣所や籠城を支える施設が谷あいに配置されたと考えられる。

【縄張技術の分布からみた安楽平城攻城戦】 九州北部の戦国期山城に採用された防塁型ラインを比較検討すると、大きく東西に地域差が確認できる。東側（筑前国東部・豊前国北部）では、秋月氏勢力圏を中心に畝状空堀群を積極的に採用した城郭がまとまって分布する。一方、西側（筑前国西部～肥前国東部）の筑肥国境地帯では、小田部氏や原田氏、筑紫氏ら有力国衆らが築いた拠点城郭を中心に土塁や石垣、横堀を駆使し堅固な防御を備えた山城がまとまって分布する。特に、筑紫氏の居城勝尾城（肥前国養父郡）の縄張は、主郭から谷を挟んだ対岸の曲輪群をU字型に防塁型ラインで繋ぐなど安楽平城と瓜二つである。小田部氏や大津留氏と原田氏および肥前国側の筑紫氏、神代氏らは政治的には激しく対立した関係にある。しかし、縄張技術からみた場合、軍事的には共通の土壌（軍事的文化圏）に属したことがわかる。天正七年の安楽平城における攻城戦は、一見すると、戦国大名の大友氏と龍造寺氏の抗争に際して双方の政治的立場に分かれて有力領主が動員されたように映るかもしれない。しかし、縄張分析の視点では異なる様相が浮かび上がる。それは、筑肥国境の山間部に割拠した有力領主の間で、大友氏の影響力を背景に優位性を保ってきた小田部氏や大津留氏に対して、原田氏、筑紫氏、神代氏らが龍造寺氏と結びつき軍事的優位を勝ち取ろうと競い合った姿である。

近年の研究では、大名間の争いは、境目地域における有力領主同士の対立・紛争が端緒となり、それを支援する大名を引き込む形で大規模な戦争を誘発する場合が多いとする見解がある。安楽平城の攻城戦は、後者の図式から引き起こされたと考えることが妥当であろう。

【参考文献】 芥川龍男「戦国末期における筑前小田部氏について」『駒澤史学』三二号（一九八四）、吉良国光「小田部氏関係史料」『福岡市博物館研究紀要　創刊号』（一九九一）、堀本一繁「戦国時代の博多展　8安楽平城をめぐる攻防」（福岡市博物館企画展示アーカイブズ、二〇〇九）、山崎龍雄「安楽平城と周辺城砦群」『七隈史学』第二二号（二〇二〇）

（中西義昌）

●筑紫氏最後の砦

一ノ岳城《いちのたけじょう》・亀ノ尾城《かめのおじょう》

〔所在地〕那珂川市五ケ山・市ノ瀬
〔比　高〕約三〇〇メートル（一ノ岳城）
　　　　　約一〇〇メートル（亀ノ尾城）
〔分　類〕山城
〔年　代〕一五〜一六世紀
〔城　主〕杉氏、島津方、星野鎮胤・親胤
〔交通アクセス〕JR博多南線「博多南駅」下車、かわせみバス南畑線終点「南畑発電所」停留所下車、国道三八五号線を徒歩約四〇分で登山口に到着、登山口から亀ノ尾城経由、徒歩約六〇分で一ノ岳城。

【城の位置と歴史】　那珂川《なかがわ》市の平野部の最奥部、亀ノ尾峠の西に聳える一ノ岳山頂に位置する。九州探題千葉氏の居城で、後に筑紫広門《ちくしひろかど》の出城であったと伝える。筑紫家の持ち城を記した『城数之覚』（福岡市博物館所蔵）では「一ノ嶽ノ城」と筑紫氏の番城として記載される。天正十四年（一五八六）に島津方によって落とされ、翌年の豊臣秀吉の九州平定まで秋月氏の持ち城となった。豊臣秀吉の九州平定により廃城になったとみられる。

【一ノ岳城の構造】　標高六四八㍍の一ノ岳山頂を中心に城域は展開する。国土地理院の地形図にも一ノ岳（標高六九五㍍）と記された山があるが、それは城がある峰のさらに西側の峰を指したもので（本来は「陣ノ尾」と呼称した）、元来の一ノ岳を指していないため注意を要する。

山頂部に南北約五〇㍍、東西約二〇㍍の細長い主郭aを置き、その南側の尾根上に細長く曲輪群が並列する。その西側には自然石による石垣bが築かれる。これらの曲輪群の西側斜面一帯には、横堀dが築かれ、その横

●—一ノ岳城（左）と亀ノ尾城（右）遠景

堀の下には一面に畝状空堀群《うねじょうからぼりぐん》が築かれる。竪堀《たてぼり》の数は、後世の炭焼による破壊を考えれば、三〇本を超える規模とみられる。竪堀のさらに斜面下にも横堀を設け、さらに防御を固くしている。その畝状空堀群の北側は北西側につながる尾根を堀切で断ち切っているが、尾根の先には一部曲輪も認められる。

一方、山頂の曲輪群の東側斜面には特に防御遺構はみられず、そのまま尾根の鞍部へと続いている。尾根の鞍部は約四〇メートル四方の曲輪g、曲輪iが並び、その南北側の斜面には石垣遺構がみられる（石垣j・k）。特に南側斜面の石垣kは高さが三メートル前後にもなる大掛かりなもので、もっとも高くなる箇所は二段に分けてセットバックして積んでいる様子がわかる。隅角部を造り出しているが、いわゆる算木積《さんぎづみ》とはなっておらず、戦国期のものとみられる。曲輪群はその東の頂部hにもみられ、土塁《どるい》と堀切《ほりきり》でその北東側斜面からの防御としている。

そこから南側へ延びる尾根上にはlなどの平坦面があるが、周囲は炭焼き遺構が多く存在し、城館遺構と断定することは難しい。ただ、南の尾根の先端部mには登山口の両側に竪堀を掘っており、いわゆる城に出入りする虎口《こぐち》のような機能を持っていたものとみられる。

●—石垣j（上）と石垣k（下）

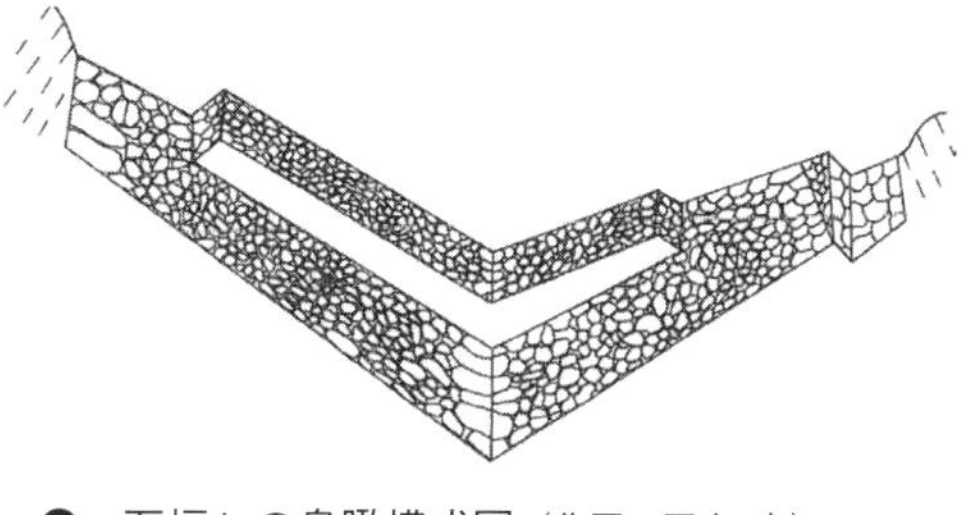

●—石垣kの鳥瞰模式図（作図：岡寺 良）

【麓の亀ノ尾城】　一ノ岳城の東側には、福岡平野から佐賀平野へ抜ける肥前・筑前街道が通っており、亀ノ尾峠

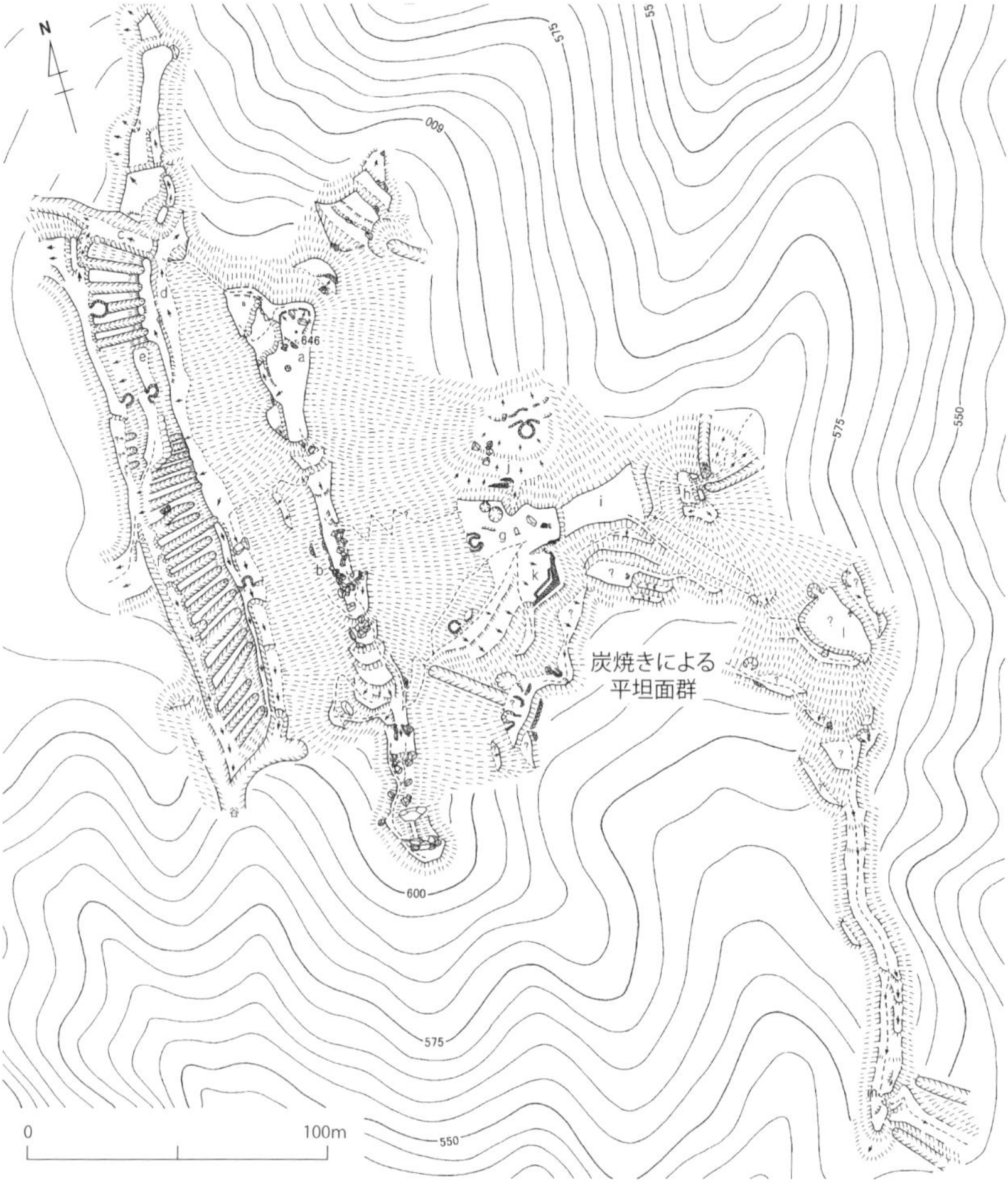

●―一ノ岳城縄張図（作図：岡寺 良）

と呼ばれる鞍部の峠道となっていた。その峠のさらに東側にも亀ノ尾城と呼ばれる城郭があった。

亀ノ尾城は、戦国前期には九州探題渋川氏の居城であり、後には大内氏家臣の遠田《とおだ》弘常《ひろつね》が入っている。天正十四年には、島津方が一ノ岳城を攻略する際に、付城として利用したとも伝えている。全長五〇〇《メートル》を越える城域には、数多くの曲輪や堀切が構築されており、一ノ岳城とともに那珂郡の拠点として重要な機能を果たしたと考えられる。

【城の見所】　現在南畑ダムのほとりから亀ノ尾峠へ上る古道が残されており、亀ノ尾峠から東へ行くと亀ノ尾城、西へ行くと一ノ岳城にたどり着く。一ノ岳城へ行く際には、亀ノ尾城も合わせて見学されることをお勧めする。亀ノ尾城を経由して一ノ岳城へ行くことで、一ノ岳城攻略の際の雰囲気も体感することができよう。

一ノ岳城の見所は畝状空堀群に加えて石垣であろう。筑紫氏が関与した城であり、また福岡平野周縁部の山城でもあって、織豊系城郭以前の段階の発達した石垣をみることができる。特に石垣kは高く積もうとしたため、二段にセットバックして積み、さらには算木積ではないが、隅角を有していることなど、織豊系城郭以前の北部九州の城郭における石垣構築の再興の技術水準を示しているものと考えられる。

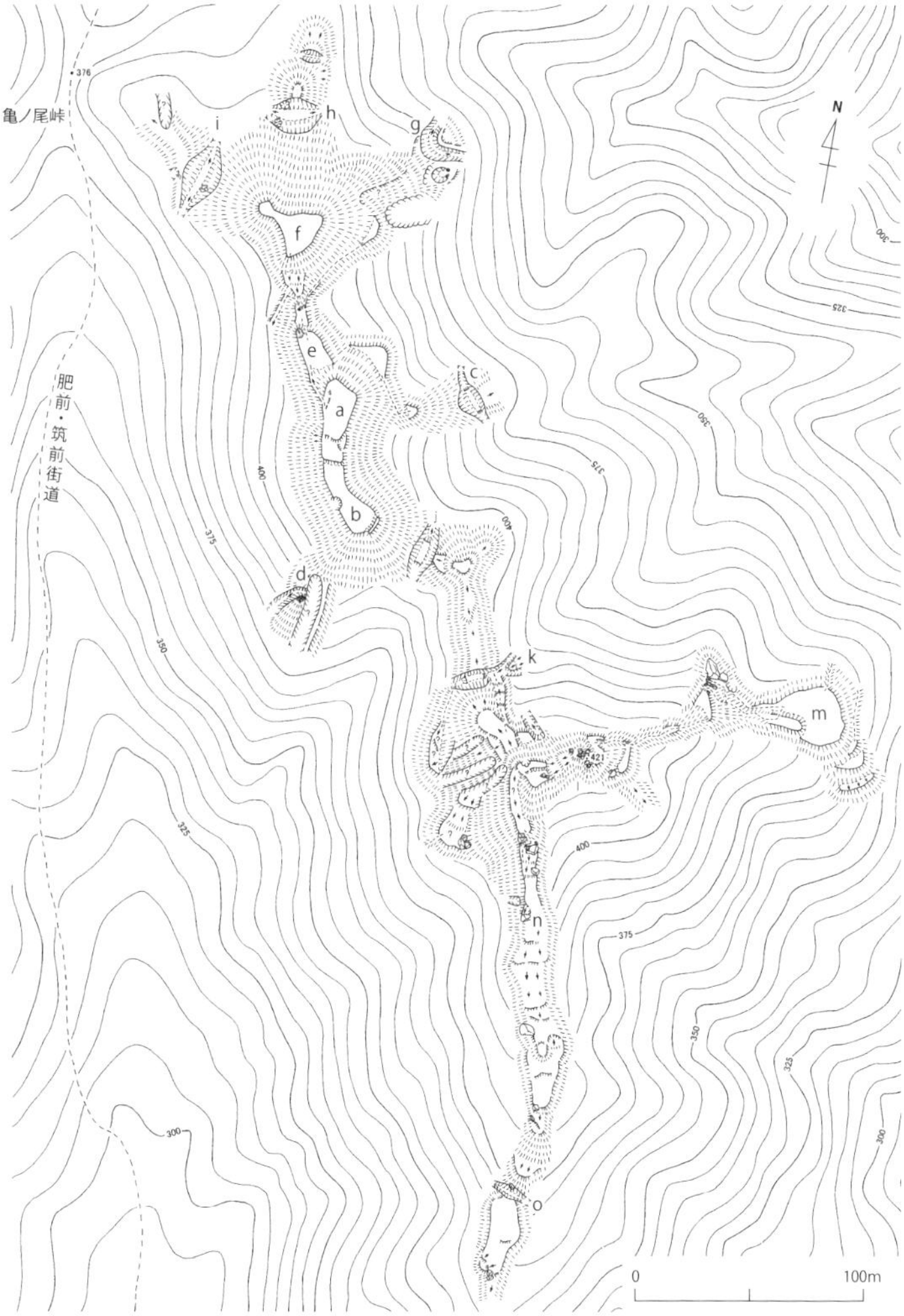

●—亀ノ尾城縄張図（作図：岡寺 良）

一ノ岳城は登城にとても時間がかかるため、また登山口も決して便利な場所にあるわけではないため、時間的に十分余裕をもって見学を計画することをお勧めしたい。

【参考文献】岡寺良『戦国期北部九州の城郭構造』（吉川弘文館、二〇二〇）、福岡県教育委員会『福岡県の中近世城館跡Ⅱ—筑前地域編2—』（二〇一四）

（岡寺 良）

筑前

●古代怡土城を利用した豪族原田氏の居城

高《たか》祖《す》城《じょう》

〔所在地〕糸島市高祖・福岡市西区今宿上の原
〔比　高〕約三〇〇メートル
〔分　類〕山城
〔年　代〕一三～一六世紀
〔交通アクセス〕JR筑肥線「周船寺駅」から糸島市コミュニティバス川原線「高祖」停留所下車。高祖神社経由で登山道あり。徒歩六〇分。

【名族原田氏の居城】　高祖城は、福岡市西区と糸島市との境にそびえる高祖山（標高四一六メートル）山頂に位置する。

高祖山には、奈良時代、吉備真備《きびのまきび》によって、天平勝宝八年（七五六）から一三年間をかけて築城された、中国式山城である怡土《いと》城が所在し、高祖城は、その一部を利用して築城されている。

大蔵春実《はるざね》を祖とする原田氏は、刀伊《とい》の入寇《にゅうこう》（一〇一九）の際に糸島地方に土着化し、元寇の頃から戦国期にかけては、在地領主として勢力を誇っていた豪族である。本拠地となる高祖城は、建長元年（一二四九）継種《つぐたね》の代に、廃城となった怡土城の一部を利用して築いたと伝えられている。

一五世紀末、周防の大内氏と豊後の大友氏は筑前西部の覇権を争い、高祖城は、大内氏の支城の一つとして烏田《からすだ》氏などが城督に派遣され、豊後大友氏が派遣した臼杵氏が拠点とする志摩柑子岳《こうじだけ》城と対峙していた。

大内氏滅亡後は、在番衆であった原田氏が台頭し、一時大友氏の傘下に入るが、大友氏も天正六年（一五七八）の耳川合戦で島津氏に敗北し、大友氏の糸島地方における影響力の低下とともに、原田氏は国人としての地位を確立し、最盛期には、怡土・志摩両郡、早良郡西部、肥前松浦郡東部までを支配下に置くほどに勢力を拡大していた。

しかし、天正十四年豊臣秀吉が九州平定の軍を起こすと、島津氏に属していた原田信種《のぶたね》は高祖城に籠り、一時抗戦を決意して高祖城を中心とした防御線を張ったが、秀吉配下の小早川隆景により突破され降伏した。この戦により高祖城は破却され、原田信種は小早川隆景の傘下に入った後、加藤清正の与力となり糸島を離れることになった。こうして三〇〇年以上に渡った原田氏の支配は終わりを告げた。

【高祖城の縄張】　高祖城の縄張は、山頂を中心に稜線に沿って上の城、下の城、南側の外曲輪から構成される。

●—高祖城遠望

主郭は、高祖山山頂に置かれ、上の城と呼ばれている。平成十年（一九九八）度の発掘調査では、石塁《せきるい》・建物の基礎・虎口《こぐち》（階段状入口）・柱穴などが発見された。石塁は北側の切岸《きりぎし》に、上部が一部崩れている状況で発見された。現存高約一・五メートルを測り、破城以前は約二メートルの高さがあったと推定できる。主郭の一段下の曲輪には、虎口ともいうべき石段遺構のほか礎石群もみつかっている。遺物も、輸入陶磁器・花瓶・土師《はじ》皿《ざら》・水瓶・多量の瓦・釘（瓦止め）などが出土し、主に巴文《ともえもん》軒丸瓦《のきまるがわら》や宝珠《ほうじゅ》唐草文軒平瓦《からくさもんのきひらがわら》のほか、大内氏の家紋である唐《から》

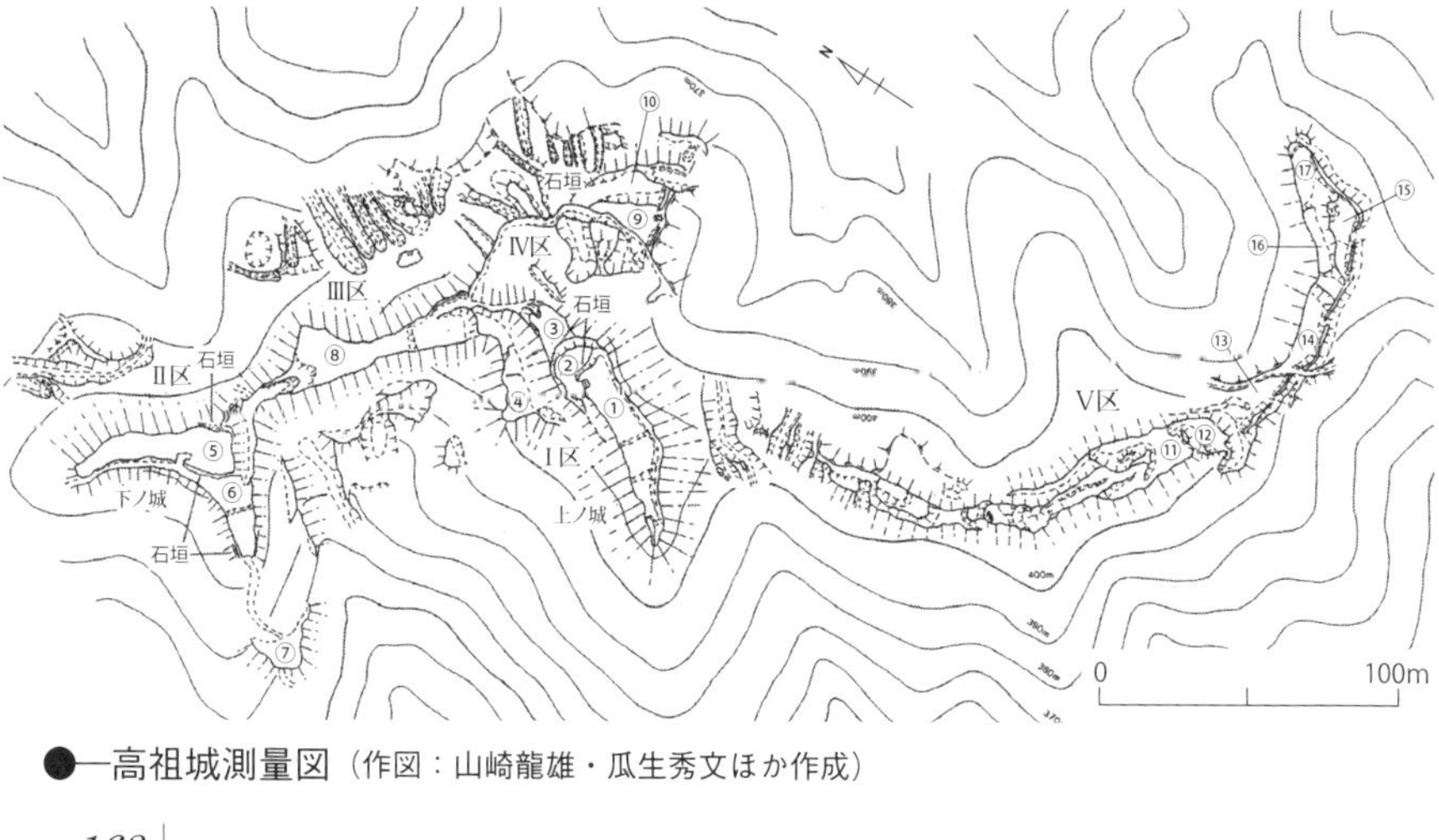

●—高祖城測量図（作図：山崎龍雄・瓜生秀文ほか作成）

飾瓦

●—出土瓦一式（糸島市教育委員会所蔵）

菱文《ひしもん》を表現した袖を持つ軒平瓦なども見つかっており、瓦葺の建物が存在していたと想定される。また、主郭の南東方向にも尾根が延びており、堀切群《ほりきりぐん》や土塁《どるい》も確認されている。

主郭の西側には、下の城と呼ばれる主郭と同規模の曲輪が存在する。下の城にも石垣遺構が確認され、また、上の城、下の城の鞍部を繋ぐように曲輪が置かれている。この曲輪の北側斜面一帯には、堀切群と畝状空堀群《うねじょうからぼりぐん》が構築されており、『筑前国続風土記』に記される姪浜堀《めいのはまぼり》とも考えられる。

このように、高祖城の主城地区は、上の城と下の城の曲輪を中心に、前長五〇〇㍍にも及ぶ大規模な城域を有し、周囲の斜面に堀切群や畝状空堀群を構築した高度な防御施設を備えていたことがわかる。また、主郭部分には、平入虎口や曲輪面に礎石と多数の瓦、陶磁器類が検出され、瓦葺の礎石建物に生活空間が営まれたと考えられる。

【原田氏の常の居館　里城】　高祖山の麓、高祖神社から山上へ二〇〇㍍ほど登ったところに、里城（御館）と推定される地区がある。北側は登山道に接し、その範囲は約一二〇×一二〇㍍の方形の区画である。後世の開墾などにより詳細な構造については不明であるが、数段の郭からなり、南辺部では石塁の一部が確認されている。『筑前国続風土記』には、「城の上に谷間より登る道有、其麓に原田氏の常の居宅の跡あり。高祖社よりはるか上なる所也、村民は御館と云。今は田となれり」とある。この場所からは、高祖城の主郭付近で採集されたものと類似する軒丸瓦、軒平瓦が採集されており、なかでも、二次的に火を受けた痕跡のある瓦片が多く表採されている。高祖城は天文二十二年（一五五三）大友・陶連合軍に攻められて落城するが、この時の文書に「原田里城切崩す」とあり、火を受けた痕跡のある瓦は、この時の落城を示す資料とも考えられる。

また、里城の山頂部部分には一の坂礎石群という怡土《いと》城に関連する平坦面がある。ここでも中世の土師器《はじき》の小片が多数散乱しており、これらの遺物からも城館に関する施設があったと考えられる。

【原田氏ゆかりの古刹】　高祖城の麓には現在でも、原田氏にゆかりの深い寺社が残されている。

太祖山金龍寺は、大内氏の家臣となり山口へ伺候した原田興種《おきたね》が、瑠璃光寺桃岳山和尚を迎えて開山とした寺院で、永正五年（一五〇八）父弘種の菩提を弔うために建立された。境内には、原田家累代の墓碑群や位牌、寺宝に原田了栄《りょうえい》寄進の金舎利塔などがあり、高祖山を借景とした庭園は見事である。

●—太祖山金龍寺

高祖神社は、創建の時期は定かではないが、古くより怡土郡の惣社として崇敬される神社である。代々原田氏に崇敬され、永正四年原田興種、天文十年原田親種、元亀三年（一五七二）原田隆種再興の棟札《むなふだ》が残っている。社殿などの寄進も多く行われ、応仁元年（一四六七）に原田種親が京都に赴いたときに京の能神楽を伝えたという高祖神楽（福岡県指定無形文化財）が毎年行われている。

高祖城への登山道周辺には、大鳥居口、古城戸、大門など古代怡土城の土塁を利用した城門跡が残り、現在でも、『筑前国続風土記』にあるように「村中多くは原田家侍の宅なりし故、今も民宅多くして、各区別をなせり、広宅甚だ多し」と参道に沿って整然と屋敷が並び、さながら武家屋敷を思わせる佇まいである。

●—高祖神社

【参考文献】　廣崎篤夫『福岡県の城』（海鳥社、一九九五）、前原市教育委員会『高祖城』前原市文化財調査報告書　第八五集（二〇〇三）、『アクロス福岡文化誌七　福岡県の名城』（海鳥社、二〇一三）、福岡県教育委員会『福岡県の中近世城館跡Ⅱ―筑前地域編2―』福岡県文化財調査報告書　第二五〇集（二〇一五）

（有田和樹）

●怡土郡西部の拠点的城郭

二《に》丈《じょう》岳《だけ》城《じょう》

〔糸島市史跡〕

〔所在地〕糸島市二丈深江・二丈一貴山・二丈福井
〔比　高〕約三三〇メートル
〔分　類〕山城
〔年　代〕一五〜一六世紀
〔交通アクセス〕JR筑肥線「筑前深江駅」下車、徒歩約一二〇分。車の場合は山の南西にある真名子木の香ランドに駐車場があり、そこから徒歩四〇分ほど。

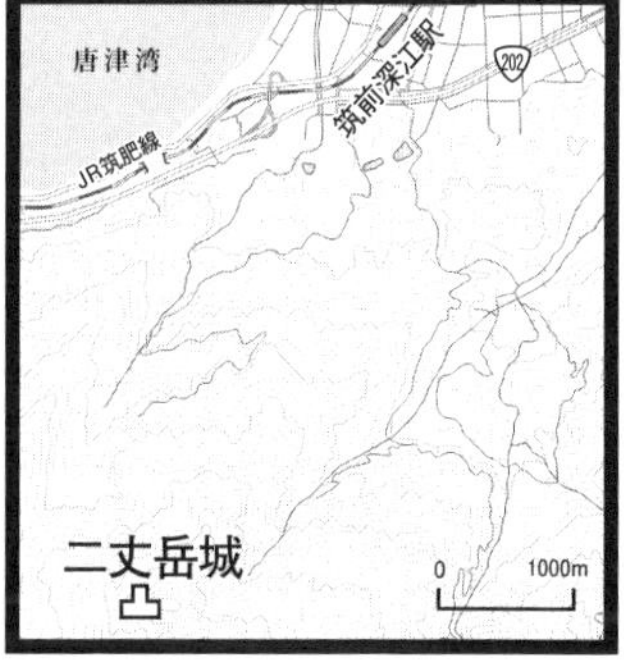

【深江合戦】　二丈岳城は、深江岳城とも呼ばれ、糸島市西部、玄界灘に突き出すように大きくそびえる二丈岳山頂（標高七七一メートル）に位置する。山頂からは、怡土《いと》・志摩両郡を見渡せ、さらに肥前唐津や壱岐まで見渡すことができる。

応永から永享年間にかけて、九州へ進出してきた大内氏は、少弐《しょうに》・大友連合軍とたびたび戦を繰り返していた。永享三年（一四三一）四月、大友氏の居城である立花山城を攻略した大内盛見《もりはる》は、なおも大友・少弐を追って筑前西部へ進行を続け、同年六月に深江岳城下の萩の原に陣を張ったとされる。この時、幕府は大内、大友の和睦に乗り出しているが、大内軍の勢いは、地元の豪族原田氏も巻き込み、大友・少弐・菊池との大合戦となった。「深江合戦」として伝えられるこの戦によって、戦死者の流す血で川水が淀んだため、地元には、「淀川」や、「陣の尾」「柳川（矢流川）」などの地名が残り、戦死者の供養塔として築かれた「千人塚」などが残されている。その後、戦国時代には、豪族原田氏の領有となり、原田氏の一族深江豊前守良治が城主となった。『筑前国続風土記』には、深江岳城として記載され、深江豊前守良治の居城と記される。

天正十四年（一五八六）豊臣秀吉の九州攻めに備え、原田氏の配下である肥前松浦郡の国人領主草野鎮永《しげなが》が入り、九州平定後に廃城となったとされる。

【二丈岳城の縄張】　二丈岳城の縄張は、二丈岳山頂を中心に、東西約二〇〇メートルの範囲に城域を確認することができる。

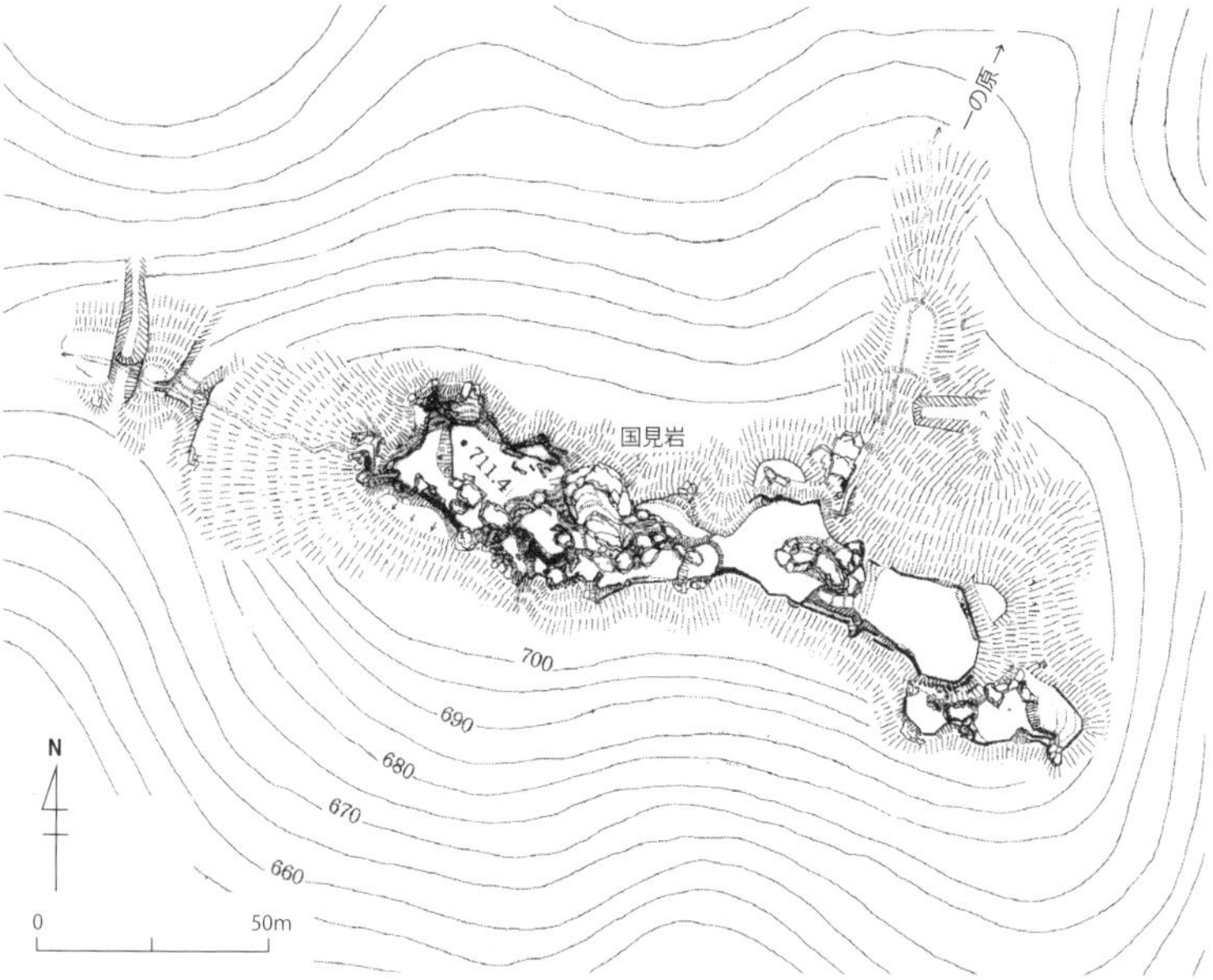

●―二丈岳城縄張図（作図：中西義昌）

山頂一帯は、花崗岩の露頭がみられ、その岩と岩の間を縫うように、五段ほどの曲輪が並列している。山頂部にあたる国見岩の東西両面に曲輪の平坦面を確認できるが、特に東側の曲輪が約二〇～三〇メートルの規模を有し、城内では中心的曲輪となっている。曲輪の縁辺部は断崖絶壁となっているが、南側を中心に、石塁《せきるい》により周囲を固めている。石塁は、露頭の岩と岩の隙間を埋めるように人頭大の自然石が積まれ、一メートル前後の高さを測る。また、西側は緩やかな尾根になっており、尾根の鞍部に堀切二本を設置して尾根筋からの攻撃に備えている。

山頂部では、土師器《はじき》や瓦片が数多く採集されており、瓦葺建物が建てられていたと考えられる。

●―国見岩より曲輪を望む

【信仰空間としての二丈岳】

二丈岳は、山頂に白山大権現（菊理姫《くくりひめ》）を祀っており、周辺集落にとっての信仰の拠点であったことが窺われる。

●—二丈岳城に残る石塁

山頂から北へ約三〇〇㍍下った尾根上には、広い平坦面郡が広がっており、中世の遺物が多く採集されている。ここを城館遺構とする考えもあるが、日常的な屋敷群にしては近場に水場がなく、堀などの防御施設は存在していないため、経塚や窟・基壇・通路などの存在から山頂に祀られる一貴山白山宮に関わる坊院群であったのを、後に城郭として再利用したと考えられる。

二丈岳城は、糸島半島西部と肥前唐津湾を望むことから、怡土郡西部において重要な位置を占めた城であったとみられる。

●—二丈岳城から糸島半島を眺める

【参考文献】廣崎篤夫『福岡県の城』（海鳥社、一九九五）、第二回九州山岳霊場遺跡研究会『脊振山系の山岳霊場遺跡』（九州山岳霊場遺跡研究会、二〇一二）、『アクロス福岡文化誌七　福岡県の名城』（海鳥社、二〇一三）、福岡県教育委員会『福岡県の中近世城館跡Ⅱ—筑前地域編2—』福岡県文化財調査報告書第二五〇集（二〇一五）

（有田和樹）

●大友・島津氏の激戦の城

岩《いわ》屋《や》城《じょう》

〔所在地〕太宰府市大字太宰府
〔比　高〕約二四〇メートル
〔分　類〕山城
〔年　代〕一五～一六世紀
〔城　主〕高橋鑑種、高橋鎮種（紹運）、秋月氏
〔交通アクセス〕西鉄天神大牟田線「都府楼前駅」下車、徒歩約一五分で大宰府政庁跡を通り約六〇分。（城の近くまで車で到達可能）

【城の位置と歴史】　大宰府政庁跡の北側にそびえる四王寺山の支峰・岩屋山山頂（二八一メートル）を中心として、その南側に曲輪群が展開する。文明十年（一四七八）に大内政弘《まさひろ》が深野重親に在城させたのを初見として、大内氏のちには大友氏の筑前御笠《みかさ》郡の拠点城郭として機能した。永禄年間（一五五八―一五七〇）には、一万田《いちまだ》氏出身の高橋鑑種《あきたね》が、そしてその後は、吉弘氏出身の高橋鎮種《しげたね》（紹運《じょううん》）が大友氏から派遣されて城督となっている。

天正十四年（一五八六）には島津方と高橋紹運との合戦（岩屋城合戦）により落城、秋月方の城となるも、翌年豊臣秀吉の九州国分けによって廃城となっている。

【城の構造】　岩屋山山頂に主郭（Ａ）を置き、そこから南東側と南西側に延びる尾根上に曲輪群が展開する。

主郭の南東側には、伝二の丸・伝三の丸と称する曲輪群が並列し、伝二の丸には現在高橋紹運の墓が置かれている。三の丸のさらに西側は堀切《ほりきり》（Ｈ）、畝状空堀群《うねじょうからぼりぐん》により防備する。また伝二の丸

●―主郭の岩屋城址の石碑

曲輪の南東側斜面（K・J）には小規模な曲輪群と竪堀《たてぼり》群がみられる。

また、主郭の背後、北西側では複数の堀切により防御する

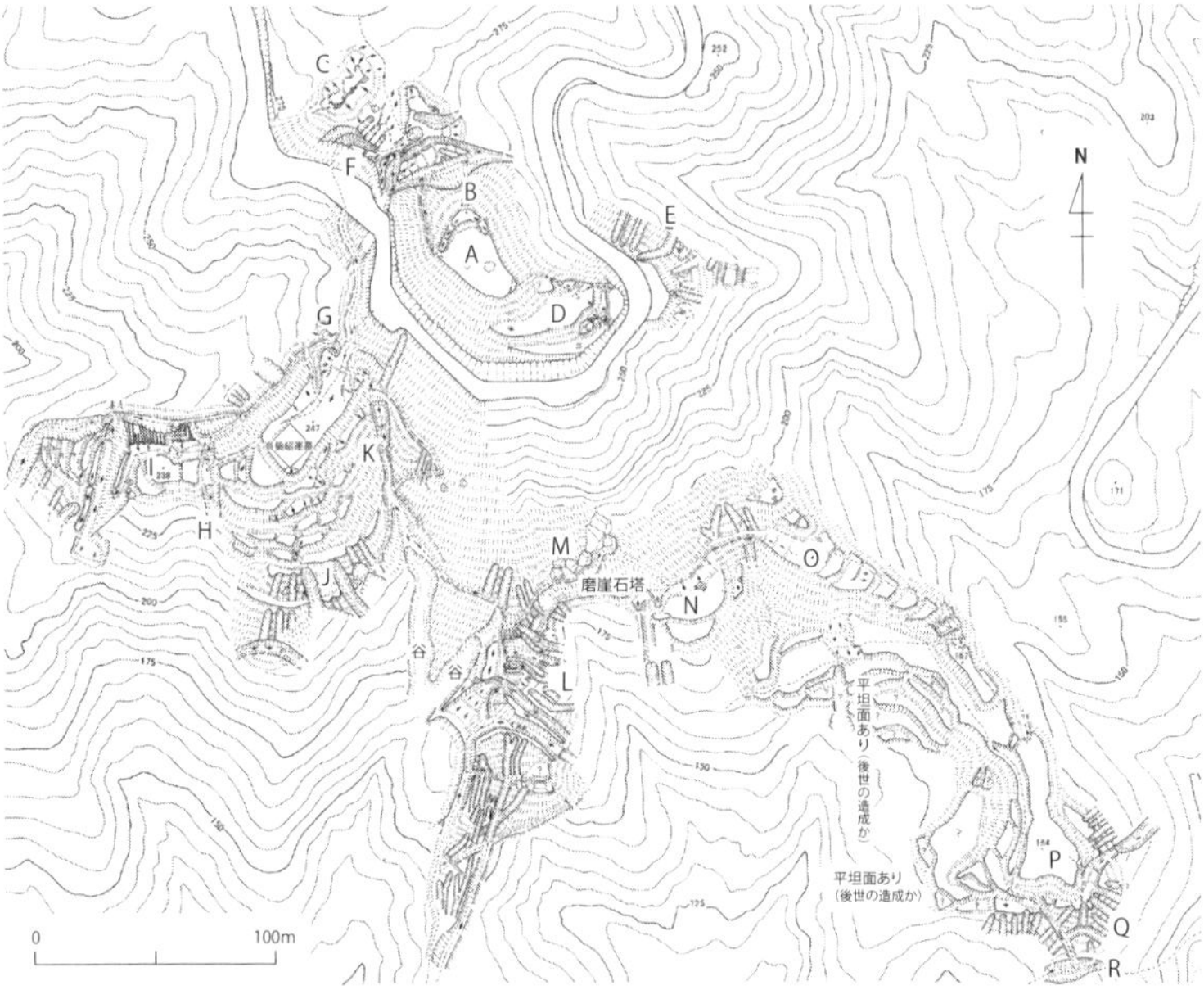

●—岩屋城主要部縄張図（作図：岡寺 良）

●—岩屋城伝二の丸の高橋紹運の墓

とともに城域を区切り、それより山手側には城郭遺構を築いてはいない。

主郭の南東側は曲輪を配し（D）、その東側の尾根上は堀切と竪堀で防御している。一方、南東側斜面は急斜面となっており、城郭遺構はみられないが、下方については伝二の丸曲輪から回り込むような形で城郭遺構が再びみられるようになる。

図中Lの南側の尾根上には複数の堀切や畝状空堀群多数がみられ、城内でももっとも厳重な防備を呈する。ここを防御することによって、伝本丸・二の丸の曲輪群と南東側尾根上の曲輪群（N・O・P）との連絡を確保できるため、堅い防御となっているのであろう。

そして、南東側の尾根上には階段状に曲輪群が並列し（O・P）、その先端部は畝状空堀群と堀切によって堅く防御している（Q・R）。

また、これら曲輪群から離れた南側と南西側の尾根上には

単独で堀切も、設けられている。

このように当城は、四王寺山塊の中腹にあって、南側斜面に対して入念なまでの防御による構えをみせている。

【城の見所】 現在、岩屋城へは、四王寺林道によって、自家用車やタクシーを用いれば、主郭のほぼ直下まで楽に行くことができる。見晴らしの良い主郭からは、博多湾から太宰府の町、さらには筑後方面までを一望にすることができ、岩屋城の支配領域であった旧御笠郡内を隅々まで見渡すことができる。四王寺山頂よりもより良い見通しが、ここに城を置いた最大の理由であることを体感することができる。

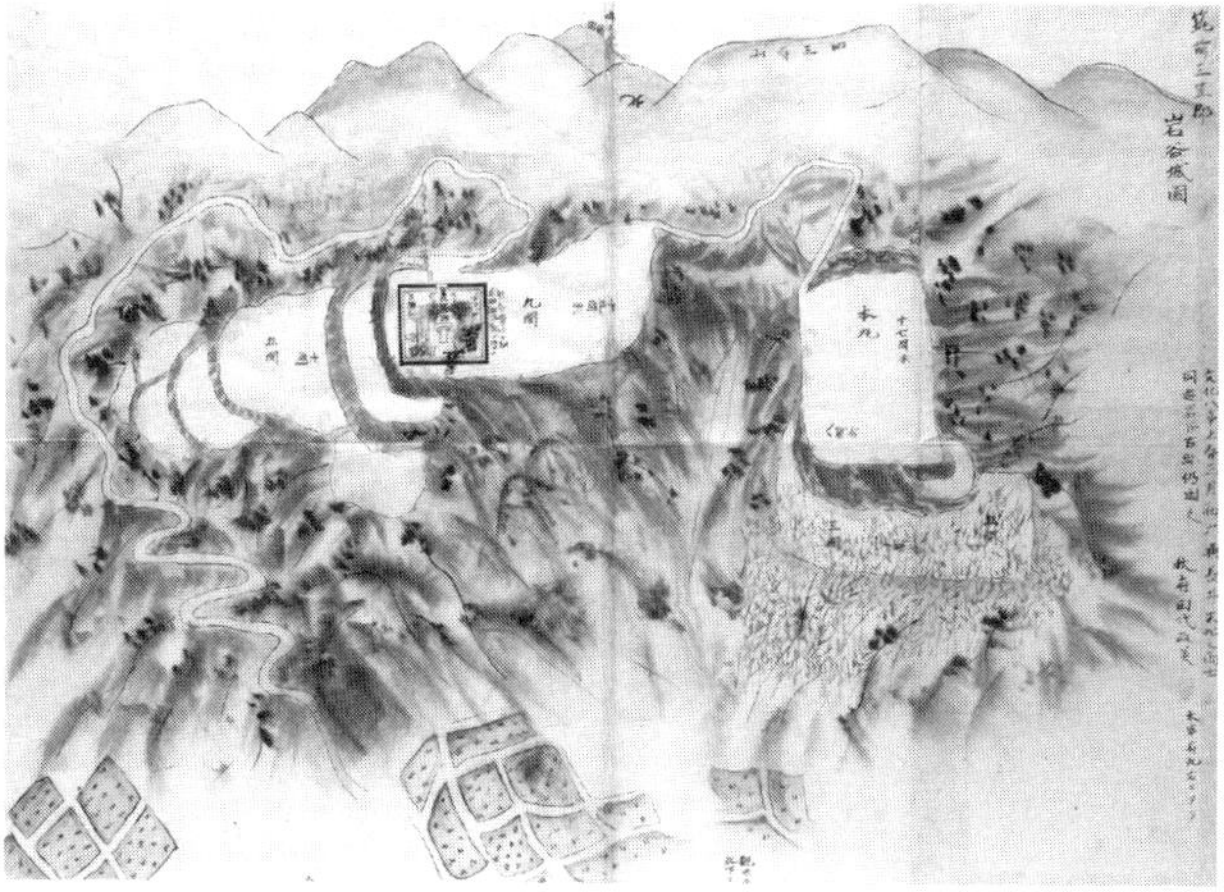

●—岩屋城跡を描いた「岩谷城図」(個人蔵)

しかし、それだけでは岩屋城の醍醐味を十分に味わったことにはならない。岩屋城防御の要は南側斜面である。岩屋城の合戦においては、島津勢は南側斜面を中心に総攻めを行い、甚大な被害を受けながらも落城させている。島津方の宿老・上井《うわい》覚兼《かくけん》は「取添」と呼ばれる防御正面から攻め込んだ結果、顔面に傷を負って退却しているほどであった。また、南西麓側の大字坂本に、「引陣《ひきじ》」という地名が小字として残る。岩屋城合戦の際に島津方が守城軍に押されて軍勢を引いたことに由来すると伝え、「引陣地蔵」が今でも祀られている。

南麓の大宰府政庁、あるいは観世音寺側から岩屋城へは登山道があり、島津勢が攻め上がった斜面を登って城内にたどり着くことができる。途中には、堀切群や竪堀群が急斜面のなかにも数多く残されており、体力に自信のある方はぜひ南側斜面からの登城をお勧めしたい。登り切った後に高橋紹運の墓に参り、主郭からの眺めを見た時の感動は格別であることは言うまでもないだろう。

【参考文献】 福岡県教育委員会『福岡県の中近世城館跡Ⅰ—筑前地域編1—』(二〇一四)、岡寺良『戦国期北部九州の城郭構造』(吉川弘文館、二〇二〇)

(岡寺　良)

●大規模な普請の痕跡を残す境目の拠点城郭

笠《かさ》置《ぎ》城《じょう》

〔所在地〕宮若市宮田・飯塚市庄司・相田
〔比　高〕約三〇〇メートル
〔分　類〕山城
〔年　代〕一六世紀
〔城　主〕毛利氏・秋月氏他
〔交通アクセス〕ＪＲ福北ゆたか線「新飯塚駅」下車、宮若市コミュニティバス「千石峡入口」停留所下車、徒歩二〇分で千石キャンプ場登山口、約八〇分で山頂。

【笠置城の構造】　笠置城は、宮若市と飯塚市の境に位置する笠置山（標高四二一㍍）の山上にある。その規模は主要部分だけでも全長四〇〇㍍を超えており有力国衆の本城にも匹敵する。この巨大な普請の痕跡からは、大規模な動員能力を有する築城主体の関与が想定される。曲輪は、山頂部を中心とし、東側の尾根伝いに展開している。山頂主郭ａは東西四〇㍍、南北最長一五㍍の規模で、北から東にかけて腰《こし》曲輪が巡る。この腰曲輪が城内最大の曲輪ｂとなる。主郭ａの東直下となる位置には虎口《こぐち》も確認できる。虎口に至る通路は、曲輪ｂ上から常時監視できるよう東斜面をできるだけ長く巡らせるように設定されている。主郭ａから西と南には尾根が派生しているが、それぞれ連続堀切《ほりきり》を設置し往来を遮断している。特に南尾根には一部逆Ｖ字状をなす五条の連続堀切が確認できる。さらに主郭から東に約二〇〇㍍に渡って、曲輪群の北側斜面には約三六本の竪堀《たてぼり》からなる畝状《うねじょう》竪堀が設置されており、その厳重な構をみることができる。そして曲輪群が続く尾根東には、要所に曲輪との比高差を大きくとった堀切が往来を遮断する。

【毛利氏の普請】　永禄十一年（一五六八）毛利元就《もとなり》は、大友氏の支配をよしとしない北部九州の国衆の要請を受けて九州に侵攻を開始する。笠置城は、大友氏と交戦する彦山座主や秋月種実《たねざね》（古処山城）、そして高橋鑑種《あきたね》（宝満城）らを支援する適地にあり遠賀郡の領主麻生隆実など周辺の在地勢力を動員して普請が行われている（「麻生文書」）。永禄十二年とされる正月二十九日小早川隆景《たかかげ》から現地の佐藤元実へ兵糧一〇〇俵の搬入が指示されており、さらに二月十一日隆景は、城門などへの使用が考えられる戸扉五面を笠置城へ急ぎ搬送する旨を伝えている（『萩藩閥閲録』）。また、二月十三日高橋鑑種が、菊池氏の重臣吉弘左衛門大夫・大神治部少輔に送った書状（「幸谷文書」）には、「至豊筑（豊前・筑前）新城及十ヶ所、此間被取付、（毛利）元就同名之者、何茂城督ニ指籠」とあり、誇張はあるものの北部九州に侵攻した毛利勢が多数の城郭を整備していたことがわかる。笠置城もこの毛利氏による築城ラッシュの中で改修を受けた城の一つであるといえる。

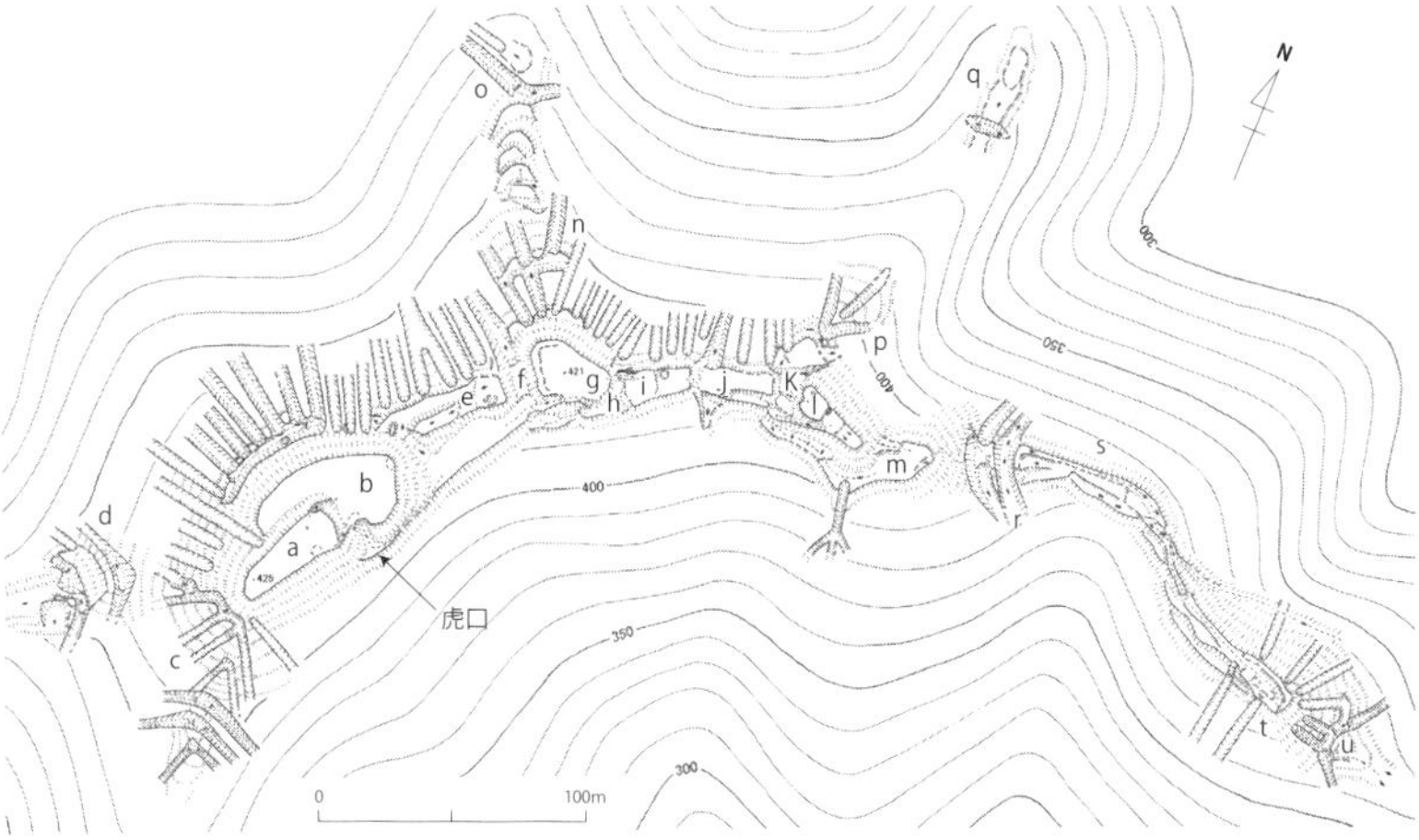

●—笠置城縄張図（作図：岡寺 良）

【秋月氏と笠置城】 永禄十二年十月、毛利氏の九州撤退以降、筑前国は大友氏が支配するところとなる。毛利氏が当城を退去した後と考えられる年未詳七月十六日大友宗麟《そうりん》は、入田義実に若宮庄三五〇町を預けるとともに笠置城の普請と勤番を指示している（「入田文書」）。

天正六年（一五七八）十一月日向高城の戦いで大友氏が島津氏に大敗すると、夜須郡古処山城を拠点とする秋月氏は大友氏に叛き大友領に侵攻を開始する。その後、笠置城も秋月氏の持ち城となっている。秋月氏は、天正十五年四月二日豊臣秀吉に降伏するが、その直前の三月三日、秋月種長が島津氏に送った「内覚」（『旧記雑録』）には、御笠郡宝満城などとともに、敵の手に渡せば戦略上重大な支障が生じる城の一つとして記述されている。

【参考文献】 福岡県教育委員会『福岡県の中近世城館跡Ⅰ—筑前地域編1—』（二〇一四）、岡松 仁「戦国の動乱」飯塚市史編さん委員会編『飯塚市史 上巻』（二〇一六）

（藤野正人）

●一夜城伝説が残る内陸交通の要

益《ます》富《とみ》城《じょう》

〔所在地〕嘉麻市中益・大隈町
〔比　高〕一三五メートル
〔分　類〕山城
〔年　代〕一五～一六世紀
〔城　主〕秋月種実、後藤又兵衛基次、母里太兵衛友信
〔交通アクセス〕JR福北ゆたか線「桂川駅」から西鉄バス27番「西鉄大隈」停留所下車、徒歩二〇分。

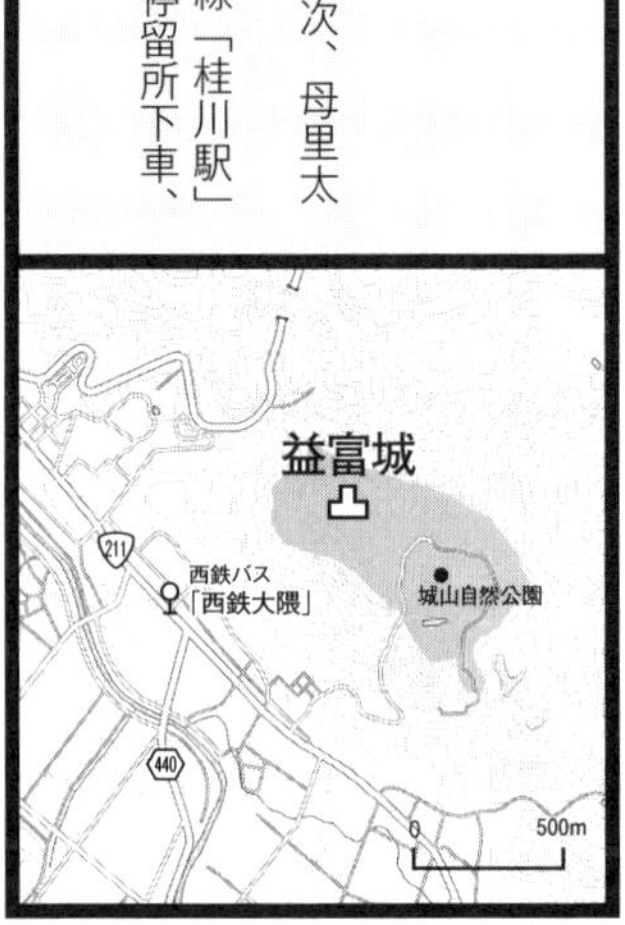

【地政学的位置】　益富城が所在する嘉麻《かま》市は、福岡県のほぼ中央、北側を除く三方を山塊に囲まれた内陸に位置する。近世においては、日田《ひた》・小石原《こいしわら》と飯塚を結ぶ小石原街道、秋月と小倉を結ぶ秋月街道が益富城の城下で交差し、関所が配置されるなど内陸交通の要衝であった。また、益富城は、筑前東部の豊前との国境近くに位置することから、筑前国を預かった黒田氏と確執があったとされる豊前の細川氏をけん制する役割も担っていたと考えられている。

　これよりさかのぼって、豊臣秀吉による九州平定の際には、豊前の小倉に到着した秀吉本隊が、筑後へと抜けるルートに利用したのが秋月街道であり、道中、益富城にも布陣している。秀吉の進軍は、当ルートが近世以前からの軍事ルートとして重用されていたことを推察させるものであろう。

　現在、益富城がある山頂は自然公園として整備されている。山頂に立つと、盆地内の各所に配置された大小の中世山城を見渡せる立地にあることがわかり、容易に周辺の状況をうかがい知ることができる。こうした立地条件の良さが中世以降、城郭としての中心的な役割を期待されたものと思われる。

【城の歴史と一夜城伝説】　益富城は、古記録には「大隈城」あるいは「小隈城」などと表記されることもある。地元には、永享年間（一四二九―四一）に大内盛見《もりはる》によって築城されたと伝えられているが、真偽のほどは定かではない。文献による記録が確かなところでは、江戸時代の地誌『筑前国続

風土記』に「是秋月種実の父宗全隠居城なりし」との記載がみえ、益富城は、戦国末期に北部九州で勢力を誇った国人領主秋月氏の持城となっていたことがわかる。

現在の福岡県朝倉市秋月を本拠地とする秋月氏は、秋月種《たね》実《ざね》の時に最盛期を迎える。豊後の大友宗麟《そうりん》と北部九州における主権争いを繰り広げていた秋月種実は、天正六年（一五七八）、耳川の合戦で大友氏が薩摩の島津氏に大敗すると、肥前の龍造寺氏、薩摩の島津氏らの動向を見極めながら、筑前・豊前国の最大領主へと成長を遂げた。天正十三年、種実は長男の種長《たねなが》に家督と古処山城を譲り、自身は元老となって版図拡大のため益富城に入城した。益富城が豊前や豊後に通じる内陸交通の要衝に位置することが、秋月氏の目に留まったのであろう。

薩摩の島津氏が九州での勢力を拡大する中、島津氏の攻勢に大友宗麟から救援要請を受けた豊臣秀吉は、島津討伐に乗り出し、天正十五年には秀吉本隊が九州に向けて出陣した。島津氏と手を結んでいた秋月氏は、豊前の岩石城にて秀吉軍と戦火を交えたが、秀吉軍の圧倒的な軍勢にあっけなく岩石城は落城した。

この後の経緯は、黒田藩の学者である貝原益軒《かいばらえきけん》が編纂した『黒田家譜』に益富城を舞台としたいわゆる「一夜城伝説」として記載されている。すなわち、この時、益富城には秋月種実が布陣していたが、岩石城落城の知らせを受けた種実は、益富城を棄てて本拠の古処山城へと撤退した。空城となった益富城に入城した豊臣秀吉は、郡内一帯にかがり火をたかせ、大軍の進軍を演出させるとともに、地元町民らから戸板や和紙を集めさせ、新たに城壁を造り上げたかのようにみせかけた。一夜明けて、古処山城から益富城の様子をうかがった種実は、秀吉の神業に戦意を喪失し降伏を余儀なくされたという。

この「一夜城」のエピソードについては後世の作為が感じられるが、いずれにしても本拠とする古処山城や荒平城を凌ぐ規模の要塞に益富城を改修し、秀吉軍と主力決戦に臨むつもりであった種実は、敵の圧倒的な軍事力を目の当たりにして、結果的に戦火を交えることなく敗北した。秀吉からの和睦をはね退け島津方として徹底抗戦の道を選んだ秋月氏は、九州平定後の知行割によって日向国財部《たからべ》へ転封となり、筑前国には小早川隆景が着任することとなった。

慶長六年（一六〇一）、筑前国に黒田長政が入封すると、益富城は「筑前六端城」の一つとして再び脚光を浴びた。城主には黒田家家臣の後藤又兵衛《またべえ》基次《もとつぐ》が着任し、益富城の改修と城下のまちづくりを手掛けたが、豊前の細川忠興との親密な交流などから、藩主黒田長政と又兵衛との間に不和が生じ、慶長十一年、又兵衛は黒田藩を出奔する。後任には、鷹取城から母里《ぼり》太兵衛《たへえ》友信《とものぶ》が転入し、城下の治安を図ったが、元和元年（一六一五）の一国一城令によって、益富城は廃城となった。

この時、大手門は地元の善照寺（嘉麻市上西郷）、搦手門《からめてもん》は母里太兵衛の菩提寺である麟翁寺《りんのうじ》（嘉麻市大隈町）の山門として移築されたと伝えられている。

●―大手口と櫓台跡

●―搦手口と櫓台跡

【城の構造】 益富城は、標高約一九〇メートルの山頂に配置された「主要部」とそれを取り囲むように防衛ラインとして北東側の尾根線上に一・五キロにわたって展開する「外郭部」に大きく区分される。「外郭部」が、戦国末期に北部九州で勢力を誇った秋月氏による城の縄張をよく残しているのに対し、「主要部」は、関ヶ原の戦いの後に筑前国に入封した黒田氏によって、織豊系の築城技術を用いて大規模改修が施されている。

•**主要部** 山頂は、鳥が翼を広げたような東西に細長い形状を呈する。尾根に沿って長辺一六〇メートル、短辺二六メートルの本丸（曲輪A）と長辺一一一メートル、短辺三二メートルの二の丸（曲輪B）が構築されているが、両者の高低差は小さく、区画は平入虎口《こぐち》と櫓台《やぐらだい》が置かれるのみで一続きのプランとして捉えることができる。一方、山頂の両端に設けられた虎口（大手口・搦手口）はいずれも石垣で固め、L字形に屈曲した枡形《ますがた》虎口を重ねて配し迎撃性を強化したものとなっている。なお、発掘調査により大手口の正門には、脇門を備えた高麗門が置かれていた可能性が推定されている。

山頂の本丸（曲輪A）と二の丸（曲輪B）の縁辺には土塁《どるい》と石垣が巡らされ、北東側を中心に横矢《よこや》掛りが多用されて

●—二の丸と建物群跡

いる。これは、平野に面し急傾斜をなす南西斜面に対し、山稜を背後に抱え高低差が小さい北東側の防御性を高めるための工夫と考えられる。また、内部では、発掘調査によって黒田期の複数の建物跡が確認されており、本丸（曲輪A）で検出された四棟の礎石建物のうち、曲輪の中央付近に位置する桁行六間、梁間四間の東西に縁が張り出す瓦葺の大型建物（一二×一一メートル）は、主殿となる可能性が高い。一方、二の丸（曲輪B）では一棟の礎石建物と一棟の掘立柱《ほったてばしら》建物とが併設して検出されているが、いずれも瓦葺の建物ではない。このうち礎石建物では、玄関に続く飛石が確認されており、書院的な性格が想定されている。

　二の丸（曲輪B）から北東側に下った所には広い平坦部（曲輪C）がみられるが、江戸時代の絵図によると、これは大規模な堀切《ほりきり》の跡と考えられ、隣接して貯水池が設置されている。これらも黒田期の改修で、この地点までが城の「主要部」を構成するものと考えられている。

•外郭部　本丸（曲輪A）から北側に下った所に「馬屋台」と呼ばれる場所がある。周囲を石垣で固めた五つの曲輪が階段状に連続して構築されており、谷を挟んで向かい側の尾根上に構築された曲輪群とともに北側からの攻撃に備えた構えとなっている。

　この北側の曲輪群を起点に、尾根線上に沿って、主要部を取り囲むように階段状に連なる曲輪群、多数の畝状竪堀群《うねじょうたてぼりぐん》などが複数のグループに分かれて構築されている。曲輪の中には、土塁や石垣を施すものもみられるが、城の「主要部」でみられるものと比べると簡易な普請である。これらは在地系の築城技術を用いた秋月氏時代の遺構であり、広範囲にわ

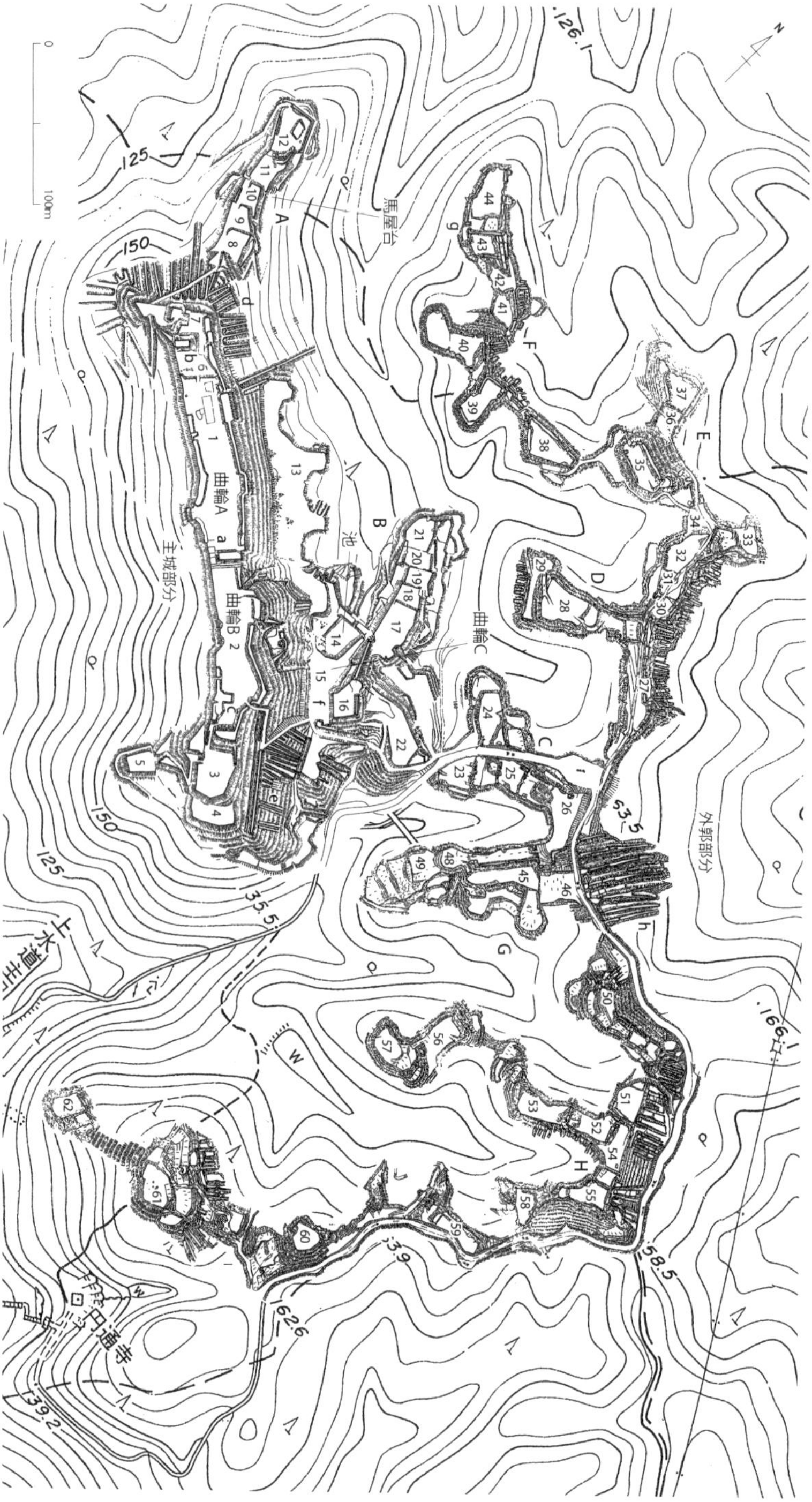

●―益富城縄張図（作図：木島孝之、一部改変）

たるこれらの遺構群は、豊臣秀吉の九州平定に際し、秋月氏が突貫普請した臨時的性格の強いものであったと考えられている。前述のとおり、益富城における秀吉軍との直接の交戦はなかったものの、外郭部の曲輪群は、秋月氏の下、周辺の国衆が秀吉軍との主力決戦に備え益富城に結集した様を偲ぶことができる遺構群としてみることができよう。

北部九州を代表する軍事エリートであった秋月種実が、こだわり続けた総数一六〇本を超える畝状竪堀群、山頂の「主要部」を中心に後藤又兵衛が織豊系の築城技術を用いて改修を施した桝形虎口や横矢掛りなどの遺構は、今も良好に遺存しており、両者を比較しながら、広大な城内を散策することができるのも益富城の魅力である。

●—円通寺の石垣と山門

【益富山円通寺】　益富城の東南、城の「外郭部」に隣接して位置する円通寺は、益富城が廃城となった際に黒田氏が麟翁寺の末寺として建立した寺院と伝えられている。また、有事の際には益富城に代わって防備の欠陥を補うために軍事利用する意図があったとも伝えられている。現在の円通寺は真言宗寺院として、五二〇余りの石段と高石垣の上に建つ山門には鐘楼が設置されているが、その重厚な構えの雰囲気は、軍事施設としての利用を彷彿とさせるもので、あながち地元に残る伝承も信ぴょう性を欠くものではなさそうである。

境内の奥には、近年、水量が乏しくなったものの、高さ十数メートルの滝があり、地元では「滝の観音」とも呼ばれている。その名称は、安永年間（一七七二—八一）に疫病が流行したおり、お産に苦しむ人が多かったので糸島から観音菩薩を勧請したことに由来している。現在は、安産祈願の寺院として知られているが、益富城に縁のある寺院として、時間に余裕があれば、合わせて見学されることをお勧めしたい。

【参考文献】嘉穂町誌編集員会編『嘉穂町誌』（一九八三）、嘉穂町教育委員会編『益富城Ⅰ』（二〇〇四）、木島孝之「益富城」『福岡県の城郭』（銀山書房、二〇〇九）、岡寺良「戦国期城郭としての筑前益富城」『九州歴史資料館研究論集　三七』（二〇一二）

（松浦宇哲）

●中世・秋月氏の拠点

古《こ》処《しょ》山《さん》城《じょう》・荒《あら》平《ひら》城《じょう》

（所在地）朝倉市秋月野鳥・嘉麻市千手（古処山城）
朝倉市秋月野鳥・秋月（荒平城）
（比　高）約六〇〇メートル（古処山城）
一一〇メートル（荒平城）
（分　類）山城
（年　代）一三〜一六世紀
（城　主）秋月氏
（交通アクセス）甘木鉄道「甘木駅」下車、甘木観光バス秋月線「古処山入口」停留所下車、徒歩約六〇分（古処山城）。「秋月」停留所下車、徒歩約一〇分（荒平城）。

【城の位置】　古処山城は、古処山の山頂（標高八五九メートル）を中心に、南側の経《きょう》ヶ《が》峰《みね》と北西に延びる尾根に展開する山城である。山頂からは筑紫平野と嘉麻《かま》方面を一望することができ、嘉麻〜朝倉一帯を支配した秋月氏にとって絶好の場所であった。

　荒平城は近世の秋月藩御館（秋月城）を中心とした城下町の、すぐ脇の荒平山（標高二一八メートル）にあり、山下《さんか》を秋月街道が通る。荒平城が秋月氏の里城で、古処山城は非常時の詰城であるという。また地誌類に秋月氏の邑城として杉本城の名が散見される。日常の居館と思われ、現在の秋月城跡と推定される。

【城の歴史】　秋月氏の本拠地であったため、城の歴史はその盛衰とともにあった。秋月氏は藤原純友《すみとも》の乱平定で活躍した大蔵春実《はるざね》を祖とし、大蔵氏から別れた原田種雄《たねかつ》が建仁三年（一二〇三）に鎌倉幕府から秋月荘を賜り、地名にちなんで姓を秋月にしたことから始まる。

　鎌倉時代は筑前の一御家人に過ぎなかった秋月氏であるが、室町時代には北部九州に進出した大内氏に接近し、筑前地域の一領主として飛躍的な成長を遂げる。一五代秋月種方《たねかた》の時には上座郡・下座郡・夜須郡のほか、筑後にも所領を形成し、大内氏と大友氏の和睦交渉を斡旋するなど、筑前国の領主の中でも存在感を増していた。しかし、天文二十年（一五五一）に陶晴賢《すえはるかた》の謀反により大内義隆《よしたか》が自刃し、その後の混乱した中国地方情勢を治めた毛利元就の台頭により北部九

●―古処山城と荒平城，それらを囲む城郭群（写真：西側から見た荒平城と古処山城）

州をめぐる勢力関係は大きく変化する。この機に乗じて豊前・筑前支配を進めた豊後の大友義鎮《よししげ》（宗麟《そうりん》）と九州進出を狙う毛利氏の間で、北部九州の支配権を巡って対立が起こり、この緊張関係は在地の領主たちにも波及する。

勢力の拡大を図る秋月氏は毛利氏と接近するが、弘治三年（一五五七）、宗麟はそれを理由に秋月種方の討伐を決行する。この際、本拠地であった古処山城は落城し、種方は敗死する。一時的に秋月氏は滅亡することになるが、この危機を毛利氏を頼って脱出した秋月種実《たねざね》は、永禄二年（一五五九）に毛利氏の支援のもと古処山城に帰し、旧領を回復する。筑前に復帰した種実は即座に大友氏へ反旗を翻すが、ほどなくして降伏する。だが種実は基本的に反大友氏の思いがあり、永禄五年に大友家の重臣高橋鑑種《あきたね》が毛利氏側に付いたのに呼応し、大友氏から離反した。翌年には鎮圧され、永禄十年（一五六七）まで大友氏に服するが、前年に大友氏に反旗を翻していた高橋鑑種に応じて種実も離反する。これを受け、同年八月十四日に大友氏は戸次鑑連《べっきあきつら》（道雪《どうせつ》）・臼杵鑑速《うすきあきはや》・吉弘鑑理《よしひろあきまさ》らを約二万の兵とともに秋月討伐へ派遣する。秋月勢は、本拠地秋月の際《きわ》の甘水《あもうず》や長谷山《はせやま》まで攻め寄られ、種実は杉本城（現在の秋月城か）から討って出て、一日に七度の槍合わせがあるも、日が暮れて双方とも城や陣に帰した。翌十五日早朝、大友勢が攻め来る間に種実は杉本城を引き払って古処山城に籠った。大友勢は戸次鑑連が茄子町《なすまち》（休松《やすみまつ》城）、臼杵鑑速が観音岳（福嶽城）、吉弘鑑理は道場山付近（道場山城か）に布陣して古処山城攻めの準備をしたが、城が険阻で難攻なため、すぐに攻め上ることはしなかった。この睨み合いの間に高橋鑑種、秋月種実らは毛利元就に援軍要請をし、元就も応じる姿勢をみせたことから、大友勢も陣を下げる準備をしていたという。この折の九月三日の夜、秋月勢は四〇〇〇人余りが討って出て、臼杵氏、吉弘氏の陣に夜襲をかけて大友勢は大混乱に陥り、楢原や隈江まで退いた者も多くが秋月勢に追撃された。茄子町の陣に逃げ込んだ大友勢も、混乱から敵と間違えられ、吉弘・臼杵の名のある者も含めて多くが同士討ちに遭ったという。この状況を見た戸次鑑連は恥ずべしと味方を鼓舞して自ら槍を持って奮戦したが、時すでに遅く、大友勢は総崩れとなって筑後まで撤退した。これを休松の戦いという。

天正六年（一五七八）、耳川合戦で大友氏が島津氏に大敗し、九州の勢力図が一変する。毛利氏が九州から撤退し、九州最大勢力となっていた大友氏が敗北し、衰退の兆しをみせたことで、肥前の龍造寺氏や薩摩の島津氏が大きく台頭する。種実はこの機に龍造寺氏に接近し、反大友勢力となる。天正十二年（一五八四）の沖田畷《おきたなわて》の戦いで龍造寺氏が敗れ、島津氏が優勢になると秋月氏は島津氏に従属する。北上を進める島津氏について豊前・筑前の大友領内に進出する中で、秋月氏は筑前最大の勢力へと成長した。しかし、天正十五年（一五八七）、大友氏からの救援要請を受けた豊臣秀吉が島津討伐のため九州へ出兵してくる。それに対し種実は島津方として徹底抗戦する道を選ぶ。天正十五年四月、秋月氏の重要拠点であった岩石城がわずか一日で陥落、力の差をみせつけられた種実は、息子種長《たねなが》とともに降伏する。その後、八丁峠を越えて秋月まで進軍してきた秀吉は荒平城に二日間ほど逗留し、筑後へ軍を進めた。秀吉の九州平定がなると、秋月氏は日向国財部（高鍋）へ転封となり、約四〇〇年守り続けたこの地を去ることになった。

古処山城、荒平城は、ともに築城の時期は明確でない。荒平城は、国道三二二号線の道路建設に先立って一部発掘調査がなされている。それによると二棟の礎石建物などの遺構のほか、遺物は土師器《はじき》の小皿や坏、土鍋、火舎《かしゃ》、擂鉢、陶器、白磁、青磁、染付や五徳や刀子《とうす》などが出土した。これによると城の存続年代は一三世紀〜一六世紀後半であることが想定でき、荒平城の築城年代が少なくとも一三世紀に求められる。

【城の構造】 古処山城は山頂部から北西側に続く北郭群と、南側に続く経ヶ峰にある南郭群を中心に展開する。北郭群は1の曲輪を中心とし、北側に複数の曲輪があり、その下に畝《うね》状《じょう》空堀《からぼり》群《ぐん》が構築される。1の曲輪には石による化粧基壇の一部が確認でき、瓦が散見されることから、瓦葺の建物があったと思われる。また、現在の秋月城にある黒門は秋月城の大手門を移築したものであるが、もともとは古処山城の搦手《からめて》門《もん》であったとも伝えられる。西側には二本の大きな堀切《ほりきり》を設け、西側尾根柄の侵入を妨げている。南郭群は頂部に近い2の曲輪を中心に東西へ曲輪が展開し、西側に3・4の比較的大きな曲輪が配される。3・4以外の曲輪の削平が甘いことから、短期間のうちに拡張したことが指摘される。西側から南側にかけての斜面には畝状空堀群が取り囲み、これらの頂部に

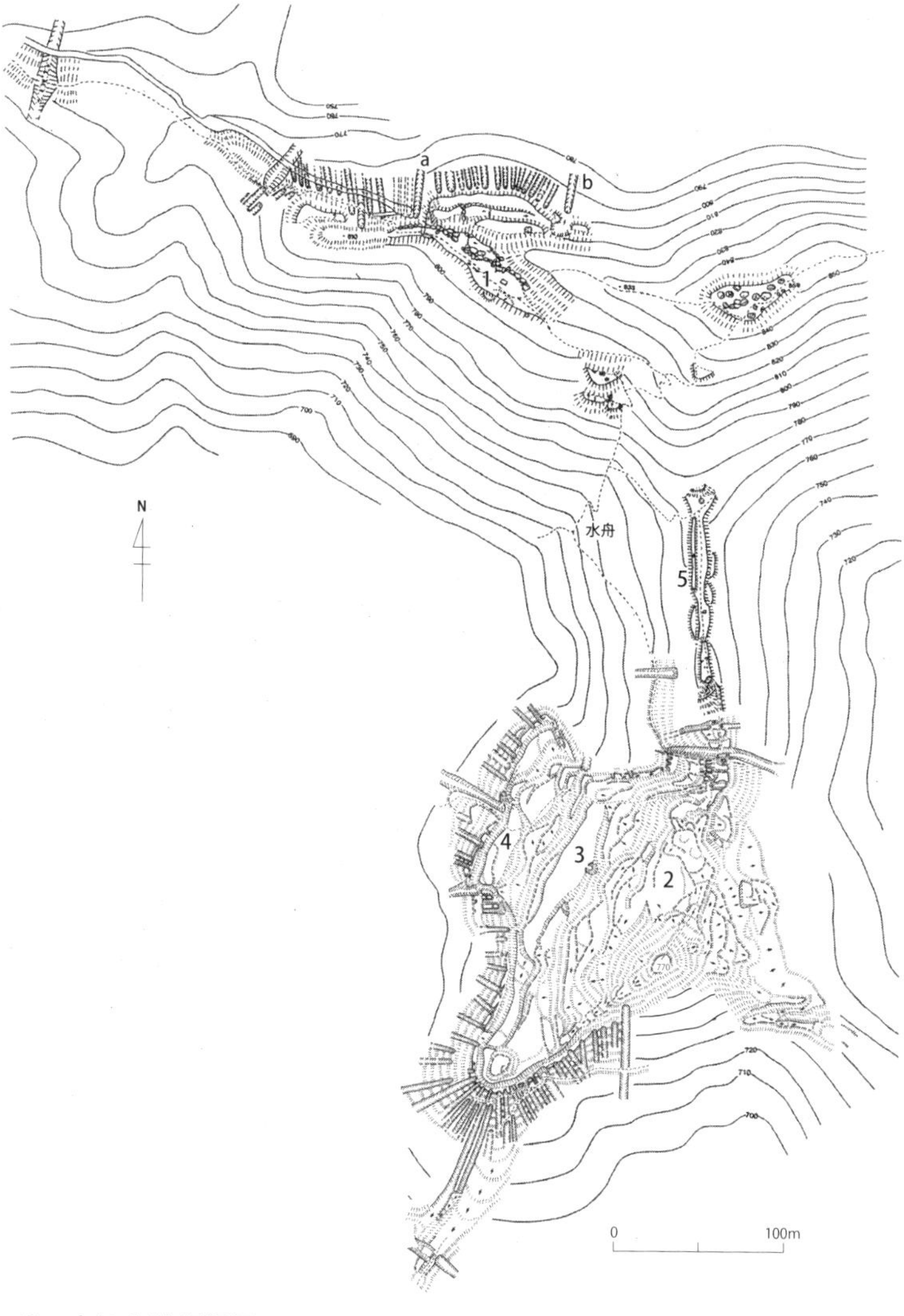

●—古処山城縄張図（作図：岡寺 良）

は犬走りや横堀が備えられていることから、北郭群の畝状空堀群よりも進んだ構造をしている。さらに南西側の尾根筋に堀切を設け、城域を区画している。北郭群と南郭群の中腹には、一日に一〇〇〇人の喉を潤したと伝えられる「水舟」という水場があり、現在でも水が湧き、登山者の喉を潤している。なお、古処山のツゲ原始林は国指定記念物となっている。

また、古処山城に続く尾根筋上には点々と小規模な城郭が残されている。南側の経ヶ峰（南郭群）に続く尾根筋は、下から上秋月八幡宮の裏手にある上秋月城から始まり、一八一頁の図のように標高二一〇メートル付近にある古処山城山麓城郭1、標高三一五メートル付近にある城郭2、標高四七〇メートル付近には城郭3と報告される堀切や土塁《どるい》からなる小城郭がある。同じ尾根筋の標高一八五メートル付近にも城郭5があり、この尾根のさらに東側にある別の尾根筋にも標高三三八メートル付近にも城郭4がある。このように古処山城は山頂の本城を中心とし、要所に小城郭を配して防御を固める構造をしており、周辺に未知の小城郭が存在している可能性もある。

荒平城は荒平山の頂部を頂点に南側に派生する東西二本の尾根上と、谷を隔てて「一木尾《いちきお》」ともいわれる尾根に曲輪群が展開する。荒平城の曲輪群は谷や堀切による区画から大きくⅠ～Ⅴの曲輪群に分けられる。Ⅰの曲輪は頂部に位置し、他の曲輪群より優位な位置にある。南側にある二本の尾根筋の結節点であり、南北を堀切によって塞いでいる。先述の発掘調査がなされたのもこの曲輪である。眺望もよく、現在も久留米方面が一望できる。Ⅱの曲輪は麓からfの堀切によって区画される曲輪で、西側を中心に畝状空堀群が随所に配される。hの曲輪では山側に土塁《どるい》を設けて入口を東側に寄せ、さらに西側の通路に寄せる喰違虎口《くいちがいこぐち》となる。Ⅲの曲輪は南北を堀切によって区画し、比較的広い曲輪によって構成される。土器や陶磁器類の散布がみられることからある一定の居住空間を成していたと推測される。西側に堀切や畝状空堀群が配される。Ⅳの曲輪は麓からrの横堀もしくはqの堀切によって区画される範囲である。曲輪は近世墓の造営によって本来の姿でない箇所も多いが、頂部付近の平坦面は旧景を留めているものと思われる。北側と南～東側にかけては犬走りを伴う大規模な畝状空堀群が造営される。Ⅴの曲輪は他の曲輪と谷を隔てている上、尾根を辿っても他の曲輪に繋がらない。この一木尾の曲輪群は「一木尾城」とも呼ばれる。現在国道三二二号線が通るあたりに堀切があったとも伝えられるが、詳細は不明である。頂部のuの曲輪には土塁を設け、虎口様の構造がみられる。また土留めと思われる低い石垣も確認できる。帯曲輪をｖの竪堀によって分断している。荒平城は秋月氏の里城の名に恥じず、長大な曲輪群を形成し、大規模な畝状空堀群も配され、相当な土木量を投入している。

【参考文献】副島邦弘、木下修、磯村幸男『筑前秋月　荒平城』（福岡県教育委員会、一九八二）、岡寺良「戦後期城館にみる戦国城下町秋月」『秋月街道』（福岡県教育委員会、二〇〇四）、岡寺良編『福岡県の中近世城館跡Ⅰ―筑前地域編１―』（福岡県教育委員会、二〇一四）、岡寺良『戦国期北部九州の城郭構造』（吉川弘文館、二〇二〇）、篠原浩之編『戦国期筑前の雄　秋月種実』（朝倉市秋月博物館、二〇二一）

（中島　圭）

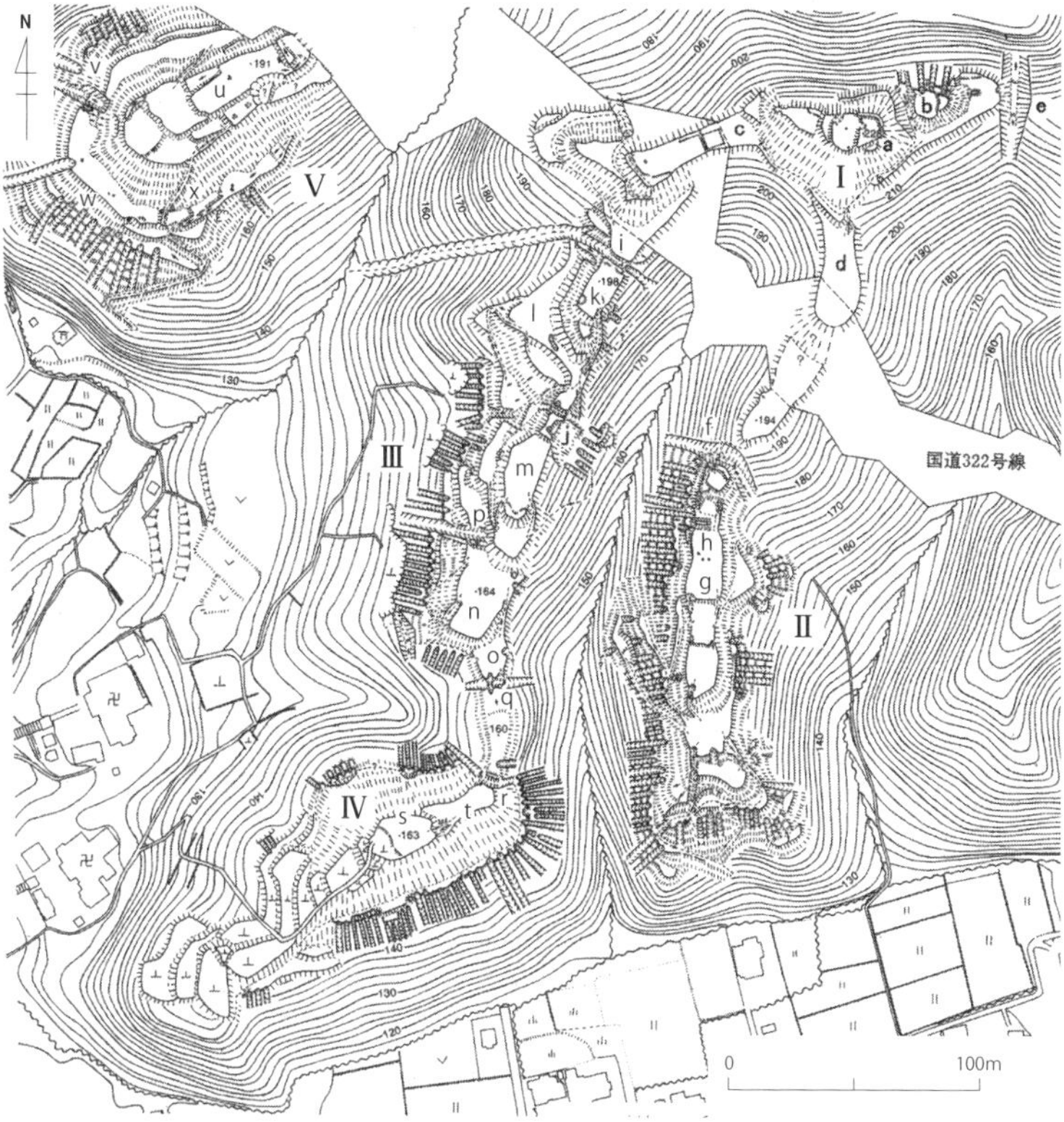

●―荒平城縄張図（作図：岡寺 良）

●―荒平城の東側堀切（図中ｅ）

●小京都秋月のシンボル

秋月陣屋《あきづきじんや》・南御殿《みなみごてん》

〔福岡県史跡（秋月城跡）〕

〔所在地〕朝倉市秋月野鳥・中村
〔比　高〕約五メートル
〔分　類〕陣屋
〔年　代〕一六二三年～幕末
〔城　主〕黒田氏
〔交通アクセス〕甘木鉄道「甘木駅」から甘木観光バス秋月線「博物館前」停留所下車、徒歩五分。

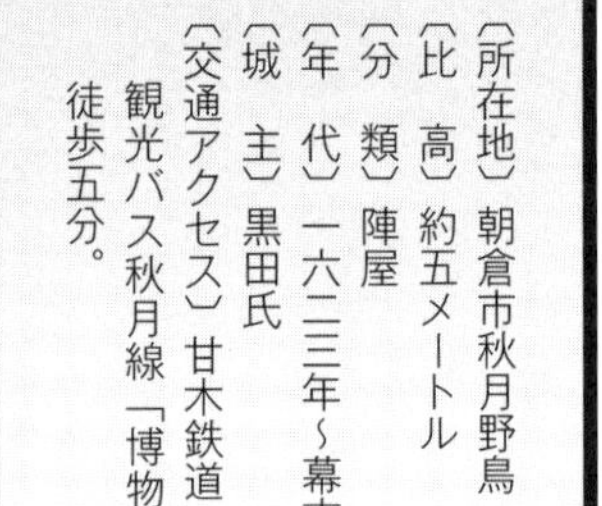

【立　地】秋月は、戦国時代、秋月氏の本拠地として栄え、古処山《こしょざん》の山頂には古処山城が構えられていた。その麓にあった居館跡を利用したのが秋月陣屋である。

建仁三年（一二〇三）、原田種雄《たねかつ》が恩賞として筑前夜須郡秋月荘を拝領し、秋月と改姓し、古処山城を築城してその麓に居館を構えた。戦国末期、秋月氏は、一二代種実《たねざね》の時に薩摩島津氏と手を結び、筑前・筑後・豊前地域に勢力を拡大したが、天正十五年（一五八七）、豊臣秀吉に降伏して日向財部三万石に移封され、このとき古処山城や居館も廃された。

慶長五年（一六〇〇）、黒田氏の筑前国入部に際し、初代藩主長政《ながまさ》の叔父にあたる黒田図書直之《なおゆき》に秋月の地一万石が与えられた。その際直之は、秋月氏が残した建物を居館として使用したと伝えられる。

元和九年（一六二三）、黒田長政の三男、長興《ながおき》に、夜須《やす》・下座《げざ》・嘉麻《かま》の三郡五万石が分知され、秋月支藩が成立した。藩主長興は、直之の居館を大幅に改修し、藩庁や藩主御殿を整備して陣屋とした。

【秋月藩五万石の陣屋】秋月陣屋は、古処山を背にした盆地の東南隅の高台におかれ、秋月街道から南へ分岐する杉ノ馬場に沿って築かれている。現在、秋月中学校と一段高くなっている梅園がその敷地である。陣屋の前面は、水堀によって区切られ、堀に面した斜面上部には、高さ一～二メートルほどの石垣が築かれ、絵図などには隅櫓《すみやぐら》など五棟の櫓も確認できる。陣屋へ入るには、堀に架けられた瓦坂を渡るが、この部分は

●―秋月陣屋と古処山城遠望

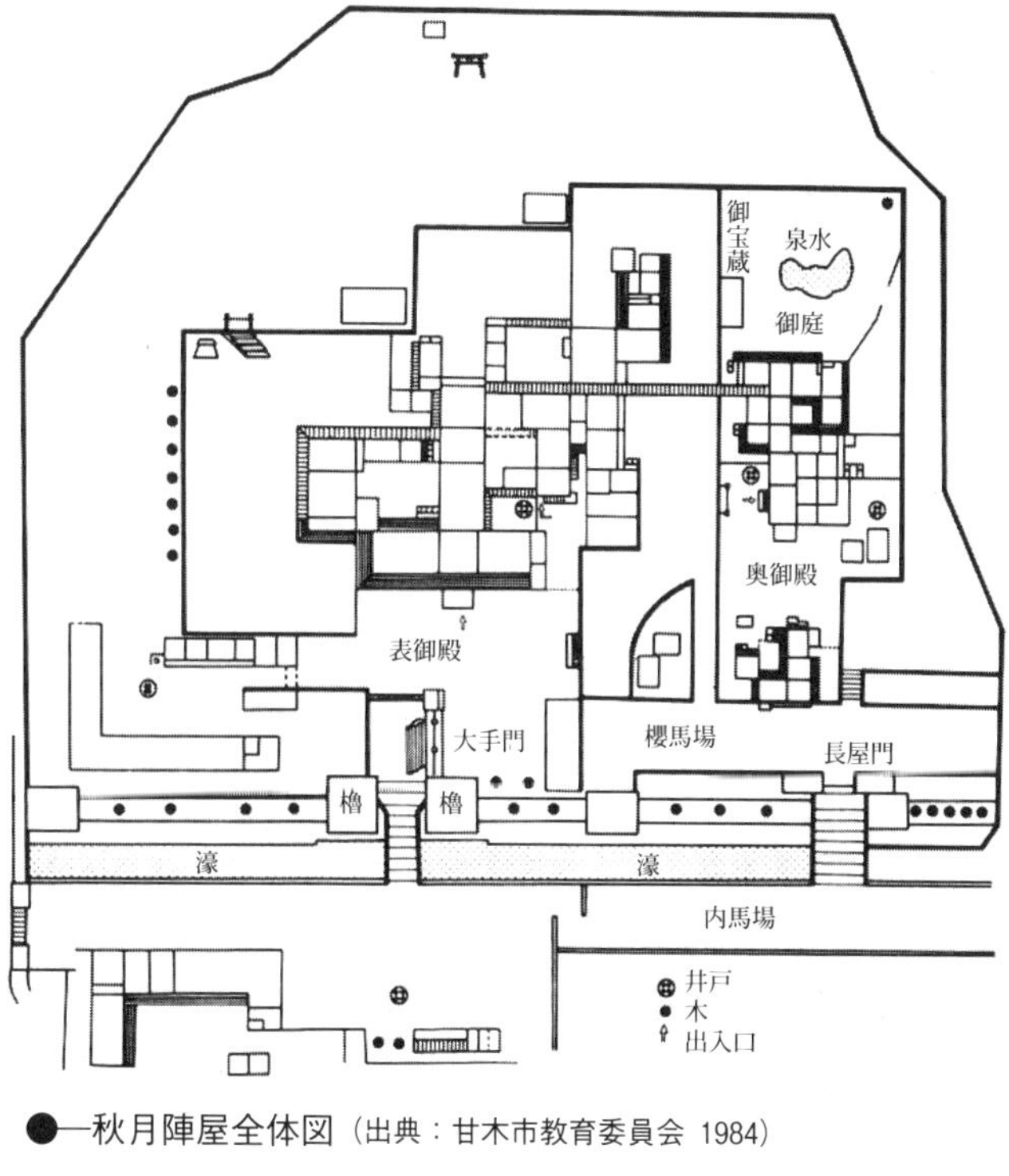

●―秋月陣屋全体図（出典：甘木市教育委員会 1984）

右折する内桝形《うちますがた》となっており、古処山城の搦《からめ》手《て》門《もん》を移築したと伝えられる黒門が表御門となっていた。現在この部分は、後の改修により塞がれている。表御門を入ると、政務を行う表御殿となり、当時は、大書院を中心に数々の建物が建っていたことがわかる。その後、明治六年（一八七三）に廃城となり、一部を残して撤去された。

奥御殿は、裏御門から出入りでき、水堀を挟んで内馬場に通じていた。裏御門は、長屋門形式で、秋月陣屋の中では唯一、元の位置に建つ建造物である。解体修理の結果、嘉永三年（一八五〇）に建てられたものであることが確認された。

陣屋の表御門であった黒門は、現在、藩祖長興を祀る垂裕《すいよう》神社の参道に移築されている。黒門と長屋門は昭和三十六年（一九六一）に県の有形文化財に指定されている。

【南御殿】秋月陣屋から尾根を跨いだところに、秋月八幡宮が鎮座している。その参道に隣接する形で南御殿があった。文久三年（一八六三）三月に建設を開始し、明治初年に竣工したとされる。絵図面では、鬼門除けに北東を欠いた長方形

●—瓦坂

●—裏御門（長屋門）

●—西北隅櫓台

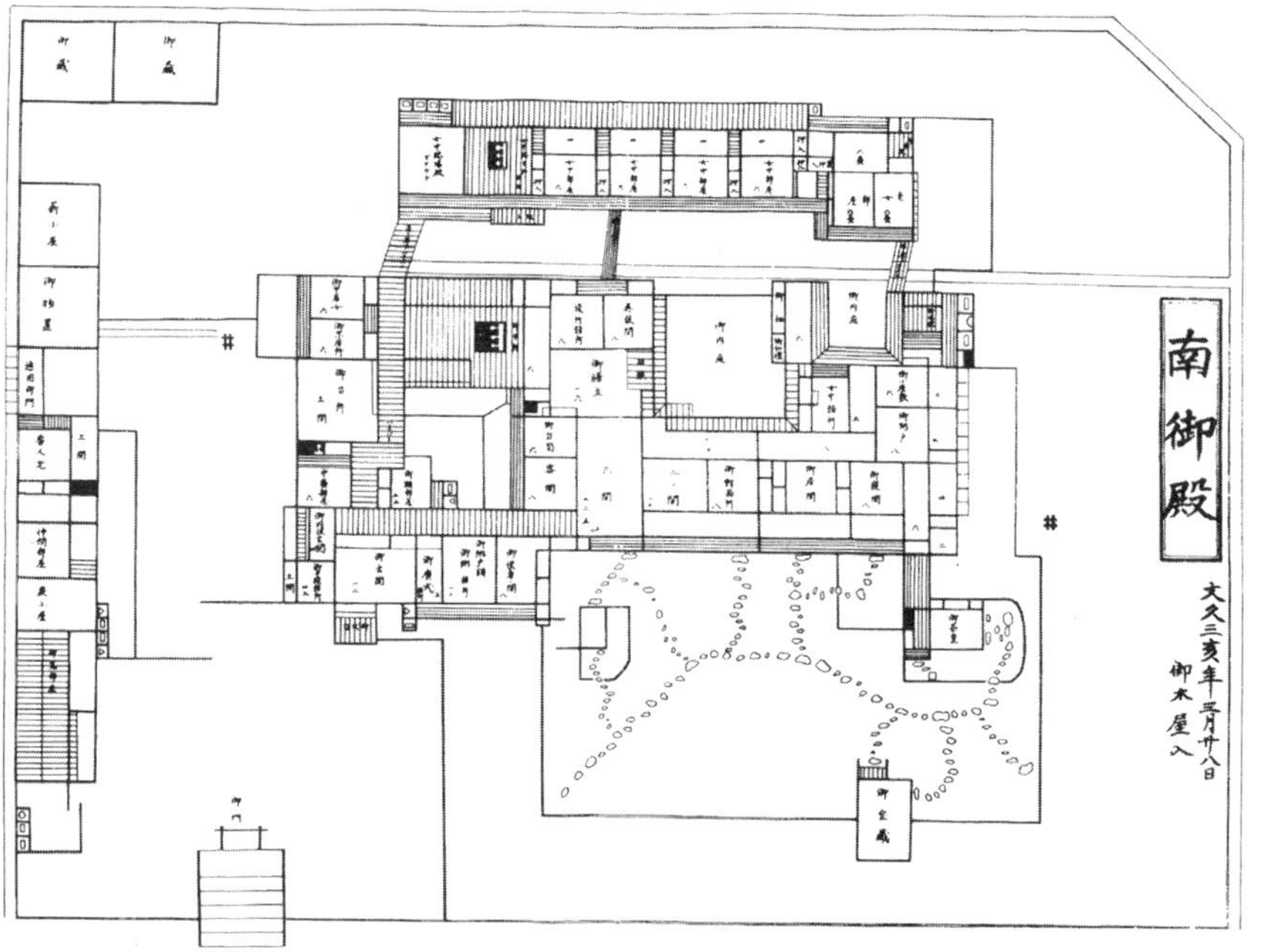

●―南御殿（出典：田代 1951）

の敷地中心に、庭園を設えた屋敷が描かれており、居間や台所、女中部屋など主に生活空間の室名が記されるため、藩主の別宅として建設されたのではないかと考えられる。明治以降、個人宅や秋月大安寺の本堂として利用され、上秋月小学校の敷地となった。現在は、朝倉市上秋月運動広場となり建物などは残っていないが、敷地の周囲には石垣がみられ、一部は積み直しもみられるものの、基本的には当時のままを反映しているものとみられる。

【参考文献】甘木市教育委員会『筑前秋月城跡Ⅳ』甘木市文化財調査報告第一七集（一九八四）、『アクロス福岡文化誌7　福岡県の名城』（海鳥社、二〇一三）、田代政栄『秋月史考』（一九五一）、福岡県教育委員会『福岡県の中近世城館跡Ⅰ―筑前地域編1―』福岡県文化財調査報告書　第二四九集（二〇一四）、第七回九州城郭研究大会資料集『城と呼ばれなかった近世城郭―陣屋・御殿・麓』（北部九州中近世城郭研究会、二〇二〇）

（有田和樹）

●筑前六端城の一つ

麻《ま》氏《て》良《ら》城《じょう》

〔所在地〕朝倉市杷木志波・山田
〔比　高〕約二二〇メートル
〔分　類〕山城
〔年　代〕築城年代不詳～慶長二十年（一六一五）
〔城　主〕喜津瀬（吉瀬）氏、（内田氏）、仁保氏、伊藤氏、栗山氏
〔交通アクセス〕西鉄バス「志波」停留所下車、徒歩六〇分、普門院より徒歩三〇分。

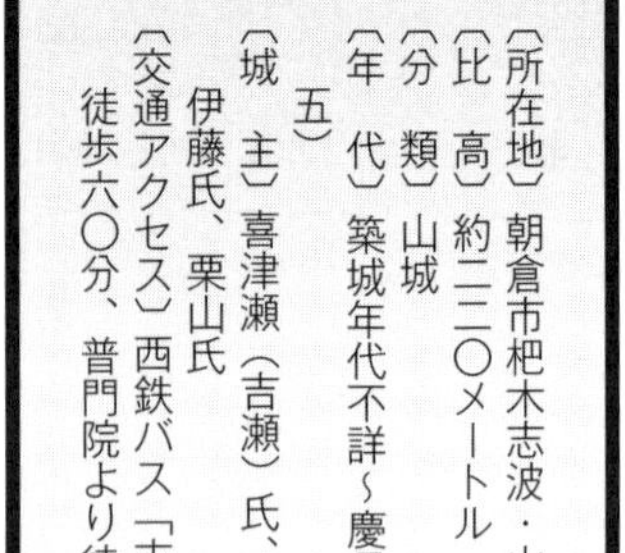

【城の位置】 麻氏良城は、麻氏良山の山頂（標高二八〇～二九五メートル）付近にある。麻氏良山は朝倉山塊が筑後川に向かって延びる尾根筋の頂の一つであり、山と筑後川の間を日田と甘木を結ぶ道が通る。麻氏良山の麓にある恵蘇宿《えそのしゅく》には「隠《かくれ》家森《がのもり》」といわれる楠の森があり、「朝倉の関」を表立って通れない者たちが日暮れまで隠れていたといわれる。こうした伝承があることからも交通の要衝を押さえる場所にあることがわかる。麻氏良山の山筋は、南側に北川が流れる志波《しわ》の谷筋が入り、山の麓には古刹である普門院《ふもんいん》がある。普門院本堂は国指定重要文化財で、鎌倉時代末期の建造とされ、福岡県内最古の木造建築物である。麻氏良山の山頂には「延喜式神名帳」に記載がある筑前国上座郡《かみざぐん》の式内社である麻氏良布《まてらふ》神社が鎮座する。『日本書紀』斉明天皇《さいめいてんのう》の条に、天皇が百済《くだら》復興のために遠征を決意し、朝倉橘広庭宮《あさくらたちばなのひろにわのみや》に移った際に「朝倉の社」の木を切ったため、神が怒り宮殿を壊し、宮中には鬼火が飛び、大舎人や近侍の人々に病死者が多かったと記される。この「朝倉の社」が麻氏良布神社であるともいわれる。山筋の北側は、奈良ヶ谷川によって形成された奈良ヶ谷の谷筋が入り、麻氏良山の北麓の尾根上には平安時代前期の山林寺院の痕跡もある。地理的意味のみならず、宗教的にも古来より歴史の深い山であるといえる。

【城の歴史】『筑前国続風土記』には秋月種実《たねざね》が築いた城で、喜津瀬《きつせ》（吉瀬《きつせ》）因幡《いなば》・吉瀬主水《きつせもんど》を城番としたとある。『生駒雅楽頭殿宛覚書』には左右良山《さゆらやま》（麻氏良山の別名）、城主は内

田善兵衛《ぜんべえ》とあり、城主の変動があるようだ。『問註所家文書』には永禄十年（一五六七）の休松《やすみまつ》の戦い後に大友方であった問註所鎮連《もんちゅうじょしげつら》が奪取し、麻氏良城を修繕したことが記される。

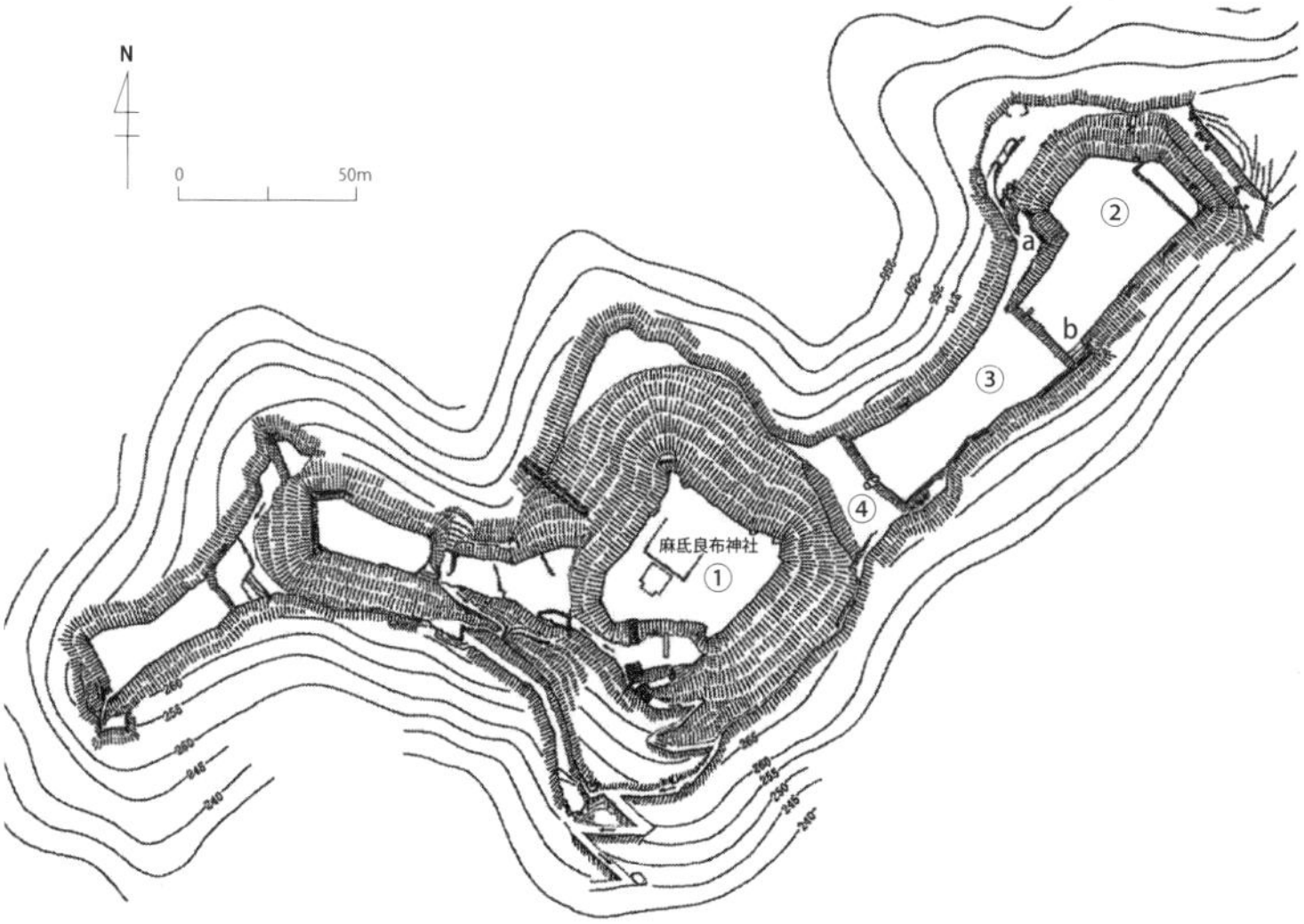

●—麻氏良城縄張図（作図：木島孝之）

天正九年（一五八一）の秋月勢が浮羽方面へ討って出たことに起因する原鶴合戦の際には、大友勢の援軍到来を聞いた秋月種実は、まず麻氏良城まで出てきた後に香山などに陣を展開した。秋月勢は原鶴での戦いで豊後勢を押し戻した後、原鶴に敵の首七五〇を晒し、勝鬨を挙げて麻氏良城に引き上げたという（『筑前国続風土記』）。麻氏良城に関する資料は断片的で多くないが、戦国期の攻防の中でこの城が重要な位置を占めていたことがうかがえる。

秋月氏が転封となった後、小早川隆景が筑前を治めた際には仁保右衛門大夫隆康《にほうえもんたいふたかやす》が入城し、小早川秀秋の代には伊藤雅《う》樂助《たのすけ》が入っていた。

関ヶ原の戦い後、黒田長政が筑前国に入府し、一万五〇〇〇石で栗山備後利安が入城した。筑前黒田藩の六端城の一つで、栗山氏が元和の一国一城令で廃城となるまで入っていた。

【城の構造】　戦国期から近世初頭まで存続した城であることもあり、近隣の秋月氏関係の山城と異なって、石垣の使用が顕著である。城は神社が鎮座する山頂部を主郭とし、東西の尾根に曲輪が配される構造をとる。曲輪の周囲には石垣が随所に確認でき、総石垣であったと考えられ、算木積《さんぎづみ》で積まれることから、慶長年間（一五九六―一六一五）の黒田氏の改

●—麻氏良城に残る石垣

修とされる。またaの桝形虎口《ますがたこぐち》やbの横矢《よこや》なども同様の改修と考えられる。

その一方で④の場所や②の東側に確認できる堀切《ほりきり》は戦国期のものを踏襲している可能性が高いと思われるが、斜面には畝《うね》状空堀群《じょうからぼりぐん》などの施設は認められない。

また、山麓一帯には字「里城」や「政所」があり、居館の存在を予感させる。また、さらにその南側には字「杉馬場」があり、一般士分の集落が想定される。おそらく慶長年間の栗山氏入城時のものと考えられる。現状の曲輪すべての面積は、他の周辺城郭よりも一段と広いが、これは戦国期か

●—麻氏良城北東側の堀切

ら、麻氏良城が豊後との国境にあたる杷木《はき》地域の支配の拠点と考えられていたことを示すとともに、慶長年間には六端城の一つとして構築された理由を示しているのであろう。

【参考文献】木島孝之「近世初頭九州における支城構造—黒田・細川領の支城について—」『福岡県地方史研究』一三（福岡県地方史研究所、一九九五）、福岡県教育委員会『福岡県の中近世城館跡Ⅰ—筑前地域編1—』（二〇一四）、篠原浩之編『戦国期筑前の雄　秋月種実』（朝倉市秋月博物館、二〇二一）

（中島　圭）

●筑紫平野東端の要衝

長《なが》尾《お》城《じょう》

〔所在地〕朝倉市杷木穂坂
〔比　高〕約八〇メートル
〔分　類〕山城
〔年　代〕一六世紀
〔城　主〕木村氏
〔交通アクセス〕国道三八六号線沿い「杷木神籠石」駐車場から徒歩約一五分。

【城の位置】　長尾城は、朝倉山塊から派生する山々の尾根が筑後川と接する、日田《ひた》市の夜明《よあけ》付近を頂部として広がる筑紫平野の扇状地の頂部付近の山頂（標高一二九メートル）に位置する。筑後川の右岸を東西に行き来するには長尾城のある尾根筋を越えるか、せりだした山筋と川の接点を回らねばならない。この地形は往来には不便であるが、交通の要所として古来より重視された。それは古代の山城である杷木城《はきじょう》（杷木神籠石《はきこうごいし》／杷木神籠石指定地内は国指定史跡）が築かれたことからもうかがえる。この杷木城が土塁《どるい》を巡らしている範囲の中に、中世の山城である長尾城とその出城とされる鵜木城《うのきじょう》が築かれている。また、現在長尾城と鵜木城の間に国道三八六号線が走っているが、これは江戸時代に開削された街道筋をベースとするものである。長尾城へ続く里道の脇には「長巌塚《ちょうごんづか》」が祀られている。ここは哭坂《おらびさか》といい、交通の難所であったため、奥州から全国の修行の果てにここへたどり着いた長巌は、大道開削を願って慶長四年（一五九九）に即身入定《そくしんにゅうじょう》したという。その後黒田氏が筑前に入国してから街道が整備され、長巌の発願も成就するに至った。

　豊後との国境のすぐそばで、大友の筑後支配に対する要であり、対岸には大友氏に属する問註所氏が拠点を置いていた。こうした立地環境が歴史的にたびたび衝突の場ともなった。

【城の歴史】　『筑前国続風土記』によると秋月種実《たねざね》の出城であり、木村甲斐《かい》、木村源太左衛門《げんたざえもん》が城番として入っていた。

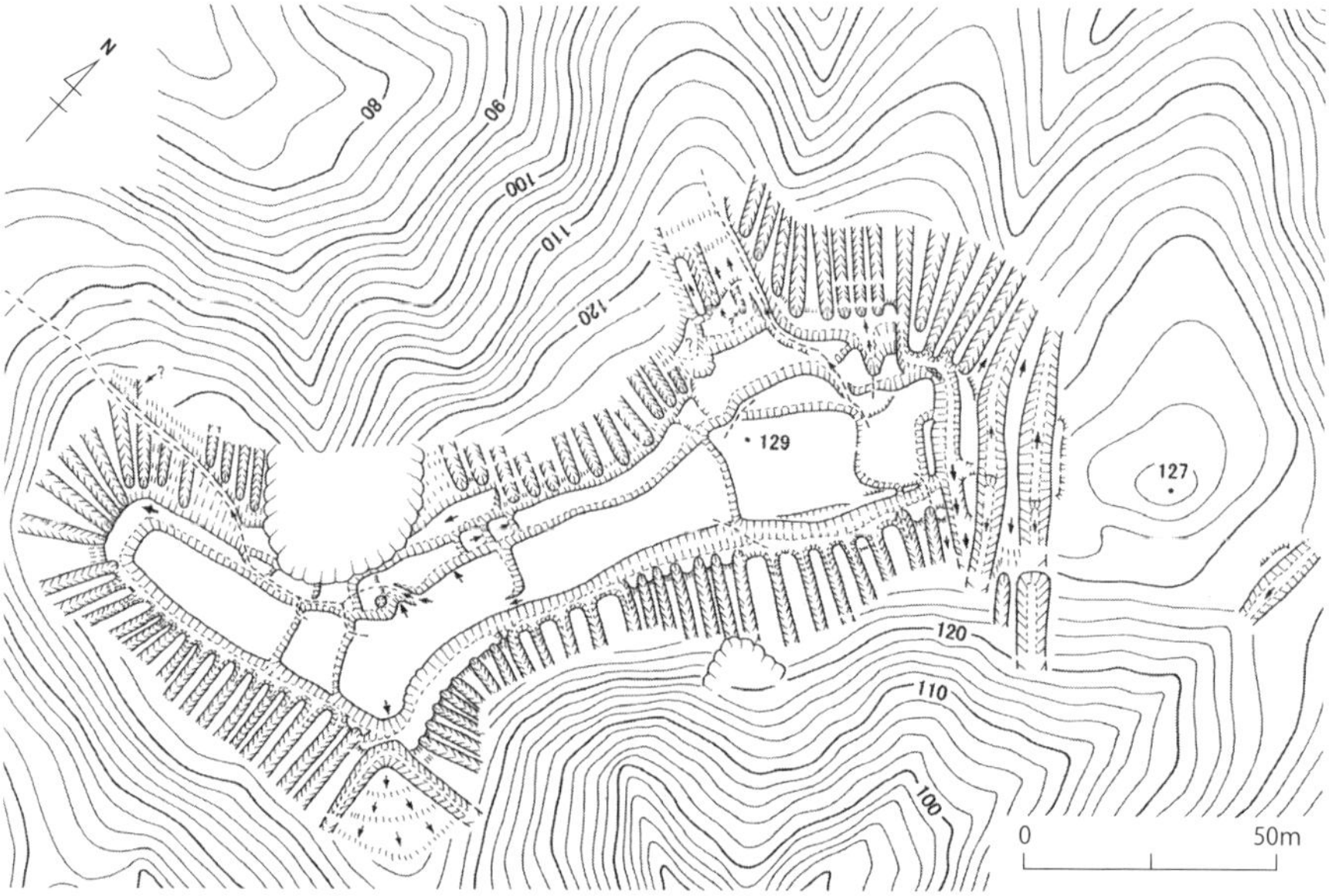

●―長尾城縄張図（作図：岡寺 良）

天正年間（一五七三―九二）には大友宗麟《そうりん》が長尾城の攻城に失敗したという。この際の逸話として以下のような話がある。木村甲斐の妻は優れた勇士で、大友宗麟が一五〇〇の兵をもって長尾城を攻めた際、木村甲斐は端午の礼として秋月にいて留守だった。そこで甲斐の妻は甲冑を帯び、白綾の鉢巻をして長刀を横たえて出てきて城内を廻り、旗指物を立てさせて大手門の守りを固めさせ、兵卒に指示を出したが、その様は勇将のようだったという。城兵が躊躇していると甲斐の妻は怒って敵を追い立てて味方の旗色を立て直さなければ、二度とこの城に帰ってはいけないと、馬を引き寄せて飛び乗り、長刀をひらめかせ、大手門の外まで駆け出て指揮を執り、激励された城兵は悉《ことごと》く出てきて戦った。しかし、激しい戦いのため城兵も多く討たれ、機を見た甲斐の妻は退却命令を出して城に籠ったという。

【城の構造】　城はL字形に曲がる尾根の頂部に平坦面を造成して曲輪としており、大きく六つの曲輪からなる。その曲輪群の北西部に帯《おび》曲輪が取りつく。これらをすべて囲むように畝状空堀群《うねじょうからぼりぐん》が作られ、その数は現在確認できるもので約八〇本におよぶ。これら空堀群は非常に画一的かつ計画的に築かれていることが注目され、南東部にあるL字型に屈曲する堀切《ほりきり》の方向はそれぞれの畝状空堀群と並行していることから畝状空堀群が計画的に配されたと捉えられるという。北東側には横堀と連続するように尾根を断ち切る堀切が二本掘られ、さらに東側の尾根の峡部にも堀切が掘られる。土砂崩れで畝状空堀が一部失われているところもあるが、曲輪を取り囲む帯曲輪や畝状空堀群は圧巻である。この畝状空堀群からみてもわかるように、周辺の他の城よりも非常に高度な築城技術と膨大な土木量を投入して改修がなされている。秋月氏にとってこの城が大友勢に対する前線城郭群の中核であったことがうかがえる。

●—長尾城北東部の横堀・堀切

●—長尾城南側の犬走りと畝状空堀群

【参考文献】福岡県教育委員会『福岡県の中近世城館跡Ⅰ—筑前地域編1—』(二〇一四)、岡寺良『戦国期北部九州の城郭構造』(吉川弘文館、二〇二〇)

(中島　圭)

●幕藩体制下での「城」とは何か、を問う城

松《まつ》尾《お》城《じょう》

〔福岡県史跡〕

〔所在地〕朝倉郡東峰村小石原字城山
〔比　高〕五〇メートル
〔分　類〕山城
〔年　代〕一六世紀後期〜慶長期。元和元年に廃城
〔城　主〕戦国—秋月氏関係カ。徳川期—黒田氏家臣中間統種
〔交通アクセス〕大分自動車道「杷木ＩＣ」から登山口まで車で約三〇分。

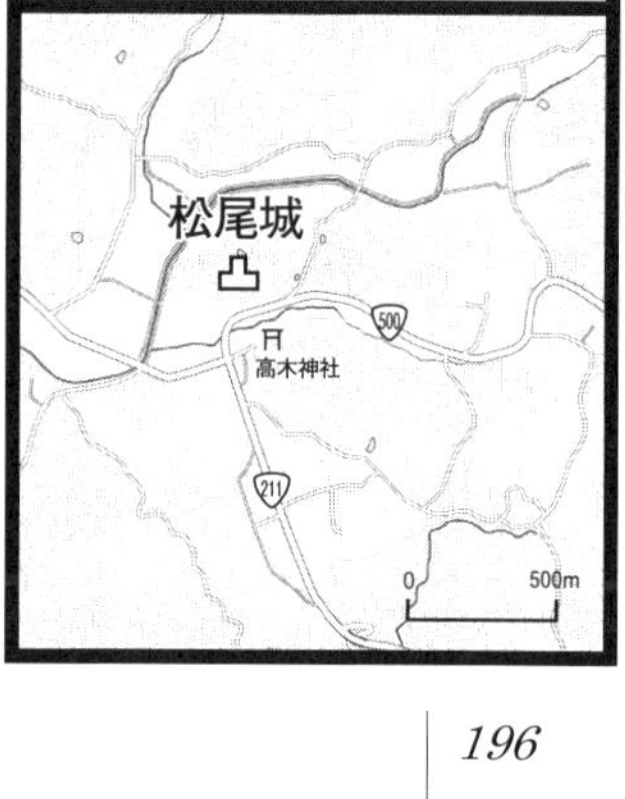

【略　史】城は、豊前国境の小石原宿の裏山（標高五一二メートル・比高四〇メートル）に位置する。『筑前国続風土記』は宝珠山山城守が居住したと伝えるが、詳細は不明である。同地周辺は戦国最末期には秋月氏の勢力圏にあったと考えられることから、この城も同氏の影響下に置かれていた可能性が高い。

慶長五年（一六〇〇）の関ヶ原戦の軍功で黒田氏が筑前国を得ると、当城は、細川領との国境を睨み配した「六端城《ろくはじょう》」（他五城は、黒崎・若松・鷹取・益富《ますとみ》・麻氏良城《まてら》）に取り立てられ、中間統種《なかまむねたね》が入城した。中間氏は豊前国中間庄の一戸《ひとつと》城に拠点を置く有力国人で、天正十五年（一五八七）の黒田氏の豊前六郡入封の際、当初は反抗するが、ほどなく恭順し、一族の山田氏攻めで大功を挙げ、豊前国衆一揆鎮圧に貢献した。宇都宮・野中・山田氏などの同輩の国衆が黒田氏との抗争で没落する中で唯一、黒田氏の大身家臣に取り立てられ、寛永期の栗山騒動による立退きまで存続した。

その後、城は元和「城割」によって破却された。

【縄　張】遺構の大部分は黒田期の改修で、矢穴割石・裏込石を用いた主郭①・副郭②の総石垣造りの壁面や、内桝形虎口《うちますがたこぐち》K1、横矢《よこや》掛り、櫓台《やぐらだい》、建物礎石群が、これに該当する。石垣の石材のサイズと加工は、城の南面と北面では異なっており、南面が上質な造りである。具体的にいうと、南面が矢穴割肌の大粒の花崗岩質石材を用いるのに対し、北面のＩ1・Ｉ2は矢穴痕がない小粒の変朽安山岩質石材を用いる。そして、変朽安山岩質石材は地山からの採石、花崗岩質

石材は別の場所からの搬入と考えられる。この差別化は、南面が城の表側（城下集落側）に当るため、見栄えに配慮した措置と思われる。ただし、北面でも横矢掛りを形成する箇所C1・C2・C3と、主郭①の土塁《どるい》の内側壁で横矢掛りC2・C3に対応する箇所には、城の南面と同様の石材を使用する。ここには、織豊系縄張の基本的パーツである横矢掛りに対する特段の強い意識がうかがえる。なお、崩れた石垣石材の大半が確認できない状況から、人為的な撤去が考えられる。ただし、これが元和「城割《しろわり》」または寛永「城割」によるものとは即断できない。同領内の黒崎城や肥後佐敷城の例（河川改修・潮止開作などで石材を転用）のように、後世の石取りの可能性も否定できない。

副郭②には、その規模に比べて巨大な内桝形虎口K1を用いる。戦国期の単純な造りの曲輪に、異質な内桝形虎口を強引に押し込んだ格好である。出撃性に優れるとされる嘴《くちばし》状外桝形虎口ではないものの、その広い門口幅は、出撃性に対する強い意識をうかがわせる。この虎口K1の挿入によって曲輪②は、出撃を援護する勢溜の機能と同時に、主郭①の虎口の「虎口受け」のような機能を果たす。一方、主郭①の虎口は、がっちりと閉め切る姿勢に適した一騎駈けの極小サイズの平入虎口を用いる。一見、簡素にみえる平入虎口を巧妙に用いて、「副郭②は出撃、主郭①は徹底的守備」という、曲輪間の攻と守の機能分化を明瞭にした「しぶい」虎口プランに仕上がっている。

塁線の形状は、主郭①・副郭②ともに直線的に整形されており、横矢掛りを主郭に六ヵ所、副郭に一ヵ所設けている。小規模な城の割に数が執拗である。特に主郭のものは東西軸に対象に配されており、システマチックである。類例には宇《う》陀《だ》松山《まつやま》城（福島氏居城）、岸岳《きしだけ》城（寺澤氏支城）などがある。

建物跡については、礎石建物跡が三棟、出土している。副郭②で縁付きの五間×三間が一棟、主郭①で五間×三間が一棟、一間×一間が一棟である。ただし、全面発掘が行われたにもかかわらず、瓦は一点の小片の出土もない。むろん、「城割」時または後世に持ち去られた可能性も否定できないが、元より使用されなかった可能性が高いと思われる。

石垣の外側には、南・北の斜面に畝状竪堀群《うねじょうたてぼりぐん》、主郭①の櫓台の直下に三重堀切がある。戦国末期北部九州は全国で一番の畝状竪堀群の割拠地帯であるとともに、多重堀切《ほりきり》の使用も珍しくはない地域である。これらは、黒田氏の改修前の戦国末期の遺構と考えられる。

【縄張が意味するもの】　織豊系縄張技術を用いた改修は中枢部に限られ、西の鞍部O3と東西のピーク地③④は自然地形のままである。また、南側の尾根〇4も、造りの甘い旧曲輪が並ぶ。特に鞍部〇3周辺は大手口に当たるが、遮断線になるような土木施設はない。城域を拡大できる地形的余地を持ちながら（純軍事的な観点でみれば、西側を拡張する必要がありながら）、戦国期の城域を拡大しないばかりか、むしろ縮小・コンパクト化する方向を指向しているように思われる。

織豊大名領で戦国期城郭を取り立てた支城では、中枢部に織豊系縄張技術を集中投入する一方、戦国期の肥大化した城域を整理縮小する傾向が強い。これは、戦闘機能の追求と支城主の自立性の制御という、支城のあり方をめぐって大名権力内で複雑に交錯する相反的要求のバランスから生まれたもので、大名家当主と城持ち大身家臣が近世大名権力体としてまとまりうる「適正規模」の兵力に則した城域を指向した結果と考えられる。当城の縄張も、この規範で理解できる。

当城には、他の「黒田六端城」よりも様態と格式の面で抑制がみられる（ただし、若松城跡は消滅しており、縄張が不明）。具体的に挙げると、（1）面積（改修した範囲）が他の城の四分の一にも満たない。（2）他の城では織豊系瓦の多用が推定されるが、当城では使用の形跡がない。（3）織豊系の縄張技術によって大改修され、見事な近世城郭の姿に仕上げられている実態があるにもかかわらず、『慶長筑前国図』（慶長十年頃作製）の中では、「六端城」の内で当城にだけ「城」の表記がない。つまり、公儀（幕府）への届出、すなわち「公的」な扱いでは、当城は「城」ではない。一方、『黒田家譜』などの御家内の記録には支城として名がみえる。つまり、黒田領内、すなわち「私的」な扱いでは、「城」である。

松尾城以外の「六端城」の城主の顔ぶれをみると、四名は万石規模の城廻一円知行と城所在地の郡奉行職を併せ持つ大老型の「四年寄」（井上之房―一万七〇〇〇石・黒崎城主、栗山利安―一万五〇〇〇石・麻氏良城主、母里友信―一万四〇〇〇石・鷹取城主、後藤基次―一万四〇〇〇石・益富城主）、一名は知行高は中間氏と同等ながらも代官預地一万石を持つ船手頭（三宅家義―二七五〇石・若松城主）である。そして右の五名は、番方では独立した「備」（軍団）を指揮する。また、家柄も「大譜代」（播磨領主時代以来の最古参家臣）である。特に「四年寄」は、黒田氏一門の二家（如水の実弟利則・直之。ともに知行一万二〇〇〇石）を凌いで、知行高の上位四席までを占める最上級の大身家臣である。

一方、中間統種は、大身家臣の一端ながらも知行は二五〇〇石に過ぎず、「古譜代」（豊前領主時代以来の准古参家臣）である。しかも番方では桐山丹波（大譜代・四〇〇〇石・御笠郡奉行）が組頭を務める「大組」の配下に属する。戦国期に比べて「城主」の身分がごく一握りの最上級クラスの大身家臣のみに限定された徳川期にあって、国持ち大名黒田氏の身代からすれば、統種は端城主に選ばれるような位置づけにはない。しかも、黒田氏一門二家や、「大譜代」で仕置家老型の「二年寄」（小河之直―一万石・黒田一成―一万二〇〇〇石）らをも差し置いての「城持ち」であった。

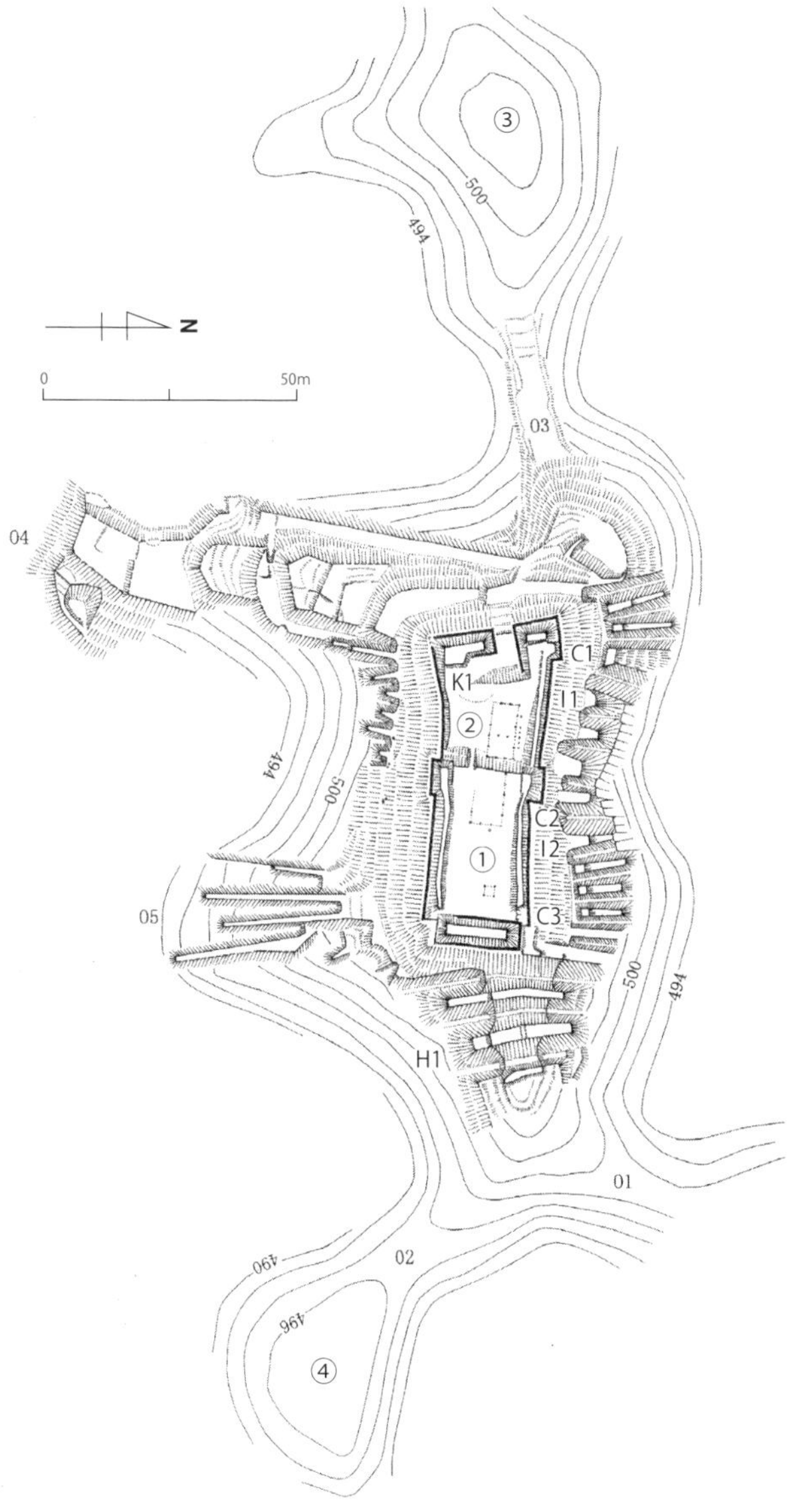

●—松尾城縄張図（作図：木島孝之）

この異例の抜擢の背景には、戦国期の中間氏が彦山《ひこさん》・求菩《くぼ》提山《てさん》（九州屈指の修験霊場。関ヶ原戦後は細川領）と所領を接し、両山と地縁的つながりを持っていた経歴を買って、同氏を小石原（彦山・求菩提山系に隣接する）に置くことで、細川氏との境目紛争（黒田氏が豊前転出時に先納年貢を持ち去った問題を契機に、細川氏とは一触即発の状態にあった）が生じた際に特別の働きを期待する意図があったのかもしれない。しかし、それ以上に、黒田氏が佐々成政と同じ運命をたどりうる危機下にあった豊前国衆一揆鎮圧戦（黒田氏浮沈の正念場）での大功を後楯に持つ中間氏に対して、同氏の国人領主の家系（元は城持ちの

●—松尾城南面石垣（主郭①の横矢掛り部分／半ばより上は復元）

独立領主）から来る「持ち城」への強い執着に黒田氏が妥協した面が大きいのではないかと思われる。その際、家中統制上の措置として、他の「六端城」城主とのバランスを崩し過ぎないよう、当城の様態・格式に抑制（先記（1）（2）（3））を加えたのではないかと考えられる。城の縄張は複雑・高度な政治の所産であって、卓上の近代戦ゲームの戦略戦術の感覚ではとらえきれるものではない。当城は、これを示す好事例と思われる。また、先記の（3）が示すとおり、近世幕藩体制下での「『城』とは何か」、さらには「『城』と『陣屋』の呼称の違いの意味」を問う上においても示唆に富む事例である。

●—松尾城北面石垣（出典：小石原村教育委員会 2002）

【参考文献】木島孝之『城郭の縄張り構造と大名権力』（九州大学出版会、二〇〇一）、小石原村教育委員会『松尾城跡』（二〇〇二）

（木島孝之）

お城アラカルト

玄界灘を見張る海防施設・遠見番所

岡寺　良

豊臣氏が滅亡して約二〇年たった寛永十四年（一六三七）、江戸幕府を揺るがす大事件が起こった。「天草・島原一揆」である。

キリシタンたちが主導した大反乱を鎮圧した幕府は、さらなる禁教のため、翌年ポルトガル船の来航を禁じた。再三、通商の再開を求めるポルトガルに対して幕府は厳罰をもって対処したため、日葡関係は悪化し緊張状態を招くこととなった。

幕府は異国船来航に備え、西南諸藩に対して遠《とお》見《み》番所《ばんしょ》と定《じょう》番《ばん》の設置および番船による巡視を義務付け、異国船を発見した際には、ただちに長崎に向かわせるようにした。沿岸監視を果たす遠見番所は、その後も密貿易船監視の役割を含め、その多くが幕末まで機能した。それと併せ、寛永十八年には、福岡藩による「長崎警備」を実施、翌年からは佐賀藩と隔年交替により存続、後には台場なども完備し、長崎の防備も拡充していった。

玄界灘沿岸に位置する福岡藩もまた、先の長崎警備に加え、自藩領内の沿岸部を中心に数多くの遠見番所を設置した。寛永十七年には、姫島《ひめしま》（糸島市）、西ノ浦（福岡市西区）、相島《あいのしま》（新宮町）、大島（宗像市）、岩屋（北九州市若松区）の五ヵ所に遠見番所を設置し、藩士を定番として派遣して現地の足軽数人と共に常駐させた。その後も改編、増設などを繰り返し、幕末までに一三ヵ所ほどがあったことが文献などで判明している。

●—藍島遠見番所の旗立石
（福岡県指定史跡・北九州市小倉北区）

●―相島遠見番所の物見櫓（糟屋郡新宮町）

　これらの遠見番所については、古文書や「遠見山」などの地名からその存在は知られていたものの、実際現地にどのように残されているのかはほとんど知られていなかった。わずかに相島に物見台《ものみだい》という石垣や、北九州市小倉北区の藍島《あいのしま》（小倉藩領）には県指定の旗立石などの存在が知られているに過ぎなかった。

　しかし、実際の現地を訪れてみると、数多くの痕跡が残されていることに驚かされた。福岡藩領内では、相島の他にも地島《じのしま》（宗像市）、玄界島（福岡市西区）には番所小屋の土台の石垣が見られたり、地島、玄界島に加え、芥屋《けや》（糸島市）、姫島、大島、岩屋（北九州市若松区）では、番所小屋に葺かれた瓦片の散布を確認することができた。特に玄界島の最高所、遠見山山頂に置かれた玄界遠見番所跡では、石垣の基壇、大量の瓦散布が見られ、その中には福岡藩黒田家の家紋である藤巴文《ふじどもえもん》の軒丸瓦やそれとセットとなる藤唐草文の軒平瓦が残されていた。これは遠見番所が藩の公的施設であったことを明示するものといえよう。

お城アラカルト

内閣文庫「古戦古城之図」

岡寺 良

東京の国立公文書館の内閣文庫には、「古戦古城之図《こせんこじょうのず》」という絵図群がある。これは文化～天明期に福岡藩の支藩・秋月藩の測量方であった土井正就《まさなり》、大倉種周《たねちか》、田代政美《まさみ》、長井盛徳《もりのり》、吉田一英《かずひで》らによって、秋月藩領を中心に戦国時代の秋月氏関連の古城を測量して描いたもので、その数は約八〇にも上る。本書でも掲載している古処山城、益富城などの秋月氏の居城をはじめ、鷹取城、帆柱山城、麻氏良《までら》城、岩石《がんじゃく》城などの城のほか、一～二面程度の曲輪や数本の堀切しかないような小規模な城も、その対象となっており、悉皆《しっかい》的に行った可能性をうかがわせる。

これらの絵図は、元は絵図の描画を主に担当していた大倉種周の家に伝わっていたが、明治二十一年（一八八八）に子孫の大倉喜太郎によって、六冊にまとめられ、「諸国御城絵図」の九折の図面とともに内閣文庫に献納され、現在に至っている。

絵図を見てみると、城の縄張の部分は真上から俯瞰するような形で、平面図のように作図している。曲輪などの平坦面を黄色、空堀は茶色、土塁は緑色、川や池は水色、道や方位は朱色、周辺の斜面は薄墨もしくは深緑色で着色して、明確に色分けがなされている。これは土井や大倉が藩の測量方に属し、実際に藩内の村絵図などを作成していたノウハウが生かされた結果である。城の周囲は、山並みや集落、川や街道がやや鳥瞰するような感じで描かれる。あたかも城から見える景色を描いたようであり、それらの正確さには驚かされる。実際に現地に行って描いたことが手に取るようにわかる。

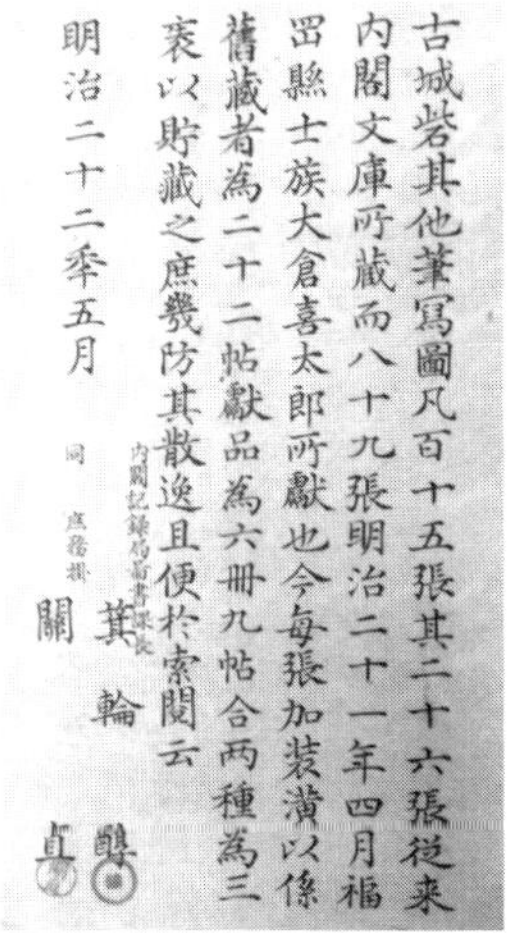
古城砦其他筆冩圖凡百十五張其二十六張従来
内閣文庫所蔵而八十九張明治二十一年四月福
岡縣士族大倉喜太郎所獻也今毎張加装潢以係
舊蔵者為二十二帖獻品為六冊九帖合両種為三
袠以貯藏之庶幾防其散逸且便於索閲云
明治二十二秊五月
内閣記録局図書課長　箕輪醇
同　庶務掛　関直

●—「古戦古城之図」の箱書き（国立公文書館所蔵）当絵図群の内閣文庫献納のいきさつが記される

●—上座郡林田村長尾城跡之図（部分・古戦古城之図のうち。国立公文書館所蔵）

城の縄張部分についても、曲輪の詳細な形状までは望むべくもないが、曲輪の配置や堀切の位置や数、驚くべきは畝状空堀群まで把握して描いているものもある。さらには、尾根筋の方角や形状なども正確に描かれており、踏査の際にはとても参考になる記載がいくつもあった。これは、地図を測量・作図する能力に加え、城郭遺構を把握する能力も彼らには備わっていたことを示しており、その技術の高さに現代の城郭研究者でも脱帽・敬服せざるを得ない。城絵図の中には、城の現地を知らず、また測量技術をもたない絵師などが描いた結果、実態と大きくかけ離れているものも少なくはない。そのような中、このように精緻な図面が特定地域に集中的にみられるということが、この絵図群の資料的価値をさらに高めていると言えるだろう。

筑後

鷹尾城堀切

●県内で希少な平地に残る堀跡

三《み》原《はら》城《じょう》

〔所在地〕三井郡大刀洗町大字本郷
〔比　高〕〇メートル
〔分　類〕平地城館
〔年　代〕一五～一六世紀
〔城　主〕三原氏
〔交通アクセス〕西鉄甘木線「本郷駅」から徒歩一〇分。または大分自動車道「筑後小郡ＩＣ」から車で一〇分。

【城の由来】　三原城は筑後平野を東から南西方向に横断する筑後川の北岸に流入する陣屋川《じんやがわ》に近接した位置、平野部の微高地に築かれている。この地は、古代から「御原郡《みはらぐん》」と呼ばれ、古代官衙《かんが》遺跡が移転しながら経営されていたと考えられている。また、南北朝時代、南朝方の菊池武光《たけみつ》と大宰府の少弐《しょうに》氏が争った「筑後川〈大保原〉の戦い」の戦場となった地でもある。三原氏はその地名を冠する有力氏と推察される。

【文献資料】　文献資料としては、『寛延記《かんえんき》』〈寛延二年〈一七四九〉〉、『筑後誌《ちくごし》』〈安永六年〈一七七七〉、『筑後将士軍談《しょうしぐんだん》』〈嘉永六年〈一八五三〉〉などに本郷城跡・館跡としての記載がある。

•『寛延記』には、「一　長禄年中　三原権朝居住有之候右屋敷只今本郷新町《ほんごうしんまち》筋に罷成《まかりなり》居申候　領地三万　石程の由申伝候までにて　記録等無之候」、「一　本郷町西築地殿申城主有之候由申伝候　城跡に大塚二つ有之候年号《ねんごう》時代相《あい》知不《しらぬ》申候外に記録言伝無之候《ことづたえなきにそうろう》」との記述。

•『筑後誌』には、「本郷の城跡　三原郡本郷村に在り三原左衛門重種累代《しげたねるいだい》の據城《きょじょう》なり其後裔《こうえい》三原和泉守入道紹心天正十四年筑前國岩屋城に於て戦死して城廃す第一城縦廿五間横廿四間の平城なり」、「三原左衛門大夫大蔵種勝　永正年中御原郡本郷の城主たり其子三原親種其子《ちかたねそのこ》左衛門大夫重種其後胤《しげたねそのこういん》三原和泉守入道紹心《じょうしん》天正十四年筑前國岩屋の城にて戦う死せり」との記述。

・『筑後将士軍談』には、本郷村跡、「平城也、縦二十五間、横二十四間、南に二十間、広八間ノ堀アリ、三原左衛門重種　代々采地《さいち》ノ城也」、同村館跡「本郷新町ニアリ長禄中三原種朝居館ノ跡ナリ、三万ノ領主ト云傳フ」と記述されている。

三資料は比較的共通の内容が記されており、言伝えなど詳細が不明なこと、三原左衛門太夫種勝・その子三原親種、その子三原左衛門大夫重種と、三原家累代の居城であったこと。その後胤《こういん》の三原和泉守入道紹心は天正十四年（一五八六）、筑前岩屋城で対細川軍との戦いで、盟友高橋紹運《じょううん》とともに討ち死にしたことを伝えている。また、城域内に二つの塚があったこと。別に本郷村館跡があったことが記されているが、詳細は不明である。なお、出所不明の絵図は数種あるが、往時を偲ぶに信頼できるものはない。

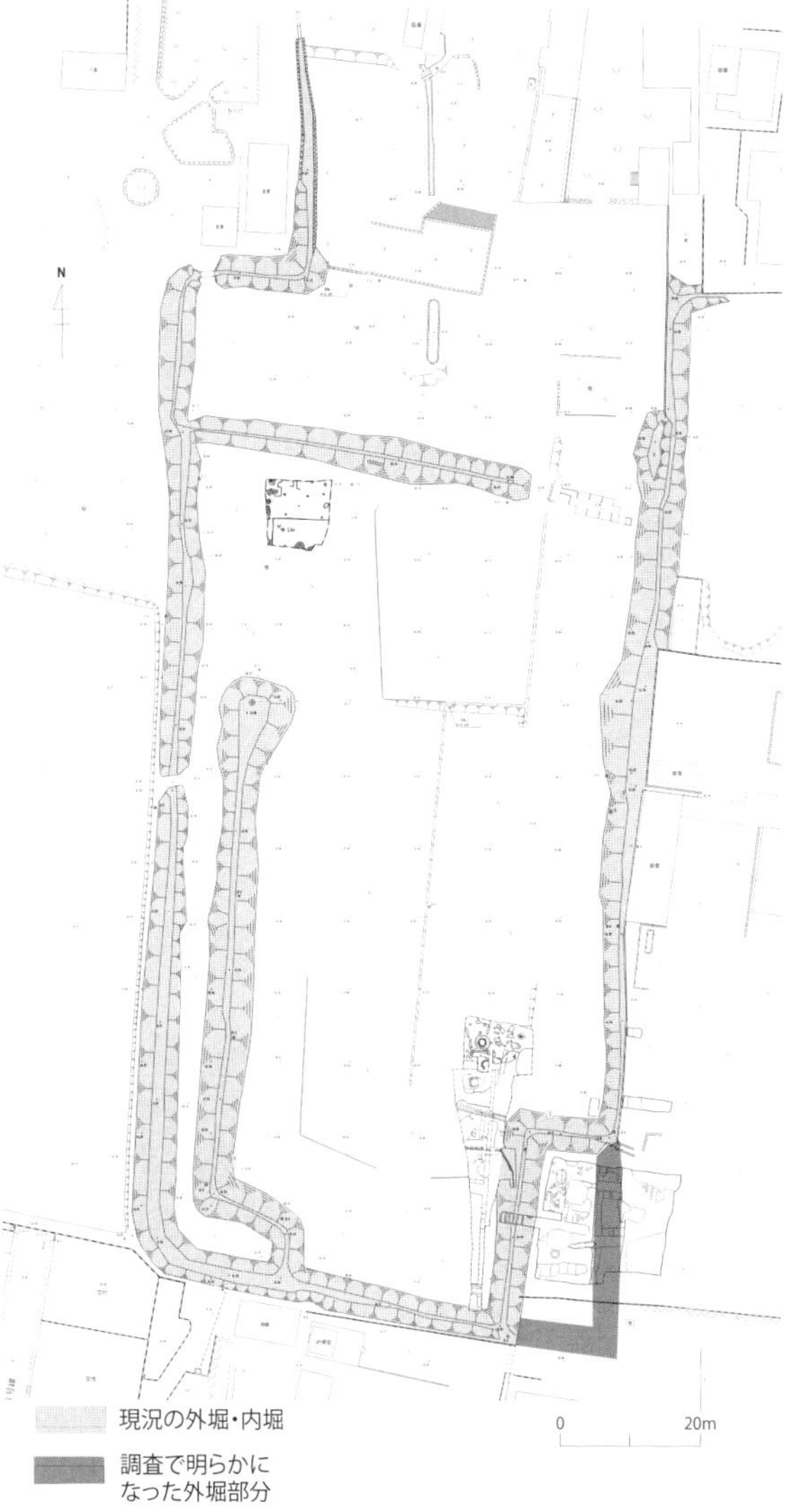

●—三原城周辺図（大刀洗町教育委員会提供）

【発掘調査】　さて、現在、三原城跡は私邸内にあり、南北約一五〇《メートル》、東西約八〇《メートル》、深さ約一《メートル》の空堀が北側を除いて全周する。また、西側の一部は「外堀」「内堀」と呼ばれる二重の溝、東西の南北に延びる空堀はさらに北方に延びている。東南隅は入隅《いりずみ》のように折れているが、平成十六年（二〇〇四）の発

●―内堀（大刀洗町教育委員会提供）

掘調査で元々は直線的に巡らされていたことが明らかになった。

なお、昭和十年（一九三五）筑後郷土研究会発行の「郷土研究筑後（第三巻第六号）（三井郡号）」の表紙挿図では、南東部は入隅状の表現はなく、昭和三十三年、三井郡社会科同好会発行の「郷土資料集」の挿図では、南東部は破線にて表現されていることから、近年までも、空堀の形状の記憶が伝えられていたことが推察される。

【近年の調査】 平成十六年度の調査では南東部の〝入隅〟部分の調査で明らかになった本来の〝外堀〟から出土遺物があった。出土した大小の土師器《はじき》皿から、一三世紀前半ごろのものと、一四世紀中ごろのものに大別され、三原紹心が没した時期よりかなり古い時代のもので、後述する本郷太玉垂宮の創建にかかわった三原種朝の時期に比較的近いといえるだろう。

●―石組井戸（大刀洗町教育委員会提供）

令和元年（二〇一九）度から、三原城の内容確認調査が大刀洗町教育委員会によって断続的に実施されている。出土遺物は、古墳時代・古代・中世・近世・近代と永きにわたって出土しているが、三原城がもっとも栄えたと考えられる中世の遺構は未確認である。令和二年度の調査では下部が木枠、上部が石組の井戸が出土し、その石組の石材中には「宝篋印塔《ほうきょういんとう》」の部材を数点使用しているが、これらは室町時代から江戸時代初めの所産と考えられる。

筑後

今、外堀・内堀はよく残っており、今後の調査で、往時を偲ぶ建物の痕跡などが見つかれば、さらに貴重な平地に築かれた中世の館（平城）の実態に迫るものができるものと確信している。（三原城跡周辺図参照）

【関連資料】・本郷玉垂宮　三原城の南方約二〇〇㍍の位置には、「本郷玉垂神社」が鎮座する。本郷玉垂神社の伝では、「建久元年（一一九〇）筑前高祖城主原田種直の子種朝が、三原氏を継ぎ三原城に入城した。このとき筑前筥崎宮に願い出て高良神宮の神霊を分祀し場内に奉り三原城の守護神とした。その後延元五年（一三三八）城中では兵火にかかる恐れがあるとして三原種昭が現在の地に奉祀し、相殿に八幡神、住吉神を合祀した」とある。中世初期の三原城の状況を示唆するものである。

・西光寺　一方、三原家の菩提寺「西光寺」は三原城跡のすぐ東に立地し、久留米藩が当時の社寺などを調査した寛文十年（一六九〇）社寺開基には「種勝、親種、重種の間は繁盛した」と記されており、西光寺に祀られる福岡県指定文化財木造阿弥陀三尊像のうち脇侍の勢至菩薩立像・観音菩薩立像の足下の臍《ほぞ》には「旦那大藏朝臣三原親種」の墨書が確認され、三原城跡と西光寺の関係性を確認することができる。

●—一字一石（大刀洗町教育委員会提供）

【現在の三原城跡】　現在の三原城跡は、住宅地と水田に囲まれている。〝城域内〟は竹林や雑木林となっており、東側外堀のやや南寄りに、先祖の供養のためか直方体石の三面に、「大乗妙典一字一石」、「文政五壬午年十一月」（文政五壬午年＝一八二二年）、「願主　三原次郎右エ門」と刻まれた石塔が建てられ、往時を偲ばせている。（写真参照）

【参考文献】『筑後国史　筑後将士軍談』7（筑後遺籍刊行会、一九二六）、『寛延記』（久留米郷土史研究会、一九七六）、『校訂筑後誌』（久留米郷土史研究会、一九七四）、『大刀洗町史』（大刀洗町、一九八一）、大刀洗町教育委員会『三原城跡』（二〇〇六）、アクロス福岡文化誌編纂委員会『アクロス福岡文化誌七　福岡県の名城』（アクロス福岡、二〇一三）、福岡県教育委員会『福岡県の中近世城館跡Ⅳ―筑後地域・総括編―』（二〇一七）

（赤川正秀）

●久留米藩主有馬氏の居城

久留米城《くるめじょう》

〔福岡県史跡〕

〔所在地〕久留米市篠山町・城南町ほか
〔比　高〕約一五メートル
〔分　類〕平山城
〔年　代〕一六～一九世紀
〔城　主〕高良山勢力、小早川氏、田中氏、有馬氏
〔交通アクセス〕JR鹿児島本線「久留米駅」下車、徒歩一五分。

【位置と沿革】 久留米城は、九州一の大河・筑後川中流域左岸の丘陵上に位置する。筑後川が西から南へ大きく流れを変える地点で、対岸は肥前国・佐賀藩領であった。

この地は、一四～一五世紀頃までには高良山《こうらさん》勢力との深い関係にあり、永正年間（一五〇四―二一）、松田某によって初めて久留米城が築かれ、天文年間（一五三二―五五）、御井郡《みいぐん》郡司が館を構え、天正年間（一五七三―九二）初頭、高良山座主良寛《りょうかん》が弟麟圭《りんけい》を城主としたという。またその後、兄弟は袂を分かち、龍造寺《りゅうぞうじ》方の麟圭は久留米城に籠城し、良寛が与する大友方の攻撃をたびたび受けたが、三ヵ年耐えたと伝わる。

天正十五年（一五八七）、豊臣秀吉が九州を平定すると、小早川（毛利）秀包《ひでかね》が筑後北部七万五〇〇〇石を与えられ、久留米城を居城とした。秀包は高良山座主となった麟圭を城へ招き、家臣に命じてその帰路を襲わせ殺害したという。

慶長五年（一六〇〇）の関ヶ原合戦後で、秀包は西軍に属して敗れ、東軍の田中吉政《よしまさ》が筑後一国の領主となる。吉政は居城の柳川城とは別に、領内各地に支城を設け、一門や家老を配置した。特に久留米城については、次男則政を城主とし、柳川城との間をつなぐ幹線道路を新設した。現在の県道二三号は、この柳川往還（田中道）を継承したものである。

同十四年、吉政が病没、子の忠政が跡を継ぐが、元和六年（一六二〇）、嗣子なく病没し、田中家は改易となった。その年末、有馬豊氏《とようじ》が丹波福知山八万石から北筑後二一万石余に

加封されることとなり、翌年初入国した。この間、一国一城令が出され、支城だった久留米城は廃城同然になっていたといい、豊氏によって大規模な城郭修築と城下町整備が開始される。以来、明治維新にいたるまで、有馬氏一一代、約二五〇年にわたって久留米城を居城とした。その後、明治四年（一八七一）の廃藩置県や、いわゆる廃城令により、次第に城の建物や石垣は解体され、ほとんどの堀は埋め立てられた。

●―明治初期の久留米城（久留米市教育委員会提供）

現在は、本丸の石垣と南面の堀が往時の姿を留め、本丸跡が福岡県史跡「久留米城跡」（昭和五十八年三月十九日指定）となっている。またその範囲内に、有馬氏を祀る篠山神社、秀包を祀る小早川神社、郷土資料を展示する有馬記念館などが建つ。

【小早川・田中時代の構造】　小早川時代、本丸は現在の久留米大学医学部グラウンド付近で、「小笹山」と呼ばれた丘陵を背にして、大手は東向きであったという。また、小笹山に鎮座した山王宮《さんのうぐう》が、のちに有馬氏の二ノ丸整備にあたる場所に移されており、山上にも城郭整備がおよんだと考えられる。

田中時代、城郭は東を正面にしたようだが、規模や構造がわかる遺構はまだ、ほとんど検出されていない。城下の町屋は、豊後街道と連絡する柳川往還の起点（札ノ辻《ふだのつじ》）を

●　久留米城本丸跡・南側石垣

中心に形成されたとみられ、日田《ひた》街道の北に「元町」、その城側に「内町」があったという。元町や内町は、のちに有馬氏の外郭（四ノ丸）として整備され、城郭に取り込まれる。

【有馬時代の構造】　元和七年（一六二一）、有馬豊氏が入国すると、城郭正面を東向きから南向きに改める。北から西にかけて筑後川が流れ、東には湿地帯が広がっていた。筑後川を天然の堀とし、丘陵頂部の本丸から南に向かって二ノ丸、三ノ丸、外郭を展開し、各郭に内堀を、台地の縁辺に沿って外堀を廻らせた。

江戸時代前期の城郭構造は、寛永四年（一六二七）の幕府の探索書などによると、本丸は北面四三間（約七八・二メートル）、東面八三間、高さ約八間で、四方に櫓を配置した。本丸東側の下に、東西二〇間、南北はほぼ本丸と同じ長さで腰郭（のち蜜柑丸《みかんまる》）がある。二ノ丸は、西側は本丸同様に筑後川に接し、残る三方を堀が囲む台形上の郭である。三ノ丸は、周囲七町二〇間（約一二〇九メートル）、方形の郭である。二ノ丸・三ノ丸とも、それぞれ出入口を北と南に一ヵ所ずつ設け、隣接する郭と連絡した。本丸から三ノ丸の東側下に、侍屋敷を置き、のちに藩主庭園が整備される柳原《やなぎはら》がある。外郭は、周囲一九町、出入口は三ノ丸側のほか、柳原との間にもあった。また、城外とは南に大手門、東に櫛原《くしはら》口御門、南東に狩塚《かりづか》口御門、南西に京隈《きょうのくま》口御門の四ヵ所で連絡した。

本丸には、久留米藩二一万石を統治する政治の場として本丸御殿、二ノ丸には藩主有馬家の生活の場として藩主御殿、三ノ丸には家老屋敷、外郭には上級藩士の屋敷や藩の役所が置かれた。

久留米城の建設は、初代豊氏の代、寛永年間（一六二四―四四）には、本丸の櫓《やぐら》や各郭の掘割《ほりわり》など、主要な構造物はできあがりつつあり、外堀は二代忠頼の代を中心に整備が進められ、四代頼元《よりもと》の代に完成した。特に、「柳原御堀」（肥後堀）は肥後熊本の加藤清正より加勢があり、「御城御台所」は筑前福岡の黒田長政より名島城のものが「御進物《ごしんもつ》」として贈られたという。

【久留米城跡の現状】　県指定史跡である本丸跡は、現在も全体的に切り立った高い石垣で囲まれている。ただし北面は、丘陵を削り出して急斜面を作り、当初から石垣は築造されず、土居が残る。

有馬時代、本丸には天守は築かず御殿を建て、周囲に七つの隅櫓を構築し、それらの間を二層の多聞《たもん》櫓でつないだ。櫓のうち最大の巽《たつみ》櫓（南東）は、石垣をもう一段築いた上に建てられた。三層の造りは、下段が六間×七間、中段五間×六間、上段四間×五間という規模で、天守の役割を果たしたと

●—天保時代久留米城下地図（部分・久留米市教育委員会所蔵）

いう。巽櫓から時計回りに、太鼓櫓（南）、坤櫓《ひつじさる》（南西）、西下櫓（西）、乾櫓《いぬい》（北西）、艮櫓《うしとら》（北東）、月見櫓（東）があった。いま、南面する大手口から両側に内堀をみて坂を上ると、冠木《かぶき》御門跡から虎口《こぐち》の石垣がみられる。その先にある篠山神社の鳥居から本殿のあたりまで、かつて本丸御殿が広がっていたと考えられる。本丸には井戸が三つあったといい、うち二つが現在も残る。また、石垣の吐水口が先述の虎口付近に一ヵ所、東面で月見櫓より北に一ヵ所確認される。

二ノ丸から外郭にかけては、近代以降、工場や学校、官公庁などが建設された。昭和戦後、三ノ丸跡を二分するようにブリヂストン通りが開通した。景観は様変わりしたが、三ノ丸跡には南口の鉤の手の道筋が残り、堀跡が遊歩道になっている。外郭跡は、櫛原口や東側の外堀が道筋として残り、大手門跡には篠山神社の一の鳥居が建つ。

城下町に触れておくと、武家地は城郭の東に櫛原小路《こうじ》・十《じっ》間《けん》屋敷、東西に延びる町人地を挟んで南に庄島小路、京隈小路があった。城下の各口には寺院を配置して防備の拠点とした。特に寺町は、四代藩主頼元の代に一五ヵ寺を数え、現在一七ヵ寺が立ち並び、城下の風情を感じられる。

【参考文献】『久留米市史』第二巻（久留米市、一九八二）、古賀正美『久留米城とその城下町』（海鳥社、二〇一八）

（穴井綾香）

●要塞化した山岳霊場

高良山《こうらさん》の城《しろ》

〔所在地〕久留米市御井町・山川町
〔比　高〕約二八〇メートル
〔分　類〕山城
〔年　代〕天正六年(一五七八)〜十五年
〔城　主〕高良山勢力・大友家勢力など
〔交通アクセス〕九州自動車道「久留米IC」から高良山西登山口まで車で約五分。または、JR久大本線「久留米大学前駅」から徒歩二五分、または西鉄バス「御井町」停留所から徒歩二〇分。

【高良山の位置と沿革】　高良山は耳納《みのう》山地の西端に位置し、九州一の大河・筑後川、筑紫平野を一望する。高牟礼《たかむれ》山、不《ぬれ》濡《せぬ》山、琴弾《ことひき》山ともいう。

古代より霊山として信仰され、また神籠石《こうごいし》式山城が築かれるなど軍事上の要地ともされてきた。それは七世紀から一二世紀にかけて、西麓の台地上を中心に筑後国府が置かれ、政庁が高良山の裾野に向かって三度移転したことにも窺える。

主峰の毘沙門岳《びしゃもんだけ》(標高三一二・三メートル)に高良山奥院《おくのいん》、中腹に高良玉垂宮《たまたれぐう》(現・高良大社)がある。明暦二年(一六五六)〜寛文元年(一六六一)に建立された「高良大社本殿・幣殿《へいでん》・拝殿」は、現在、国の重要文化財に指定されている。

その背後にある本宮山を東の頂として、南は鷲《わし》ノ尾《お》山、西は勢至堂《せいしどう》山・虚空蔵《こくぞう》山、北は吉見岳《よしみだけ》の五峰と、南谷・北谷の二谷を取り込むように、国史跡「高良山神籠石」がみられる。

中世には、山内に神宮寺の高隆寺《こうりゅうじ》を始めとする二六ヵ寺や神社が多く存在し、山麓には玉垂宮に奉仕する社家の居所が置かれ、山下の府中町に至る広い範囲で賑わいをみせたという。こうした寺社を中心とする一山を、「高良山」と称する例が多くみられる。

高良山は、南北朝・戦国時代には筑後支配の軍事拠点として重視され、周辺の抗争に巻き込まれた。高良社大祝《おおほうり》の鏡《かがみ》山《やま》氏、大宮司《だいぐうじ》の宗崎《むねざき》氏、高良山座《ざ》主《す》家も武装し、高良山も要所に城が築かれ、要塞と化していった。

各城の築城時期や城主に不明な点は多いが、高良山のトップである座主や、高良山勢力が旗下に属し高良山に布陣した大名権力などが関与したものとみてよいだろう。南北朝時代には、後醍醐天皇が派遣した征西将軍宮《せいせいしょうぐんみや》・懐良《かねなが》親王が高良山に在陣した。その後、今川了俊《りょうしゅん》に押された宮方軍が肥後に退き、今川氏が在陣する。戦国時代になると、豊後の大友宗麟《そうりん》、その重臣である戸次道雪《べっきどうせつ》や高橋紹運《じょううん》、肥前の龍造寺《りゅうぞうじ》隆信《たかのぶ》や鍋島直茂《なべしまなおしげ》など、名立たる武将たちが代わる代わる高良山に陣を敷いた。

【高良山争乱】 戦国時代末期、座主を頂点とする高良山衆は、大友方として幾度も戦陣に参じた。天正六年（一五七八）の耳川の合戦にも、座主良寛《りょうかん》をはじめ多くが出陣した。しかし、大友方が島津方に大敗を喫すると、高良山では良寛の弟・麟圭《りんけい》が龍造寺方へ翻り、兄から座主の地位を奪った。けれども程なく、大友宗麟が龍造寺勢力から高良山を奪還して良寛が高良山に復帰、麟圭は久留米城に籠城した。

同十二年、龍造寺方では当主隆信が薩摩の島津勢に討たれて戦死、大友方では戸次道雪が高良山中で病に倒れ、翌年、北野（現・久留米市北野町）で陣没した。高橋紹運も高良山を離れ、龍造寺方の麟圭が座主に返り咲く。それも束の間、島津勢が筑後に押寄せると、多くはその軍門に下った。高良山では島津勢が火を放ち、神社・仏閣そのほか悉《ことごと》く焼亡した。

天正十四年、秀吉の九州平定後、高良山は大幅に領地を縮小されたものの存続を安堵された。しかし、久留米城主となった小早川（毛利）秀包《ひでかね》によって座主・麟圭が誘殺され、高良山勢力は衰退した。九州戦国時代の終焉に伴い、高良山の各城も廃城同然になったと考えられる。荒廃した高良山の復興が始まるのは、久留米藩・有馬時代に入ってからのことである。

【毘沙門岳城】 高良山山頂に位置する。別所城ともいう。南北朝時代の延文四年（正平四・一三五九）、筑後川合戦に際し、懐良親王が拠点にしたと伝わるが、築城者・築城時期は不明である。

毘沙門岳城は、高良山山頂に主郭を置き、南西方向へ延びる尾根上で、長さ約一五〇㍍、幅約一五㍍の曲輪Ⅰを配している。また、主郭から東側尾根上に土塁《どるい》を伴う曲輪Ⅱがある。

曲輪Ⅰには土塁が巡らされ、造成された階段状の平坦面も確認される。山頂の東側と北西側に堀切《ほりきり》、北側斜面には三本の竪堀群《たてぼりぐん》を設けている。さらに下方には、この堀切および竪堀群に派生する畝状空堀群《うねじょうからぼりぐん》に接して、長さ約五〇㍍にわたる横堀が土塁を伴って構築されている。横堀の斜面すぐ下

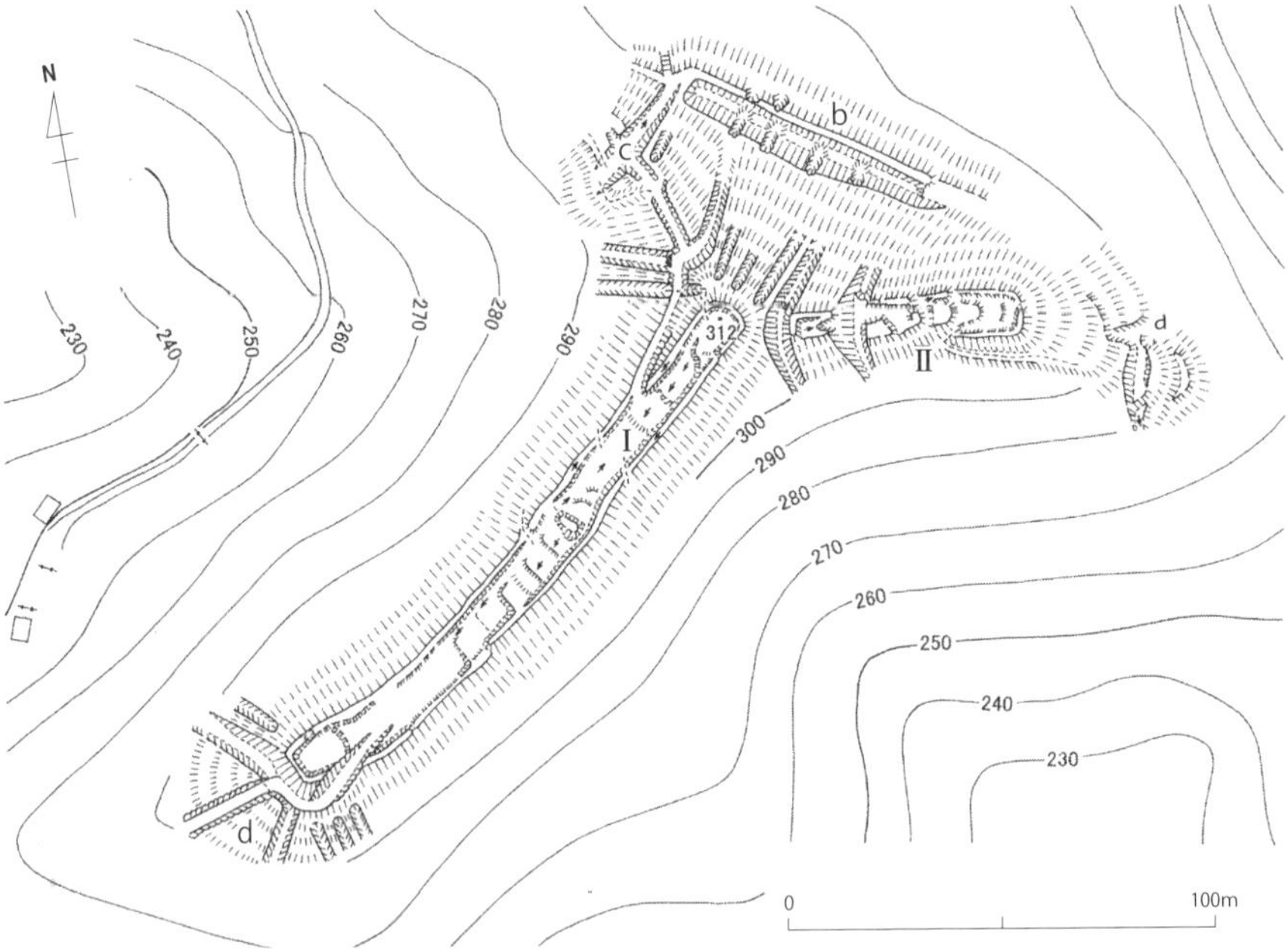

●—毘沙門岳城縄張図（出典：福岡県教育委員会 2017）

●—毘沙門岳城の横堀

は、久留米森林つつじ公園にあたる。

曲輪Ⅰの南西側にも堀切と竪堀群が構築されている。また、曲輪Ⅰの西側には、自然の平坦地形が杉ノ城へ向かって続いている。

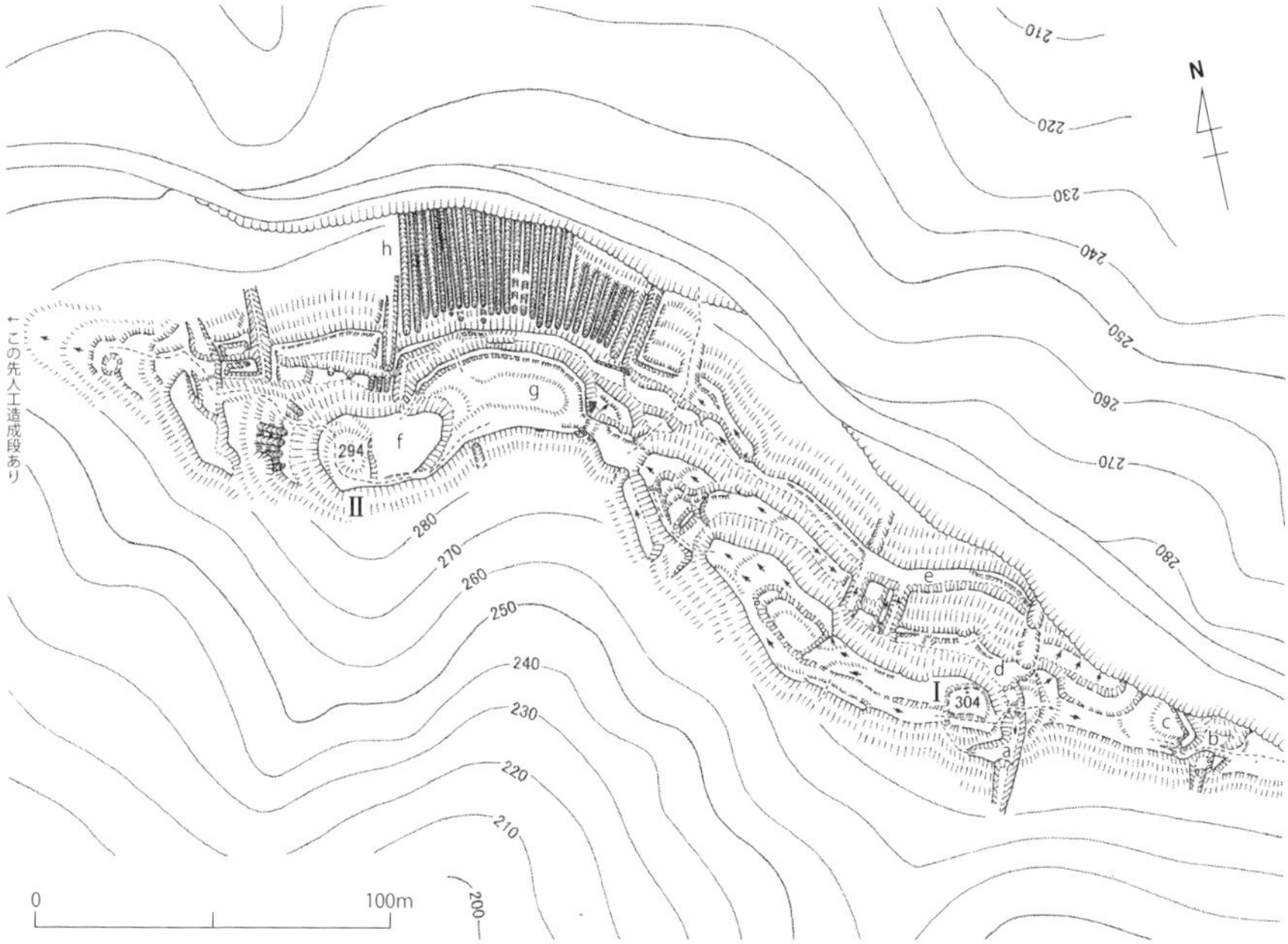

●─杉ノ城縄張図（出典：福岡県教育委員会 2017）

【杉ノ城】　毘沙門岳城から北西方向に延びる尾根上に位置する。住厭城《すみあきじょう》ともいう。

南北朝時代、懐良親王方の菊池氏が籠城したとも伝わり、毘沙門岳城を守る出城ともいわれるが、来歴ははっきりしない。高度な設計により防御に優れ、築城の契機や隣接する毘沙門岳城との関係など、関心は尽きない。

城の規模は、東西約四五〇メートル、南北約六〇メートル、東西二ヵ所の頂部（標高三〇四メートル・二九四メートル）を中心に、それぞれ曲輪群Ⅰ・Ⅱが展開している。

曲輪群Ⅰは、東の尾根上にa・b二ヵ所に堀切、cに土塁を巡らせ、東側からの攻撃に備える。北側斜面には帯《おび》曲輪d・eが巡り、竪堀で接続する。この帯曲輪は、城域全体にわたる防衛ラインを呈する。

曲輪群Ⅱは、頂部は現在「鳳山」と呼ばれている。fは平坦面がよく造成されている。gは北側に土塁と横堀が巡らされ、その下方に約二メートル間隔で設けられた三〇本足らずの竪堀が、畝状空堀群hを構成する。この竪堀群は、堀と堀の間隔が約二メートルと狭く整然と構築されている。また、周辺数ヵ所で石垣が確認できる。

【鶴ヶ城】　舞鶴城ともいう。毘沙門岳城から北西へ延びる尾根の突端頂部に位置する。杉ノ城《すぎのじょう》との間には谷が入り組んでいる。

標高一五九メートルの頂部に東西約三〇メートル、南北約一五メートルの主郭を置き、すぐ西側に一段下がって同規模の曲輪を配する。これらの東側から北側にかけて防御遺構がみられる。主郭の東側には連続する五本の堀切を設け、高良山側からの攻撃に備える。

鶴ヶ城は全長二〇〇メートルに満たず、周辺の山城に比べ小規模な造りであるが、横堀を伴う畝状空堀群、東側尾根筋を遮断する堀の連続にいくつかの土橋が見られ、山城遺構の見どころが詰まっている。

【吉見岳城】 毘沙門岳城から北西へ延びる尾根を下った吉見岳山頂（標高一五八メートル）に位置する。吉見嶽城、芳水嶽城ともいう。築城時期などは不明であるが、天文二年（一五三三）に八尋式部が居城としたとも伝わる。永禄十三年（一五七〇）、大友義鎮（宗麟）が筑後に出陣した際、本陣を置いたとされ、天正十五年、九州平定に際し秀吉が陣を置き、諸将と謁見したという。

吉見岳山頂の曲輪Ⅰは、東西約五〇メートル、南北約二〇メートル、周縁に土塁が巡る。西端からの展望がよく効き、立地から高良山の最前線基地ともいえよう。東側は土塁がよく残り、その下方には幅約一〇メートル、深さ約一〇メートルの大型の堀切が設けられ

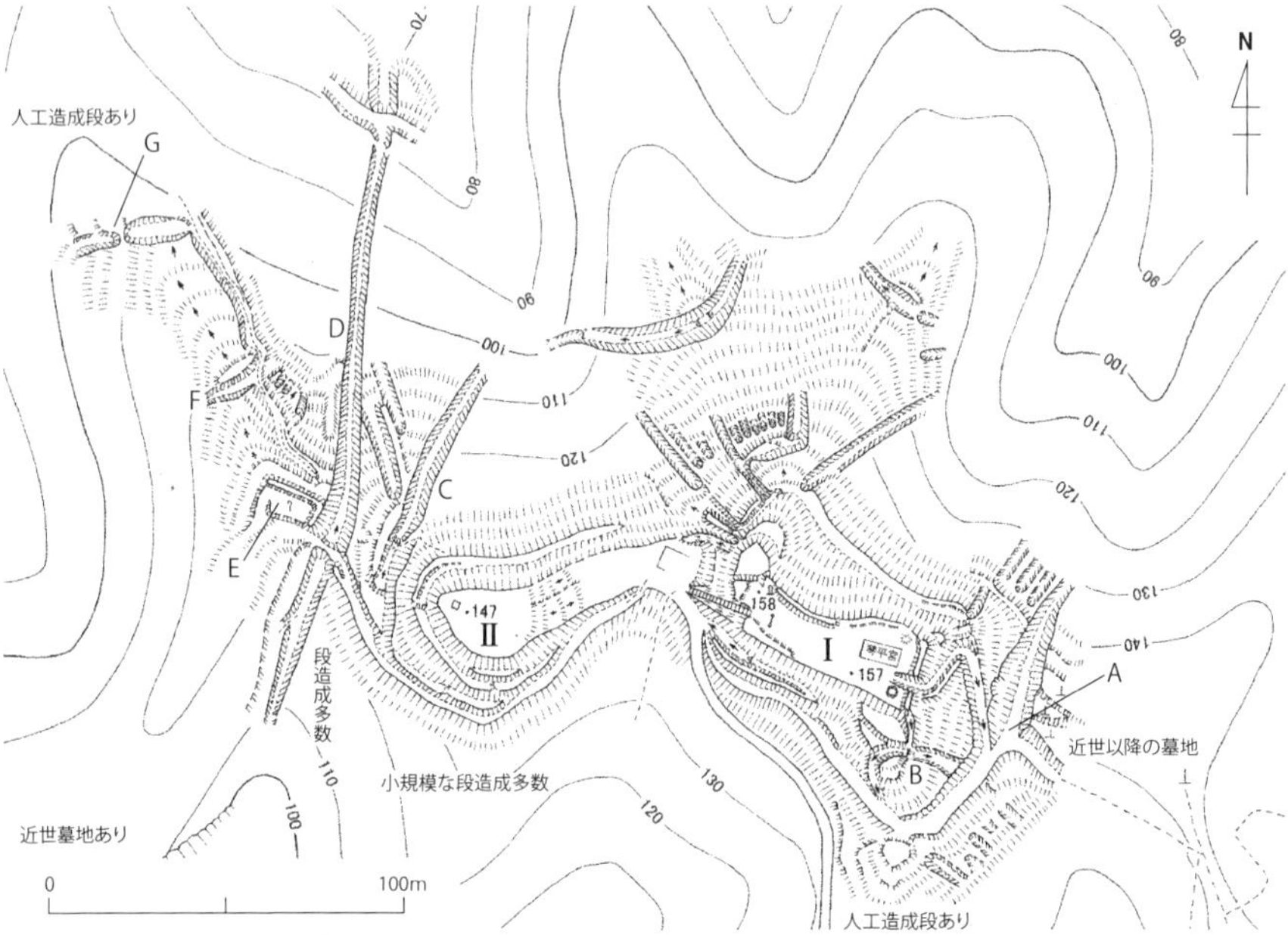

●—吉見岳城縄張図（出典：福岡県教育委員会 2017）

ている。曲輪Iの北側には横堀ともなる帯曲輪が巡り、竪堀群もみられる。北東側と北西側の尾根上に、それぞれ堀切一本を設けている。東側には、近世以降の墓地がある。

曲輪Iの西側下方に、東西約七〇㍍、南北約二〇㍍の曲輪IIを配する。その西側に堀切C・Dや平坦面E、その北西方向の尾根上に堀切F・Gを設け、城域を画す。南西には現在、近世墓地群がある。

城跡は江戸時代、高良山五〇代座主寂源《じゃくげん》僧正が天和三年(一六八三)に選定した「高良山十景詩歌」に桜の名勝として詠まれた。現在、琴平宮が祀られ、永世和平碑が建っている。また、周辺には墓地群のほか、高良山座主の邸宅跡も伝わる。

【山城への経路】　高良山には城郭遺構のほか、多様な文化財が残る。歴史の息吹が感じられるだけでなく、晴天には遠く雲仙まで見渡せる眺望、また四季折々の彩りを求めて登山者は絶えず、九州オルレのコースにもなっている。

高良山の登山道は複数あり、ここでは一部の例をあげることとする。

久留米大学前駅または御井町バス停で下車・徒歩の場合、「高良大社大鳥居」(国指定重要文化財)、「高良山御手洗橋」(県指定文化財)を通過、高良山の地主神を祀る高樹神社前から左に入る登山道を行けば、吉見岳城にたどり着く。その途中には、吉見岳城主とされる八尋式部の墓がある。そして吉見岳城から、西へ進めば古宝殿城を経て鶴ヶ城にいたる。もしくは北へ登れば、高良大社の本坂下の茶店横に出る。

また、高樹神社を左にみながら直進し、二の鳥居から高良山参道を上がれば、約二五分で高良大社に到着する。参道沿いには、中近世の山岳霊場遺跡が残り、「高良山のモウソウキンメイチク林」(国指定天然記念物)の群生もみられる。高良大社の背後、神籠石に沿う登山口を進めば、杉ノ城を経て毘沙門岳城にたどり着くことができる。

なお、御井駅で下車して、例年秋に「花火動乱蜂《どうらんばち》」(福岡県指定無形民俗文化財)が行われる王子池まで登り、鶴ヶ城へ向かう経路もある。

車の場合は、高良大社や毘沙門岳城のある久留米森林つつじ公園まで登ることができる。

【参考文献】福岡県教育委員会『福岡県の中近世城跡IV―筑後地域・総括編―』(二〇一七)

(穴井綾香)

筑後

●草野鎮永《しげなが》が築いた難攻不落の要害

発《ほっ》心《しん》城《じょう》〔福岡県史跡〕

〔所在地〕久留米市草野、田主丸町中尾、八女市上陽町下横山・上横山
〔比　高〕約六五〇メートル
〔分　類〕山城
〔年　代〕天正六年（一五七八）～十五年
〔城　主〕草野鎮永
〔交通アクセス〕九州自動車道「久留米IC」から車で約四〇分。JR久大本線「筑後草野駅」下車、徒歩約一二〇分。

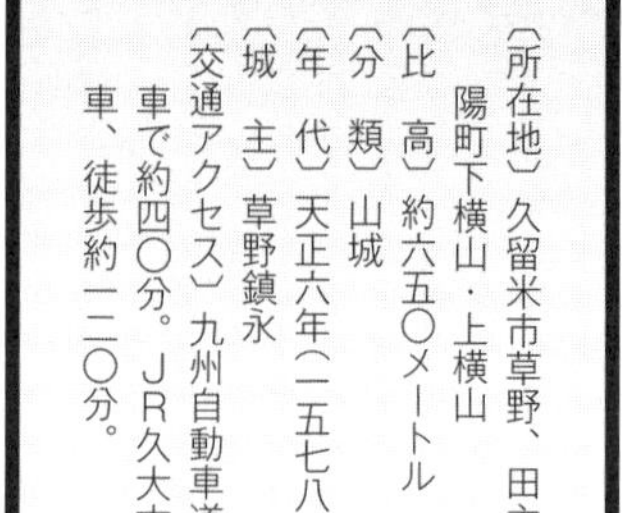

筑後

【位置と沿革】　発心城は、耳納《みのう》山地西部の発心山に位置する。西の高良山には古代以来宗教的権威を核とする勢力が結集し、東には国人領主・星野氏の鷹取山城《たかとりやまじょう》があった。

発心城の規模は、標高六九七・五メートルの山頂部を中心に、東西約四〇〇メートル、南北約二五〇メートルにおよび、筑紫平野を一望することができる。天正六年（一五七八）、草野鎮永《しげなが》（家清）によって築城された。発心岳城ともいう。これを本城として、そこから草野氏の居館（発心公園）に下りる尾根沿いに、蔵所（蔵址）や上ノ城・下ノ城という出城《でじろ》があった。

草野氏の歴史は、長寛二年（一一八六）、草野永経《ながつね》が肥前高木（佐賀市）から草野吉木《よしき》に入部したことに始まるという。源平争乱の時代、永経の子・永平《ながひら》は源氏方として戦功を治め、源頼朝の推挙により筑後国在国司・押領使職を安堵された。永平は、若宮八幡宮（草野町）、須佐能袁《すさのお》神社（同）、千光寺（山本町）、善導寺（善導寺町）などの社寺を創建、一族発展の基礎を築いたという。

南北朝時代には、永幸が懐良《かねなが》親王方として大友氏や少弐《しょうに》氏と戦って活躍した。応仁の乱後、筑後国では大内氏と大友氏の衝突が繰り返されたが、やがて草野氏は他の有力領主らとともに、大友指揮下に降ることとなる。

この間、草野氏は長らく竹井城（草野城、竹之城とも）を本拠とした。竹井城は、若宮八幡宮背後の尾根上に位置する。尾根頂部の標高一七一メートルに「竹井城址」の石碑があり、ここに南北約三〇メートル、東西約一五メートルの主郭を置いた。現在、

主郭の東側に土塁《どるい》、南側に深さ約六㍍の堀切《ほりきり》一本、西側に竪《たて》堀《ぼり》一二本からなる畝状《うねじょう》空堀群《からぼりぐん》などの遺構がみられる。また、それより尾根を南へ上った標高三七一㍍の頂部には、「物見《ものみ》櫓《やぐら》」と称する曲輪群も残る。

●—発心城跡からの眺望

天正六年、大友宗麟《そうりん》が日向耳川で島津義久に大敗すると、草野鎮永は大友方を離れ、肥前の龍造寺方に与する。鎮永は大友方の攻撃に備え、竹井城に代えて新たに発心城を築いた。天正十三年には、大友方の高良山衆や島津方に通じた秋月氏の攻撃を受けるも落城しなかった。

同十四年、鎮永は豊臣秀吉の島津討伐に協力し、山本郡他七五〇町を安堵されたが、翌十五年、秀吉が在陣する吉見岳に参じず不興を買い、誅殺された。ここに草野氏は滅亡し、発心城は廃城となった。発心城では、六〇余名の家臣が鎮永の後を追って自刃したともいわれる。

江戸時代になると、かつての草野氏の本拠地には町場が形成され、日田《ひた》街道（山辺往還）の草野宿として発展した。また発心城跡では、元禄国絵図の作製に際し、四方見晴らしがよいとして作業が行われた。特に北山麓は桜の名所で、久留米藩九代藩主・有馬頼徳《よりのり》が見物に訪れ、植樹も命じたという。

現在、発心城跡は福岡県指定史跡（昭和四十八年〈一九七三〉四月十九日指定）となっている。

【城の構造】　発心城（本城部）には、発心山の山頂部に主郭部Ⅰを置く。南北約五〇㍍、東西約一〇㍍の規模で、周囲に低土塁を巡らせ、さらに階段状に帯《おび》曲輪を置き、北側は堀切を隔てて、曲輪Ⅱを配する。

曲輪Ⅱを中心に、尾根上に曲輪が展開している。特に東側は、谷に向かって、階段状に小曲輪群Bが連なり、その先の自然湧水を水手として確保するための造りとみられる。曲輪Ⅱから北東に延びる尾根先には防御のため堀切を一本設けら

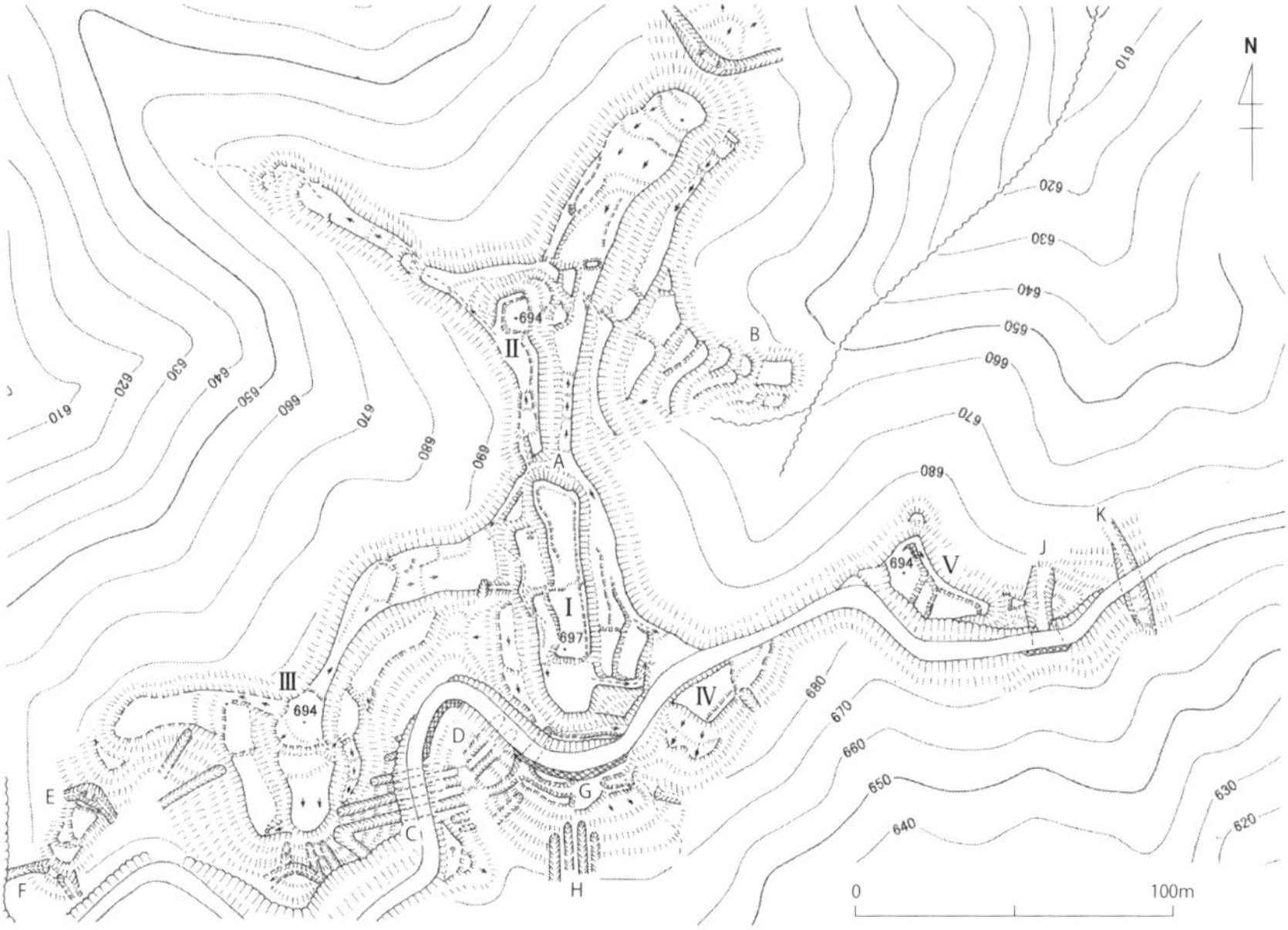

●—発心城（本城部）の縄張図（出典：福岡県教育委員会 2017）

れている。一方、北西に延びる尾根上では、曲輪の先は自然地形の斜面となっており、草野町から「蔵所」を経て発心城にいたる主要登城路だったとみられている。現在も登山道として使われている。

主郭部Ⅰの西側の尾根先に、曲輪Ⅱと同じく標高六九四メートル地点を中心にやや広めの曲輪Ⅲを置く。この周囲には、放射状に小曲輪が展開している。南側の斜面には、林道（耳納スカイライン）に切られてはいるが、堀切一本、竪堀約八本からなる畝状空堀群Cがみられる。この空堀群Cは、主郭部Ⅰの南斜面の空堀群Dと連動し、南側の谷から侵入を防ぐ。西側の先には、堀切E・Fの二本で城域を画す。

主郭部Ⅰの南側には、横堀Gを巡らせ、その南側に竪堀群Hが構築されている。また、東側に曲輪Ⅳを置き、さらに東方に曲輪Ⅴを配する。曲輪Ⅳ・Ⅴには、土塁状の高まりも確認される。Ⅴの東側は、Jに堀切二本、Kに堀切一本で城域を画す。

昭和三十～四十年代にかけての林道開通工事に伴い、遺構が切られたり、埋め立てられたりして、縄張がわからない箇所もあるが、全体的に良好に遺構が現存している。現在、林道からすぐ主郭部Ⅰに行き着くことができるが、本来、山麓の各所から登って侵攻するとすれば、難攻不落の要害というのも肯ける。九州の戦国時代末期、軍事的緊張の高まるなか、急場の築城であったかもしれない。しかし各所に厳重な防備を施し、鎌倉時代以来一大勢力を誇った国人領主・草野氏の本城に相応しい大規模な城であった。

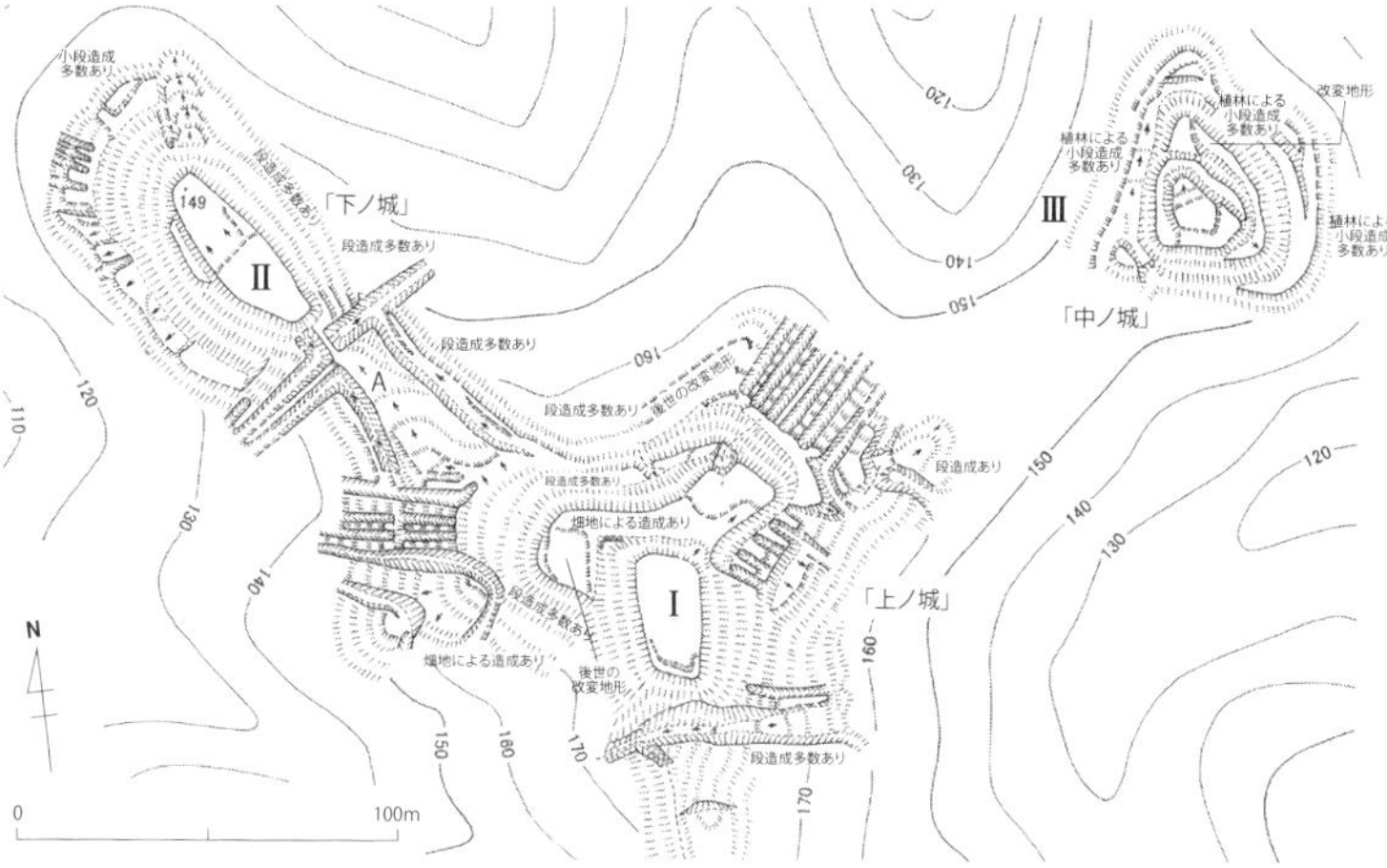

●—「上・中・下ノ城」の縄張図（出典：福岡県教育委員会 2017）

【蔵　所】蔵所（蔵址）は、発心城跡から北麓の草野町へと降りる尾根沿いの標高三五〇メートル地点に城館遺構が残る。南北に、二面の曲輪が階段状に並列している。その東西に、土塁や横堀状の遺構がみられる。二面のうち北麓側の曲輪には、西側の土塁の途切れ目に虎口《こぐち》や横矢《よこや》のような遺構がみられる。

【上・中・下ノ城】草野氏の居館跡である発心公園にほど近く、標高約一九〇メートル地点に曲輪群Ⅰ「上ノ城」を置く。そこから北西方向に延びる尾根先端部の標高一四九メートル地点に曲輪群Ⅱ「下ノ城」、Ⅰの北東側の標高約一六〇メートル地点に曲輪群Ⅲ「中ノ城」がある。

曲輪群Ⅰは、南北約三〇メートル、東西約一五メートルの主郭を置き、南側に土塁と深さ一〇メートルに及ぶ堀切一本を備える。北側には北東・北西方向に二股に分かれるような曲輪を配する。北東側斜面には堀切二本を設け、それに並行する一〇本の竪堀からなる畝状空堀群を構築、西側斜面には堀切二本、竪堀四本を備える。曲輪群Ⅲは、最高所に一〇メートル四方ほどの曲輪を置き、それに帯状の曲輪が巡る。曲輪群Ⅱは、約五〇×一五メートルの曲輪を中心として、周囲に帯曲輪、竪堀群が確認される。

曲輪群Ⅰ・Ⅱ・Ⅲは、それぞれ独立した位置にあるが、特にⅠ・Ⅱの間には横堀や帯曲輪を構築し、密接な連絡を意識した構造となっている。

【参考文献】福岡県教育委員会『福岡県の中近世城跡Ⅳ—筑後地域・総括編—』（二〇一七）

（穴井綾香）

●筑後最大規模の山城

妙《みょう》見《けん》城《じょう》

〈所在地〉うきは市吉井町富永
〈比　高〉約二〇〇メートル
〈分　類〉山城
〈年　代〉一四世紀～一六世紀
〈城　主〉星野氏
〈交通アクセス〉　大分自動車道「朝倉ＩＣ」から車で約三〇分。

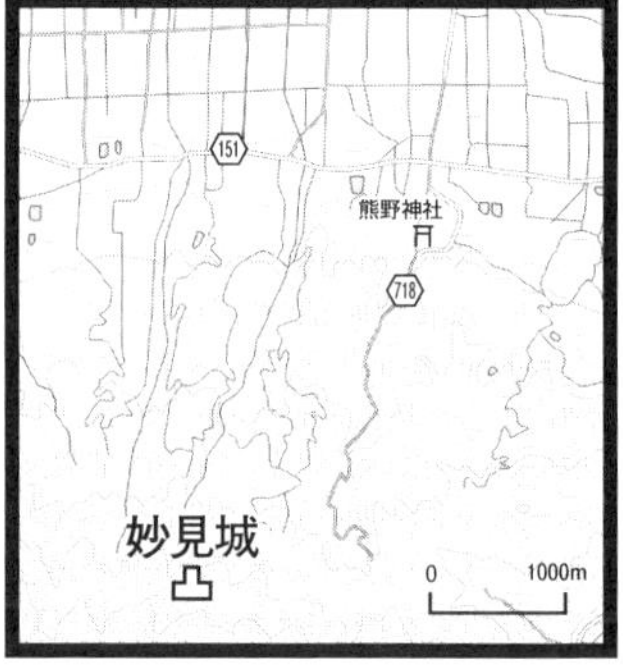

【城の由来】　妙見城は、中世から戦国期にかけて生葉郡から竹野郡にかけて勢力を持っていた星野氏の本城であり、城下町があった延寿寺集落の南西方向の山中に位置している。城の最高所は標高四八〇《メートル》付近で、そこから谷を挟んで北に大きく延びる東西二つの尾根を中心に縄張が広がっている。「筑後将士軍談」には「屋形村妙見城跡」として「山上ニアリ、星野伯耆守築之」とし、星野親忠《ちかただ》も居城したとある。妙見城は別名明顕城とも呼ばれ、戦前の踏査記録や文献によれば北の山頂側から順に、明顕・上ノ城・馬刺場・中ノ城・下ノ城・下明顕・妙館跡などを含んだ総称として報告されている。一部文献と一致しない箇所もあるが、現在でも多くの遺構を確認することができる。

【星野氏と妙見城】　星野氏は鎌倉時代の初め、嘉禄二年（一二二六）に源助能《すけよし》を祖とする星野胤実《たねざね》が筑後国生葉郡星野郷に封ぜられ、生葉・竹野両郡約一〇〇〇町を所領したと伝わる。南北朝期には南朝方の主要勢力の一つとして活躍した。星野氏が妙見城をはじめ、耳納連山に多くの城の基礎を築いたのもこの時期だと考えられる。戦国期の星野宗家は秋月氏とともに島津氏に与し、東に隣接する大友方の国人領主である問註所《もんちゅうじょ》氏とはたびたび戦火を交えている。

妙見城が登場する古い一次資料として『太平記』や『大友家文書録』が挙げられ、延元四年（一三三九）に菊池武重《たけしげ》と大友氏泰《うじやす》軍と妙見城をめぐって攻防を繰り広げている。戦国期の永正四年（一五〇七）三月には、大友義長《よしなが》が妙見城の星野重泰《しげやす》を攻めたが容易に攻め落とせず、臼杵安芸守が一計を案じ、家来に重泰を暗殺させることで落城させている。戦国末期には星野吉実《よしざね》・吉兼《よしかね》兄弟は北上する島津軍に従って筑前糟屋郡の高鳥居城に移るが、立花統虎《むねとら》（宗茂《むねしげ》）に攻められて戦死している。星野宗家の滅亡とともに妙見城も廃城になったとされる。

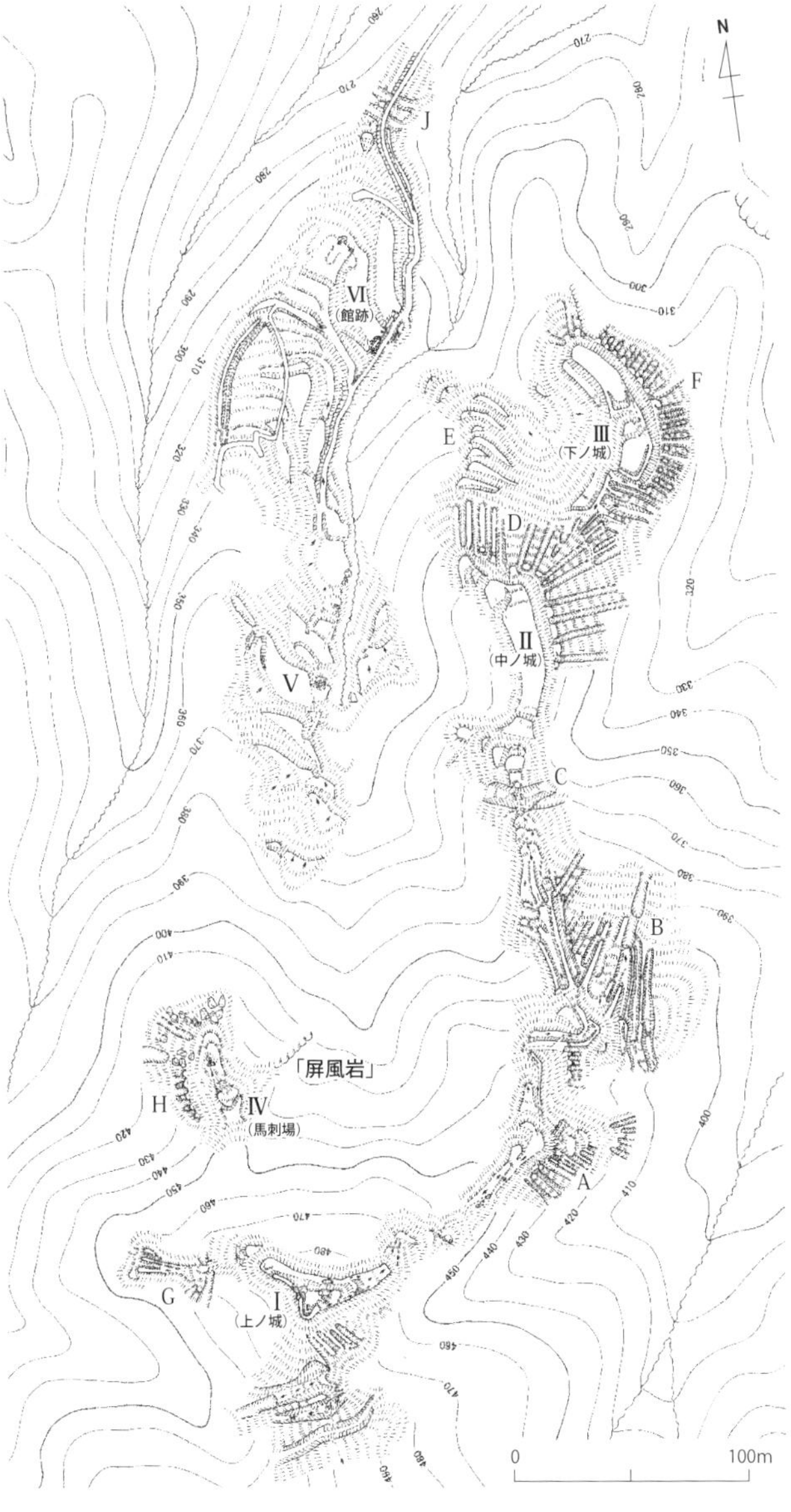

●—妙見城縄張図（出典：福岡県教育委員会 2017）

【城の構造】　妙見城は標高約四八〇メートル地点に主郭を築き、ここを最高所として平野側である南に下る形で南北に長い縄張を有している。縄張内には水源地の谷を擁し、南北約六〇〇メートル、東西約二五〇メートルにも及ぶ縄張は、筑後国内でも最大規模である。現在山麓に個人宅がある平坦部から、多少の改変を受けながらも妙見城へと登る城道が続いており、道を上ってゆくとやがて二本の堀切《ほりきり》にぶつかる。ここが城への入り口の最初の防御遺構であり、ここから北へ登ると本格的に妙見城の縄張が広がる。堀切を過ぎると、曲輪群ⅥとⅤが城道の西側に広がる。ここは文献でいうところの「館跡」と考

●—館跡の曲輪群に残る石垣

●—中ノ城から上ノ城へ続く尾根線を隔てる堀切

えられ、特にⅥでは、平坦面に続く虎口《こぐち》部分には石垣が築かれており、城道側からの攻撃に配慮している。また、城道の東側の谷へ降りる道が数本確認でき、谷底を流れる水を水源地として巧みに縄張内に取り込んでいることがわかる。城道を登っていくとやがて屏風岩と呼ばれる急峻な崖面に突き当たり、ここをまっすぐ北に登るのは相当に困難である。

曲輪群Ⅴ・Ⅵから谷を挟んで東側に、城内でも最も厳重な防御遺構を有する曲輪群のⅡ・Ⅲが構築されている。Ⅲは文献でいうところの「下ノ城」、Ⅱは「中ノ城」に当たり、両曲輪群は竪堀《たてぼり》で隔たっているが、土橋《どばし》状の掘り残しを造ることで守備側の連絡機能も備えている。Ⅲの曲輪は土塁《どるい》で囲まれ、東側斜面を中心に畝状《うねじょう》竪堀群《たてぼりぐん》が構築されている。Ⅱの曲輪群は城内最大規模となる南北約五〇メートル、東西約一五メートルの曲輪を有し、北側と東側斜面にかけて畝状竪堀群が構築されている。また、中ノ城の北側畝状竪堀群のさらに下斜面地にあたるEの区画には階段状の曲輪群が一〇段程築かれており、谷側からの攻撃にも警戒していたことがうかがえる。

中ノ城の曲輪から北の尾根線への登り口には大きな堀切が設けられ、その先に妙見城の主郭まで至る尾根線が続いている。この尾根線は二〇〇メートル以上続くが、この東側斜面のBには堀切と畝状竪堀群が、Aには畝状竪堀群が構築されており、主郭から中ノ城・下ノ城まで続く尾根線を厳重に防御していたことがわかる。

この尾根線を抜けるとⅠの区画に出る。ここが妙見城の主郭にあたり、文献でいうところの「上ノ城」と考えられる。

主郭の曲輪は特別大きくはないが、城の背後にあたる南側には土塁を巡らせ、南側斜面には畝上竪堀四本と堀切三本を構築することで山上からの攻撃にも対処できるようにしている。

主郭の西側に伸びる尾根上Gの区画にも若干の曲輪と竪堀が構築され、さらに主郭から北西側にも尾根線が延びている。ここにも規模は小さいながらも曲輪群と畝状竪堀群が構築されており、文献でいう「馬刺場」にあたると考えられる。この曲輪の東側は先に述べた屏風岩の頂点付近であり、Vの曲輪群からみると南崖面上にあたる。斜面地をまっすぐ北に登ってくる敵への防御を意識していたと考えられる。

●—上ノ城（主郭）の曲輪南端に築かれた土塁

以上が、現在確認されている妙見城の縄張であるが、文献上で最高所と最低所に位置するとある「明顕」と「下明顕」については遺構が確認できていない。しかしいずれにしても、八〇本近い畝状竪堀群や高度に発達した曲輪群を持ち、筑後最大級の縄張を有していることは間違いない。江戸時代中期頃にまとめられた『北肥戦誌《ほくひせんし》』には「妙見城と申すは山高くして一片の白雲峰を埋め、谷深うして万仭の岩路を遮る撃柝なる道を廻って揚れば、岩を切って堀とし石を畳で屏とせり、されば縦に防ぎ戦うもの無くとも轍く登る事得難し云々」とある。後世の軍記物語ではあるが、こうした記述がなされるほど、星野氏の本城として機能していたことは疑いない。

【参考文献】古賀基司「浮羽郡古城址とその歴史」『浮羽古文化財保存会誌 宇枳波 第二号』（筑後郷土研究会、一九五三）、廣崎篤夫『福岡県の城』（海鳥社、一九九五）、片山安夫「筑後星野氏と生葉妙見城について」『北部九州中近世城郭情報紙 一三』（北部九州中近世城郭研究会、二〇〇四）、福岡県教育委員会『福岡県の中近世城館跡Ⅳ—筑後地域・総括編—』（二〇一七）

（大津諒太）

●反大友勢力の猛攻を耐え凌いだ

長《なが》岩《いわ》城《じょう》

〔所在地〕うきは市浮羽町新川
〔比　高〕約一〇〇メートル
〔分　類〕山城
〔年　代〕一二〜一六世紀
〔城　主〕長谷部氏、問註所氏
〔交通アクセス〕大分自動車道「杷木IC」から車で約三〇分。

筑後

【城の由来】　筑後川支流、新川上流、三寺拂から葛籠《つづら》の集落へ上る途中、奇勝七ツ岩で有名な長岩の谷に位置する。『筑後将士軍談』には「新川村長岩城跡」として「山腹岩間ニアリ、本丸北面東西十間、南北十五間、二ノ丸東西十間、南北十五間」とあり、豊後津江郷の領主だった長谷部氏が築城した後、問註所統景《もんぢゅうじょむねかげ》が居城として再興した。天正年間（一五七三—九二）には大友氏の配下であったことなどが記される。本格的に現状の縄張が構築されたのはこの頃だと考えられる。

【反大友勢力との激戦】　長岩城を居城とした問註所氏は、豊後を拠点に巨大な勢力を誇っていた大友氏に服属していた。しかし天正六年（一五七八）の耳川の戦いの大敗によって大友氏が衰退し始めると、大友方から独立・離反する者が続出した。そのような中、問註所氏は最後まで大友方として奮戦した。問註所氏の周辺地域では星野氏や秋月氏などが勢力を持っていたが、いずれも反大友勢力として九州を北上する島津氏に与していた。『問註所文書』によると、問註所統景は長岩城周辺地域で幾度も激戦を繰り広げている。特に天正十一年七月には、反大友勢力が大挙して長岩城下に放火して攻め囲んだが、統景はこれを撃退している。長岩城付近には千人塚や首洗いなどの伝承地が残るが、当時の激戦を物語っているといえよう。最終的に、大友氏は豊臣秀吉に臣従することで援軍を請い、九州をほぼ手中に収めていた島津氏は秀吉の九州攻めによって撤退を余儀なくされる。統景は秀吉の到

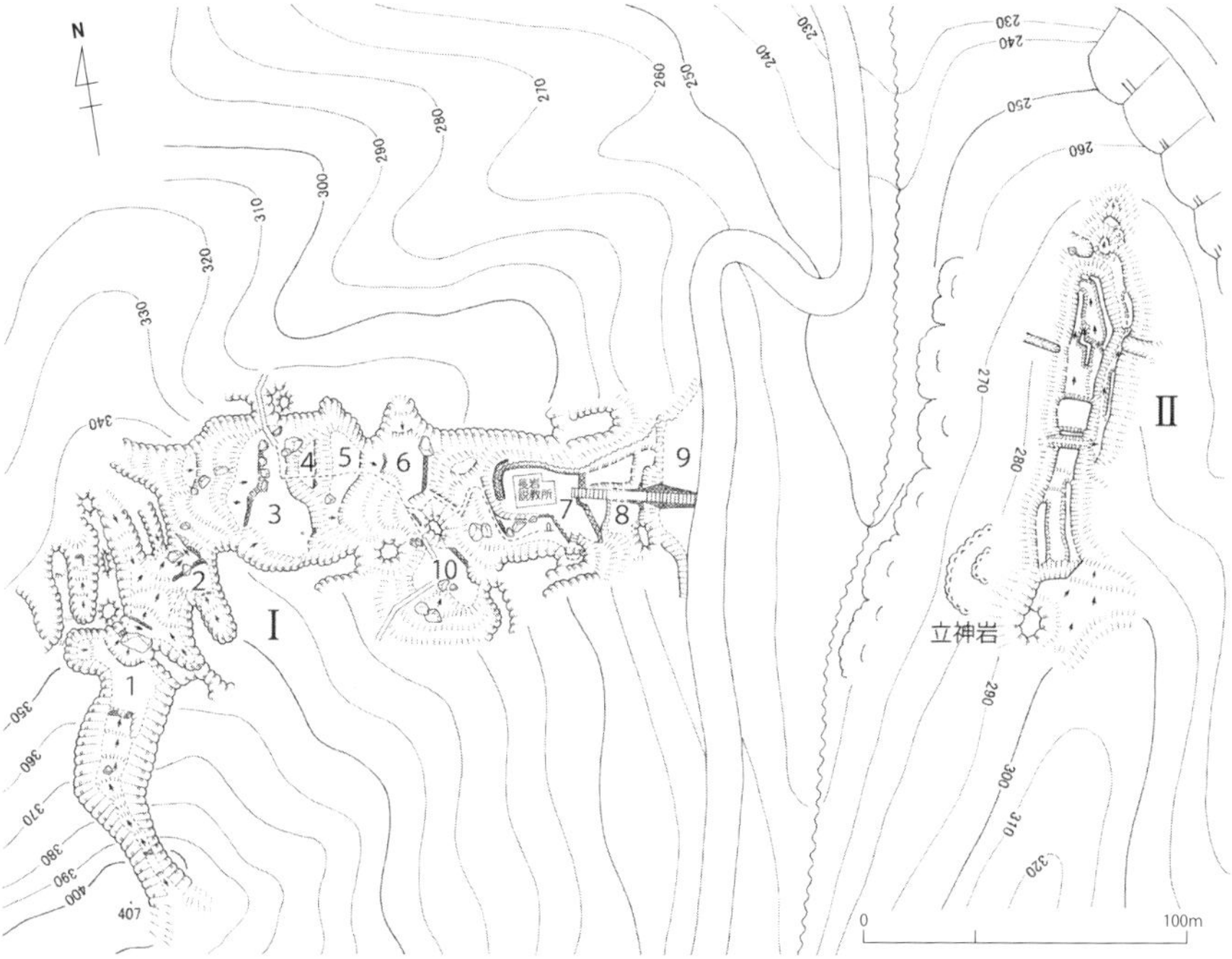

●―長岩城縄張図（出典：福岡県教育委員会 2017）

着まで孤軍奮闘を続け、長岩城を守り抜いている。

【城の構造】　長岩城は南北に走る谷部に築かれており、谷を挟んで東西に大きく二つの曲輪群が構築されている。本城となるのは西側の曲輪群Ⅰで、谷の上部から下に斜面を下りつつ列状に曲輪面が構築されている。現在、縄張図上7の平坦面には長岩説教場という建物が建っており、その東の平坦面9とともに後世の改変が加えられているが、もともとは曲輪であった可能性も高い。このように、一般的な中世山城が尾根線上に曲輪群を構築するのに対して、Ⅰの曲輪群は特異な縄張をしていることがわかる。Ⅱの曲輪群はⅠと谷を挟んで東側に構築されているが、こちらは尾根線上に土塁《どるい》で囲まれた曲輪群を構築している。本城部と考えられるⅠはⅡの尾根上からは丸見えの状態となり、ここを城塞化することは防衛上必須だったといえる。この二つの曲輪群が緊密に連携することで、長岩城は問註所氏の守りの要として機能していたものと考えられる。

【参考文献】古賀基司「浮羽郡古城址とその歴史」『浮羽古文化財保存会誌　宇枳波　第二号』（筑後郷土研究会、一九五三）、廣崎篤夫『福岡県の城』（海鳥社、一九九五）、浮羽町史編集委員会『浮羽町史　上巻』（一九八八）、福岡県教育委員会『福岡県の中近世城館跡Ⅳ―筑後地域・総括編―』（二〇一七）

（大津諒太）

●耳納山頂の壮観な畝状竪堀群の要害

鷹《たか》取《とり》山《やま》城《じょう》

〔八女市史跡〕

（所在地）八女市星野村・久留米市田主丸町森部・うきは市浮羽町妹川
（比　高）約二五メートル
（分　類）山城
（年　代）一六世紀
（城　主）星野氏か
（交通アクセス）九州自動車道「八女ＩＣ」から車で約七〇分、またはＪＲ久大本線「田主丸駅」から車で四〇分（林道耳納連山スカイライン脇に所在）。

【城の位置と環境】　鷹取山城は、八女市と久留米市・うきは市との間に東西に延びる耳納《みのう》山系最高所にあたる、鷹取山の頂上（標高八〇二・一メートル）にある山城である。周辺は、南の八女市側に緩やかな山なみがあるのに対し、北側の久留米市・うきは市側は断層による急峻な崖面となっており、北側は筑後川周辺の平野部を一望することができる、非常に見晴らしのよい立地となっている。現在は展望所として公園整備がなされており、ハイキング・ツーリングなどで訪れる人々が多い。

なお、同じ耳納連山には、鷹取山城の西側約八・三キロの同一林道上に、草野氏の居城とされる発心城《ほっしんじょう》（久留米市草野町・田主丸町）も存在し、整備がなされている。

【城の由来】　鷹取山城は、「東西四十二間・南北十間、星野重種《しげたね》（鎮胤）居城之由申伝ル」（筑後久留米領郡中古城覚書）とも、「星野中務大輔吉実」（筑後封植録）とも記されている。また、『筑後将士軍談』では、「同村（星野村）鷹取城跡」として「東西四十二間、南北十間、重忠ノ曾孫、重種ノ居城也」とある。詳細な築城のいきさつは不詳である。

【城の概要】　標高八〇二メートルの山頂部に主郭があり、そこから南側・東側に向かって階段状に曲輪が展開し、曲輪の周囲にはそれぞれ土塁《どるい》が構築され、堅牢な防御となっている。主郭の北側は急峻な崖面となっているためか、畝状竪堀《うねじょうたてぼり》などの構築物は確認されない。対して、主郭の西側には九本の畝状竪堀が構築され、主郭の南側斜面には三二本の畝状竪堀群が

●—鷹取山全景（撮影：岡寺 良）

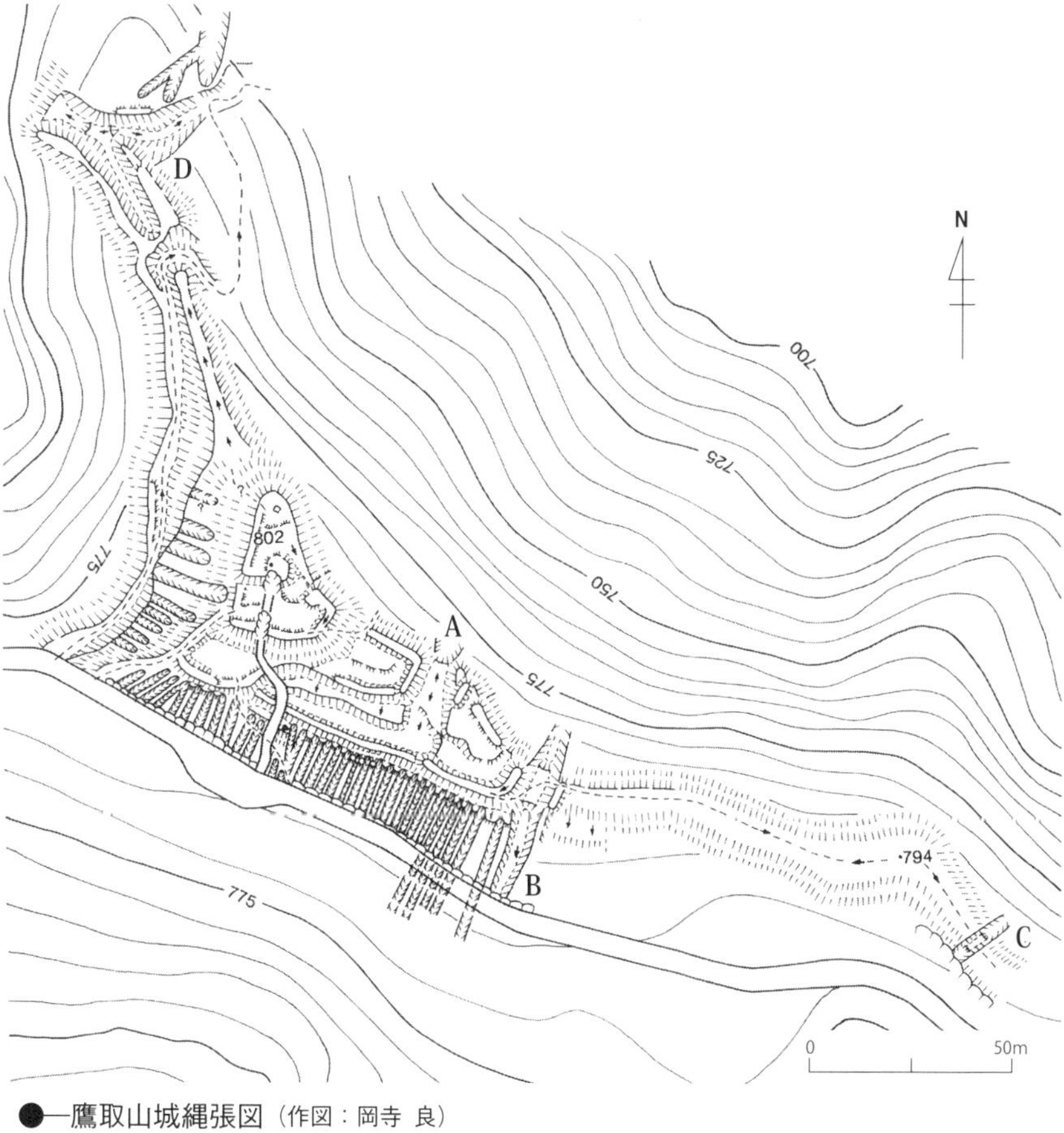

●—鷹取山城縄張図（作図：岡寺 良）

展開しており、比較的緩やかな南側斜面の防御に対しては手厚い造作がなされている。特に畝状竪堀群はこの鷹取山城では他城と比して高度に発達しており、その竪堀が並ぶ姿は城を訪れた際に最初に目にとまり、極めて壮観な光景である。

南側畝状竪堀群のすぐ東側には堀切《ほりきり》が構築されており、さらに東側約一〇〇メートルにも堀切が構築され、東側からの防御に備えている。

●—主郭の曲輪群と畝状竪堀（撮影：岡寺　良）

●—鷹取山城南側の眺望（八女市側）

主郭の北西方向には尾根が土塁状に延び、その先には大型の竪堀と堀切を構築し、城端部の防御を手厚くしている。

以上のように、当城は小型ながらも、土塁に囲まれた曲輪群や、膨大な数の畝状竪堀群など、北部九州において高度に発達した縄張技術を駆使している。妙見城を本城とする国人領主・星野氏の重要城郭の一つで、本城・妙見城の詰城《つめじろ》と想定できるとともに、耳納山系南側からの攻撃に備えた峠の城という位置付けも可能であろう（福岡県教育委員会、二〇一七）。

【参考文献】『稿本八女郡史』（福岡県八女郡役所、一九一七）、星野村史編さん委員会『星野村史　文化財民俗編』（星野村、一九九七）、福岡県教育委員会『福岡県の中近世城館跡Ⅳ—筑後地域・総括編—』（二〇一七）

（檀　佳克）

●中世を通じて黒木氏の拠点となった山城

猫《ねこ》尾《お》城《じょう》〔福岡県史跡〕

〔所在地〕八女市黒木町北木屋（城山公園）
〔比　高〕約一五〇メートル
〔分　類〕山城
〔年　代〕一二世紀〜一六世紀
〔城　主〕黒木氏、筑紫広門、田中吉政（城代：辻勘兵衛）
〔交通アクセス〕ＪＲ鹿児島本線「羽犬塚駅」下車、堀川バス羽矢線で「黒木中学校前」停留所下車（約四〇分）徒歩約一〇分。

【城の由来】　八女市東部の山間部は奥八女とも呼ばれ、猫尾城の所在する旧黒木町はさらに東の山間地帯である旧矢部村・旧星野村とともに南北朝時代の南朝に由来する史跡や言い伝えが多数存在する地域である。猫尾城でも、一四世紀代の遺物が発見されており、古くは南北朝時代に城館などの拠点施設がすでに構築されていた可能性がある。

猫尾城は、八女市黒木町の中心部からやや東側の、通称城山（標高二四六メートル）に所在し、現在は城山公園として整備がなされており、自然豊かな市民の憩いの場となっている。

猫尾城は源助能《すけよし》が仁安二年（一一六七）に山門郡《やまとぐん》瀬高荘《せたかしょう》を管理するために大隅国大根占《おおねじめ》から移り、治承二年（一一七八）に黒木・河崎荘の支配のために築いたのが創始とされる。その後、黒木姓を名乗って、長らく猫尾城を代々の居城としていたとされる。その後、天正十二年（一五八四）に豊後大友氏の攻撃により猫尾城は落城した。天正十五年の豊臣秀吉の九州平定後は筑紫広門《ちくしひろかど》に与えられたが、関ヶ原の戦いで西軍は敗れ、領地は没収となった。その後、筑後国は

●—猫尾城から黒木町市街を望む

筑後

田中吉政《よしまさ》に与えられ、猫尾城には城代として家老辻勘兵衛が入城した。その後、元和元年の一国一城令により猫尾城は破却された。

　城名の由来は、尾根の根っこの小山に通じる所に由来するとの説もある（佐々木　一九九一）。

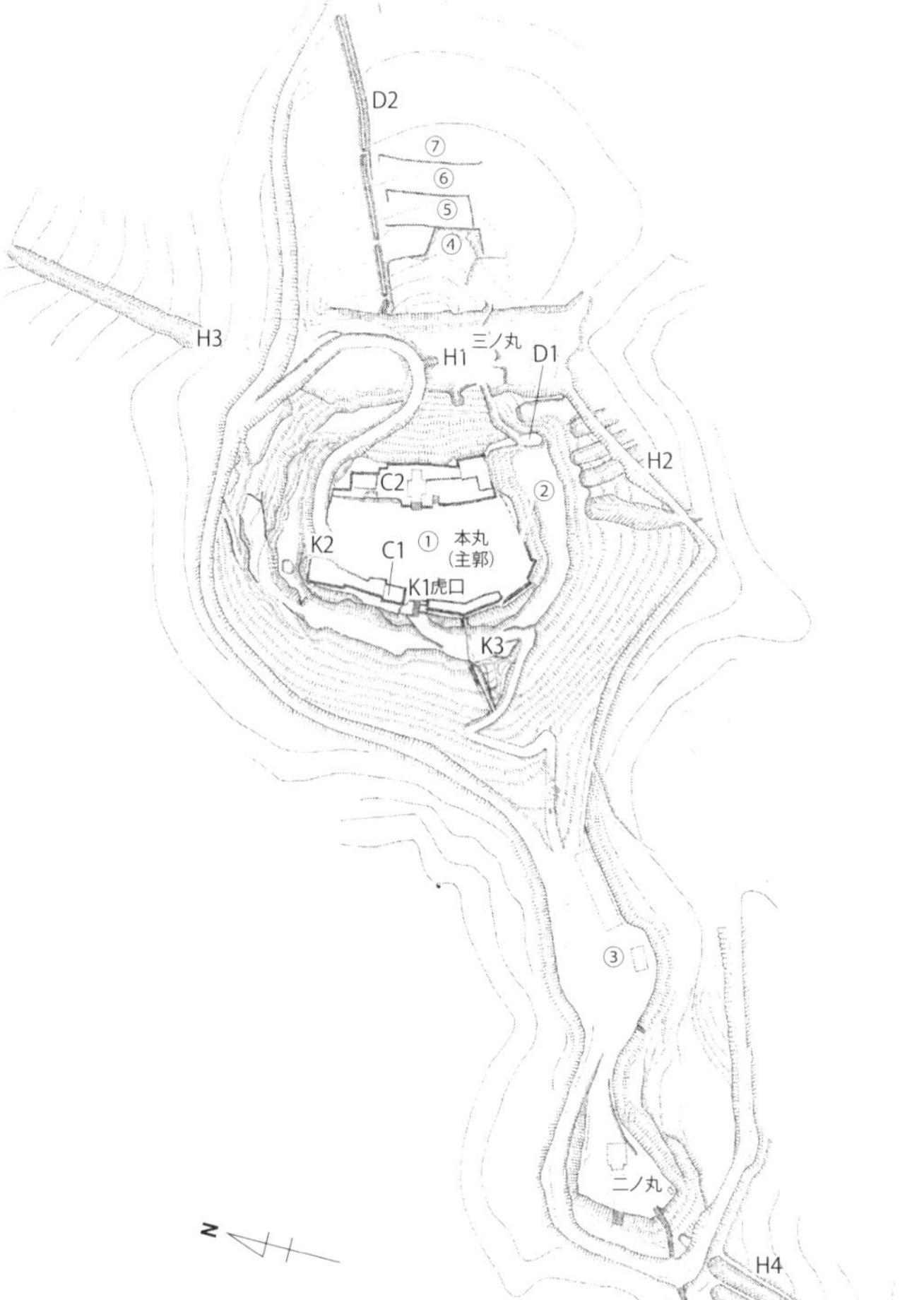

●—猫尾城縄張図（作図：木島孝之）

【城の構造】　猫尾城は城山の山頂に位置し現在は英彦山神社社殿のある平場が本丸跡である。主郭は東西約五〇メートル、南北約八〇メートルを測る。本丸①は東西二九メートル、南北約六六メートルの平地となっており、周囲に高さ約二メートルの石垣がある。この石垣は隅が算木《さんぎ》積《づ》みとなっており、この石垣は田中吉政時代に構築された可能性が指摘されている。また、昭和六十三年（一九八八）度から平成二年（一九九〇）度にかけて行われた発掘調査では建物礎石や桐文の軒丸瓦《のきまるがわら》が発見されており、同様に田中吉政時代の所産の可能性が指摘されている。

　主郭の正面にあたる西側には石積みが確認され、中央北寄りに櫓台《やぐらだい》（C1箇所）、その南側に虎口《こぐち》と思われる構造が確認できる（K1）。虎口を出て石垣直下を南に進むと浅い

筑後

竪堀状《たてぼりじょう》のくぼみが確認され（K３）、そのさらに西側に浅い竪堀状のくぼみが存在する。この竪堀状のくぼみが、主郭から城下への通路である可能性がある。

主郭の側面にあたる北側は急傾斜地となっており、急傾斜地の中に一条の畝状《うねじょう》竪堀（H３）が存在する。反対側の南側斜面には、四条の畝状竪堀（H２）が存在していることが確認されているが、現在では残念ながら、観察が困難な状況となっている。

●―猫尾城本丸の石垣

主郭の裏手にあたる東側には大きな堀切が存在し（H１）、その東側は三ノ丸とされているが、現状は段々畑状に改変された痕跡がみられ（④〜⑦）、後世の所産であり城館遺構に伴うものではないとする見解がある（木島 二〇〇一・福岡県教育委員会 二〇一七）。また、三ノ丸から東西方向に延びる土塁《どるい》状の盛土（D２）があるが、同様の盛土が二ノ丸のさらに西側尾根上でも確認され（鶴嶋俊彦教示）、近隣の八女地域山林地内での類例からも、後世の土地区画明示のための盛土であり城館に伴うものでは無い可能性が考えられる。

●―虎口付近（算木積の石垣）

主郭の西側には尾根が伸びており③、その先に薬師堂が存在する。この箇所が猫尾城の二ノ丸にあたる。二ノ丸の周囲にも土塁状の盛土痕跡が確認され、主郭と同様に南側から西側にかけて腰《こし》曲輪状の平場が存在している。現状は後世の道路などで削平されている箇所もあるが、二ノ丸の北側から西側の平場部分を通り、二ノ丸の南西隅付近を下る通路があった可能性がある。

二ノ丸の南側には約七〇メートルの長さで二条の畝状竪堀（H４）が確認されている。前述の二ノ丸南西箇所から城下の「陣ノ内」地区に向かって掘られており、周囲を確認してもこの二条の竪堀以外の遺構は確認し難い。畝状竪堀としての機能以外の可能性として、竪堀の一条は猫尾城から城下に通じる主要通路（目隠し通路）であり、もう一条はその防御の機能があった可能性も考えられる（鶴嶋の教示による）。これらの土塁や竪堀に関しては、戦国期の所産の可能性が考えられている。

なお、猫尾城の標高一六〇メートル付近の谷部には、「殿様の井戸」と伝承が有る井戸があり、発掘調査がなされており、石段を有する井戸が確認されている。

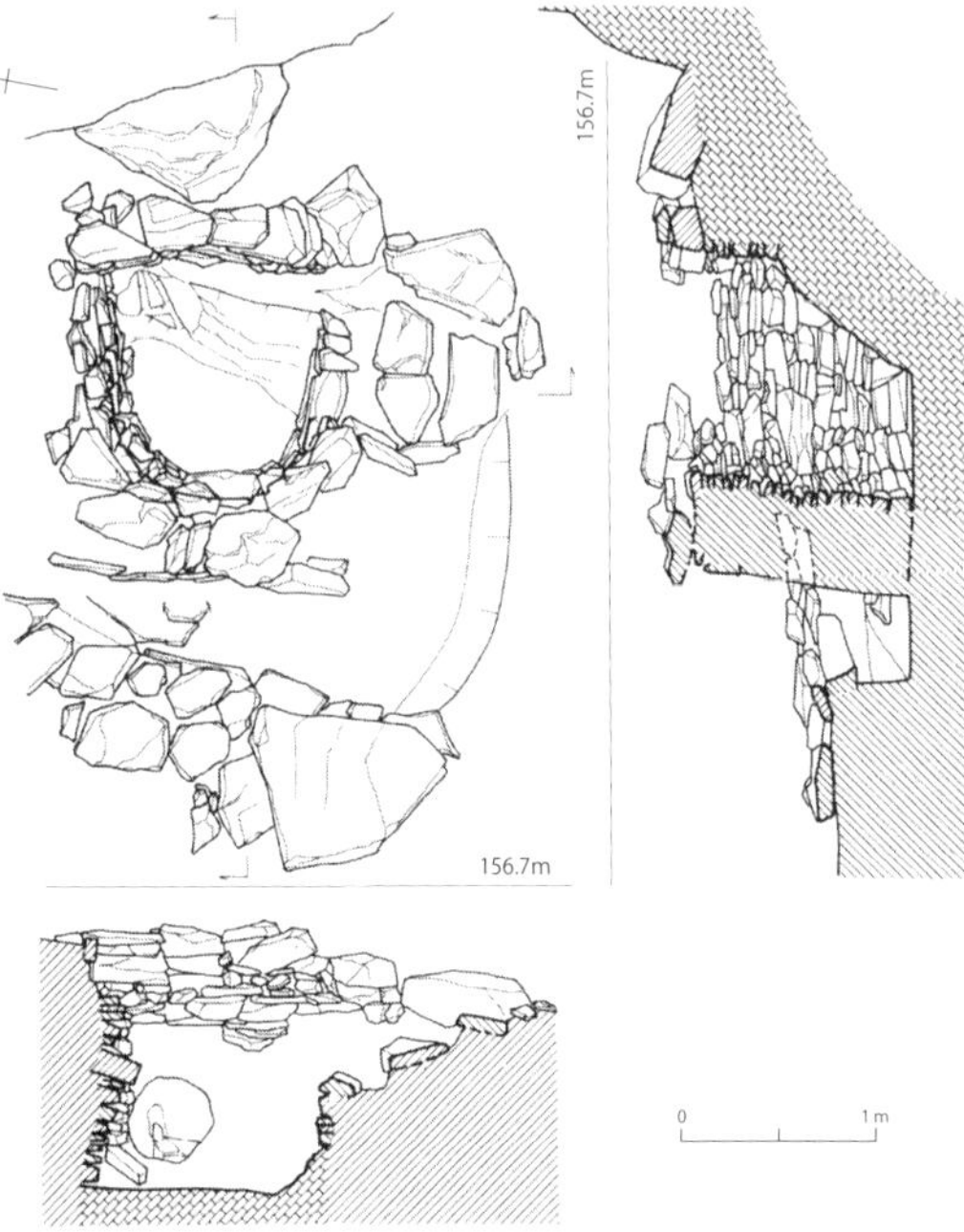

●—猫尾城の井戸（出典：佐々木 1991）

【参考文献】福岡県八女郡役所『稿本八女郡史』（福岡県八女郡役所、一九一七）、佐々木隆彦編『猫尾城跡』黒木町文化財調査報告書第一集（黒木町教育委員会、一九九一）、黒木町史編さん実務委員会『黒木町史』（黒木町、一九九三）、木島孝之・中西義昌「天正中・後期の北部九州における城郭の様相」『戦国の城と城下町Ⅱ』（鳥栖市教育委員会、一九九八）、木島孝之『城郭の縄張り構造と大名権力』（九州大学出版会、二〇〇一）、福岡県教育委員会『福岡県の中近世城館跡Ⅳ―筑後地域・総括編―』（二〇一七）

（檀　佳克）

●筑後の国衆・川崎氏の城

犬尾城《いぬおじょう》・鷹尾城《たかおじょう》・東館遺跡《ひがしたちいせき》

〔所在地〕八女市山内・大籠
〔比　高〕一三〇メートル(犬尾城)・九〇メートル(鷹尾城)・二〇メートル(東館遺跡)
〔分　類〕居館・山城
〔年　代〕一五～一六世紀
〔城　主〕川崎定宗
〔交通アクセス〕JR鹿児島本線「羽犬塚駅」下車、堀川バス羽矢線「上山内」停留所下車、徒歩約三〇分。

【城の位置と歴史】　八女丘陵の東端、矢部川支流の星野川の北岸の丘陵上の一角の頂部には、犬尾城、その中腹には鷹尾城がある。猫尾城の黒木氏の庶流、川崎氏の城で、川崎定宗などの城主名が残されている。犬尾城は川崎城ともいい、鷹尾城は笹ノ城、舛尾城《ますお》ともいう。鷹尾城は、天正八年(一五八〇)に龍造寺家晴《りゅうぞうじいえはる》、多久与兵衛が攻め、また同十二年には、大友方が猫尾城攻めの際に落城させたと伝える。

【犬尾城の構造】　装飾古墳でも知られる童男山《どうなんざん》古墳群の奥に、犬尾城は位置する。標高一八六メートルの頂部には、南北約一〇〇メートル、東西約二五メートルの主郭Iを置く。Iの曲輪面縁辺部には、途切れながらも土塁《どるい》が巡り、周囲斜面には数多くの防御遺構が確認できる。Iの北側Aから東側Bにかけては横堀が巡り、Cに至っては横堀が二重に構築されている。Cのさらに南側Dになると竪堀《たてぼり》四本と横堀が組み合わさって畝状空堀群《うねじょうからぼりぐん》が構築される。Iの西側には大堀切《ほりきり》Eを施し、その北東側Fには竪堀五本からなる畝状空堀群が造られている。堀切Eの西側Gは、「二ノ丸」と伝えられるが、自然の平坦地形となっており、曲輪ではない。また、主郭Iおよびその周辺では発掘調査が行われており、Iの平坦面上では、岩盤に掘り込まれた柱穴や、円礫《えんれき》の集石、さらにはIを南北に区画するような東西方向の石列なども確認されている。全長一〇〇メートルあまりの小規模な城郭である。

【鷹尾城の構造】　犬尾城から南西方向に尾根上を下った標高一三九メートルの頂部に位置する鷹尾城は、最高所に主郭Iを置き、その西側に曲輪Ⅱを挟んで、標高一三六メートル地点に曲輪Ⅲを置く。これらの曲輪群の北側に横堀Aを構築する。さらにⅠの東側に横堀と接続する形で大堀切Bをはじめ堀切や竪堀を設け、尾根上側からの攻撃に備える。またやや離れたCにも堀切一本を設ける。また曲輪Ⅲの北西側にも横堀に沿う形で堀切Dを設け、南西側には帯《おび》曲輪Eを巡らしている。曲輪群の南斜面には特に防御遺構は確認できない。

【犬尾城と鷹尾城の関係について】　地誌や伝承では、鷹尾城

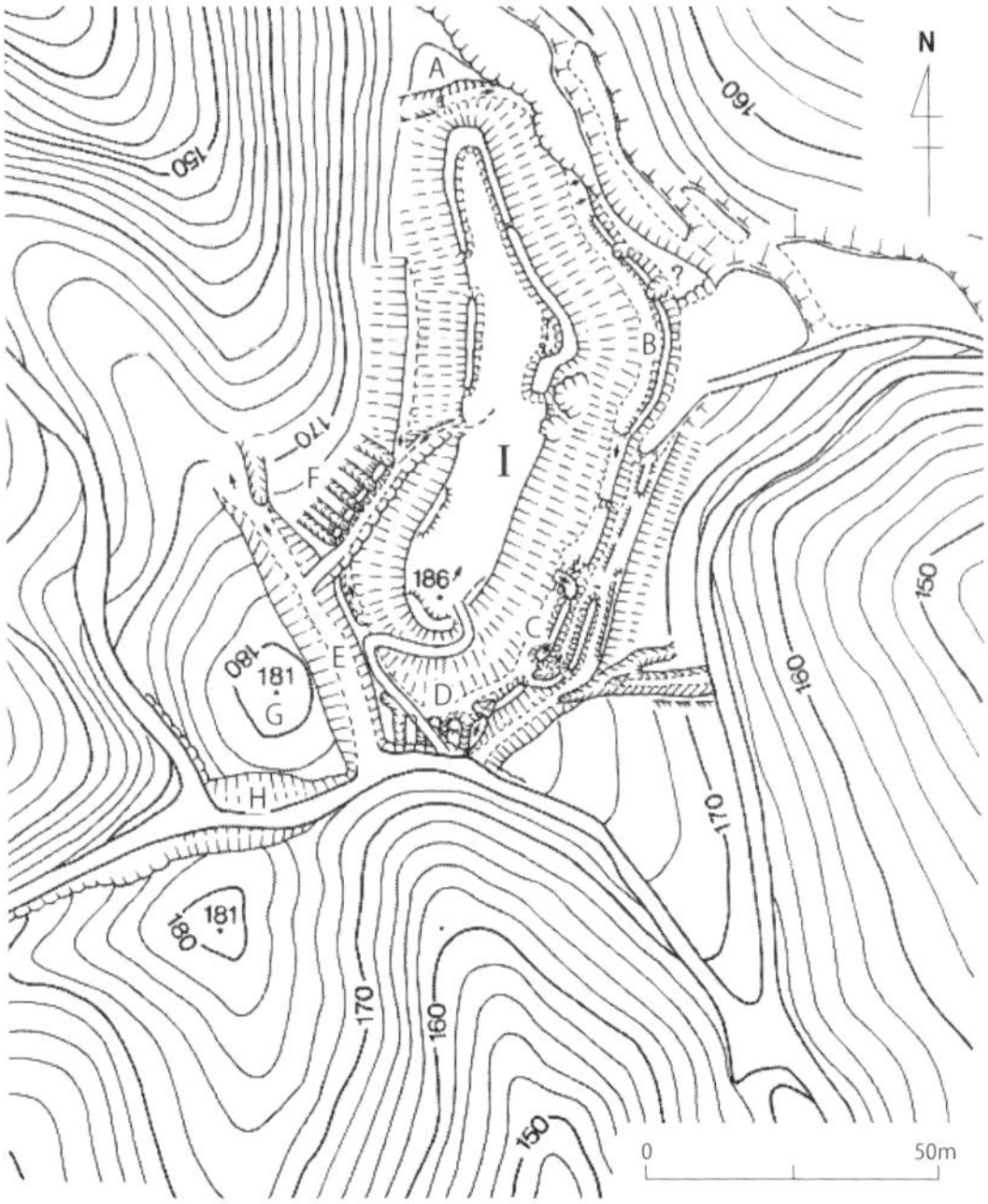

●―犬尾城縄張図（作図：岡寺 良）

は犬尾城の出城の扱いではあるが、以上のように二つの城の規模はほぼ類似しており、主従の関係にあるというよりは、並列した関係が想定できる。つまりは、鷹尾城は犬尾城と連携し川崎氏の拠点として重要な城であったものと考えられる。

【東館遺跡の概要】　犬尾城と鷹尾城のある丘陵の南麓には、「東館」「西館」という小字《こあざ》があり、居館が想定されるが、それに符合するように「東館」では発掘調査によって、中世の

●―鷹尾城縄張図（作図：岡寺 良）

居館遺跡がみつかっている（現在は消滅）。両城の南麓、標高約七〇メートルの丘陵上に位置する東館遺跡では、尾根上の発掘調査が行われ、調査区の南東側から、東西約一八・五メートル以上の北面する石垣が検出された。石垣の中央には六段の石段が築かれており、居館部へは北側から入るようになっていた。遺跡の西側の字「西館」の谷を登り、北側へ回り込んで入り込む構造であったとみられる。石垣は高さ約一メートルでその前面に石垣列に平行するように柱穴列が確認されていて、柵などがあったことがわかる。また、石垣の内部の下層には礎石列と思われる石列が確認でき、礎石建物があった面を埋め立て、

●―鷹尾城の堀切B

●―東館遺跡石垣と石段（八女市教育委員会提供）

●—東館遺跡で検出された礎石列（八女市教育委員会提供）

石垣を築いて遺構面を拡張しているようである。石垣の南側は東側に二本の堀、西側にも部分的に溝が巡っており、一辺約三〇㍍の方形区画が想定できそうである。この区画の東側でも多くの柱穴群が確認されており、屋敷群が展開していた可能性が考えられる。

さらに出土遺物には、中国製の青花《せいか》大皿・碗、瀬戸・美濃産の褐釉皿などの他、華南《かなん》三彩《さんさい》の鳥形水注の破片などがあり、国際色豊かな色彩を帯びる。

●—東館遺跡出土陶磁器類

【城の見所】　以上のように、犬尾城・鷹尾城・東館遺跡は戦国期における国衆・川崎氏の常の居館と有事の際に立て籠る詰めの山城がセットとなり、しかも山城を二ヵ所も有し、筑後の国衆の拠点の全体的な様相が明らかとなっている非常に重要な事例である。

東館遺跡は調査後消滅してしまったが、犬尾城と鷹尾城は残されており、特に犬尾城は九州オルレの通過コースともなっていて、比較的見学しやすい環境にある。曲輪や横堀、竪堀群の様子を観察することができる。

【参考文献】福岡県教育委員会『福岡県の中近世城館跡Ⅳ—筑後地域・総括編—』（二〇一七）、岡寺良『九州戦国城郭史　大名・国衆たちの築城記』（吉川弘文館、二〇二一）

（岡寺　良）

●筑後・上妻郡の拠点城郭

山下城《やましたじょう》・国見岳城《くにみだけじょう》

(所在地)八女市立花町北山
(比　高)一〇〇メートル(山下城)
六〇メートル(国見岳城)
(分　類)山城
(年　代)一六世紀
(城　主)蒲池親広・鑑広・鎮運・筑紫広門
(交通アクセス)JR鹿児島本線「羽犬塚駅」下車、堀川バス羽矢線「福島」停留所下車、白木線に乗り換え、「国見」停留所下車、徒歩約三〇分。

【城の位置と歴史】　筑後南部を代表する河川・矢部川と支流の白木川の合流点近くには、山下城と国見岳城の二ヵ所の城郭が存在する。江戸時代の地誌では山下国見岳城として、あたかも一つの城郭として記載されているが、実際には近接地点に二ヵ所の城が存在している。これらの城は、戦国時代には、当地の国衆・蒲池《かまち》氏の一派、蒲池城主の蒲池鑑廣《あきひろ》が城を築いて三代にわたって居城とし、さらに天正十五年(一五八七)の豊臣秀吉の九州平定後の国分により、筑後国上妻郡を与えられた筑紫広門《ちくしひろかど》が山下城に入ったことで知られる。

【山下城の構造】　城山と呼ばれる標高一四三メートルの頂部に位置する。山頂には大正年間(一九一二―二六)の山下城の石碑が建てられており、後世ここが山下城と認識されていたことがわかる。山頂部には東西約三〇メートル、南北約二〇メートルの平坦面があり、周囲には石垣もみられるが、明らかに後世の改変によるものとみられる。また、山頂部の東側Aには、曲輪からの落差一〇メートル、深さ二〜三メートルの堀切《ほりきり》二本が構築される。さらに山頂部背後の尾根上およびその周囲は後世の果樹園、畑地の造成により、その段造成が延々とつづいていて、後世の改変が激しい。山頂の南西側、尾根の先、B地点には堀切とみられる掘り込みなどもあり、いちおうここまで城域ではないかと想定はできる。C地点付近にはかつては堀切があったようだが、すでに破壊されてしまっている。以上のように当城は大々的に改変が加えられてしまっており、城の詳細な構造を知ることはできないが、残された城館遺構から、東西約一五〇メートル、南北約一〇〇メートル程度の規模を有していたことが想定される。

【国見岳城の構造】　国見岳城は、山下城から白木川を挟んで北側にあたる標高一〇四メートルの山稜頂部に位置する。頂部に東西約五〇メートル、南北約一五メートル弱の曲輪を置き、その周囲に横堀を巡らしている。曲輪の東側には横堀の斜面下Aに畝状空堀群《うねじょうからぼりぐん》の竪堀《たてぼり》一〇本を確認できるが、北側斜面全体は果樹園造成により大々的に破壊されており、元はさらに竪堀があった。実際、昭和二十三年（一九四八）に撮影された航空写真には、現在は確認できない竪堀が十数本写されており、かつては存在したことを示している。一方、曲輪の南側には横堀と土塁《どるい》が確認できるものの、竪堀は確認できない。曲輪のもっとも西側は虎口《こぐち》状の導入路Bがあり、さらに西側に曲輪が続いている。その南西

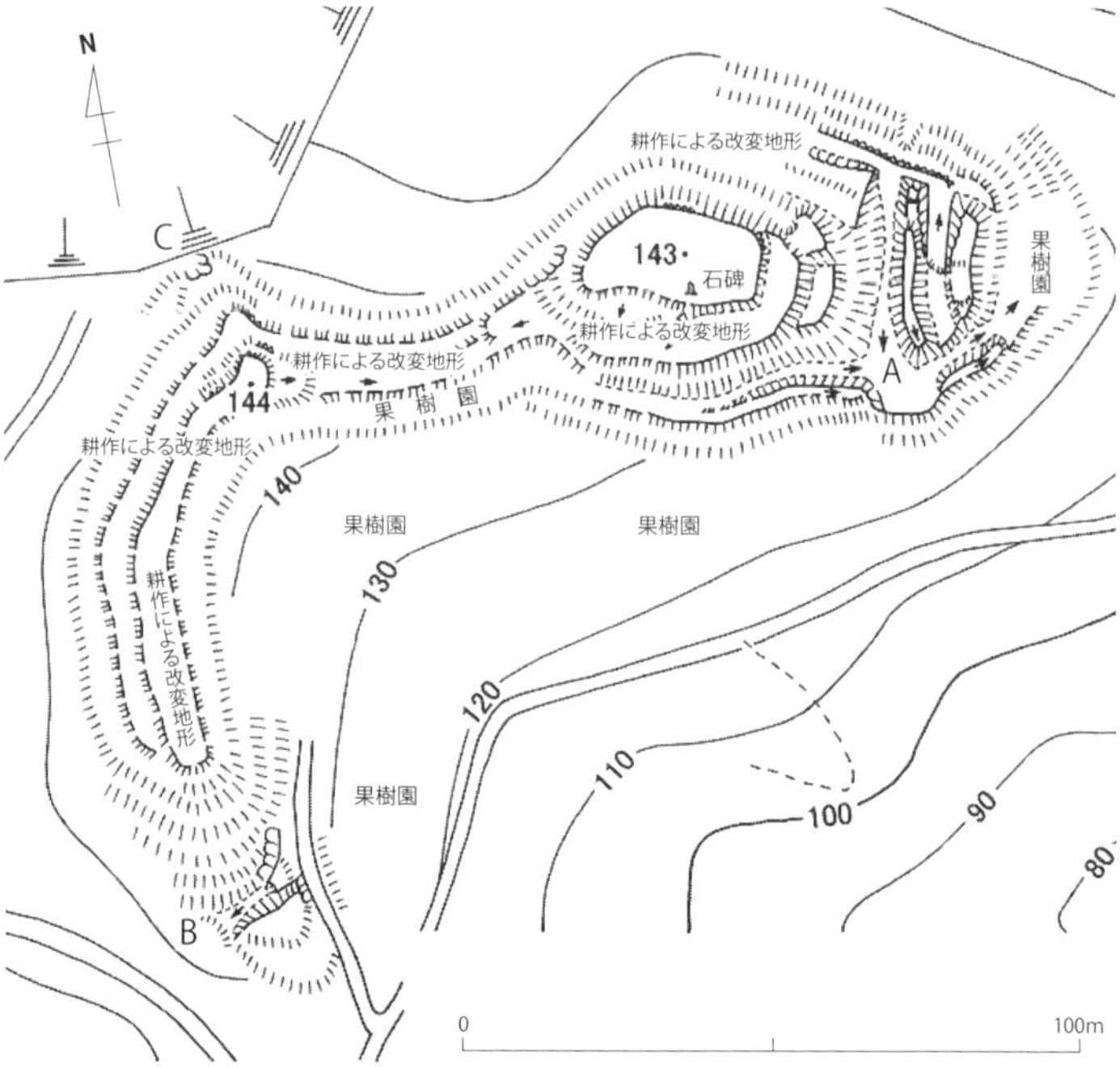

●―山下城縄張図（出典：福岡県教育委員会 2017）

●―山下城堀切（A 地点）

筑後

側から西側にかけての斜面Cにも東側斜面同様、畝状空堀群があり、七本の竪堀を確認できる。さらに西側尾根上Dには深さ約二メートルの堀切、北側尾根上Eにも果樹園造成により損壊しているものの、元来堀切であったとみられる落ちが確認できる。以上のように、当城は曲輪群を横堀で囲み、その周囲には、消滅したものも合わせ、三〇本前後もの竪堀群からなる畝状空堀群を配し、西側には堀切を設けた構造であり、竪堀も五〇メートルを越える長いものもあり、厳重な防御のあり方を

●—国見岳城航空写真（昭和23年国土地理院撮影）
消滅した竪堀群が見える

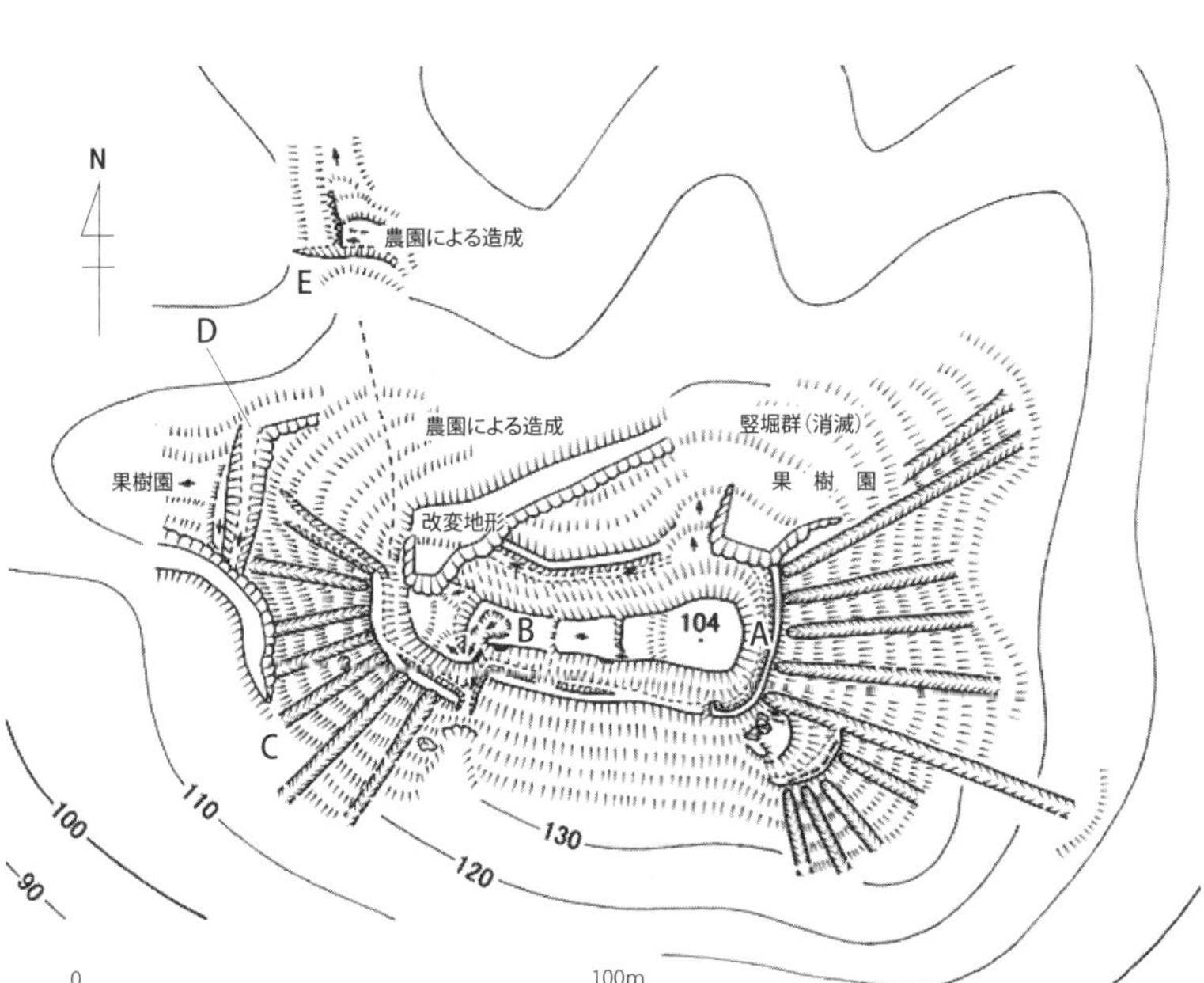

●—国見岳城縄張図（出典：福岡県教育委員会 2017）

●—国見岳城遠景

●—国見岳城横堀

窺うことができる。

【両者の関係性について】　以上のように、近接した地にありながら、双方の縄張は対照的な姿をみせる。山下城は、後世の改変をかなり受けているとはいえ、国見岳城のような畝状空堀群による厳重な防御はなされていない可能性が高い。この差が年代や機能などの差によるものなのかは、現状では不明といわざるを得ないが、ともに蒲池氏、筑紫氏の居城としての役割を多分に果たしたものではないかと考えられる。

【参考文献】　福岡県教育委員会『福岡県の中近世城館跡Ⅳ—筑後地域・総括編—』（二〇一七）、岡寺良「航空写真を利用した城郭調査—福岡県内の城郭を事例に—」『九州の城』二（北部九州中近世城郭研究会、二〇一九）

（岡寺　良）

筑後

●強烈な多重横堀

小田城《おだじょう》・禅院城《ぜんいんじょう》

〔所在地〕みやま市瀬高町小田・廣瀬
〔比　高〕二〇〇メートル（小田城）
　　　　　二二〇メートル（禅院城）
〔分　類〕山城
〔年　代〕一五～一六世紀
〔城　主〕溝口氏か
〔交通アクセス〕ＪＲ鹿児島本線「瀬高駅」下車、コミュニティバス（くすっぴー号）清水・上庄線「唐尾」停留所下車、徒歩約五〇分（バスは本数が少ないので注意）。

【城の位置と歴史】　みやま市瀬高町、矢部川の南岸には肥後へと続く山稜地帯が連なっているが、その一角には、小田城と禅院城という二つの山城がある。これらの城は、矢部川を挟んだ溝口集落（筑後市）にあった溝口城城主の溝口氏の城と伝える。

【小田城の構造】　標高二一四メートルの山稜頂部に位置する。頂部に、南北約五〇メートル、東西約二〇メートルの主郭Ｉとその南に約三〇×一〇メートルの副郭Ⅱを置く。それらの周囲には低土塁《どるい》が巡り、Ｉには自然の削り残しと思われる塚状の高まりもある。そして、これらの曲輪の周りには非常に厳重に竪堀《たてぼり》と横堀が交錯するように何重にも巡る。特にもっとも内側の堀の土塁は、Ａ～Ｄにみるように、石垣で固められる。横堀は特に南側に集中してみられ、もっとも多いところでは六重にもなり、Ｅでは畝状空堀群《うねじょうからぼりぐん》のように横堀と竪堀が縦横に掘られている。大半の横堀については曲輪の南半部を取り巻くのみで、全周することはないが、最も外側の横堀はほぼ全周する。西側斜面には横堀が顕著ではないが、犬走《いぬばし》り状の遺構Ｆとして巡って外郭ラインを形成する。また、北側の尾根上Ｇには堀切《ほりきり》が三本連続して掘られ、一番外側の堀切は武者溜《むしゃだま》り状の掘り込みがなされたＨに接続、外郭ラインの一部を担っている。そして北側のＪには山道造成で一部削られてはいるものの、堀切を構築し、北側の城域を画する。一方、南側の尾根ＫやＬにも幅一〇メートルにも及ぶ堀切が構築される。

【禅院城の構造】　一方、小田城の北東側の標高一四一メートルの頂

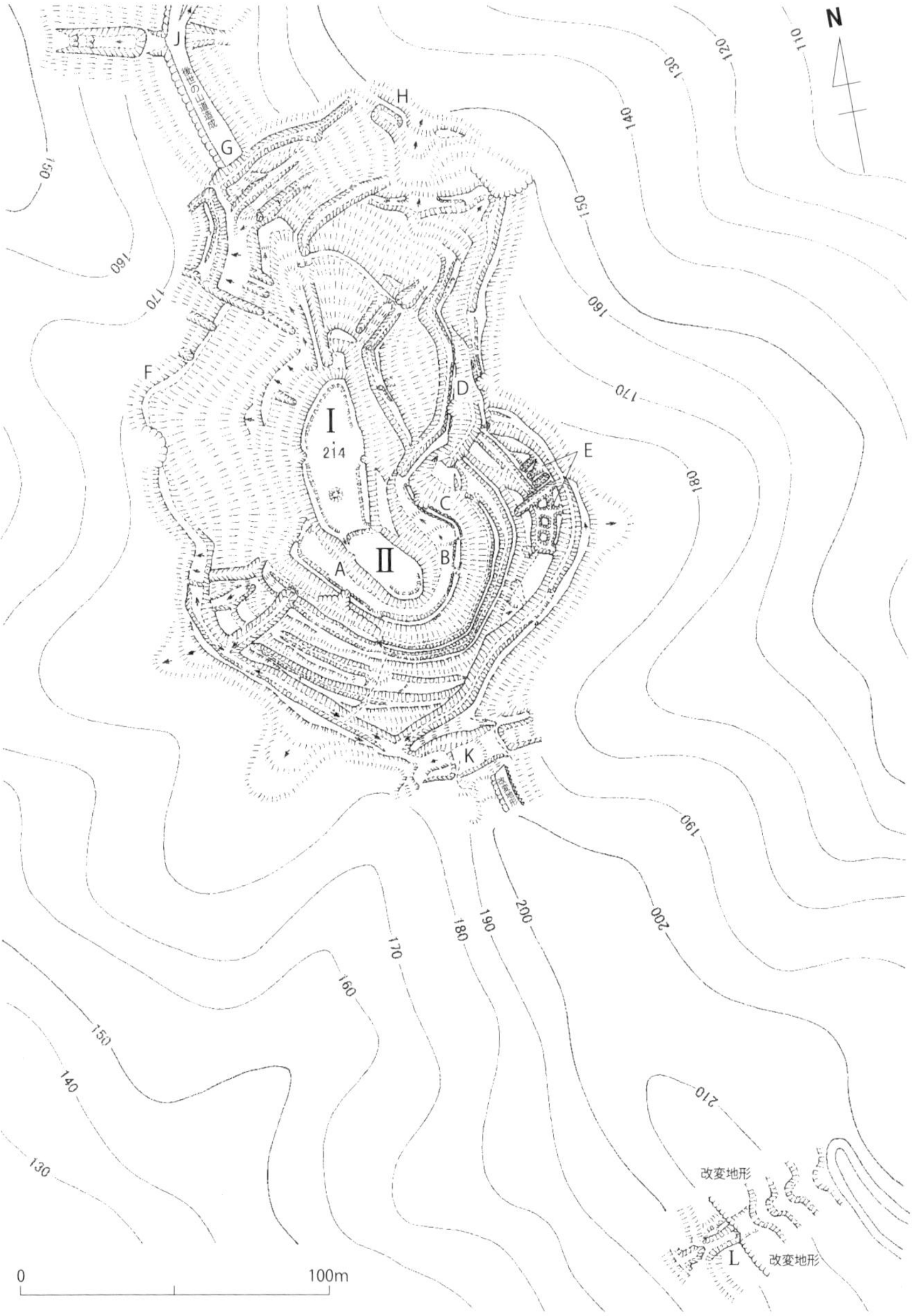

—小田城縄張図（出典：福岡県教育委員会 2017）

筑後

部にある禅院城は、東西に長い緩やかな平坦地形で、やや自然地形の形状を残すような不明瞭な平坦具合であるが、城館に関連する造成の手が加えられた痕跡は、如実にみることができる。Ⅰは城内最高所で、東西約三〇メートル、南北約一五メートルの範囲が平坦に造成されており、そこから西側へ平坦地形がつづいている。Ⅰの西にあるⅡは一見自然地形にもみえるが、南側に土塁状の高まりを持ち、北側は平坦面地形から一気に急傾斜に変化しており、人工的に造成された曲輪とみてよい。土塁にはAなどに小規模ながら石垣遺構も確認できる。Ⅱは東西約七〇メートル続き、その西側は一段高くなってⅢの曲輪が構築される。ⅡからⅢへは土塁を利用したスロープ状の導入路がつけられている。Ⅲから西側は斜面となり、小規模な腰《こし》曲輪を設けたのち、Cに堀切一本を設ける。また、Ⅰの北側Bにも、半壊しつつも堀切が構築されている。Ⅰ・Ⅱの南側斜面については、特にⅠの東側から南側斜面に大規模に後世の造成段が構築されており、非常にわかりづらいが、Ⅱの

●—小田城横堀

●—小田城の石垣

●—禅院城の土塁

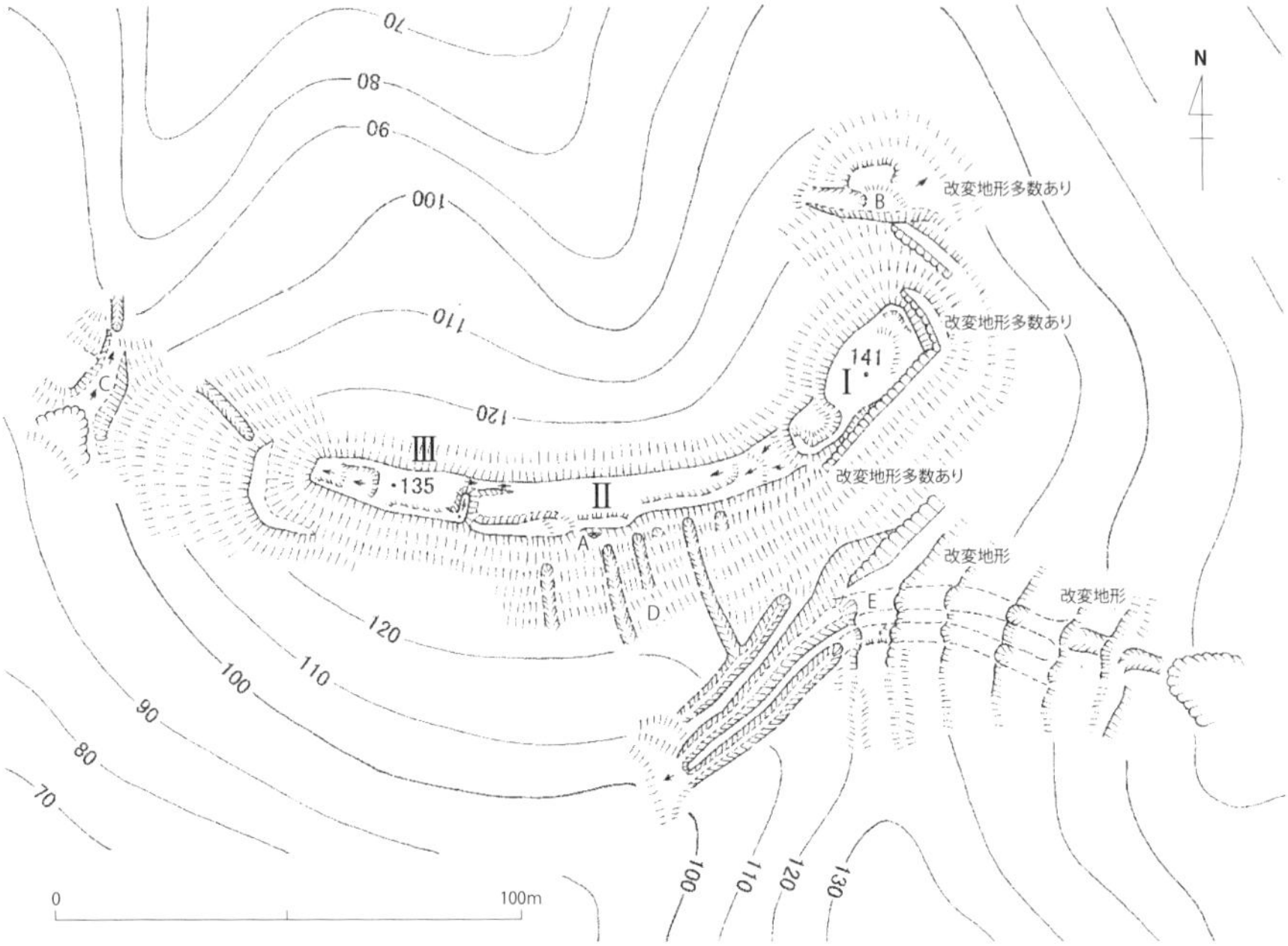

●—禅院城縄張図（出典：福岡県教育委員会 2017）

南側斜面にはやや間隔を置いた四～五本の竪堀群Dにより構成される畝状空堀群が施され、さらに尾根の鞍部Eには、西側斜面に明瞭に二本の堀切とそれに併行する一本の竪堀が確認できる。堀切については、後世の段造成に切られながらも、東側斜面にも展開しており、総延長約一〇〇メートルにも及ぶ長大なものとなっている。

【城の見所】両城のうち、最大の見所は、何といっても小田城の多重横堀であろう。詳しい城の来歴がわかっていない分、どういった勢力によって、どのような契機により構築されたのかは、最大のミステリーともいえるだろう。単に溝口氏という小領主の城という位置づけに留まらず、筑後を巡る天正年間の騒乱の中で、龍造寺氏や大友氏の積極的な関与が介在したことを想定すべきかもしれない。

一方、禅院城は小田城と比べると一見地味な縄張にみえるかもしれない。しかしながら、小田城より曲輪面積も広く、また長大な堀切群や土塁など、それなりに防備された城郭であり、単に小田城の出城ばかりではなく、小田城を補完する重要な城との位置付けも可能ではないだろうか。

（岡寺　良）

【参考文献】福岡県教育委員会『福岡県の中近世城館跡Ⅳ―筑後地域・総括編―』（二〇一七）

●柳川城東部の支城

蒲《かま》船《ふな》津《つ》城《じょう》

〔所在地〕柳川市三橋町蒲船津
〔比　高〕三メートル
〔分　類〕平地城館
〔年　代〕一六世紀
〔城　主〕蒲池益種、百武賢兼
〔交通アクセス〕西鉄天神大牟田線「西鉄柳川駅」下車、堀川バス「蒲船津」停留所下車、徒歩約三分。

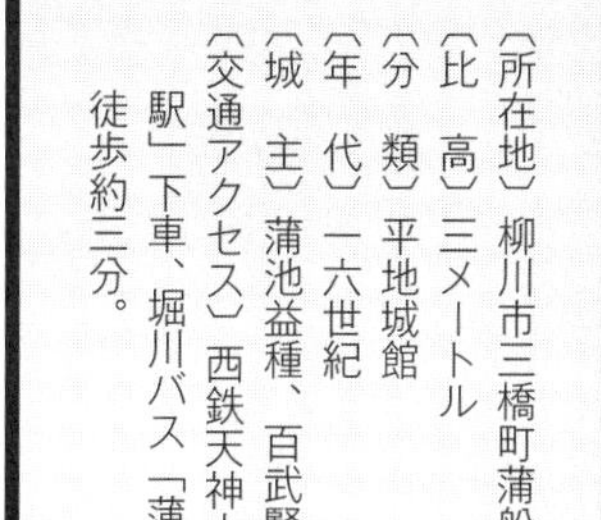

【下蒲池家の滅亡と龍造寺家の柳川支配】　蒲船津城は、筑後国衆の蒲池氏（下蒲池家《しもかまち》）の本拠地柳川城の東部約二キロに位置する支城の一つである。矢部川水系沖端川《おきのはた》および塩塚川の両下流域に挟まれた標高約三メートルの三角州に立地し、城北部は柳川城と瀬高上庄とを結ぶ古道の瀬高道（近世の瀬高柳川往還）に近接する。また蒲船津城から塩塚川を約一キロ下ると柳川城南東部を守る平地城館の今古賀城に至る。

天正九年（一五八一）、肥前の龍造寺隆信《たかのぶ》は下蒲池家当主の蒲池鎮並《しげなみ》を佐賀に誘い出し謀殺すると、すぐに柳川城をはじめとした下蒲池家の拠点を攻めた。隆信は鍋島直茂《なおしげ》を柳川城から転戦させ蒲船津城は落城、城番の蒲池益種《ますたね》が戦死している。柳川攻めに際して、隆信は矢部川下流域右岸の鷹尾城を本拠とする筑後国衆の田尻氏と謀り挟撃した。柳川城落城後に南部の支城塩塚城《しおつかじょう》（柳川市大和町塩塚）へ逃れた蒲池氏の一族は殺され、さらに佐良垣《さらがき》（皿垣）村に立て籠もる残党を田尻氏が討ち果たし下蒲池家は滅亡した。蒲船津城北東部の正行地区には落城時に殺された人々の怨念を鎮めるために建立された伝承を持つ石造地蔵菩薩像があり「肥前地蔵」と通称されている。

下蒲池家の旧領は龍造寺氏の家臣に配分され、蒲船津城は龍造寺四天王の一人、百武賢兼《ひゃくたけともかね》が城番となった。『北肥戦誌《ほくひせんし》』によると、天正十二年に沖田畷《おきたなわて》で隆信とともに賢兼が戦死した後、失地回復のため戸次道雪《べっきどうせつ》・高橋紹運《じょううん》の諸将を派遣した大友氏に対して賢兼室の圓久尼《えんきゅうに》が城を守備したという。

【城跡の現状】　蒲船津城の詳細な位置や範囲は不明である。熊野神社南西の字村中に水路で囲まれた複数の方形区画とともに「二郎丸」「旗角目」などの関連地名がみられ、また古図との比較から現在の地形は少なくとも明治二十年代以降の変化が認められないことを合わせると、同地付近が城館の一部であった可能性までは指摘できるであろう。

【廃城時期】　天正十五年、豊臣秀吉の九州平定に功績があり三潴《みづま》郡・山門郡・下妻郡の筑後三郡を与えられた立花宗茂《むねしげ》は柳川城を本拠とした。この時置かれた五つの支城に蒲船津城の名はみられず、すでに廃城となっていたことが考えられる。

　なお、前述の瀬高道を蒲船津城から約五〇〇メートル東進し塩塚川を渡る橋は「御三つ橋」と呼ばれる。慶長五年の関ヶ原合戦後に改易され柳川城を出た宗茂を肥後領内に預かるため、加藤清正が出迎えた場所であるという。

●―蒲船津城周辺図（出典：福岡県教育委員会 2017）

●―蒲船津城「二郎丸」現況

【参考文献】　山門郡教育会『山門郡誌』（三橋町、一九二六）、『三橋歴史解体全書』（柳川市、一九九九）、大城美知信・田渕義樹『柳川の歴史二　蒲池氏と田尻氏』（柳川市、二〇〇八）、中野等「第Ⅰ部　豊後・筑前時代の戸次氏」『柳川の歴史四　近世大名立花家』（柳川市、二〇一二）、岡寺良「蒲船津城」『福岡県の中近世城館跡Ⅳ―筑後地域・総括編―』（福岡県教育委員会、二〇一七）

（堤　伴治）

●難攻不落の水城

柳《やな》川《がわ》城《じょう》

〔柳川市史跡（本丸跡）〕

〔所在地〕柳川市本城町
〔比　高〕六・五メートル（柳川城址頂部現況）
〔分　類〕平城
〔年　代〕一六世紀前半～一九世紀後半
〔城　主〕蒲池鑑盛・鎮並、鍋島直茂、龍造寺家晴、立花宗茂、田中吉政・忠政、立花宗茂（再封、宗茂以降立花家一二代）
〔交通アクセス〕西鉄天神大牟田線「柳川駅」下車、西鉄バス「本城町」停留所下車、徒歩約二分。

【柳川城の成立】　柳川城は、筑後国衆の蒲池《かまち》氏（下蒲池家）が一六世紀前半に矢部川支流の沖端《おきのはた》川河口域に築城した平城である。初代城主は蒲池治久《はるひさ》または蒲池鑑盛《あきもり》との諸説がある。鎌倉時代以来の本貫地であった蒲池から約三キロほど離れた海浜部へ城地を移したもので、河川および水路が巡る沼沢地と干潟が広がる有明海とに守られた要害を得るとともに、舟運の利便も向上した。前項蒲船津城で述べた天正九年（一五八一）の下蒲池家滅亡後は龍造寺勢が城内に入り筑後支配の拠点となる。間もなく天正十二年に沖田畷《おきたなわて》の合戦で龍造寺隆信が討ち死にすると、大友氏派遣の戸次道雪《べっきどうせつ》、高橋紹《じょう》運《うん》が柳川城を攻めたが落とせなかった。その後天正十五年、豊臣秀吉の九州平定に功績があり三潴《みづま》郡・山門《やまと》郡・下妻《しもつま》郡の筑後三郡を与えられた立花宗茂《むねしげ》は岳父道雪、実父紹運因縁の柳川城に入ることとなった。

【中世末期の城郭整備】　蒲池・龍造寺時代の柳川城の範囲や構造は不明であるが、攻略が非常に難しい城であった。なお、近世城下町北部に柳河の地名が残ること、また一三世紀成立の社《やしろ》村鎮守日吉神社が引き続き近世城郭内に位置し柳川の総鎮守とされ、近世城下町南部に弥四郎町の地名がみられること等から城地の前身の環境がうかがえる。続く中世末期の立花時代も具体的な城の構造は未詳であるが、宗茂正室誾千代《ぎんちよ》の居館跡が近世柳川城郭の外堀外縁に位置することや城内の橋に使用された慶長四年（一五九九）銘の擬宝珠《ぎぼし》が現存すること、黒門前で行われた隈部一党の放し討ち伝承など

●—柳川城古写真（明治３年頃，柳川古文書館）

が特筆される。

【田中吉政の城郭整備】　慶長五年の関ヶ原合戦で西軍大将の石田三成を捕縛した功績により、翌年筑後一国三二万五〇〇〇石が与えられた岡崎城主田中吉政《よしまさ》は柳川城を本拠とした。吉政は領内の支城とこれらを結ぶ往還道および水利基盤の整備さらに有明海の干拓事業に着手するとともに、領国支配の拠点となる柳川城の大改修を行い、この時にほぼ現在の城の姿が造られたと考えられている。

城の構造は中心部分に本丸と二ノ丸を並置し、その周りを曲輪が重層的に囲いこむ。各曲輪の周囲は幅約三〇メートルにもおよぶ水堀が周り、堀を掘った土により城内全体をかさ上げし土塁《どるい》が造られた。本丸は方形の曲輪で周囲は高さ約八メートルの高石垣を構築、天守曲輪のほかに隅櫓《すみやぐら》とそれらをつなぐ多聞《たもん》櫓を塁線上に配する。江戸時代の絵図史料によると、本丸および虎口《こぐち》部分を除き石垣は使用されていない。ただし、本丸、二ノ丸周りの曲輪群の塁線は、櫓などはみられないが塁線を屈曲させて横矢《よこや》を効かせられるような折れや張出をいくつも創出し土塁で固められていた。特に本丸、二ノ丸の南側の曲輪はいわゆる「馬出《うまだし》」が巨大化して一般曲輪化したものと解され織豊系の築城技術が生かされた造りである。全体を俯瞰すると、水堀により囲いこまれた曲輪群の北東側に町屋群を置く、いわゆる「惣構《そうがまえ》」の形態を呈している。

なお、後述する宗茂再封後の立花時代には、武家が居住する本丸、二ノ丸主体の曲輪群を御家中《ごかちゅう》、北東に配された町人地および社寺地・武家地からなる町を柳河町、南西の町人

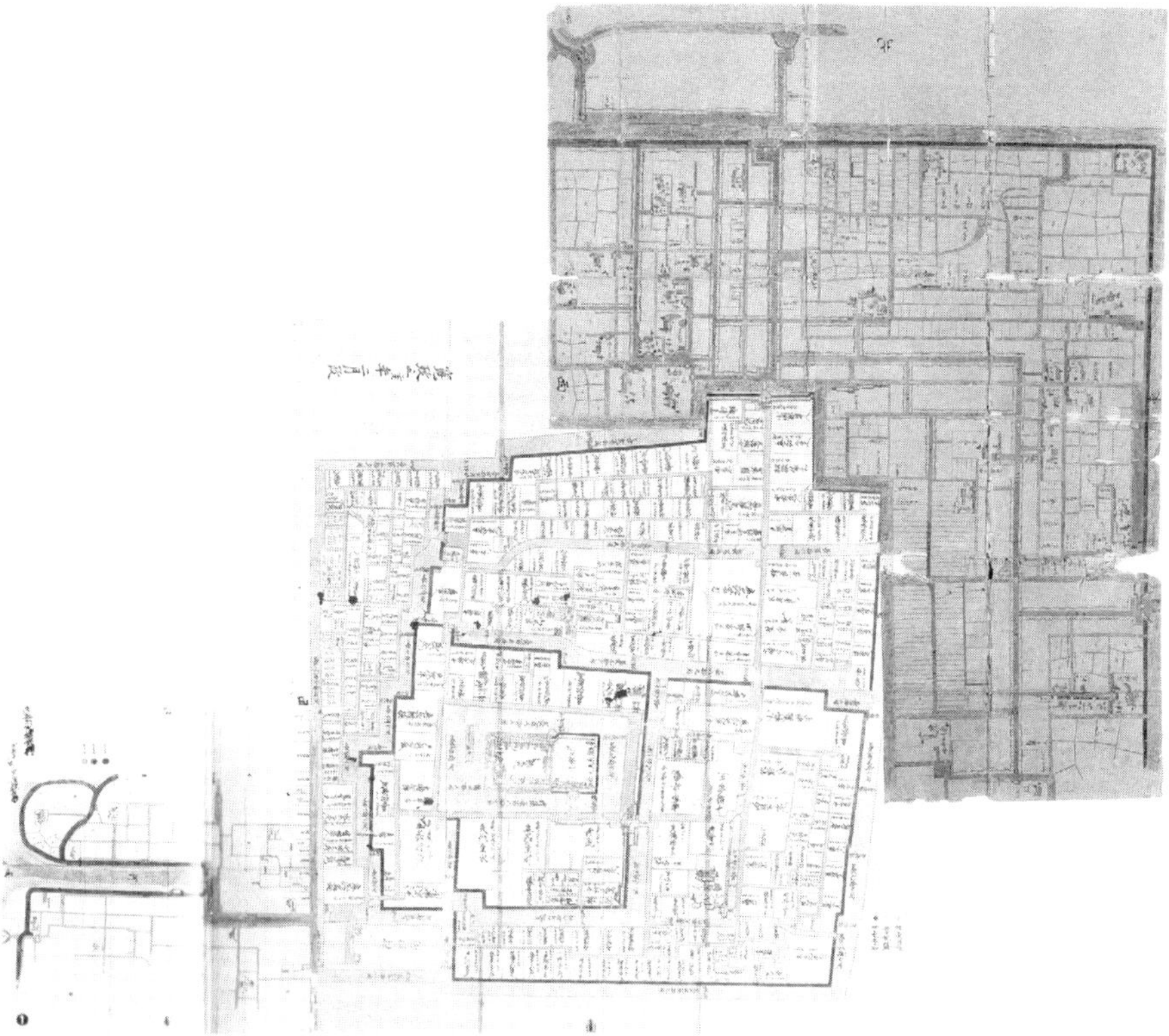

●—寛政期の柳川城下町（(公財)立花財団立花家史料館）

地を沖端《おきのはた》町と呼んだ。

【立花宗茂の柳川再封】吉政四男忠政《ただまさ》が元和六年（一六二〇）江戸滞在中に病死し田中家が無嗣断絶のため改易されると、奥州南郷（棚倉《たなぐら》）三万石の大名また将軍秀忠の御咄衆《おはなししゅう》となっていた立花宗茂の筑後再封が決まり山門郡および上妻・下妻・三潴郡内に一〇万石余の領知を受けた。なお三池郡は宗茂実弟高橋直次《なおつぐ》の長子種次に、また北筑後は丹波福知山の有馬豊氏に与えられた。翌七年、宗茂は田中家が整備した柳川城に入り、幕府の許可を得たうえで矢倉や塀の修理および城堀の浚渫を行っている。また、宗茂時代には北から柳川城下へ入る玄関口の井《い》手橋《でのはし》（出橋）が改修されたほか、瀬高往還および三池街道が接続する城下町東部に配置されていた瀬高門の南方への移築と細工町・新町の町立てが行われたという。五代藩主貞俶《さだよし》の時、享保七年（一七二二）二ノ丸に御殿を造営。元文三年（一七三八）二ノ丸御殿にあった藩主の子女および側室の住居が御家中南西隅の会所跡に移された。御花畠と呼ばれた池泉庭園付の屋敷

●—柳川城本丸跡現況

地は明治末期に立花伯爵家の住宅として拡張および改築され、国指定名勝「立花氏庭園（平成二十三年に「松濤園」より名称変更）」として保存、公開されている。このほか江戸後期から末期にかけて御家中南西部で外堀外への武家居住地の拡張が行われた（鬼童《おんどう》小路、江戸小路）。

【明治期以降の変遷】 天守を含む柳川城本丸および二ノ丸は明治五年（一八七二）に失火により焼失。明治八年には、台風により前年決壊した干拓堤防の復旧に石材を使用するため石垣が取り崩された。その後、天守跡を中心とする城跡の一部は山門郡城内村の御大典記念事業により昭和三年（一九二八）から同五年にかけて公園整備がなされ「柳城公園」と名付けられた。この時、城地の切下げとともに本丸・二ノ丸周囲の城濠が埋め立てられ、水田として払い下げられている。同工事では三ノ丸から二ノ丸へ架けられた欄干《らんかん》橋の橋脚《きょうきゃく》石材が出土し、一部を公園入口および城濠四隅の標識に転用。昭和十八年には二ノ丸跡地の水田に柳川商業学校（現在の柳川高校）が移転、同二十二年には本丸および城濠跡地に柳城中学校が設立された。

【柳川城の現状】 昭和前期の戦災を免れ、戦後の都市計画による地形改変を受けなかったことから、柳川城は城下町を含むほぼ全域の地形が城堀や水路、町小路とともに江戸後期の様相を留めている。このうち主な城堀は石積の水門遺構等とともに国指定名勝「水郷柳河《すいきょうやながわ》」として保存され、城堀を廻る観光川下りや遊歩道の散策により縄張や城郭の規模を体感することができる。本丸・二ノ丸跡は現在もほぼ全域が学校施設として区画を留め、前述の柳城公園は一部を柳川城址（市指定史跡柳川城本丸跡）として保存公開、前述の橋脚材転用も現存する。防御のため水堀とともに築かれた土塁の遺構としては柳河町東部と農村部とを分ける二ツ川西岸の鋤崎《すきさき》土居および真勝寺《しんしょうじ》土居、御家中南西隅の通称「米多比《ねたみ》隅」が知られ、難攻不落の水城であった往時を偲ばせる。また建築遺構として柳河町から御家中へ渡る辻門橋に置かれた辻御門が大川市小保の浄福寺に移築され山門として使用されている。

旧柳川城下町にはこれらの他に立花家、田中家、蒲池家など歴代城主に縁のある社寺や、武家住宅および町屋などの建築遺構、また城堀から水を引き入れた池泉庭園、藩政時代から続く祭礼行事や生活文化など多様な歴史遺産が継承されており、訪れるたびに新たな発見がある。

【参考文献】堤伝『近世以降柳川地方干拓誌』（九州干拓協会、一九六八）、甲木清『柳川の歴史と文化』（柳川の歴史と文化刊行会、一九八五）、中西義昌「柳川城～縄張り研究の視点から～」『地図のなかの柳川　柳川市史地図編』（柳川市、一九九九）、中野等「柳川城」『柳川市史別編　新柳川明証図会』（柳川市、二〇〇二）、松本洋幸「へそくり山」『柳川市史別編　新柳川明証図会』（柳川市、二〇〇二）、中野等『柳川の歴史三　筑後国主田中吉政・忠政』（柳川市、二〇〇七）、大城美知信・田渕義樹『柳川の歴史二　蒲池氏と田尻氏』（柳川市、二〇〇八）、白石直樹「御花畠の成立」『柳川市史別編　図説立花家記』（柳川市、二〇一〇）、中野等・穴井綾香『柳川の歴史四　近世大名立花家』（柳川市、二〇一二）、岡寺良「柳川城」『福岡県の中近世城館跡Ⅳ―筑後地域・総括編―』（福岡県教育委員会、二〇一七）

（堤　伴治）

●福岡県南部最大規模の山城

三《み》池《いけ》山《やま》城《じょう》

〈所在地〉大牟田市今山、熊本県玉名郡南関町久重
〈比　高〉二六〇メートル
〈分　類〉山城
〈年　代〉一四～一六世紀
〈城　主〉三池氏
〈交通アクセス〉JR鹿児島本線「大牟田駅」下車、西鉄バス普光寺行き「普光寺前」停留所下車、普光寺より徒歩約四〇分。

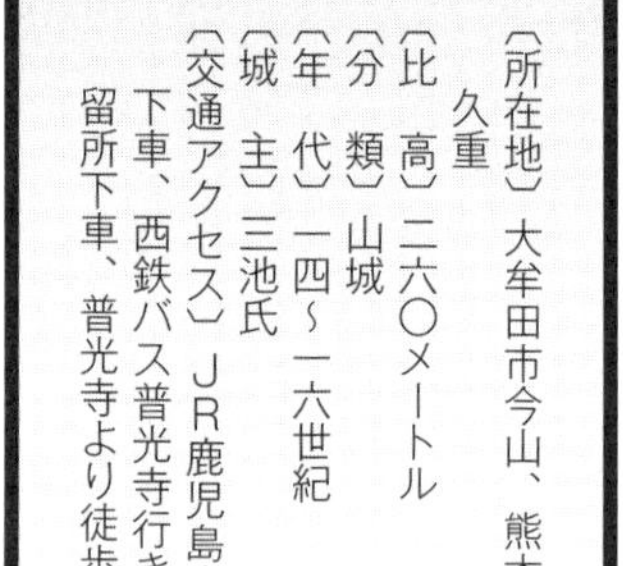

【三池氏の出自】　戦国期に三池地方（現・福岡県大牟田市およびみやま市高田町）を拠点に勢力を有していた三池氏は、鎌倉時代に三池荘南郷の地頭職であった安芸氏の子孫とされる。

安芸氏は鎌倉時代後期に地頭職を得て三池荘南郷に下り「三池」を称すると、室町・戦国期に三池郡北部一帯に勢力を誇る国人領主（国衆）へと成長を遂げる。三池氏を含む筑後の国人領主の多くは豊後の戦国大名大友氏に従っていたが、筑後最南端に位置する三池地方は、肥後と国境を接していたため、三池氏は一時肥後の菊池氏と結び大友氏の支配に抵抗し、肥前の龍造寺氏の筑後進出に際してはこれに抗うなど、近隣の戦国大名との離合を繰り返していた。この肥筑国境の要地に位置する三池山に築かれたのが三池山城である。

【戦国期の三池山城】　三池氏は大友氏の筑後支配に抵抗したため、文明十六年（一四八四）頃、筑後の守護大友政親《まさちか》が日田六郎を派遣し、三池山城を攻略させている。政親が筑後守護代田原親宗に宛てた書状（豊後小田原文書）に「三池城対《（退）》治之事、日田六郎差遣候之処、于今無一途之儀候、如何候哉、無心元候」とあることから、大友軍が三池山城を攻めあぐねている様子が想起される。

その後三池氏は大友氏に帰順するも、天文十九年（一五五〇）の大友義鑑《よしあき》暗殺事件を契機とした肥筑の騒乱で再び菊池氏に呼応したため、大友勢に三池山城を攻略され、当主の三池上総介親員《ちかかず》は敗北を喫している（筑後上妻文書）。

【三池山城の構造】　三池山城は大牟田市の東部と熊本県南関町との境にあり、南北に走る尾根が福岡・熊本両県の県境である。標高は三六六㍍、古来より霊峰として崇められた信仰の山で、現在は手頃なハイキングコースとして親しまれている。山頂には三池宮が建立されており、境内一帯が三池山城の城域であったとみられる。三池宮の社殿が建つ一辺約三〇㍍の曲輪Ⅰが当城の最高所で主郭と考えられ、社殿の南側から東側にかけて配置された列石群は築城時の石垣とも伝えられる。その北側の曲輪Ⅱには、江戸時代の南筑後の地誌『南《なん》筑明覧《ちくめいらん》』にも記された有名な「三つの池」がある。そして曲輪Ⅱの北東側に構築された曲輪Ⅲの北側斜面には一〇本以上もの畝状空堀群《うねじょうからぼりぐん》を築き、外敵の侵入に備えている。

　また、曲輪Ⅰから南東方向には東西に構築された曲輪Ⅳが配置されているが、曲輪Ⅰと曲輪Ⅳを繋ぐ平坦地形の途中に堀切《ほりきり》が設けられている。さらに曲輪Ⅳの南西側にも二本の大型堀切と曲輪Ⅳの南斜面に一三本もの空堀群が築かれ、南山麓からの攻撃に警戒している。城域は東西約三〇〇㍍、南北約二〇〇㍍の堂々たる規模を誇り、福岡県南地域最大の中世山城との評価がなされていることからも、この一帯に勢力を有した三池氏に相応しい居城といえよう。

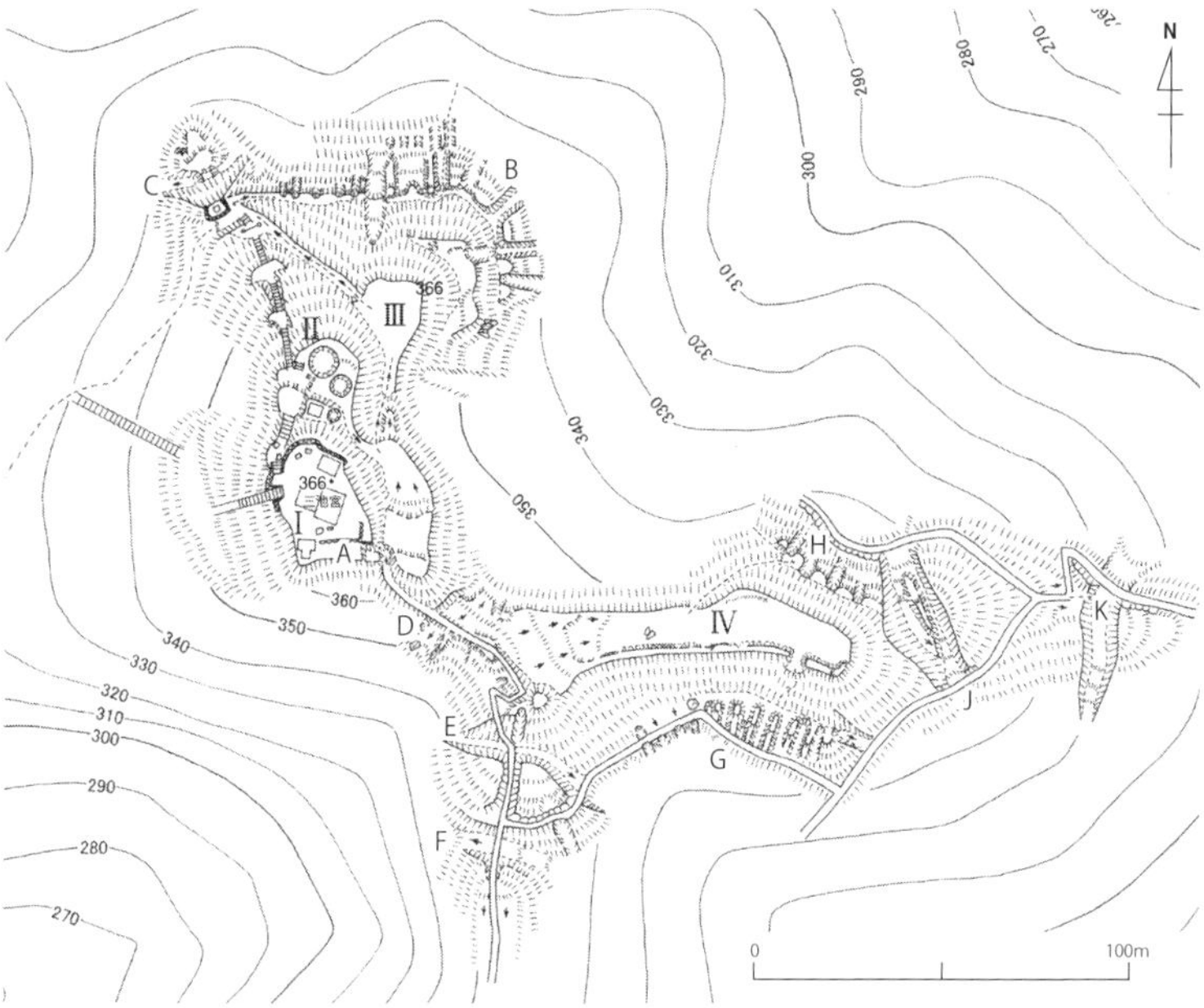

●―三池山城縄張図（出典：福岡県教育委員会 2017）

【参考文献】　大城美知信「文献史料から見た三池地方の中世城館」（『三池史談』第一八集、一九八七）、『福岡県の中近世城館跡Ⅳ―筑後地域・総括編―』（福岡県文化財調査報告書第二六〇集、福岡県教育委員会、二〇一七）

（梶原伸介）

●筑後地域唯一の陣屋跡

三《み》池《いけ》陣《じん》屋《や》

〔所在地〕大牟田市新町
〔比　高〕〇メートル
〔分　類〕陣屋
〔年　代〕一六二一年（一八五二年再建）
〔城　主〕立花氏（一時天領）
〔交通アクセス〕ＪＲ鹿児島本線「大牟田駅」下車、西鉄バス三池方面行き「三池新町」停留所下車、徒歩三分。

【三池藩の成立と転封】　三池藩は、元和七年（一六二一）に立花種次《たねつぐ》に対し、筑後国三池郡のうち一五ヵ村一万石が与えられ成立した外様小藩である。藩領は現在の福岡県大牟田市の南半分に相当し、北半分は柳河藩領に属した。

藩主は初代の種次以降、種長《たねなが》、種明《たねあきら》、貫長《やすなが》、長煕《ながひろ》と継承されたが、若年寄として幕政に参与していた六代種周《たねちか》が、文化三年（一八〇六）に幕府の内紛に巻き込まれ蟄居・謹慎処分となる。改易は免れたものの、種周の嫡子種善《たねよし》は、筑後三池から陸奥国下手渡《しもてど》（現福島県伊達市月舘町）へ転封処分となり、ここに三池藩は消滅し、新たに下手渡藩が成立する。

その間、三池の地は幕府領（天領、日田代官支配）から柳河藩預かり地となり、幕末の嘉永四年（一八五一）に藩領の半分が返還された（半知復封）。

半知復封が実現する二年前の嘉永二年、下手渡藩二代藩主種温《たねはる》に嫡男がいなかったため、種温の叔父にあたる種道《たねみち》の実子種恭《たねゆき》（幼名鐘之助）を養子に迎え入れ家督を相続させた。種恭は文久三年（一八六三）六月に幕府の大番頭に召し出され、同年九月に若年寄に昇進する。慶応元年（一八六五）には一四代将軍家茂の側近として第二次長州征伐へ随行、兵庫開港問題等の懸案事項ではイギリス公使やフランス公使と外交折衝を重ねるなど、幕末の政局運営に奔走する。同四年一月十日には老中格兼会計総裁に就任するが、維新政権の樹立により辞職し、新政府へつく方針を固める。

すでに下手渡藩は奥羽越列藩同盟に加盟していたため、この藩論転換を盟約違反とみなした仙台藩から藩領の侵攻を受け、このとき天平に築いていた下手渡藩の陣屋が焼失した。

維新後の明治二年（一八六九）に三池領が完全返還され、再び三池藩が復活し同年六月の版籍奉還により種恭は三池藩知事に任命される。しかし明治四年に廃藩置県が断行され三池県が設置されると免職となり、東京居住を命じられ、ここに三池藩は終焉を迎える。

【「元三池御陣屋地図」の検討】 「元三池藩陣屋地図」（大牟田市立三池カルタ・歴史資料館蔵）は江戸末期の三池藩陣屋の様子を、明治維新後間もない明治六年頃に描いたものとされる。三池藩陣屋に関する絵図類や史料はほとんど残っていないため、同時代の史料ではないものの本図は当時の様相を知ることができる貴重な地図といえる。

陣屋が置かれた場所は、現在は大牟田市立三池小学校の敷地とその周辺となっており、同地には「御門」や「陣屋」などの小字名も残る。また地図の左端（西側）には総坪数五三七〇坪、建屋坪六七〇坪との記載がある。陣屋は南向きに配置され、南側を東西に流れるのは堂面川（二級河川、川幅二間半・深さ七尺）で、大牟田市内を西流し有明海に注ぐ。堂面川の南には土塀と練塀で囲まれた馬場と思しき広場（長さ五四間・二三五一坪）が描かれている。東は丘陵で西と東には堀が巡らされている。陣屋に入るには堂面川に架橋された眼鏡橋（現存）を渡らなければならない。眼鏡橋を渡ると左手に藩校の「修道館」（安政四年開設）と「武場」があり、修道館の屋根部分は「茅葺《かやぶき》」と記されている。

再び正面に戻り練塀の中に入ると両脇に松並木があり、奥には石段と表門が描かれている。現在は石段のみ現存しており、表門は陣屋近くの寿光寺に移設され、現在も山門として使用されている。

表門前広場の西に「厩《うまや》」と「士族卒住居」があり、「士族卒住居」は茅葺きで、居住する五名の士族の氏名が記されている。このうち、立花碩（景福）は、三池藩最後の家老で、庵原康成とともに藩主立花種恭を補佐、維新後に藩主種恭が旧領の三池に戻ると、碩一家も下手渡から三池へ移住する。廃藩置県後は、三池県の少参事・議長を務める。

その「厩」と「士族卒住居」の道を挟んで西側にも「士族住居」が描かれているが、「自普請《じぶしん》」とあることから、幕末の三池再封時に居住者が自前で建設した可能性もある。

ちなみに士族とは武士階級のうちで足軽以上の者、卒は足軽以下の身分の者を指すが、卒の呼称は壬申戸籍が作成された明治五年に廃止され、士族か平民かどちらかに編入され

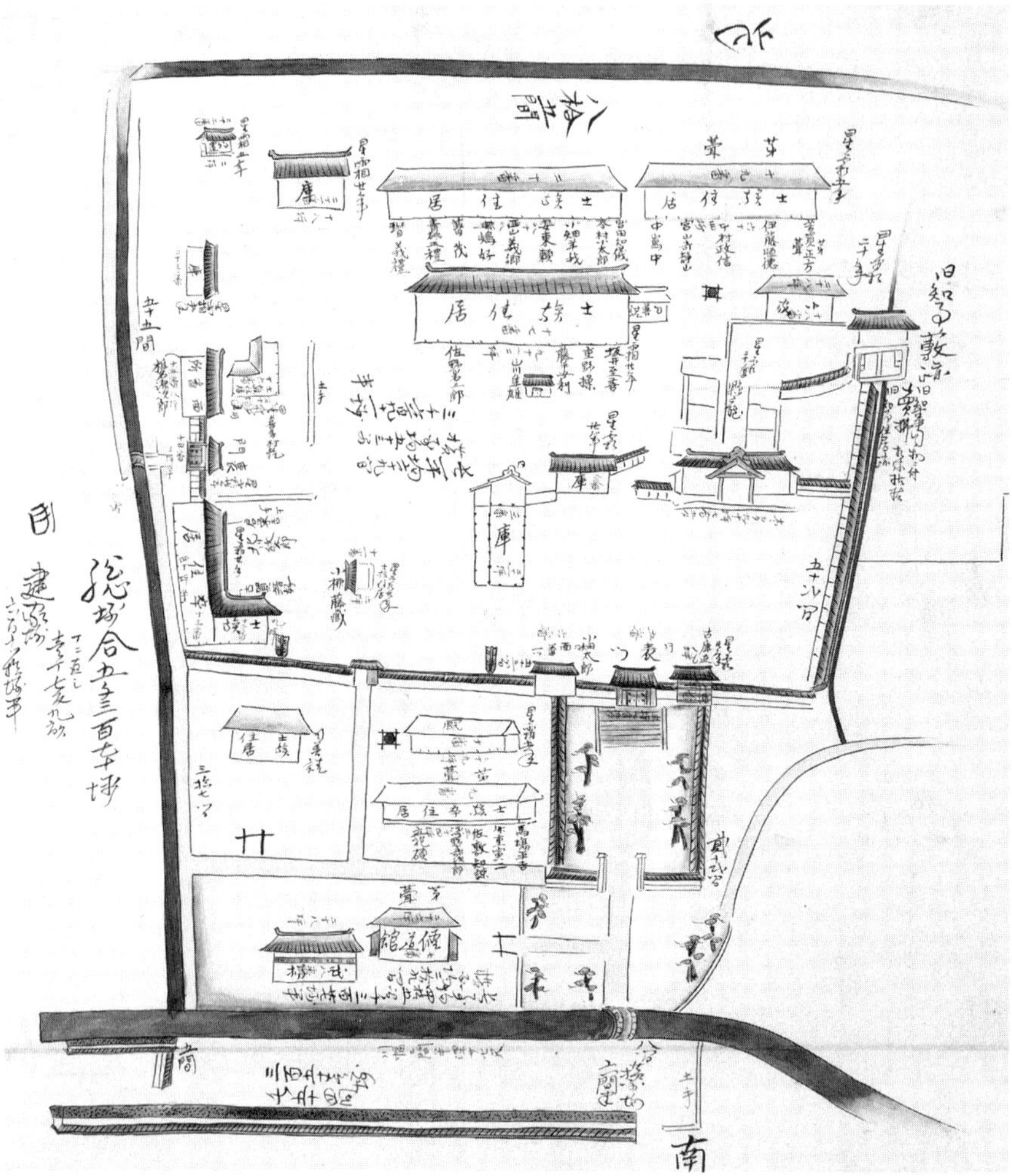

●—三池藩陣屋地図（大牟田市立三池カルタ・歴史資料館所蔵）

た。

さて表門を入ると、東と南を練塀《ねりべい》、北と西を堀（水路）で囲われた空間（三六九一坪）が広がり、正面に「縣廳《けんちょう》（県庁）」と記された建物（九〇坪七合五勺）がある。これが藩政を司っていた政庁（表御殿）である。「縣廳」の上部には「星霜《せいそう》二十年」と記されているが、これは三池（下手渡）藩領のうち半分の五〇〇〇石が返還された嘉永四年から数えて二〇年目という意味だと解される。同じく「星霜五年」の建物群は、藩主が三池を居所とすることを認められた明治元年（一八六八）九月以降に作られたものであろう。

なお、「縣廳」の建物の一

●—三池陣屋の石段

部は、昭和二十六年（一九五一）に三池小学校の郷土資料館として転用され、昭和四十七年まで活用されたが、同四十八年の三池郷土館の開館にあたって、玄関屋根部分のみ移築され他は取り壊された。

さらに「縣廳」の練塀を挟んで東側に「旧知事や敷（屋敷）跡」と記されていることから、この場所に藩主の居住空間があったはずだが、「旧知事自物ニ付売払ニ相成居候旧知事住居跡」と記すように、明治四年の廃藩置県の際に三池藩知事を免職された立花種恭《たねゆき》が、東京集住を命じられたのを機に売却したものであろう。

この表門の内側には、「士族住居」が五ヵ所、「士族卒住居」が一ヵ所、「面番所」が二ヵ所描かれていて、これら住居には明治六年の段階で二六名の氏名が記載されている。

明治五年作成の「旧三池県士族禄渡帳」によると、当時の三池在住の士族数は一一八名であることから、全体の約二二％の士族が陣屋内で生活していたことが判明する。

一方、陣屋外に住居を持った士族については判然とせず、今後の課題である。

【参考文献】米田藤博「小藩大名の陣屋町「筑後三池」について」『パイオニア』第八八号（二〇〇九）、梶原伸介「最後の三池藩主立花種恭の幕末維新」『新大牟田市史』テーマ特講編（二〇一九）

（梶原伸介）

執筆者略歴

赤川正秀（あかがわ　まさひで）	1957年生まれ	大刀洗町教育委員会
穴井綾香（あない　あやか）	1977年生まれ	久留米市市民文化部 文化財保護課
天野正太郎（あまの　しょうたろう）	1985年生まれ	行橋市教育委員会
有田和樹（ありた　かずき）	1980年生まれ	会社員
浦井直幸（うらい　なおゆき）	1977年生まれ	中津市教育委員会
大津諒太（おおつ　りょうた）	1995年生まれ	うきは市教育委員会
岡寺　良（おかでら　りょう）	1975年生まれ	別掲
梶原伸介（かじはら　しんすけ）	1975年生まれ	大牟田市立三池カルタ・歴史資料館
木島孝之（きじま　たかし）	1965年生まれ	九州大学大学院 助教
小南裕一（こみなみ　ひろかず）	1972年生まれ	北九州市市民文化スポーツ局
髙尾栄市（たかお　えいいち）	1962年生まれ	築上町教育委員会
檀　佳克（だん　よしかつ）	1979年生まれ	八女市教育委員会
堤　伴治（つつみ　ともはる）	1976年生まれ	柳川市役所建設部 都市計画課
中島　圭（なかしま　けい）	1983年生まれ	朝倉市教育委員会
中西義昌（なかにし　よしまさ）	1973年生まれ	北九州市立自然史･歴史博物館
中村啓太郎（なかむら　けいたろう）	1967年生まれ	福岡市経済観光文化局 文化財活用部 史跡整備活用課
原田智也（はらだ　ともや）	1976年生まれ	北九州市市民文化スポーツ局
藤野正人（ふじの　まさと）	1963年生まれ	北部九州中近世城郭研究会会員
松浦幸一（まつうら　こういち）	1973年生まれ	赤村役場産業建設課
松浦宇哲（まつうら　たかあき）	1970年生まれ	嘉麻市教育委員会
無津呂健太郎（むつろ　けんたろう）	1987年生まれ	直方市教育委員会
若杦善満（わかすぎ　よしみつ）	1977年生まれ	苅田町教育委員会

編者略歴

一九七五年、大阪府に生まれる
一九九七年、大阪大学文学部史学科卒業
一九九九年、大阪大学大学院文学研究科博士前期課程修了
九州歴史資料館学芸員を経て、現在、九州国立博物館主任研究員、博士（人間環境学、九州大学）

〔主要著書〕
『戦国期北部九州の城館構造』（吉川弘文館、二〇二〇年）、『九州戦国城郭史　大名・国衆たちの築城記』（吉川弘文館、二〇二一年）

九州の名城を歩く
福岡編

二〇二三年（令和五）三月三十日　第一刷発行

編　者　岡《おか》寺《でら》　良《りょう》

発行者　吉　川　道　郎

発行所　株式会社　吉川弘文館
郵便番号一一三―〇〇三三
東京都文京区本郷七丁目二番八号
電話〇三―三八一三―九一五一〈代〉
振替口座〇〇一〇〇―五―二四四番
http://www.yoshikawa-k.co.jp/

組版・製作＝有限会社　秋耕社
印刷＝株式会社　平文社
製本＝ナショナル製本協同組合
装幀＝河村　誠

ISBN978-4-642-08429-1